Asar
STAR

Mein geliebtes Sternenkind

Impressum

1. Auflage Oktober 2022
Herausgeber: ambition AG
© Gregor von Drabich-Waechter aka Asar
Umschlaggestaltung: Marie Graßhoff, www.marie-grasshoff.de
Satz: Christina v. Puttkamer, www.innergardens.de
Druck: Tausendfüssler Dialogmarketing Fulda
Fotos © Gregor von Drabich-Waechter

ISBN: 978-3-9525759-0-1

Asar

STAR

Mein geliebtes Sternenkind

Inhalt

Der Traum

Ein herrliches Meer aus goldenem Licht und ich schwimme in ihm. Über mir strahlt die Sonne, ohne mich zu blenden. Surreal, ich fühle mich seltsam wach und lebendig, wunderbar energetisiert. Am glitzernden Strand entdecke ich ihn: ein Wesen, drei Meter groß. Er schaut regungslos in die Ferne. Ich schwimme zu ihm, steige aus dem Wasser und gehe direkt auf ihn zu. Er sieht ernst aus, blickt mir direkt in die Augen. Woher kenne ich ihn? Ich kann mich nicht erinnern, doch seine Züge kommen mir unheimlich vertraut vor: diese hohe Stirn, die in altehrwürdige Falten gelegt ist, seine durchdringenden Augen, denen nichts verborgen zu bleiben scheint … und diese überwältigende, rückhaltlose Liebe, die von ihm abstrahlt wie von einem mondbeschienenen Saphir. Mir stockt der Atem.

»Willkommen, mein Sohn!«, er legt seine Hände an die Brust und verbeugt sich. Tränen steigen mir in die Augen, ich bin tief berührt und verneige mich ebenfalls. Ein heiliger Moment.

»Manchmal können wir von unserer Position aus in die Zukunft sehen, und was wir momentan auf der Erde sehen, gibt uns Anlass zur Sorge. Die Dinge haben sich gewandelt. Natürlich kann es auch immer ganz anders kommen, …«

»Die Erde wird doch aber auf jeden Fall ihren Sprung machen, oder?«, unterbreche ich ihn.

»Ja, mein Sohn, das wird sie …, aber es könnte auch ein Sprung über die Klippe sein …Momentan ist alles möglich, die Erde ist zu geschwächt und die ständigen Angriffe der Menschen setzen ihr zu, all diese Kriege, Ausbeutung, Angst, Gifte, Lügen ohne Ende … es ist wahrlich zu viel für sie.«

Ja, das verstehe ich, habe aber trotzdem nicht damit gerechnet. Mutter Erde schien mir so groß und mächtig zu sein, unverletzbar. Der Plan war, dass sie gemeinsam mit uns den Sprung in die 5. Dimension macht. Wir waren uns alle sicher, zumindest in den letzten Jahren nach 2012. Der Aufstieg wurde schon einige Mal verschoben, und jetzt das!

»Das ist natürlich nichts Tragisches, wenn ein Planet verschwindet, sozusagen implodiert«, unterbricht er meine Gedanken, »dann entsteht an einer anderen Stelle im Universum wieder ein Planet und in wenigen Millionen Jahren kann das Spiel von vorne beginnen ... Niemals geht Energie verloren, das weißt du ja ...«

Ja, das weiß ich, aber worauf will er hinaus?
»Wir bitten dich jetzt uns zu helfen. Von unserer Ebene aus haben wir nur sehr bedingte Möglichkeiten einzugreifen. Und kämen wir jetzt auf die Erde, würde die Menschheit in Panik ausbrechen, was wenig hilfreich wäre. DU musst jetzt etwas unternehmen. Ich übergebe dir hiermit die Sirianische Fackel des Lichts. Sie gehört zu unserer Familie, trage sie mit Würde. Es hängt jetzt viel von dir ab.«

Er zieht aus seinem Umhang einen ein Meter großen Lichtstab, der in allen Farben des Spektrums funkelt. Mit beiden Händen reicht er ihn mir und ich nehme ihn in einer Mischung aus Ergriffenheit und Verwunderung entgegen. Durch meinen ganzen Körper rast eine köstlich vibrierende Energie. Wieder verneigt er sich vor mir.

Die Vision endet und beim Aufwachen ist mein Körper immer noch von dieser wundervollen, heiligen Energie erfüllt. Ich genieße dieses Prickeln in meinen Zellen mit allen Sinnen. Mein Kopf rattert: DAS KANN DOCH NICHT SEIN! Damit hatte ich nicht gerechnet. Was kann ich allein bewirken? Wie stellt er sich das vor?

Einführung

Wir leben in dieser verrückt-magischen Welt, die gerade aus den Fugen gerät. Und das ist gut so. Von dieser Zeit des Aufstiegs wird man im Kosmos noch lange erzählen. Der Übergang ins Wassermannzeitalter findet sanfter als gedacht statt – dauert allerdings auch länger. In unserem Innern existiert die Neue Welt bereits: Liebe, Frieden, Freude und Gelassenheit. Im Außen jetzt auch immer mehr, was die Inseln der Neuen Welt bezeugen, die gerade überall entstehen: Alternative Lebensformen, Permakultur-Projekte, Heilzirkel, Gesundheitskassen, neue Netzwerke. Viele Menschen lieben noch das alte Spiel von Macht und Unterdrückung oder trauen sich noch nicht den Ausstieg zu. Das sei ihnen gestattet: Wir haben diese Spiele in der Vergangenheit auch gespielt.

Viele Geistführer, Außerirdische und Aufgestiegene Meister erhöhen ihre Anstrengungen, um uns beim Aufstieg zu unterstützen. Dazu gehört auch die geliebte Meisterin KUAN YIN, die uns bereits seit Jahrhunderten unterstützt. Zu ihr habe ich eine enge Verbindung und so lag es nahe, sie zu fragen, als meine Tochter zu reinkarnieren. Sie war sofort bei mir, ich konnte ihre Energie deutlich spüren und sie gab ihre Zustimmung. Ihr Seelenaspekt STAR wurde von ihr auserkoren, auf die Erde zu kommen.

Ich habe diese Geschichte nur niedergeschrieben. Sie enthält viele Channelings von meiner geliebten Esther mit STAR, Master KUAN YIN und all den anderen Wesen, die wir auf dieser Reise gemeinsam kennenlernen durften. Diese habe ich transkribiert und übersetzt, sowie meine Eindrücke ergänzt. Mein Dank gilt in erster Linie ihr und meiner geliebten STAR, sowie all den wunderbaren Menschen, die mit uns auf dieser Reise sind oder waren. Ich danke ganz herzlichst meinen lieben Freunden, die mein Manuskript korrigiert und mir viele wunderbare Anregungen gegeben haben, namentlich Khalid, Andrea, Nicole und Christina. Christina v. Puttkamer gebührt großer Dank für das wunderschöne Layout und viele Korrekturen. Das Cover-Design von Marie spiegelt die Magie des Buches perfekt wider. Ein besonderer Dank geht an alle unseren geistigen Führer, Master KUAN YIN und unsere Nomos-Freunde, die sich so wunderbar um STAR gekümmert haben.

Und ich danke Ihnen, dass Sie jetzt hier sind.

Dettighofen, im Oktober 2022

1 Die ET-Heilerin

*W*ie fing eigentlich alles an? Mhm, ich weiß es nicht so genau. Beginnen wir in der Mitte:

September 2016. Wir kamen für ein langes Wochenende an einem abgeschiedenen Ort östlich von Amsterdam zusammen. Jonette – ein amerikanisches Medium – lud uns ein, um gemeinsam die neuesten Botschaften und vor allem die kraftvollen Energien von MARK[1], einem Lichtwesen aus einer anderen Dimension, zu erhalten – oder vielleicht besser: diese mit ihm gemeinsam zu erschaffen und auf der Erde zu verankern.

Jonette ist eine absolute Meisterin und gibt an diesen Wochenenden alles. MARK, den sie channelt, versteht es, geniale Energieräume gemeinsam mit uns zu erschaffen, die unsere Erlebnis-Welten bei jedem Channeling erweitern. Es werden auch Zusammenhänge erklärt und Fragen beantwortet. MARK ist wie ein magischer Reiseleiter, der uns neue Energiefelder zeigt und spüren lässt, die wir dann gemeinsam begehen und erweitern. Jede Session ist ein energetisches Experiment. Und meistens kommt man ziemlich getoastet heraus. Wenn ich diese Räume öfter betrete, dann findet eine dauerhafte Frequenzerhöhung statt, die mein Leben über die letzten drei Jahre hinweg komplett verändert hat. Ich habe einmal alles aufgeschrieben, was sich in meinem Leben so getan hat und es ist eine lange Liste geworden. Denn wie im Innen so im Außen, hat Hermes Trismegistos einmal gesagt. Wenn wir unsere Schwingung erhöhen, dann begegnen wir auch im Außen auf Grund des Prinzips der Anziehung (Gleiches zieht Gleiches an) dieser höheren Schwingung und unser Leben wird einfach schöner, in jeder Hinsicht – mehr Reichtum, mehr Liebe, mehr Freude.

Ich stehe auf der Bühne und singe ein Lied, das ich vor ein paar Jahren zusammen mit Svetlana und Jonette geschrieben habe, tatkräftig unterstützt von Ingeborg an meiner Seite. Fast der ganze Saal singt mit, viele in bunten Kleidern mit einer überwiegend bombastischen Laune und extrem wohlgesonnen. Mein Blick wandert durch die Reihen, um mit allen Kontakt aufzunehmen. Bei vertrauten Gesichtern verweile ich einen Moment und gehe dann wahllos weiter.

Ich bleibe an zwei dunklen Augen in einer der vorderen Reihen hängen … und hängen … und hängen … In diesem Moment verändert sich mein Zeitgefühl und ich befinde mich in einem anderen Raum, der mir sehr vertraut erscheint. Ich fühle mich auf seltsame Weise zuhause. Wahrscheinlich werden jetzt Unmengen an Informationen übertragen, die ich alle nicht entschlüsseln kann. Es ist MAGISCH. Ich sehe, wie ihr Tränen in die Augen steigen.

Immer tiefer versinke ich in diesen Augen. »Wenn du da weiter reinschaust, ist es nur noch eine Frage von Sekunden, bis du dich mit den Akkorden verhedderst, den Text durcheinander schüttelst oder Schlimmeres passiert«, höre ich eine innere Stimme.

Widerwillig löse ich mich von diesen dunklen Augen und konzentriere mich wieder auf den Song! Geschafft, das Lied ist zu Ende, alle klatschen. Vielleicht haben sogar ein paar mitgetanzt, ich weiß es nicht mehr genau. Wir lachen, verbeugen uns und freuen uns, dass alles gut geklappt hat.

Am nächsten Tag zur morgendlichen Teepause erblicke ich diesen schönen runden Po in einer ziemlich engen Jeans. Mir ist klar, dass ich auch die Vorderseite sehen möchte. In zwei, drei Schritten bin ich bei ihr und zwei grün-braune riesige Augen blicken mich direkt an. Da sind sie: die beiden magischen Löcher, in denen ich gestern fast total versunken wäre. Sie weicht nicht aus und schaut tief in meine Seele!

Wir beginnen zu plaudern, ob sie das erste Mal hier sei, wie es ihr gefalle und was sie denn sonst so mache: »Ich heiße Esther und bin ET-Heilerin … «

»Äh, ja, mhm, was genau?«

»ET ja, wie Extra-Terrestrials, das hast du doch vielleicht schon mal gehört.«

Mhm, ja klar, aber wie heilt man mit oder durch sie … und welche ETs? So kleine putzige Männchen mit Antennen? Das wisse sie auch nicht so genau. Ich komme überhaupt nicht mehr mit, bin perplex und das passiert mir selten. Falls ich mal eine ET-Heilung haben wolle, würde sie sich freuen. Na ja, ich weiß nicht genau, was ich dazu sagen soll. ET-Heilung? Ich brauche eigentlich gerade keine Heilung, und schon gar nicht von ETs. Was sind das für Wesen? Wie soll das funktionieren? Es kommt mir skurril vor, auch wenn ich in meinem Leben schon so einiges gehört habe.

Es läutet, die morgendliche Teepause ist vorbei. Wir müssen zurück zu unseren Plätzen, aber stattdessen umarmen wir uns. Lange. Sehr lange. Die Zeit scheint stehenzubleiben und wir finden uns auf einer anderen Ebene wieder – das spüren wir beide. Eine wunderschöne Energie umgibt uns, überwältigend.

Wir kommen als Letzte zurück in den Saal und ich kann mich schwer in den Programm-Ablauf einfinden. Diese Teepausen-Begegnung hat mich verwirrt. Was ist hier los? Ich bin mit Ingeborg hier, wir teilen uns sogar ein Zimmer. Ich versuche mich zu beruhigen und mir darüber keine zu großen Gedanken machen.

Es ist der letzte Nachmittag unseres Wochenendes. Die Energien waren wundervoll, wir bereisten neue Dimensionen und verankerten deren Energien hier auf der Erde. Zum Abschluss finden wir uns alle in einem großen Kreis zusammen und hören Whitney Houstons »I will always love you«. Wir schauen uns alle an. Meine Augen bleiben wieder bei der ET-Heilerin hängen: Ich bekomme Gänsehaut, mein Herz öffnet sich: Da ist es wieder – unser Erkennen. Oder wie soll ich es nennen?

Ich hatte versprochen beim Aufräumen zu helfen. Das war mir auch ganz recht, da ich kein Freund von langen Verabschiedungs-Zeremonien bin – es wird mir schnell zu viel. Ich beginne Stühle zusammenzustellen und aufzuräumen. Überall umarmen sich alte und neue Freunde, es ist eine wunderbare Atmosphäre. Ich verräume gerade Kissen, als sie vor mir steht. Ich lasse alle eingesammelten Kissen fallen und wir umarmen uns wieder innig.

»Ich würde mich freuen, dir mal eine ET-Session geben zu können«. Sie strahlt wie ein Stern. Ihr Sein berührt mich auf wundersame Weise.

»Mhm, ja sicherlich, klingt auf jeden Fall spannend. Allerdings lebe ich in Zürich und bin sonst eigentlich nie in Holland.«

»Na ja, wenn du doch mal vorbeikommst, würde ich mich sehr freuen« und gibt mir ihre Visitenkarte. Wir umarmen uns zum Abschied innig.

Das Wochenende ist vorbei, Ingeborg und ich bleiben noch einen Abend und genießen die Stille und unsere Nähe sowie ein schönes gemeinsames Abendessen. Am nächsten Mittag schwinge ich mich in mein Auto, das auf den Namen Deva hört, und fahre zu einem guten Freund, der an der Elbemündung in Norddeutschland wohnt. Das sind ca. vier Stunden Autofahrt, in der ich Zeit für mich selbst finde, oder zumindest hoffe ich das. Aber sobald ich auf der Autobahn bin, kommt mir nur ein Gedanke: Ich muss diese Frau mit diesen eindrucksvollen Augen wiedersehen. Bei einem Tankstopp krame ich ihre Karte hervor: Esther van den Wildenberg, PhD, mhm, was für ein Name. Sie kommt wirklich von einem ziemlich wilden Berg, habe ich das Gefühl. Und einen Doktor hat sie auch noch, wirklich spannend, sie sieht eigentlich gar nicht wie eine Akademikerin aus, aber ok. Es ist nicht das erste Mal, dass ich in der Einschätzung von Menschen daneben liege. »ET-Healing – Reconnective Healing – Soul Body Fusion« steht da noch. Die beiden letzten Modalitäten praktiziere ich auch: Mein Song hieß »Soul-Body-Fusion«. Was hat es bloß mit diesem ET-Healing auf sich? Na ja, ich werde es rausfinden. Auf der Rückseite steht: Sanistrella – Shiny & Healthy with Healing and Yoga. Also eine Yogini ist sie auch. Mhm, da haben wir ja schon einige Gemeinsamkeiten.

Meine Neugierde wird immer größer.

In meinem Kopf formt sich ein Plan. Wenn ich nach meinem Vortrag in Hamburg einen Umweg einbaue, könnte ich sie schon bald wiedersehen. Und ich erfahre, was eine ET-Heilung ist. Der Gedanke lässt mich nicht mehr los.

Die Fahrt ist entspannt, in Norddeutschland sind die Autobahnen weitestgehend leer und Deva darf mal wieder so richtig laufen, 230 … 240 ist ihre natürliche Grenze, die sie in der Schweiz nie ausleben darf. Wir genießen es beide. Die wenigen anderen Autofahrer sind achtsam und machen mir die linke Fahrspur höflich frei. Vielen Dank!

Ich freue mich sehr, Khalid wiederzusehen. Er ist ein wunderbarer Mensch, den ich vor vielen Jahren kennenlernen durfte. Ein Künstler, Schriftsteller, Musiker und Erfinder von bioenergetischen Produkten, die den Menschen und Mutter Erde helfen, vor allem dem Wasser. Das Wasser ist das Blut unser Mutter Erde. Hier leistet er eine wunderbare Heilarbeit, für die ich viel Dankbarkeit in mir spüre.

Wir verbringen einen gemütlichen Abend und finden Zeit, uns ausgiebig auszutauschen. Ich schlafe tief und lange. Die Energie in dem Reet gedeckten alten Haus ist erdend. Ruhe, keine Geräusche außer dem gelegentlichen Krächzen einer Möwe. Khalid hat Frühstück gemacht, mit Tee, einem gekochten Ei, schwerem norddeutschen Brot und etwas Käse. Seine Gelassenheit tut mir gut, auch wenn ich nervös bin wegen meines geplanten Anrufes bei Esther. Wir plaudern über unsere gemeinsamen Projekte, über den Vortrag, den ich bald in Hamburg halten werde, und über neueste Forschungen zum Thema Energie- und Schwingungsmedizin, die uns verbinden. Ich genieße die Zeit mit Khalid, aber langsam beginnt eine gewisse Nervosität aufzusteigen. Schließlich entschuldige ich mich und mache ein kurze Andeutung. Khalid schmunzelt verständnisvoll und räumt den Frühstückstisch ab. Ich habe nicht viele gute Freunde, doch Khalid ist einer von ihnen. Ich liebe seine Ruhe, seine Ausgeglichenheit und seine Weisheit. Seine Produkte sind genial. Es ist ein Geschenk, ihn als Freund zu haben. Eigentlich ist er wie ein älterer Bruder!

Ein prickelndes Gefühl von Vorfreude duchströmt mich. Werde ich Esther gleich erreichen? Wird sie sich freuen, dass ich meine Pläne umstelle, um sie zeitnah zu besuchen? Hat sie überhaupt spontan Zeit für meinen Besuch? Ich bin aufgeregt. Es läutet, dreimal, viermal …»Esther, goode morche«. Ich kann ihr Strahlen förmlich hören – mein Puls steigt.»Hallo Esther, wie geht es dir, Asar hier.«
»Ah, was für eine Überraschung, dich zu hören. Mir geht es gut. Wo bist du gerade?«
»Ich bin noch bei meinem Freund hier bei Hamburg, wie haben gerade gefrühstückt und jetzt muss ich gleich los zu meinem Vortrag nördlich von Hamburg, ist doch weiter als ich gedacht habe. Hör mal, ich habe überlegt, äh, wenn ich meine Reiseplanung etwas umstelle, könnte ich doch noch morgen nach dem Vortrag über Holland zurückfahren. Ist zwar ein gewisser Umweg, aber dann könnte ich ja mal eine deiner ET-Heilungen ausprobieren, von denen du sprachst. Hättest du spontan noch Zeit, übermorgen?«
»Ja, warte mal … das müsste eigentlich gehen, ich muss zwar zur Arbeit gehen, aber nachmittags habe ich frei, da könnte ich dir gerne eine Session geben. Das freut mich aber sehr, dass das so kurzfristig doch noch klappt. Warte mal kurz, ich frage mal schnell meinen Mann, ob das auch für ihn ok ist.« – Es entsteht eine kurze Pause!
Was, Mann? Das kann doch nicht wahr sein! Sie ist verheiratet!! Ich hatte keinen Ehering gesehen.Damit habe ich jetzt wirklich nicht gerechnet. Hatte ich ihre strahlende Offenheit und ihre Einladung völlig falsch verstanden? Ich bin am Boden zerstört. Was soll ich jetzt machen?
»Ja, das ist kein Problem, er hat an dem Abend schon etwas vor, da kann ich dir in Ruhe eine Session geben!«

Ich setze mich auf den wackeligen Stuhl im Hausflur, Zeit – ich brauche Zeit: »Ähm, ja, toll, wunderbar. Ok, ich schaue jetzt mal wie das heute so läuft und was noch so alles im Büro anliegt und dann melde ich mich morgen früh bei dir, reicht das? Ich muss auch nochmals genau schauen, wann ich übermorgen wieder in Zürich sein muss, ist ja doch schon eine ganz schön lange Strecke. Also, ich schreibe dir morgen früh, ist das gut?«

»Ja klar, kein Problem. Sonst sehen wir einfach, was sich nächstes Jahr ergibt. Da gibt es ja keine Eile.«

»Ah ja, ähm, wunderbar, also ich melde mich dann, sobald ich alles in Ruhe angeschaut habe, alles Gute dir, bis dann!«

»Gerne, hab einen guten Vortrag, bis dann.«

Oh holy shit! Das kann doch nicht wahr sein! Sie ist verheiratet! Ich kann es immer noch nicht fassen. Irgendwie hatte ich unsere Verbindung ganz anders wahrgenommen, na ja, mir wohl eher vorgestellt. Da waren sie wieder, meine wenig hilfreichen Erwartungen und Vorstellungen. Ich muss mich endlich davon abkoppeln. Was mache ich jetzt bloß? Auf keinen Fall fahre ich nach Utrecht. Was soll ich da? Ich hatte mich auf die Begegnung mit Esther gefreut, einen ruhigen Abend, schöne Gespräche nach der Session, vielleicht sogar ein kleiner Austausch in Form einer Massage? Mhm, das wäre vielleicht zu intim für den Anfang, eher eine Coaching-Session ... Ich komme schon wieder ins Träumen. Also so wird das nichts. Ich habe die Situation falsch eingeschätzt. Egal, erstmal tief durchatmen. Ich werde sie nicht in Utrecht besuchen, das würde überhaupt nichts bringen. Gemeinsam mit ihrem Mann auf dem Sofa mit Smalltalk, oh nein, sicher nicht! So etwas fange ich gar nicht erst an.

Ich erzähle die ganze Sache Khalid. Der spürt einen Moment in die neue Situation hinein: »Entspanne dich, es geschieht immer das Perfekte, das weißt du doch. Und überhaupt, was willst du denn mit einer Göttin 800 km von Zuhause entfernt? Das hätte doch sowieso keinen Sinn. Und eine ET-Session kann sie dir ja immer noch geben. Vielleicht macht sie sogar Distanz-Sessions? Frag sie doch mal. Das geht womöglich auch. ETs sind doch sicherlich flexibel.« Wir müssen lachen.

»Na ja, wieso auch nicht. Sie können mich ja auch auf ihr Raumschiff nehmen, das würde mich sowieso mal interessieren. Ich werde dir dann berichten, wie es dort oben war.« Ich packe zusammen und verabschiede mich mit einer Umarmung. Die Fahrt nach Hamburg zieht sich hin. Ich hänge in meinen Gedanken an diesem verpassten Besuch. Es hätte mich schon gereizt, sie näher kennenzulernen. Aber na ja, ich muss das jetzt einfach akzeptieren. Da gibt es nichts zu ändern. Und Khalids Idee mit der Fernbehandlung gefällt mir, das werde ich ihr vorschlagen. ❂

2 Esthers Leben

*I*ch freute mich über den Vorschlag von Asar, seine Reisepläne anzupassen und mich besuchen zu kommen. Ich spürte eine tiefere Verbindung zu ihm, schon als ich ihn das erste Mal auf der Bühne sah. Ein faszinierender Mann, der mich anzieht. Ich will ihm unbedingt eine Heilsitzung geben. Die ETs waren noch nicht lange in meinem Leben. Ab und zu gebe ich eine Session, doch für viele Menschen ist das Thema fremd. Vor zwei Jahren habe ich mich von einem ET-Heiler in Holland angezogen gefühlt. Ich bin spontan zu ihm gegangen, als ich über seine Arbeit gelesen habe. Nach der ersten Sitzung war es für mich klar: Das will ich auch machen! Er sprach mit seinen ETs und die teilten ihm mit, dass sie schon seit Jahren auf mich gewartet hätten. Mir wurde ein außerirdischer Arzt zugewiesen, der sich David[2] nennt und seit dieser Zeit mit mir arbeitet. Es gab keine formelle Ausbildung, aber ich musste meinem ET-Heiler zwei Probesitzungen geben. Meine Hände wurden im Energiefeld seines Körpers geführt, zum Teil in sehr schnellen und präzisen Bewegungen. Am Ende jeder Sitzung bekomme ich eine Botschaft übermittelt, die ich in einem Heft notiere. Auch beim Schreiben wird meine Hand geführt. Das Schreiben geht so schnell, dass ich teilweise hinterher meine Handschrift nicht mehr entziffern kann. Die Worte ergeben meist einen Sinn für mich oder für meine Klienten. Meine Klienten haben nach den Sitzungen erstaunliche Besserungen zu vermelden, zumindest nach dem zweiten oder dritten Termin. Das erstaunt mich selbst. Auf der anderen Seite ist es für mich die natürlichste Sache der Welt.

Ich fühle mich bei meiner Heilarbeit mit David ganz angekommen. Noch habe ich Mühe, offen über meine Arbeit zu sprechen oder meine Dienste anderen anzubieten, doch finden immer mehr Menschen den Weg zu mir. Auf meiner Homepage biete ich auch Yoga und andere Methoden an, aber die meisten Interessenten wollen eine ET-Sitzung bei mir buchen. Ich bin selbst total überrascht. Manchmal kommen meine Klienten sogar aus weit entfernten Teilen des Landes, um sich von mir und meinen Außerirdischen behandeln zu lassen.

Davon leben kann ich noch nicht, deshalb arbeitete ich noch zwei- bis dreimal die Woche in einem Gesundheitsladen. Das macht mir auch Spaß.

Die Bezahlung ist lausig, aber die Kunden sind nett und ich helfe ihnen gerne. Die Produkte sind hochwertig und ich kenne mich gut damit aus. Seit meinem Burnout vor vier Jahren habe ich meine Ernährung total umstellen müssen und eine Menge Nahrungsergänzungsmittel gebraucht. Dadurch las ich viel über gesunde Ernährung und das kommt mir jetzt bei diesem Job sehr zugute.

Zudem arbeite ich für eine NGO, die über die Gefahren von Alkohol aufklärt. Ein Schwerpunktthema ist der Schutz von Jugendlichen. Ich greife da auf meine eigenen Erfahrungen aus meiner Studentenzeit zurück. Diese Aufklärungsarbeit macht mir Freude. Ich liebe meinen wunderbaren Chef und unterstütze ihn gerne bei seiner Vision.

Ich bin glücklich verheiratet mit Chris. Wir haben uns vor zehn Jahren kennen- und sofort liebengelernt. Kurz nach meinem ersten Burnout hat er mich liebevoll umsorgt und ist mit mir sogar für ein Jahr nach Guatemala gezogen, damit ich mich im Dschungel erholen konnte. Er führte mich in die spirituelle Welt: Ich verdanke ihm viel.

Mein Leben ist erfüllt, ich habe wundervolle Freunde, mit denen ich mich gerne treffe und austausche. Wir unternehmen gemeinsame Ausflüge in eine Wellness-Oase, machen eine Städtereise übers Wochenende oder verbringen Zeit in einem Haus in den Bergen. Wir reden über unser Leben und lachen viel, trinken auch gerne mal ein Gläschen. Mein Burnout hängt mir immer noch in den Knochen. Selbst nach meiner Auszeit in Guatemala kann ich nur kurz vor meinem Laptop sitzen, ohne wieder Kopfschmerzen zu bekommen, fahrig oder gereizt zu werden. Aus diesem Grund lasse ich auch mein Handy die meiste Zeit des Tages ausgeschaltet. Ich brauche acht bis neun Stunden Schlaf, damit ich morgens fit und ausgeruht bin. Um nicht zu unterzuckern muss ich alle zwei Stunden eine Kleinigkeit essen. Kein Weizen und Gluten! Wenn ich auf all diese Dinge achte, geht es mir gut. Ich möchte wieder weitgehend ein normales Leben führen können.

Ich wollte nie Kinder haben, aber Chris hat sich Kinder gewünscht. Wir versuchten es zwei Jahre lang ohne Erfolg. Die Untersuchungen ergaben, dass bei Chris alles in Ordnung ist, aber dass ich nur bedingt fruchtbar bin. Der eine Eierstock funktioniert gar nicht mehr, der andere nur selten. Es sind fast keine Eier mehr vorhanden: »Frühzeitige Menopause« wurde diagnostiziert. Wir wollten es trotzdem wissen und probierten diverse Dinge aus, bis hin zu einer In-Vitro-Insemination. Aber die implantierten Zellen wollten nicht wachsen, mein Körper stieß sie immer wieder ab. Das machte mich traurig. Ich wollte Chris unbedingt Kinder schenken, wenigstens eins. Wieso klappte das nicht? Wieso funktioniere ich nicht als Frau? Was war falsch an mir? Die meisten meiner Freundinnen bekamen jetzt Kinder oder hatten schon welche. Ich freue mich natürlich für sie, aber da ist auch Trauer, dass ich selbst keine Kinder haben kann. Wieso bloß? Es macht mich manchmal unsicher. Vor zwei Jahren wurde Chris von zwei lesbischen Freundinnen gefragt, ob er sich als Samenspender zur Verfügung stellen wolle. Chris war offen dafür und wir vereinbarten ein Gespräch zu viert. Ich fühlte mich fürchterlich, weil ich Chris nicht die Kinder schenken konnte, die er sich so sehr wünschte. Doch seinem Glück und dem Glück seiner Freundinnen wollte ich auch nicht im Wege stehen. Natürlich willigte ich ein, wie hätte ich das verweigern können? Erna wurde recht schnell schwanger und brachte einen gesunden Jungen zur Welt. Bei mir blieb eine kleine Wunde zurück, die einen Schorf bildete, aber nie ganz verheilte. Ich bin keine richtige Frau, anders als alle meine Freundinnen. Jedes Baby, das ich sah, jede Geburtsanzeige, die ins Haus flatterte, versetzte mir einen kleinen Stich. Mittlerweile habe ich mich daran gewöhnt, es gehört jetzt zu meinem Leben und ich kann es aushalten.

Insgesamt führe ich ein ausgeglichenes, wunderbares Leben. Ich liebe Chris, er liebt mich. Wir schätzen die Stunden zusammen, in denen wir gemeinsam kochen, Filme anschauen, Freunde treffen, auf Märkte gehen, Ausflüge und kleine Reisen unternehmen. Wir lachen viel. Und wir genießen unsere zärtlichen Momente, halten uns lange vor dem Einschlafen. Selten entsteht mehr daraus. Das ist ok für mich. Meine wilden Studentenzeiten habe ich hinter mir, mit viel Sex und Zärtlichkeit. Jetzt mit knapp 40 Jahren treibe ich in ruhigerem Fahrwasser, zumindest was das Bett angeht. Das ist völlig in Ordnung für mich, für Chris ebenfalls. Wir haben einen großen Freundeskreis, aber es gab immer eine klare Grenze für uns beide. Das gibt uns ein Gefühl von Sicherheit, für welches wir beide dankbar sind.

Die Arbeit mit meinen Sternen-Freunden ist ein riesiges Geschenk für mich. In den Heilsitzungen gebe ich mich ganz hin und werde total geführt. Ich vertraue David, meinem ET-Arzt, vollkommen. Viele Menschen sind in den letzten zwei Jahren zu mir gekommen, zum Teil auch gute Freundinnen, mit denen ich alles austausche. Sie haben mir von wunderbaren Verbesserungen berichtet, die durch die ETs bewirkt wurden: von einfachen Muskelverspannungen, den typischen Frauenleiden, Angstgefühlen, die sich auflösten, und schnelleren Wundheilungen. Mein stets gesunder Vater hat einmal an einer üblen Darmverstimmung gelitten. Bereits nach einer Sitzung hat er sich deutlich besser gefühlt, und das auch anerkannt.

Meine Eltern lieben mich. Egal, was ich tue – auch wenn ihnen die Geschichte mit den ET-Heilungen etwas fremd ist.

Ja, ich lebe ein erfülltes und schönes Leben. Irgendetwas passiert jetzt, das weiß ich. Ich bin gespannt darauf. Mit Asar öffnet sich eine neue Tür und ich bin neugierig, was sich dahinter verbirgt. Ich werde es herausfinden, früher oder später.   ❂

3 Mein Leben

ch sagte Esther ab, das war mir zu viel. Schließlich wusste ich auch nicht, was ich mit dieser Situation anfangen sollte. Natürlich war ich an ihr interessiert, fühlte mich stark von ihr angezogen, aber vielleicht würde sich ja auch etwas ganz anderes ergeben. Schließlich hörte ich auf darüber nachzugrübeln, denn das brachte mir sowieso nichts. Ich konzentrierte mich auf meine Aufgabe. Der Vortrag in Hamburg lief gut. Es kamen über 20 Menschen, die meist an langjährigen Leiden litten, sogenannte »Austherapierte«: Auch solche, die bei Gesundheitsproblemen gar nicht mehr einen konventionellen Arzt besuchten, da sie von ihm ohnehin keine Verbesserungen erwarten konnten. Ich spreche gerne über Informations- und Energiemedizin. Mit diesem Thema hatte ich mich erst in den letzten Jahren intensiver beschäftigt. Als Diplom-Volkswirt hatte ich keinen direkten Bezug dazu, außer dass ich selbst diverse kleinere und auch ein größeres Gesundheitsproblem hatte, mit dem ich über die Jahre nicht weitergekommen war – schmerzhaft, unangenehm und hinderlich. Ich probierte vieles und nichts half wirklich. Ich lernte, mich damit zu arrangieren. Schön war das nicht, aber ich hatte mich – wie viele andere Bekannte von mir – daran gewöhnt.

Meine Berufung war es, die Freie Energie[3] in der Welt bekannt zu machen. Diese Aufgabe war nicht einfach, aber ich wusste, dass es Zeit war, sich ihr zu stellen. Als ich anfing, gab es nur wenige Produkte auf dem Markt, die wirklich funktionierten. Es wurde viel geredet und es gab eine Reihe an Berichten über angeblich funktionierende Erfindungen. Die Vision einiger Menschen und Erfinder war ein Gerät, das den ganzen Haushalt oder eine Fabrik mit Energie versorgte, also den Strom lieferte. Andere Erfinder konzentrierten sich wieder auf Heizsysteme, also Wärmeerzeugung. Ich war zu einigen Veranstaltungen gefahren, hatte mir Vorführungen angeschaut, Geschichten angehört, im Internet recherchiert. Ich fand nichts, was wirklich funktionierte oder marktreif gewesen wäre. Eine Firma wurde unter dubiosen Vorwürfen von den Behörden geschlossen und die Geschäftsführer ins Gefängnis gesteckt, kurz bevor ich mit ihnen Kontakt aufnehmen konnte.

Schließlich hatte ich eine Firma in Österreich gefunden. Ihr Haupt-Produkt war ein Treibstoffsparer, der den Diesel- oder Benzinverbrauch bei Autos und LKWs um 6% bis 20% senkte. Ich hatte es mehrfach getestet und es funktionierte. Es gab eine Reihe von Abgasmessungen, bei denen unabhängige und kritische Werkstätten eine deutliche Reduktion der Abgaswerte von 80 % und mehr gemessen hatten. Der Fall war für mich klar. Das Interesse im Markt war allerdings sehr begrenzt. Es gab ein paar Interessierte, die von der Technologie fasziniert waren, einige fanden den Umweltschutzaspekt noch interessant, aber die große Mehrheit glaubte nicht daran und trotz Geld-zurück-Garantie wollten sie es nicht ausprobieren. Selbst Großverbraucher wie Speditionen konnten kaum zu Tests überredet werden. Es war die ersten Jahre ein zähes und wenig einträgliches Geschäft, bis ich über einen Freie-Energie-Bekannten auf ein Gerät aus Russland gestoßen bin, das im Gesundheitsbereich eingesetzt wurde. Es kam aus einem staatlichen Forschungsprogramm.

Der Entwickler war pensioniert und das Programm nach dem Zusammenbruch der UdSSR eingestellt worden. Das Gerät ging auf die Erfindungen von Nikola Tesla und Georgi Lakhovski zurück, die schon in den 20er Jahren des letzten Jahrhunderts mit Strom und Spulen gearbeitet hatten. In Russland waren nach Aussagen des Entwicklers viele Parteimitglieder mit Leber-Tumoren erfolgreich behandelt worden. Da meine Mutter ein paar Jahre vorher an Leberkrebs gestorben war, wusste ich, dass die Schulmedizin hierfür noch keine befriedigende Behandlung anzubieten hatte. Ich probierte das Gerät aus. Schon nach dieser ersten Sitzung musste ich nachts nicht mehr pinkeln gehen. Das war erstaunlich. Auch ein langjähriges Leiden gehörte nach wenigen Wochen der Vergangenheit an. Ich freute mich riesig! Ich begann, anderen Menschen davon zu erzählen. Das Interesse war enorm. Obwohl der Preis für einen Privathaushalt nicht gerade klein war, verkaufte ich die ersten Geräte, auch an Heilpraktiker und Alternativ-Ärzte. Ich war begeistert und überrascht, dass sich die Freie Energie über den Gesundheitsbereich durchzusetzen begann.

Das Gerät koppelt sich in das heilende Ätherfeld ein. Die Mitochondrien – die Kraftwerke der Zellen – werden energetisiert und damit können die Zellen wieder ganz lebendig werden. Sind alle Zellen im Körper gesund, geht es dem Menschen gut. Ich hatte viel über Zellelektrik, Zellmembranspannung und über hexagonales Wasser gelernt. Und dieses Wissen gab ich an meine Zuhörer weiter. Am Anfang befürchtete ich, dass erfahrene Heilpraktiker und Ärzte meinen Vortrag kritisieren würden. Falsch gedacht.

Von denen bekam ich Unterstützung und ergänzende Erkenntnisse. Ich war begeistert und sehr dankbar, dass ich dieses Wissen teilen durfte.

Auch an diesem Abend verläuft der Vortrag sehr gut. Immer mehr Menschen übernehmen die Verantwortung für ihre eigene Gesundheit, achten auf ihre Ernährung, wissen um die Bedeutung von gutem Wasser und suchen nach nebenwirkungsfreien Lösungen bei Krankheiten. Und immer mehr Menschen verstehen auch, sich die Ursachen ihrer Leiden anzuschauen und diese aufzulösen. Denn vor allem chronische Leiden haben tieferliegende Ursachen. Dr. Hamer, ein revolutionärer Arzt, der wegen seiner effizienten Methoden schnell vom System mit Prozessen überzogen wurde, hatte von unerledigten »Konflikten« gesprochen. Ich hatte in den letzten Jahren angefangen, Coaching-Einzelsitzungen anzubieten, bei denen ich den Menschen half, diese Ursachen zu erforschen und aufzulösen. Diese Arbeit erfüllt mich mit viel Demut und Freude. In meist wenigen Sitzungen können alte Traumata aus vergangenen Leben, aus der Kindheit oder aus der Ahnenlinie erkannt und geheilt werden. Was für ein Geschenk! Ich bin so froh, den Betroffenen einen sicheren Raum anbieten zu können, in dem sie ihre unterbewussten Ursachen ins Licht bringen können. Mein berufliches Leben ist wirklich erfüllt!

Keine Tochter

Privat hat sich in den letzten Jahren auch einiges getan. Meine langjährige Beziehung zu Svetlana hatte sich unlängst aufgelöst. Sie war die große Liebe meines Lebens und wir hatten wunderbare Jahre gemeinsam verbracht. Mit ihr war mein Herz komplett aufgegangen. Dieser wunderschönen Göttin begegnete ich beim Mantra-Singen. Sie entflammte mein Herz augenblicklich. Schon in der ersten Nacht sagte ich ihr, dass ich gerne Kinder mit ihr hätte. Das hatte sie tief berührt. Als wir dann anfingen, eine tiefere Beziehung zu entwickeln, vereinbarten wir, dass wir damit einige Zeit warten wollten, um nichts zu überstürzen. Das fühlte sich für mich auch gut an. Mein Sohn aus erster Ehe, der bei mir wohnte, war in der Pubertät und es war gut, noch etwas zu warten.

Nach ein paar Jahren nahmen wir voller Freude unser Projekt »Tochter« in Angriff. Wir beide wünschten uns ein Mädchen. Vom aufgestiegenen Meister St. Germain hatten wir gelernt, dass man als Paar auch eine bestimmte Seele in sein Leben einladen konnte. Wir hörten uns gemeinsam den

»Dreamwalker Birth« an – ein Kurs mit Meditationen, in denen man Kontakt mit der gewünschten Seele aufnehmen und sie in sein Leben rufen konnte. Und getreu dem Motto »Think Big« hatte ich vorgeschlagen, eine Aufgestiegene Meisterin in unser Leben zu rufen. Eine erleuchtete Person in der Familie zu haben war eine stimmige Vision. Sicherlich würde dann auch etwas auf uns abfärben. Svetlana fand meine Idee anmaßend, stimmte dem Vorhaben schließlich zu. Wenn die Seele nicht kommen wollte, würde sie auch nicht kommen, das war ohnehin klar. Ich kannte nicht viele Aufgestiegene Meisterinnen, mir kam eigentlich nur Master KUAN YIN in den Sinn. Sie gilt als die Göttin des Mitgefühls. Ich hatte sie ein paarmal gechannelt, das erste Mal, als eine gute Freundin mich um geistige Unterstützung bat und ich auch nicht so richtig weiter wusste. Ihre Energie kam in meinen Körper und ich war »erfüllt« von Mitgefühl. Noch nie in meinem Leben hatte ich so viel Mitgefühl gespürt. Ich war noch Stunden danach völlig von ihren Energien durchflutet. Herrlich – ganz ähnlich der Liebe, die ich für Svetlana empfand. Kurz nach unserer Entscheidung war Svetlana auf der Suche nach Göttinnen-Bildern für ihren Frauenkreis auf ein Bild von ihr gestoßen. Wir begannen uns mehr mit KUAN YIN zu verbinden und sie in unser Leben zu rufen. Das fühlte sich für uns beide stimmig an. Es wollte sich allerdings trotz eifrigen Bemühens kein Erfolg einstellen. Die Energien beim Liebe-Machen waren – wie immer – göttlich und sehr »erfüllend«, aber eine Schwangerschaft stellte sich nicht ein. Wir waren ratlos. Svetlana begann einen Frauenarzt aufzusuchen. Ich kam auch einmal mit. Der Arzt war sehr kompetent und strahlte viel Empathie aus, eine schöne Erfahrung. Bei Svetlana gab es eine Zyste auf einem Eierstock, die möglicherweise zu einer Beeinträchtigung führen könnte. Der andere Eierstock war allerdings voll funktionsfähig und einer Schwangerschaft sollte nichts im Wege stehen, meinte er. Wir wollten alle natürlichen Wege ausschöpfen, aber eine künstliche Befruchtung kam für uns beide nicht in Frage, da waren wir uns einig. Ich ging auch zur Sperma-Untersuchung – ein sehr spezielles und auch lustiges Unterfangen: ein schönes Labor ähnlich einer Arztpraxis, charmante Empfangs-Assistentinnen, die mir den Weg in einen Raum wiesen. Dort erschien dann der Laborarzt, der mich schmunzelnd fragte, ob ich Interesse an nicht-literarischer Literatur hätte. Die Auswahl war breit gefächert. Ich entschied mich für den Playboy, so dass ich meine Aufgabe auch zügig erfüllen konnte. Und so verließ ich das schöne Labor nach wenigen Minuten in gehobener Stimmung, nicht ohne eine angemessene Portion von meinem »göttlichen« Samen in dem gewünschten Fach hinterlassen zu haben. Alles sehr diskret und freundlich. Das Ergebnis: Spermien waren in ausreichender Zahl und mit der gewünschten Agilität vorhanden. Das hatte ich mir schon gedacht, aber ich fand es vollkommen angemessen, mich dem Prozedere nicht zu entziehen, auch wenn der Spaß natürlich ein paar hundert Fränkli gekostet hatte.

Wir »arbeiteten« weiter an unseren Plänen. An einem Abend verkündete Svetlana, dass sie sich sicher war, dass sie jetzt schwanger sei, dass es heute früh beim Liebe-Machen wohl eingeschlagen habe. Ich war begeistert! »Jetzt müssen wir täglich mit ihr in Kontakt treten, um die Verbindung zu dieser Seele zu festigen«, schlug ich gemäß Kursanweisung vom Dreamwalker Birth und auch meinem Gefühl vor. Svetlana geriet außer sich: Es sei jetzt doch passiert, nun müssten wir doch nicht mehr so komische Sachen machen, die Dinge würden jetzt einfach ihren Lauf nehmen. Und überhaupt wisse sie nicht, was sie von den ganzen Channelings halten solle. Wir gerieten in einen Streit. Am nächsten Morgen spürte sie die Energie nicht mehr in sich. Ich war tief betroffen und traurig. Sie auch. Wir sprachen nicht mehr oft darüber und wenn, gerieten wir in Streit. Svetlana verhütete nicht, aber es kam auch zu keiner weiteren Befruchtung, obwohl wir weiterhin traumhafte Liebesnächte miteinander verbrachten. In meinem Herz gab es einen Riss, der nicht mehr gekittet wurde. Schließlich begrub ich meinen Traum von einer Tochter, nicht ohne eine gewisse Trauer. ✪

4 Die erste ET-Heilsitzung

sther schien total unbeeindruckt von meiner Besuchs-
absage. Das gefällt mir irgendwie. Ich weiß jetzt auch
nicht mehr, was ich davon halten soll, aber wir schreiben uns per Whatsapp regelmäßig und vereinbaren
noch im September 2016 einen Termin für eine Fern-
heilung mit ihren ETs. Für mich ist es eine schöne Gelegenheit, sie etwas
näher kennenzulernen und ich bin neugierig, was sie da anbietet. Ich habe
schon ein paar Fernheilungen erfahren und auch gegeben. Gespürt habe
ich meistens nichts, aber bei meinen eigenen Fernheilungen gab es öfter
positive Rückmeldungen der Empfänger.

Wir hatten uns per Skype verabredet. Esther sieht süß aus und strahlt mich
an. Mein Herz öffnet sich.
»Schön, dich zu sehen«, beginne ich das Gespräch.
»Ja, gleichfalls. Es freut mich sehr, dass du eine meiner Fernheilungen
ausprobieren magst.«
»Was kostet denn eine solche Fernheilung?« frage ich.
»Ich hatte dich doch eingeladen, weißt du nicht mehr?«
»Oh ja, sehr gerne, vielen Dank! Ich bin schon sehr gespannt. Wie läuft
das genau ab?«

Ich genieße es, sie zu sehen. Sie ist wunderschön, ihre Augen strahlen und
sie ist voller Enthusiasmus. Ihre Haare hatte sie zurückgenommen, sie trägt
ein elegantes Top, dezente, schöne Ohrringe und sie sieht extrem attraktiv
aus. Ich könnte sofort durch den Bildschirm springen, um sie in meine
Arme zu nehmen …
»Also wir besprechen jetzt kurz den Ablauf und deine gesundheitlichen
Anliegen. Dann beenden wir den Anruf. Du legst dich am besten an einen
ungestörten Ort. Die Behandlung dauert circa eine Stunde. Die Sternenwesen werden in dieser Zeit an dir arbeiten. Du kannst darauf achten, ob
dir etwas auffällt, irgendwelche Dinge in deinem Körper oder an deinem
Energiefeld. Wenn nicht, ist es auch egal. Nach der Behandlung erhalte ich
meistens noch eine schriftliche Botschaft von ihnen; es dauert ein paar Minuten, bis ich die aufgeschrieben habe. Dann skypen wir wieder. Hast du

dazu noch irgendwelche Fragen?«

Ich kann mir immer noch nicht so richtig vorstellen, wie die Sternenwesen in mein Zimmer kommen sollen. Also Engel und andere Wesen hatte ich ja schon gespürt, in Meditationen, diversen Seminaren. Aber ETs? Die hatten doch einen Körper, oder nicht?
»Werde ich sie denn sehen können?«
»Die meisten meiner Klienten sehen sie nicht, aber ab und zu gibt es welche, die etwas erkennen. Das ist aber eher selten … und dann auch nur schemenhaft. Ich selbst habe sie auch noch nicht gesehen, aber ich spüre ihre Präsenz sehr deutlich, sie arbeiten durch meine Hände.«

Na gut, es kostet nix, ich sehe diese schöne Frau wieder und wir können über Skype flirten. Mein Energiekörper ist durch die ganzen Meditationen, die ich fast täglich mache, stark aufgeladen, meine Schwingung ist recht hoch. Ich bin gespannt, was die ETs da noch ausrichten können, und was Esther in Bewegung setzen kann.

»Hast du irgendwelche körperliche Themen, die sie sich anschauen sollten?«
Ich bin gut trainiert, gehe regelmäßig ins Sportstudio, mache wöchentlich einmal Yoga. Meine Gebrechen hatte ich mit meinem russischen Energie-Gerät auflösen können, aber durch die langen Autofahrten spüre ich gerade meinen unteren Rücken. »Also mein Rücken ist etwas verspannt durch die langen Autofahrten, vor allem der untere Rücken, die Lendenwirbel. Dort bin ich etwas steif. Und dann ist da noch die linke Nebenhöhle, die schnell mal dicht ist. Tut zwar beides nicht weh, aber ganz optimal ist es auch nicht, das spüre ich. Wäre das was?«
Sie macht sich Notizen. »Ist das alles? Überleg noch mal. Wenn wir jetzt schon dran sind, können sie auch gleich noch mehr machen.« Mhm, ich überlege. Meine rechte Hüfte hatte ich mit dem Gerät wieder schmerzfrei bekommen. Es war eine Entzündung, wohl wegen eines Beckenschiefstandes. Ich überlege weiter. »Mein rechtes Knie fühlt sich manchmal bei der Beinpresse auch etwas wackelig an. Es tut zwar nicht weh, aber ich merke, dass es nicht komplett in Schuss ist.«
»Um Gottes Willen, was ist eine Beinpresse, klingt ja wie ein Folterinstrument«. Ihre Augen werden noch größer als ohnehin schon. Ich muss lachen. Sie ist ja so süß und ich liebe es, sie so zu sehen. »Eine verheiratete Frau aus Holland!« höre ich irgendwo in meinem Kopf. Aber das hilft auch nichts

mehr. Mhm, was soll ich tun? Am besten nichts, wie immer wird das Richtige in meinem Leben geschehen, das weiß ich unterdessen. Ich bin gespannt, was sich daraus entwickelt. Ich genieße die Minuten mit ihr.

»Ja, so kann man es natürlich auch sehen, aber eigentlich ist es nur ein Trainingsgerät im Sportstudio, das ich gerne benutze, damit meine Oberschenkel in Schuss bleiben. Na ja, und da spüre ich eben, dass mein rechtes Knie nicht ganz in seiner Kraft ist. Vielleicht mögen sich deine Freunde das auch mal angucken? Eine kleine Ladung Heilenergie kann ja nicht schaden.«

Sie lacht und macht sich Notizen. »Ist das wirklich alles?«

»Na ja, mein Kopf könnte so eine kleine Generalüberholung gebrauchen, manchmal vergesse ich selbst Namen von Menschen, die ich sehr schätze, weißt du, Angela?«

Sie lacht erneut und wird rot. Oh nein, wo führt das jetzt bloß hin?

Sie setzt eine professionelle Miene auf und guckt auf die Uhr. »Ich denke, wir sollten jetzt anfangen. Vielleicht magst du nochmal aufs Klo gehen, nimm dir etwas Wasser mit und dann wäre es gut, wenn du dich circa eine Stunde an einen ruhigen Ort legen könntest. Geht das?«

»Ja klar, ich habe hier einen Behandlungsraum und lege mich auf meine Massageliege. Die ist sogar energetisiert. Und dann sehen wir uns wieder so um 11.00 Uhr?«

»Ja, perfekt, vielleicht kurz nach 11.00 Uhr, da ich ja vielleicht noch eine Mitteilung für dich bekomme, die ich kurz notieren muss.«

»Ok, super, bis bald dann. Und vielen Dank nochmals. Ich freue mich.«

Das tue ich wirklich. Was für eine tolle Frau!

Ich gehe brav aufs Klo, nehme mir ein großes Glas von meinem energetisierten Wasser mit und verziehe mich auf meine Massageliege, schlage mich in meine Decke ein, damit ich es auch gemütlich warm habe und harre der Dinge, die da kommen. Meistens spüre ich bei derartigen energetischen Behandlungen nichts, aber ich bleibe aufmerksam, mein Herz noch ganz vibrierend von unserer schönen Begegnung.

Ich lege meine rechte Hand auf mein zweites Chakra und die linke auf mein oberes Herzchakra, direkt unter dem Hals. Das mache ich schon seit Jahren so, um meine internen Körperzentren zu aktivieren. Keine zwei, drei Minuten später spüre ich sie: Drei oder vier Wesen treten an meine Liege und beginnen an meinem Kopf und an meinem Körper zu arbeiten. Ich öffne die Augen: sehe nichts. Ich schließe meine Augen wieder. Dass sie an mir arbeiten ist deutlich wahrnehmbar. Ich werde in einen Energiemantel gehüllt, der sich wunderbar anfühlt. Ich aktiviere meinen Lichtkörper und kann ihre Energie noch deutlicher wahrnehmen. Ein Strom wunderbarer Heilenergie durchflutet mich und hüllt mich ein. Ich fühle mich wie in einer Trance. Ich versuche achtsam zu bleiben und spüre die Heilenergie auch an meinem rechten Knie. Mein Kopf strahlt, als ob ein großer Scheinwerfer darin angeschaltet worden ist – wunderbar. Ich schalte einen Gang hoch und öffne mich mehr. Ich bade im Licht der ETs und genieße es in vollen Zügen. Meine Gedanken kommen ganz zum Erliegen, ich werde zu einem Energiestrom, der mit allem verbunden ist: Whow, was für eine Erfahrung. Damit hatte ich wirklich nicht gerechnet. Sie haben echt was drauf, diese hübsche Holländerin und ihre Außerirdischen! Ich gebe mich ganz den Energien hin und vergesse alles um mich herum. Ich befinde mich in einem kosmischen Energiefeld, es ist exquisit!

Auf einen Schlag hört es auf. Ich nehme keine Details mehr wahr. Wie auf ein Kommando treten sie von meiner Massageliege zurück. Ich schaue auf die Uhr: Es ist exakt 11.00 Uhr. Genau eine Stunde ist vergangen, wie sie gesagt hatte. Ich bleibe noch einen Moment liegen, um den Energien nachzuspüren. Alle meine Zellen vibrieren, meine Lendenwirbel fühlen sich angenehm warm an, ebenso beide Knie, mein Kopf strahlt. Sie sind weg, das ist ganz klar. Ich bedanke mich in Gedanken bei ihnen, spüre aber keine Antwort, wahrscheinlich sind sie schon wieder in ihrem Raumschiff, aber nicht mehr hier.

Das war intensiv und SEHR deutlich, keine Frage. Da waren ein paar Wesen, die an mir gearbeitet haben. Mit solch einer Klarheit hatte ich nicht gerechnet. Was für ein Geschenk! Und das noch über die Entfernung. Ich bin mal gespannt, was Esther wahrgenommen hat. In ein paar Minuten werden wir wieder skypen. Ob sie auch spüren konnte, was sie alles bewegt hat und welcher Energiestrom durch mich geflossen ist?
Ich mache mich bereit und gehe zurück zu meinem Rechner. Sie hatte ja gesagt, dass sie nach der Behandlung die Botschaft notieren und mich wieder anrufen würde. Nichts geschieht. Ich hole mir einen frischen Tee. Ich bin immer noch in diesem anderen Space. Mein Herz ist ganz weit, alle Zellen vibrieren. Ich warte. Keine Reaktion auf Skype, sie ist noch inaktiv geschaltet, also ist ihr Rechner noch aus. Ich checke Whatsapp: Auch dort noch keine Mitteilung von ihr. »Alles ok?« schreibe ich. Die Meldung findet

noch nicht die Empfängerin, ihr Telefon ist also immer noch ausgeschaltet. 11.20 Uhr. Mhm, vielleicht ist die Mitteilung an mich länger ausgefallen? Ich trinke meinen Tee und fange schließlich an, mir ungelesene Emails anzuschauen. 11.30 Uhr: Eine halbe Stunde ist nach dem Ende der Sitzung vergangen und immer noch kein Lebenszeichen von ihr. Langsam mache ich mir Sorgen.

11.40 Uhr, endlich. Skype klingelt. Sie sieht ziemlich ausgespaced aus, einige Haare haben sich gelöst, sie schaut mich ernst und mit großen Augen an: »Wie geht es dir?«

»Gut, sehr gut sogar. Das war ja ziemlich phantastisch.«

»Hast du etwas bemerkt?«

»Ja, und ob, um 10.00 Uhr traten drei oder vier Wesen an mich heran, das konnte ich nicht genau ausmachen; ihre Energie war sehr deutlich. Sie haben mich in Licht gehüllt, mein Kopf leuchtete, auch den Rücken und die Knie habe ich gespürt, aber es war eigentlich im ganzen Körper. Das hat sich wirklich großartig angefühlt, vielen Dank!«

Sie sagt nichts, scheint noch immer in einem anderen Space zu sein.

»Und, wie geht es dir denn so?« Ich muss schmunzeln.

»Sowas habe ich noch nie erlebt«, sagt sie ernst. »So starke Energien, ich bin immer noch nicht ganz bei mir. Das war glaube ich die intensivste Heilsession, die ich je gegeben habe. Ich muss mich jetzt erstmal etwas ausruhen, lass uns in den nächsten Tagen wieder sprechen.«

»Ja, das war auch die intensivste Heilsession, die ich je bekommen habe. Ich habe genau gespürt, wie die ETs zu mir an die Liege traten, wie sie meinen Kopf und meinen Körper in Licht eingehüllt haben. Waren es drei oder vier? Das konnte ich nicht genau wahrnehmen, sehen konnte ich sie auch nicht.«

»Mhm, das weiß ich auch nicht. Es freut mich, dass es dir gefallen hat.«

»Und um Punkt 11.00 Uhr haben sie mit der Behandlung aufgehört, das konnte ich auch ganz präzise bemerken, wirklich genial! Was hast du denn so lange gemacht?«

»Ja, sie haben mir noch eine Botschaft für Dich durchgegeben. Ich werde sie dir aufnehmen und zusenden. Ich brauche jetzt einen Moment Ruhe, ehe ich meine nächste Session habe. Ist das in Ordnung für dich?«

Ich würde zwar noch gerne mehr von ihr erfahren, bin immer noch ganz aufgeregt und begeistert, aber ich merke, dass ich sie nicht weiter löchern darf, sie muss sich etwas ausruhen. »Ja, klar, nochmals vielen Dank. Melde dich einfach, wenn du wieder Zeit hast, ich freue mich.« Wir beenden die Unterhaltung.

Esther:

Pffff, es kostete mich einige Zeit, um aus dieser Heilsitzung wieder zu mir zu kommen. Dies war die intensivste Fernbehandlung, die ich gegeben hatte. Es fühlte sich so an, als ob ich nicht nur der Kanal war, der die Sitzung gab, sondern als ob ich Teil der Heilung war. Auch ich empfing eine Heilung. Sobald ich die Verbindung mit Asar und meinem Team aufnahm, schüttelte es meinen Herzraum sehr stark. Es gab eine ziehende Empfindung: Mein physisches Herz wurde Richtung Boden gezogen, in Verbindung mit Asars Feld und Herz, denke ich. So als ob mein Körper von Utrecht in die Schweiz gezogen wurde: erstaunlich, eine so starke Verbindung!

Dann betrat ich einen tieferen Raum. Normalerweise »sehe« ich nicht so viel, ich bin eher der hellhörende, spürende, wissende Typus. Aber hier »sah« ich uns beide einander gegenüber im Raum stehen. Unsere elektromagnetischen, torodialen Felder begegneten und überlappten sich. So als ob eine Verbindung erneut hergestellt wurde. Dann hörte ich ganz klar die Worte: »Holy Matrimony« (Heilige Ehe) – »Holy Matrimony«. Dies wurde ständig wiederholt. Ich weiß, wenn sich eine Botschaft immer wieder wiederholt, sind es die Führer, die etwas ganz klarstellen möchten. »Holy Matrimony« – whow, das klingt wie eine sehr innige Verbindung, die wieder aktiviert wurde – und fühlte sich auch so an. Ich musste alle meine Verabredungen an diesem Tag absagen. Es hatte mich total umgehauen. Ich ruhte mich auf der Couch aus, um mich von dieser intensiven Heilung, Aktivierung oder diesem Download zu erholen. Was auch immer es war, es war auf jeden Fall sehr intensiv.

Ich hatte keine Ahnung, was dieser Begriff bedeutete. Ich hatte davon noch nie gehört. Als ich es nachschaute, traf ich auf das Buch von Tom Kenyon mit dem Titel »Das Magdalena Manuskript«, das die heilige und tantrische Beziehung zwischen Maria Magdalena und Yeshua ben Joseph (Jesus Christus) beschreibt. Es ist eine tief alchemistische Beziehung zwischen zwei Geliebten.

Aber wie konnte das hier sein? Und wieso wurde der Begriff pausenlos wiederholt? Das konnte kein Irrtum sein, aber was wollten mir die ETs damit sagen? Ich war restlos verwirrt. Was bahnte sich hier an? Ich konnte Asar davon nichts sagen, ich musste erst selbst Klarheit gewinnen. Auch die Energien waren extrem stark und das bei einer Fernheilung. Was war hier los? Ich konnte mir keinen Reim darauf machen. Es weckte meine Neugier.

Ich hatte die starke Beziehung zu diesem Mann von Anfang an gespürt. An dem Wochen-endseminar, als er auf der Bühne stand, konnte ich den Blick nicht von ihm nehmen. Wie er so dastand in seinem goldgelben Gewand, sein Strahlen, seine Stimme. Ich war wie gebannt. Tränen waren mir in die Augen gestiegen. Er hatte mir länger tief in die Augen ge-blickt. Das war für einen Sänger eher ungewöhnlich. Später folgte ich ihm wie automatisch die ganze Zeit mit meinem Blick. Ich konnte die Augen nicht von ihm lassen. Irgendetwas war mit ihm, das ich unbedingt herausfinden musste. Ich hatte noch keine Ahnung, was sich hier sich hier anbahnte. ✪

5 Der erste Besuch

*W*ir sprechen fast täglich miteinander. Und schicken uns verliebte Nachrichten. Ja, es ist klar, wir wollen und müssen uns sehen. Während unserer Skype-Gespräche sind die Energien sehr stark. Esther zuckt meist, ihr Herzchakra wird oft direkt auf den Bildschirm gezogen, so dass ich anfänglich für 10 oder 20 Sekunden nur ihren Pulli direkt vor der Kamera sehe, ehe sie sich wieder losreißen kann. Es ist ziemlich lustig und skurril. Sie kann es sich auch nicht erklären. Mit der Zeit fängt auch mein Körper an sich so zu bewegen, als ob sich ein kleiner Stromschlag in mir entlädt. Ohne jegliche Schmerzen oder Unwohlsein und auch weniger stark und weniger oft als bei Esther. Wir vermuten, dass sich unser Herzchakra mehr öffnet. Einmal kommt Chris, ihr Mann dazu und es ist ihr peinlich. Sie hat Chris von der ersten Session erzählt, auch dass sich da eine spezielle Verbindung anbahnt. Er nimmt es gelassen. Sie fragt ihn, ob es für ihn in Ordnung sei, dass ich sie besuchen würde. Ja klar, wieso nicht?

Wir suchen uns ein Wochenende aus, an dem Chris auf einem Seminar außerhalb der Stadt ist. Ich buche ein luxuriöses AirBnB ganz in der Nähe, in der Altstadt von Utrecht, ca. 10 Minuten von ihrem Haus entfernt. Was machen wir, wenn wir uns treffen, will ich wissen. Wir spüren beide diese enorme Anziehung zwischen uns, es ist ein Mysterium. Wir haben so etwas beide noch nicht erlebt. Wir kommen überein: »Wir folgen einfach unseren Herzen.« Das hört sich für mich sehr gut an. Meine Vorfreude ist riesig. Es fällt mir schwer, mich auf meine Arbeit zu konzentrieren, meine Gedanken sind immer bei ihr. Ich freue mich über jedes Smiley, jedes Herzchen, das in meine Richtung geflogen kommt. Mich hat es total erwischt. Sie auch.

Mit einer lieben Freundin channele ich seit Jahren regelmässig ISIS und OSIRIS. Natürlich frage ich in einer unserer Sitzungen, was sich denn hier gerade entwickelt. Die Antwort von ISIS durch meine Freundin ist sehr klar: Meine Beziehung zu Esther könne ein großer Durchbruch für die Liebe zwischen Mann und Frau auf der Erde sein. Wir könnten gemeinsam viel Licht auf die Neue Erde bringen. Es gäbe eine sehr starke sexuelle Anziehung. Unsere Vereinigung sei jenseits von allem, was mit Worten beschrieben werden könne. Es würde passieren, was passieren muss! Diese und ähnliche

Botschaften bestärken mich, meinem Herzen zu folgen.

In einem unserer Skype-Calls sagt Esther: »Ich habe dich immer geliebt und ich werde dich immer lieben.« Ich kann diesen Satz ganz in mein Herz nehmen, über eine Mauer hinweg, die ich da auch noch spüre. Mir kommen die Tränen: In mir findet eine tiefe Heilung zum Weiblichen statt. Eine tiefe Dankbarkeit durchströmt mich!

Der Tag unseres Wiedersehens ist da. Ich fliege nach Amsterdam und die Verbindung nach Utrecht ist komplikationslos. Esther hat mir ein Bahnticket geschickt, ich muss also nicht erst die Funktionsweise der Automaten studieren. Mit dem Taxi fahre ich vom Bahnhof zu ihrem schönen Reihenhäuschen im traditionellen Teil von Utrecht. Von dort aus gehen wir gemeinsam zum Airbnb direkt in der Altstadt. Die freundliche Gastgeberin zeigt uns das geschmackvoll eingerichtete Appartement mit einem wunderbaren Balkon mit Blick auf den Kanal.

Es scheint endlos zu dauern, bis sie uns alles erklärt hat und uns allein lässt. Wir machen uns einen Tee, knabbern etwas Gebäck und tauschen uns aus. Es knistert enorm. Es dauert nicht lange, bis wir uns näherkommen. Die Energien, die sich zwischen uns aufbauen, sind unglaublich. So etwas haben wir beide noch nicht erlebt. Wir schmelzen dahin und genießen die unbeschreiblichen Liebesenergien, die durch unsere Körper fluten. Unsere Augen verbinden sich, unsere Seelen finden wieder zueinander und unsere Körper sind perfekt aufeinander abgestimmt. Bei jeder Berührung erschaudert Esther, es ist unbeschreiblich. Wir genießen die gemeinsame Zeit, in der wir uns kennenlernen können. Es gibt auch Stolpersteine, aber wir spüren beide, wie wichtig unsere Verbindung ist.

Ich gebe Esther zwei Sessions, in denen wir alte Aspekte aus vergangenen Leben nach Hause holen. Bei beiden geht es um ihre Rolle als Frau und um Missbrauch. Beide Sitzungen berühren sie tief und führen zu einer tiefen Heilung ihrer Weiblichkeit.

An einem Abend sitzen wir gemeinsam in der schönen Badewanne und ich frage Esther, was sie mit mir zusammen erschaffen möchte. Mir kommen Seminare in den Sinn. Sie überlegt einen Moment, sagt aber nichts. Wochen später verrät sie mir, dass sie in ihrem Kopf immer wieder eine deutliche Stimme gehört hat, die ein gemeinsames Kind als Antwort gibt. Diese Botschaft verwirrt sie natürlich, deshalb sagt sie nichts. Kurz vor meiner Rückreise in die Schweiz kommt mir KUAN YIN wieder in den Sinn und ich frage sie, ob sie Master KUAN YIN kenne. Ihr Körper reagiert auf die Frage mit enorm starken Zuckungen, die einige Minuten anhalten. Nach einer

Weile kann sie wieder sprechen: »Ja, ich kenne sie, habe erst seit kurzem ein KUAN-YIN-Orakel von einer Freundin geschenkt bekommen, das mich sehr anspricht.«

»Wenn du möchtest, werde ich dich mit KUAN YIN schwängern«, höre ich mich sagen. Woher auch immer diese Worte kommen. Da war er wieder, dieser innige Wunsch von mir, KUAN YIN auf die Erde zu bringen. Sie schaut mich mit großen Augen an und schweigt einen Moment, ehe sie antwortet: »Da gibt es nur zwei Probleme: Ich bin verheiratet und ich bin unfruchtbar.« Also sie will! Ich bin überglücklich! Vielleicht ist sie die Mutter von meiner geliebten KUAN YIN? Und es gibt doch noch eine Chance, sie als unsere Tochter auf die Erde zu bringen? Ich antworte sachlich, aber liebevoll und voller Zuversicht: »Du kümmerst dich um das erste Problem, das zweite lass einfach meine Sorge sein.«

»Ich muss jetzt ohnehin mit Chris sprechen, ich brauche einfach etwas Zeit dafür. Wir haben für das Jahresende einen gemeinsamen Urlaub geplant, da werde ich ihm alles erklären und wir schauen, wie er reagiert.« Das klingt für mich wundervoll, wie ein gemeinsamer Plan. Mein Herz öffnet sich noch mehr. Wir haben einen großen gemeinsamen Schritt gemacht. Viele werden noch folgen müssen, aber es ist ein wichtiger erster Schritt. Mein Besuch im schönen Utrecht endet bald, und ich fliege in der Gewissheit zurück, dass wir am Beginn einer wunderschönen Reise stehen. Doch was weiß ich schon!

Esther spricht in ihrem Urlaub mit Chris über die besondere Situation und unseren Plan, KUAN-YIN in einer Reinkarnation auf die Erde zu holen. Chris zeigt sich recht aufgeschlossen. Schließlich hatte Esther damals ja auch zugestimmt, dass er Samen für seine Bekannte spenden konnte. Hier liegt die Situation natürlich etwas anders, aber Chris zeigt wahre Größe. Wir selbst suchen jetzt nach weiterer Gewissheit und fragen Jonette, ob sie uns dazu etwas channeln mag. Als Chris davon erfährt, möchte er auch mit dabei sein. Ich bin erst etwas irritiert, denn ich möchte diesen intimen Moment mit Esther und Jonette alleine genießen. Auf der anderen Seite finde ich es auch schön, dass er teilhaben möchte und stimme zu. Zum vereinbarten Termin treffen wir uns auf Skype: Esther und Chris von Utrecht aus, ich in Zürich und Jonette loggt sich von den USA aus ein. Jonette verbindet sich mit ihrer geistigen Führung und bestätigt, dass ein gemeinsames Kind von Esther und mir in Vorbereitung sei und dass wir KUAN YIN auf die Erde bringen sollen. Chris äußert gewisse Bedenken, aber sie empfiehlt ihm, seine Bedenken zurückzustellen. Für die Erde sei es sehr wichtig und hilfreich, wenn KUAN YIN jetzt inkarnieren könne. Esther und ich hätten als Paar ohnehin nicht lange Bestand, dazu seien wir zu verschieden, aber die Geburt des Kindes sei sehr wichtig und habe Vorrang. Die Sitzung mit Jonette gibt schließlich den Ausschlag dafür, dass Chris zustimmt. Wir sind beide sehr glücklich.

Ende Januar kommt Esther das erste Mal für ein paar Tage in die Schweiz. Ich freue mich wahnsinnig, doch die Begegnung gestaltet sich zu Beginn etwas schwierig. Die Anziehung und unsere Liebe sind nach wie vor enorm, aber unsere Persönlichkeiten brauchen einige Zeit, um sich zu finden. Unsere Körper sind optimal aufeinander abgestimmt. Wir erleben ekstatische Vereinigungen und genießen die gemeinsame Zeit sehr. Wir sind total verliebt. ✪

6 Fiasko in Utrecht

sther möchte unbedingt, dass ich Chris persönlich kennenlerne. Zudem gibt es eine Anfrage von einem Fernsehteam, das gerade eine Sendung über polyamoröse Beziehungen dreht. Chris und Esther hatten bereits ein erstes Gespräch mit dem Team geführt und sind von ihrem Projekt sehr angetan. Esther fände es sehr schön, wenn sie jetzt auch mit mir sprechen könnten und dabei auch Szenen filmen könnten. Ich habe mich eigentlich auf eine Frankreich-Reise gemeinsam mit Jonette gefreut, die mit einer kleinen Gruppe magische Plätze besuchen wird, aber dann folge ich doch dem Ruf meiner Geliebten und reise nach Utrecht. Ich miete wieder ein AirBnB und es gibt ein erstes Gespräch vor laufender Kamera zuerst mit mir alleine und dann zusammen mit Esther. Ich hatte für Esther ein Liebeslied komponiert und spiele es ihr vor laufender Kamera das erste Mal vor. Sie ist berührt. Davor hatte es bereits ein Einzelgespräch zwischen dem Kamerateam und Chris gegeben. Jetzt werden wir uns zu dritt mit dem Kamerateam treffen. Durchaus mutig! Ich hatte mit Chris schon geskyped, aber live waren wir uns noch nie begegnet. Als wir bei ihnen zuhause ankommen, schlägt Chris vor, dass wir zunächst zu zweit meditieren und danach gemeinsam essen. Doch auf einmal wird für Chris alles zu viel und die Stimmung schlägt um und wird eisig. Ich versuche, ihm zu helfen, mache aber alles nur noch schlimmer. Esther schlägt sich ganz auf die Seite ihres »armen« Chris. Das hilft ihm nicht unbedingt, in seine Kraft zu kommen. Es endet in einem ziemlichen Fiasko. Schließlich verlasse ich das Haus mit sehr wechselhaften Gefühlen Ob unsere Beziehung noch zu retten ist? Ich bin frustriert. Vielleicht wäre ich doch besser mit Jonette nach Frankreich gefahren. Der Schritt war einfach viel zu früh. Am nächsten Tag erscheint Esther im AirBnB und macht mir Vorhaltungen. Chris fand, dass ich ein »arrogant bastard« sei. Ich hätte mich unmöglich benommen, hätte doch schließlich mehr Mitgefühl für den armen Chris zeigen können. Na ja, ich hatte versucht zu helfen, aber konnte verstehen, dass es für Chris nicht einfach war, diese Hilfe auch anzunehmen. Egal was ich gemacht hätte, es wäre wohl ohnehin »falsch« gewesen. Nach dieser Reaktion von Esther bin ich bereit, unser Experiment »Polyamorie« abzubrechen. Mein »Verlassener-Kind-Anteil« ist getriggert worden und ich

kämpfe mit meinen schmerzlichen Gefühlen. Esther übernachtet zwar bei mir, aber ich bin immer noch verletzt und auf Distanz. Sie auch. Erst am nächsten Morgen finden wir uns wieder und verbringen anschließend ein paar schöne gemeinsame Stunden und einen intensiven nächsten Tag. Mit gemischten Gefühlen fliege ich nach Zürich zurück. Gemeinsam mit zwei Freunden, denen ich von meiner chaotischen Reise erzählt habe, gründe ich den »Arrogant Bastards Club« und wir schicken das Gründungsfoto zu Esther, die darüber herzlich lachen kann. Die Situation hat sich wieder entspannt. Ich bin sehr froh.

Unsere Liebe wächst trotz dieses missglückten Versuches einer Annäherung von Chris und mir weiter. Esther kommt mich in den folgenden Wochen mehrfach besuchen und wir üben fleißig, um KUAN YIN zu zeugen. Im Juni (2017) scheint es so, als ob wir erfolgreich sind. Nach einer schönen Liebesnacht bitte ich Mutter GAIA um ein Zeichen, sollte es geklappt haben. Am nächsten Morgen stehe ich auf und drei Störche kreisen vor meinen Augen über meiner Wohnung. Ich hatte weder vorher noch nachher Störche in unserer Gegend gesehen. Das Zeichen ist eindeutig für mich. Aber so schön das Zeichen auch ist, Esther ist nicht schwanger.

Im Juni verbringen wir ein paar wunderbare Tage in Grindelwald. Ich habe eine schöne Wohnung in einem traditionellen Schweizer Chalet gemietet und wir wandern und machen viel Liebe. Doch es gibt auch einen Tag mit einer heftigen Auseinandersetzung, die wir allerdings bis zum Abend heilen können. Wir dienen offensichtlich einander, um noch viele alte Themen aufzulösen. Dies ist sehr schmerzhaft, aber unsere Liebe trägt diese Prozesse auf wunderbare Weise.

Rast auf der Fahrt nach Grindelwald

Wir sehen uns viel über Skype und Esther kommt alle paar Wochen zu mir in die Schweiz. Ende August entwickelt Chris erste polyamoröse Gefühle und findet eine Freundin. Dies entspannt uns drei sehr. Esther und ich genießen unsere gemeinsame Zeit und Ende Oktober ist Esther wieder zu Besuch in Zürich. Ich hatte spezielle Cookies gebacken und Esther will einen halben probieren. Also beschließen wir an einem Samstag, eine kleine Zeremonie zu machen. Der Cookie schlägt bei Esther enorm ein, und sie hat Visionen wie bei einer harten Droge. Ich bin sehr erstaunt, dass Esther so sensibel darauf reagiert. Auf einmal beginnt sie, ein Wesen laut zu channeln. Bis dahin hat sie ihre Botschaften per automatischem Schreiben von ihrem Geistführer David nach Heilsitzungen erhalten. Aber jetzt spricht auf einmal ein Wesen durch sie. Esther wird gewahr, dass ihr Sprach-Channel jetzt aktiviert wird, dass sie schon seit Äonen mit ihren Geistführern zusammengearbeitet hat und dass wir gemeinsam wunderbare Dinge erschaffen könnten. Auch dass sie anderen helfen könne, sich zu heilen. »Empfange das Licht vollkommen. Nimm es in dich auf«, wird immer wieder durch ihren Kanal wiederholt. Es ist eine Metamorphose für Esther.

Ab diesem Tag beginnen die ETs und später auch viele andere Wesen durch Esther zu sprechen. Wir erfahren später, dass ein Sprach-Implantat, das sie vor vielen Monaten von den ETs erhalten hat, an diesem Tag aktiviert wurde. Es wird Esthers Arbeit und auch unser gemeinsames Wirken für immer verändern und eröffnet viele weitreichende Möglichkeiten. Die Tragweite können wir an diesem Tag nicht im Entferntesten erkennen. Es ist wahrlich großartig! ✪

7 Die Heilung des Kamel-Jungen

Anfang Dezember 2017 darf ich wieder eine dieser wunderschönen Heilsitzungen empfangen. Nachdem mir einiges zu Gesundheitsfragen gesagt wird, wechselt David das Thema.

David: »Wir sind Licht und leben in Ebenen, die für Menschen nicht leicht zugänglich sind. Wir reichen bis in die 12. Dimension, was sehr hoch ist. Wir kommen hierher, um das Licht zur Erde zu bringen und den Menschen zu helfen, sie zu erleuchten. Die 12. Dimension ist eine wunderbare Ebene, aber sie ist nicht physisch. Es gibt Dimensionen jenseits dieser Ebene, aber sie haben keine Namen. Jetzt machen wir etwas anderes. Wir haben ein Geschenk für dich. Das hast du lange nicht gesehen. Möchtest du dieses Geschenk empfangen?«

Natürlich möchte ich das und ich bin schon neugierig! David berichtet, dass ich in einem vergangenen Leben als kleiner Junge von einem Kamel gefallen und sofort gestorben bin. Dieser Unfall hat tiefe Wunden in meinem Aurafeld hinterlassen, die jetzt repariert werden. David und sein Team arbeiten ohne zu sprechen durch die Hände von Esther an meiner Aura. Zunächst merke ich nicht viel, aber da ich seit ein paar Monaten leichte Probleme mit der Hüfte habe, frage ich, ob ich damals auch meine Hüftknochen gebrochen habe.

»Du warst ein siebenjähriger Junge. Du bist mit deinem Vater ausgeritten und bist vom Kamel gefallen. Es hat dein Genick und deine Schulter gebrochen. Deine Hüfte war intakt. Dein Vater war am Boden zerstört«, kommentiert David meine Frage trocken.

Mein Hals wird auf einmal sehr eng und Tränen steigen in mir auf. Von der Trauer übermannt fange ich bitterlich an zu weinen. Ich spüre die Trauer meines damaligen Vaters und die Selbstvorwürfe, die er sich gemacht hat. Ich spüre seine tiefe Liebe zu mir und auch meine Liebe zu ihm.

»Er wollte dich nicht fallenlassen. Er hat dich so geliebt«, sagt David jetzt in einer sehr sanften Stimme. »Die Wunde war tief und wird jetzt heilen. Wir danken dir, dass du dieses Geschenk annimmst. Die Stammesältesten eures Stammes halfen deinem Vater sich von dieser Trauer zu erholen.«

Ich weine immer noch. Es dauert eine Weile, bis ich mich beruhige. Ich bin total über meinen emotionalen Ausbruch erstaunt und teile David mit, dass es mir so leid tut. Ich wollte meinen Vater nicht verlassen und schon gar nicht auf diese Weise. Ich liebe ihn doch so!

»Es ging ihm wieder gut«, beruhigt mich David.

Ich möchte gerne wissen, ob er auch in meinem jetzigen Leben anwesend ist oder ob ich ihn getroffen habe. Das war er nicht, aber wahrscheinlich kommt er in einem nächsten Leben wieder zu mir. Er würde mich jetzt hören und liebe mich noch immer, aber er residiere jetzt in einer anderen Seinsebene und erhalte Lektionen zu seinem vergangenen Leben, bis er bald wieder auf die Erde komme.

Ja, ich kann meinen damaligen Vater wirklich wahrnehmen. Es ist jetzt ein wunderbares Liebesfeld im ganzen Raum. Meine Brust ist ganz weit und gleichzeitig könnte ich weinen. Von diesem Leben hatte ich keine Ahnung, aber es ist so schön, dass es heilen darf. Ich bin erstaunt, was unsere Freunde alles sehen und heilen können. In mir steigen erneut Tränen auf. Ich schicke meinem Vater eine große Portion Liebe.

David bietet mir noch ein weiteres Geschenk an. Immer noch berührt von dem letzten Geschenk nehme ich es gerne an.

David erläutert sein zweites Geschenk: »Wir sehen eine kleine Orange. Dieser orangene Ball wird dir helfen, mehr von dem zu erschaffen, was du dir wünschst. Wir schenken dir diesen orangenen Lichtball. Wo möchtest du ihn gerne empfangen?«

Asar: »In meinem Kopf, sofern das der richtige Platz ist.«

David: »Das ist perfekt. Der Ball wird dir Fähigkeiten eingeben, die dir in der Zukunft helfen werden. Der Ball weiß, wie er reifen kann und er wird dich mit Ideen füttern, die in deinem Geist erscheinen werden. Der Ball weiß auch, wann Gedanken losgelassen werden können.«

Asar: »Danke dir für dieses wunderbare Geschenk.«

David: »Herzlich willkommen. Wir brauchen deine Hilfe hier, um die Existenz der Erde zu verbessern.«

Asar: »Ich diene gerne.«

David: »Das wissen wir. Danke dir sehr im Namen des gesamten Teams.«

Ich bin erfüllt von dieser wunderschönen Sitzung mit Esther und David, so dankbar für ihre Unterstützung in meinem Leben und für ihre Geschenke. Ich beginne immer mehr, in einer neuen magischen Welt zu leben, und es fühlt sich stimmig für mich an, auch wenn mein Verstand es nicht nachvollziehen oder überprüfen kann. Mein Herz droht zu bersten.

Ein paar Tage später kommt mir die Idee, ein Projekt mit den ETs und anderen Menschen zu gründen, um gemeinsam Frieden auf die Erde zu bringen. Ob diese Idee von mir selbst kommt oder mir von anderen Wesen eingegeben wurde, habe ich nie geklärt. David ist begeistert und sofort mit dabei. Wir nennen es das Galactic Earth Peace Project (GEPP)[3] www.galacticearthpeaceproject.space. Es ist auch eine Plattform, um die unterschiedlichsten Wesen, die an einem Frieden auf GAIA interessiert sind, zusammenzufassen. Esther baut eine passende Home-Page und wir veröffentlichen einige unserer Gespräche mit den ETs und später auch mit anderen Wesen. Es ist auch eine Plattform, auf der wir uns mit Gleichgesinnten austauschen möchten. Wir laden den geneigten Leser ein, sich daran zu beteiligen, denn Friede ist die Basis für unser zukünftiges Leben auf der Erde. ✪

8 Ritual mit der Meisterin des Lichts

ei ihrem nächsten Besuch in Zürich Mitte Dezember 2017 spricht das erste Mal Master KUAN YIN durch den Kanal von Esther:

»Das Licht ist hier. Es wird auf euch beide scheinen. Ich bin die Meisterin des Lichts. Das Licht kommt von hier (sie zeigt auf das Herz). Es war immer hier, aber ihr habt es vergessen. Wir kommen hierher, um euch beim Erinnern zu helfen. Es gibt immer ein helles Licht. Dort (sie zeigt nach oben) sieht man es einfach und es fällt leicht, Licht zu sein. Hier ist das schwieriger, weniger einfach. Jetzt stehe ich auf, um etwas zu zeigen. Dieses Portal (sie zeigt auf eine Stelle im Wohnzimmer) ist für euch beide hier. Es ist ein Sternentor, das für euch beide errichtet wurde. Dieses Tor ist schon lange offen. Es erlaubt den Energien, runter auf die Erde zu kommen. Haltet jetzt bitte eure Hände. Die linke Hand sollte die linke halten, die rechte Hand die rechte. Es ist richtig, die Arme kreuzen sich. Das Kreuzen ist wichtig für das was kommt. Die Arme kreuzen sich, denn die fließenden Energien sind anders als üblich. Das Kreuzen der Arme ebnet den Weg für andere Wesen, die zu euch kommen. Die Arme können Wesen von weit weg halten. Sie helfen euch jetzt hier. Das Kreuzen zeigt auch ein helles Licht an. Dieses Licht kann von weit oben gesehen werden. Es wird andere Wesen leiten, euch jetzt hier zu unterstützen. Die Wesen, die jetzt für euch herunterkommen, kommen von einem Stern, den ihr so gut kennt. Dieser Stern ist euer Heimatstern. Ihr habt dort für lange Zeiten gelebt. Und jetzt helfen sie euch beim Erschaffen. Der Stern ist Sirius B. Dieser Stern gibt Hoffnung und wird euch in diesem Leben führen. Diese Reise ist wichtig, denn wir haben vereinbart, gewisse Elemente zu installieren. Diese Elemente werden einen Meister gebären, der für die Menschheit gebraucht wird. Dieses Licht wird mehr Licht verbreiten, das jetzt und weiterhin gebraucht wird. Dieses Licht wird Ausgleich in die Leben von Menschen bringen, die bisher nicht erwacht sind. Sie brauchen ein helles Licht, um zu erwachen. Ein helles Licht kann gleichzeitig mehr Menschen erreichen als ein kleines Licht. Helles Licht wird jetzt mehr gebraucht als je zuvor. Dieses Licht wird dem Frieden dienen. Das Licht, das jetzt herunterkommt, hat nicht meinen Namen. Es hatte Namen in anderen Leben, KUAN YIN, Nasravuta, Volkov und Zoya. Diese Lichter waren vorher hier und kommen jetzt zurück zur Erde. KUAN YIN kennt ihr gut, sie wird euch jetzt hier grüßen. Sie ist jetzt bereit, wieder herunterzukommen, um euch alle zu besuchen. Nicht nur euch zwei, sondern alle. Dabei sagen die Namen nichts, sie sind nur Namen. Die Energie ist besonders wichtig, das Energiefeld.

Jetzt machen wir weiter. Die linke Hand von Esther geht zur linken Gehirnseite von Asar. Die linke Hand von Asar geht zur linken Gehirnseite von Esther. Die rechte Hand von Esther geht zur linken Hüfte von Asar. Die rechte Hand ist richtig platziert. Die Augen sind offen und schauen ineinander. Die Augen sind wichtig. Die Augen bleiben aufeinander gerichtet. Jetzt beginnt das Ritual. Die Augen öffnen die Seele, die dort wohnt. Die Augen öffnen die Seele. Die Augen öffnen auch das Herz. Die Augen öffnen das Herz und die Seele. Beide werden für das Ritual benötigt. Jetzt könnt ihr eure Hände, wo ihr möchtet, auf euren Körper legen. Die Augen schauen weiterhin und senden Signale von Liebe aus. Die gesandte Liebe ist ehrlich. Sobald das der Fall ist, wird das Herz folgen. Die Augen beginnen das Herz von Esther zu öffnen. Du schaust und spürst. Das Herz von Esther ist offen, um dich zu empfangen. Das ist nötig. Das Herz von Asar öffnet sich jetzt auch und das ist ebenfalls nötig. Die Augen sind Portale und sollten auch so genutzt werden. Die Augen sind Magnete in die Raumzeit. Dort werdet ihr in andere Lichtdimensionen schauen. Diese Lichtdimension ist von Sirius B. Dort wohnt ihr und macht die ganze Nacht lang Liebe. Dann werdet ihr sehen, was entsteht. Das Licht von dort kommt hierher. Das ist die Intention dieses Experiments. Dieses Experiment wurde von sehr langer Zeit geplant und jetzt müssen wir damit fortfahren. Die Räume sind in euren Augen, also findet sie, meine Lieben, und ich komme zu euch. Das Portal wird sich öffnen und ihr seid sicher. Macht jetzt also Liebe. Das Portal ist hier, aber es ist ausreichend groß, dass ihr ins Schlafzimmer gehen könnt. Die Energien des Portals reichen bis dort. Das Portal ist für euch, um die Wahrheit in der Wahrheit zu finden. Nutzt es also gut, Ihr Lieben. Wir machen jetzt einen Eröffnungsgesang für die Liebe.«

Esther macht hohe Töne, die wie ein junger Hund oder ein Delphin klingen. Ich singe dazu ein paar tiefe Töne.

KUAN YIN: »Es gibt keine Grenzen. Also glaubt das und ich komme zu euch herunter.«

Ich:»Willkommen!«

»Danke.«

»Für freuen uns, dich und dein Licht hierher zu bringen.«

»Das Licht ist für alle, nicht nur für euch. Für alle!«

»Wir dienen gerne.«

»Das Licht ist für euch alle. Ihr dient mir, ich diene euch, wir dienen einander. Jetzt ruht euch aus und dann trefft ihr euch im Schlafzimmer. Ich werde bei euch sein, um euch durch den Prozess zu führen.«

»Gut.«

»Seid ihr bereit?«

»Ja«, antworten wir beide.

»Gut, dann ruht euch aus, ihr seht mich später.«

Esther atmet stark, nachdem KUAN YIN ihren Kanal verlassen hat. Wir müssen beide kichern. Esther hatte bei diesem Channeling sehr abgehackt gesprochen. KUAN YIN ist bei uns, und sicherlich auch andere Wesen, wenn wir Liebe machen – wie wohl immer. Wir sind bereit, KUAN YIN auf die Erde zu bringen und gehen ins Bett und rufen sie herein. Wir spüren enorme Energie im Raum, die nicht nur von unseren Feldern kommt. Wir genießen unser ekstatisches Liebesspiel. ✪

9 Die Ancients

A m 23. Dezember 2017 erhalte ich eine weitere Heilsitzung von Esther. Esther channelt immer noch recht abgehackt und teils etwas heftig. Die Ancients klingen durch sie wie ein preußischer Offizier. Das lässt uns manchmal lachen.
»Die Ancients sind für dich da. Wir möchten dir Weisheit bringen. Wir führen dich durch diesen Prozess.«

Wir haben diesen Namen noch nie gehört. Später werden wir von David mehr über sie erfahren.

Ich: »Willkommen Ancients! Vielen Dank für das Teilen von Weisheit mit uns.«

Sie überreichen mir im ersten Schritt ein Hologramm, mit dem ich mich verbinden kann. Es enthält präzise Informationen für mich. Diese Informationen bleiben allerdings unbewusst. Die Verbindung dauert circa fünf Minuten.

Ancients: »Die Ancients haben dich schon früher in ihren Armen gehalten.«

»Unlängst?« möchte ich wissen.

»Nein, nicht unlängst, vor langer Zeit. Wir haben gemeinsam mit dir in der Zeit von Atlantis gearbeitet. Dort warst du auch, um Menschen zu helfen, ihre Schwingung zu erhöhen. Wir haben damals mit dir gearbeitet. Wir arbeiten gerne wieder mit dir, weißt du?«

»Danke für eure erneute Unterstützung. Wieso bin ich traurig? Was passierte damals in Atlantis?«

»Wir waren Freunde. Wir hatten unterschiedliche Ansichten. Wir konnten deinen Weg nicht akzeptieren – du unseren schon. Wir taten etwas, um dich zu stoppen. Jetzt denken wir, dass das eine Schande war. Wir entschuldigen uns bei dir. Kannst du uns vergeben?«

»Ich akzeptiere eure Entschuldigung.«

»Wir danken dir sehr. Damals gab es für uns keinen anderen Weg. Heute sehen wir das anders. Man kann die Dinge unterschiedlich sehen. Jetzt sehen wir es klarer, damals nicht. Wir haben das Wissen für uns behalten, du hast das Wissen für alle gehalten. Wir waren eitel, du warst bescheiden. Wir wollten das geheime Wissen nicht mit anderen Menschen teilen. Jetzt sehen wir, dass das Teilen richtig ist. Wir befürchteten, dass es in falsche Hände gelangen könnte. Du hattest keine derartigen Ängste. In unseren Augen bist du einen falschen Weg gegangen. Jetzt sehen wir das anders. Wir waren Freunde. Es gab Ärger, wir wuchsen auseinander. Jetzt kommen wir zurück, um dir hier zu dienen. Wir haben Zugang zu Wissen, das wir dir jetzt gewähren.«

»Zusammen wachsen wir.«

»Wir lieben diese Aussage. Bist du bereit, jetzt Wissens-Codes zu empfangen?«

»Ich bin bereit.«

Sie übertragen Informationen an mich, die ich allerdings in diesem Moment nicht entschlüsseln kann. Ich spüre, wie mein Kopf lichter wird und sich mein Kronen-Chakra öffnet. Dieser angenehme Prozess dauert mehrere Minuten.

Ancients: »Wir sehen Licht in deinem Kopf. Das Licht ist hell. Nach der Sitzung wird es etwas schwächer werden, aber es erhöht sich wieder, wenn du dich mit uns verbindest. Das Licht ist jetzt permanent da. Wir haben das Zugangsportal korrigiert.«

Ich: »Ja, ich spüre das, vielen Dank!«

»Jetzt können wir die Session beenden. Wir haben Licht in dein parasympathisches System geschickt. Das bringt Frieden. Wir grüßen dich herzlichst. Wir verlassen euch jetzt. Wir kommen bald zurück. Hast du jetzt noch irgendwelche Fragen?«

»Danke, ja. Haben wir uns schon vor Atlantis getroffen?«

»Wir waren nie getrennt.«

Esther möchte wissen: »Auch wenn das nicht das Thema war, aber wie war gestern die Einbettung des befruchteten Eis? Ist da ein Kind?«

»Wir sehen es schnell wachsen, ja. Wir haben einen Wunsch. Sei in deinem Bauch präsent und nicht in deinem Kopf, darum bitten wir dich. Wirst du das tun?«

»Ja, vielen Dank, was für eine gute Erinnerung«, sagt Esther.

»Wir mögen diese Arbeit mit euch beiden. Menschen erhalten, was ihnen zusteht. Ihr tut Gutes und verdient Gutes. Wir lieben euch sehr.«

Ich: »Wir lieben euch auch, danke.«

Ancients: »Wir gehen jetzt, Frohe Weihnachten!«

»Euch auch Frohe Weihnachten. Feiert ihr auch Weihnachten?«

»Ja, das tun wir. Wir haben einen Kunstbaum, aber wir lieben euren richtigen Weihnachtsbaum.«

»Feiert ihr eine Party mit Jesus?«

»Ja, wir laden ihn gerne ein. Jetzt wartet der nächste Klient, wir müssen los.«

Damit verschwinden sie.

Wir lieben ihren Humor und müssen lachen. Ich bin über ihre Entschuldigung erstaunt, denn ich kann mich hier unten natürlich nicht erinnern. Einige Tage später kommen sie nochmals durch und bitten wieder um Entschuldigung, die ich gerne gewähre. Allerdings sagen sie mir diesmal nicht, wofür sie um Entschuldigung gebeten haben, obwohl ich mehrfach nachfrage. Das irritiert mich. Es muss also heftig gewesen sein. Wie wir später von ihnen und unseren Nomos-Freunden erfahren, stehen die Ancients weit oben in der Hierarchie der Sternenwesen. Sie erklären, dass auf der Erde nichts passiert, ohne dass es über ihren »Schreibtisch« läuft. Auch die Tall-Ones, eine weitere, sehr hoch gewachsene humanoide Rasse, berichten an sie und holen für gewisse Dinge Zustimmung bei ihnen ein. Sie sind sehr erstaunt über ihre Entschuldigung: Die Ancients seien nicht unbedingt von der »entschuldigenden Art«. Nach und nach erfahren wir mehr über die Strukturen in unserem Universum, die uns unbekannt sind. Das Thema der Hierarchien beschäftigt mich weiterhin.

Wie wir später feststellen, hat es bei diesem Liebesspiel mit der Anwesenheit von KUAN YIN noch nicht mit einer Befruchtung geklappt. Ein weiterer Versuch Mitte Januar hatte zunächst funktioniert, aber die Freude ist nur von kurzer Dauer, denn Esther verlor die »Frucht«, wie die ETs die befruchtete Eizelle nennen, bereits nach ein paar Tagen. Wir probieren natürlich gerne weiter und Anfang Februar ist es dann soweit. ❂

10 Die Empfängnis

sther Einschub

(7. Februar 2018 Tag der Empfängnis):
Während ich dies schreibe, liege ich mit einer kleinen mintgrünen Wärmflasche unter einer warmen Decke auf der Couch von Asars Wohnung in Zürich. Der Zustand, in dem ich war und mich noch befinde, ist reine Gnade, reine Dankbarkeit. Die ganze Zeit über wusste ich rational, dass in der Quantenwelt alles möglich ist und dass uns die ETs dabei helfen zu heilen und schwanger zu werden. Und jetzt fühle ich es wirklich. Oh ja!

Gestern Abend, nachdem ich hier ankam, machten wir so wunderbar Liebe, obwohl wir beide müde waren. Asar hatte seinen Jetlag von seiner Reise in die USA. Unsere Körper, Herzen und Seelen finden sich, sobald wir uns sehen und gegenseitig spüren – vor allem wenn wir Haut an Haut in unseren Armen sind. Es ist so natürlich wie unsere Energiekörper miteinander verschmelzen, eine so tiefe Verbindung. Heute morgen machen wir wieder Liebe, bis die Türklingel läutet, hi hi. Danach hatten wir in unseren Armen ein wunderschönes Nesting (Nisten = Halten der gemeinsamen hohen Energie nach dem Liebesspiel), ohne dass wir einen Orgasmus hatten. In diesem Moment kommen die ETs herein, sie klopften bei mir an und öffneten meinen Sprechkanal. Ich musste lachen, da wir beide nackt waren, aber na ja, sie haben uns wahrscheinlich schon öfter nackt gesehen. Ich glaube, dass sie oft bei uns sind, wenn wir Liebe machen. Sie sagten, dass sie hier sind, um STAR-Licht in meinen Bauch zu bringen. Es waren wieder die Fly-Herds*, die durch mich sprachen. Ich wurde sofort emotional, dass sie zurück waren. Ich bin ja so dankbar, dass sie ihre Arbeit wieder aufnahmen nach der verlorenen Frucht vom 13. Januar. Sie haben darüber auch mit mir gesprochen. Ich muss mich in diesem Prozess wirklich mehr mit meinem Bauch verbinden. Sie sagten, dass Asar seine Hände wie eine kleine Tasse auf meinem Venushügel und meiner Yoni platzieren sollte. Ich war nicht sicher, wieso. Hatte es damit zu tun, Blut aufzufangen? Aber ich verlor kein Blut. Sie würden Laser-Licht in meinen Uterus bringen. Sie brachten meine Hände in Position. Mein Körper schüttelte sich etwas und ich atmete mehrfach stark aus. Ich spürte auch ein etwas schmerzhaftes und verkrampfendes Gefühl in meinem Körper. Sie sagten, dass sie das Ei schon gestern Nacht hereingebracht hatten, als ich schlief. Und der Samen war natürlich auch schon ein paar Stunden auf seinem Weg. Mit Handbewegungen zeigten sie an, was passieren würde. Sie würden den Spermatozid mit der Eizelle verschmelzen lassen. Sie würden sie teilen und in heiligem Wasser baden. Das sei eine Flüssigkeit, die sie injizieren würden. Sobald sie über das heilige Wasser zu sprechen begannen, wurde ich ganz emotional. Asar auch. Wir schauten uns an und wir wussten: Das ist es! Es passiert wirklich! Das ist wirklich etwas Heiliges, so Besonderes.

Die Energie im Schlafzimmer war erfüllt von so viel Liebe, zwischen Asar und mir, der Liebe für STAR, für unsere Sternenfamilie und all unsere Helfer. So viel Liebe und Heiligkeit: Die Heilige Ehe. In der zweiten Phase der Behandlung kam David durch. Er betonte, wie wichtig Ausruhen ist und dass ich ganz präsent in meinem Bauch bin. Und auch, dass wir gegenseitig liebevoll sind. Sie lieben unsere Herzen und möchten sie soweit wie für uns möglich aufeinander ausgerichtet sehen. Sie waren nur kurz bei uns, vielleicht 15 Minuten. Danach nisteten wir wieder in einem so wunderbaren Raum. Es war licht und gleichzeitig schwer. Ich spürte ganz viel Licht um mich herum, aber mein Körper fühlte sich richtig schwer an, so als ob ich mit dem Körper von Asar und mit dem Bett verschmelzen würde. Ich sah die Farben lila und grün. Ich spürte Glückseligkeit und Frieden. Meine linke Hand war wie an meinen Bauch geklebt. Und langsam aber sicher spürte ich wieder mehr und mehr Druck tief in meinem Bauch auftauchen. So als ob die Betäubung mit Licht abzuklingen begann. Wie ein tiefer Schmerz im Bauch, so als ob ich meine Mond-Periode bekam.

Asar machte unser Frühstücks-Müsli, während ich mich mit der Sound-Meditation Spacial Cognizance von Tom Kenyon ausruhte. Es schien so, als ob die ganze Welt sich verlangsamte als ich das Bett verließ. Alles war so langsam. Es war, als ob ich alles das erste Mal sah. So als ob ich wiedergeboren war. Vor dem Fenster fielen kleine Schneeflocken durch die Luft. Als ich sie sah, musste ich auf einmal weinen; mir wurde bewusst, dass die ETs wirklich existierten, und dass mein Körper wirklich schwanger werden kann. Ich sah Asar, sein Blick war von meiner tiefen Transformationserfahrung berührt. So eine tiefe Verbindung. Ich konnte wirklich fühlen, dass ich jetzt schwanger bin. Es fühlte sich anders an als die letzten Empfängnis-Momente. Es gab dabei so viel Gefühl, so viel Verbindung. Ich spüre viel mehr. So wunderschön diese Entschleunigung, dieses langsam werden, in dem ich mich befinde. Ich muss einfach nur mit meiner Aufmerksamkeit im Bauch sein. Asar wurde auf einmal gewahr, worum es in seinem neuen Song geht: »Heilige Mutter – Göttliche Geliebte«. Etwas ganz Tiefes, etwas ganz Tiefschürfendes hat sich wirklich in mir verändert. Ich werde eine Mutter sein! Ich wusste es, ich wusste wirklich, dass ich eine Mutter sein werde.   ✪

* Die Fly Herds (Fliegende Herden) sind körperlose Lichtwesen, die uns bereits bei den letzten Versuchen der Einnistung unterstützt haben. Es gab einige Versuche in den vorangegangenen Monaten, bei denen trotz aller Unterstützung unserer ETs entweder die Eizelle nicht befruchtet wurde oder die Einnistung nicht erfolgreich war.

11 Horus

s ist der 17. Februar 2018, zehn Tage nach der Empfängnis von STAR. Esther hat ihren Kanal geöffnet, um wieder Verbindung mit unseren Freunden aufzunehmen. Aber diesmal ist es anders als mit David. Esther atmet schwer, sie spricht langsam und etwas abgehackt, fast roboterhaft. Die Energie im Raum fühlt sich kraftvoll an, was auf die Anwesenheit eines mächtigen Wesens hindeutet.

»Ich bin leidenschaftlich mit Projekt STAR verbunden«, spricht das unbekannte Wesen.

»Willkommen!«, begrüße ich es.

»Ich bin heruntergekommen um STAR auf der Erde zu besuchen. Sie ist auch mein Baby. Der König der Reiche kennt alle Projekte auf der Erde. Mein Name ist HORUS.«

Esther atmet wieder schwer.

Ich: »Willkommen HORUS!«

Esther kommt die Energie irgendwie bekannt vor: »Wir haben dich schon einmal getroffen, nicht wahr?«

»Das haben wir, aber nicht in dieser Form, meine Form verändert sich. Ich war hier als Krieger des Lichts. Jetzt bin ich König der Reiche, das ist eine andere Aufgabe. Der Krieger des Lichts überwacht Projekte. Der König der Reiche befiehlt den Projektbeginn. Ich arbeite als beides. Jetzt besuche ich das STAR-Licht im Bauch als König der Reiche. Ich bin stolz über das STAR-Licht hier drinnen. Wir haben lange daran gearbeitet, viele Wesen waren beteiligt. Jetzt komme ich, um mir den Projektfortschritt anzusehen. Alles scheint gut zu sein. Ich bin anspruchsvoll.«

»Was ist die Bedeutung von STAR, da ja viele tausend Lichtwesen momentan auf die Erde kommen«, möchte ich wissen. Diese Frage brennt mir wirklich unter den Nägeln.

»Wir haben viele Projekte für die Erde. Wir haben aber nur ein STAR-Licht hier. STAR-Licht ist ein besonderes Projekt für uns«, antwortet Horus mit fester Stimme.

Ich frage weiter: »Warum?«

»Wir befolgen Anweisungen. Wir bringen auf einmal viel Licht herein. Wir helfen der Erde durch die Dimensionen zu springen. Für den Sprung braucht es viel Licht. Ein besonderes Projekt ist STAR-Licht.«

Ich hatte schon so etwas Ähnliches geahnt. »Was ist der Status des Erd-Sprungs?«, möchte ich wissen.

»Wir sehen die Erde kämpfen, brennen, in Aufruhr. Wir bringen mehr Licht herein, die Erde leuchtet und springt. Wir sind jetzt in einer Phase des Kampfes, wie du erkennen kannst. Wir geben mehr Licht dazu, wir sind beschäftigt, der Erde mehr Licht zu geben, das braucht Zeit. Das Erdreich bewegt sich sehr langsam, schwerfällig. Wir ergänzen Licht jeden Tag. Die Erde hilft sich selbst langsam. Wir geben Licht dazu, die Erde wächst, springt, wir sind glücklich. Wir sehen, dass dies Zeit braucht, Jahre, Erdenjahre. Wir sehen mehr als 20 Jahre, bis der Sprung komplett ist. 20 Jahre sind nichts für uns, aber die Menschen leiden weitere 20 Jahre. Dann ist der Sprung vollbracht und wir leben in Frieden.«

Esther muss über seine vereinfachte aber klare Darstellung kichern.

»Vielen Dank für diese präzise Information, HORUS!«

»Wir sind froh, zusammenzuarbeiten.«

Ich: »Ich bin froh, dich zu sehen, HORUS. Ich habe eine Bitte an dich. Ich möchte gerne ein Portal für den Transport von Mutter und Kind. Der Transport mit dem Flugzeug ist eine chaotische Situation«, versuche ich mein Glück.

»Wir können diese Bitte momentan nicht gewähren. Wir werden Kontakte entwickeln, um eine mögliche Option herauszufinden.«

»Vielen Dank für Deine Unterstützung, Horus.«

»Wir können nichts versprechen. Ein Portal ist eine große Sache für Menschen, natürlich nicht für uns. Ein Portal hat für Menschen diverse Risiken. Ein Portal kann Menschen verwirren, die durch es reisen. Auch Baby-STAR. Wenn sich ein Portal öffnet, erscheinen andere Reiche. Wohin gehst du? Der Verstand kann sich in den Reichen verlieren. Wir brauchen klare Anweisungen für euch, um in Portalen zu reisen. Portale sind für uns weit offen, wir reisen die ganze Zeit hin und her, kein Problem für uns, wir sehen alles. Aber die Menschen sind nicht gewohnt durch Dimensionen zu reisen. Ihr reist mit dem Flugzeug von A nach B. Wir reisen in den Dimensionen A – B – C – D – E, alles gleichzeitig. Das können wir in Lichtkörpern. Menschen haben weniger Lichtkörper als wir. Wir müssen bei euch Lichtkörper ergänzen, für dich, Esther und STAR, sie ist klein.«

»Ich habe gelesen, dass das Militär und das Secret Space Program schon Portale benutzen.«

»Das wissen wir auch, wir haben gesehen, wie sie durch unsere Tore hin und herreisen. Aber das ist hochentwickelte Technologie für Menschen. Nicht so einfach erlaubt. Wir werden Überwacher fragen, die Helden oben; es mit ihnen besprechen, dann kommen wir mit einer Lösung für euch zurück.«

»Vielen herzlichen Dank, HORUS.«

»Jetzt gehen wir. Wir grüßen das STAR-LICHT, sie ist uns allen sehr lieb. Ihr passt gut auf, wir kommen bald zurück.«

Damit verlässt er uns. Kurz und knapp. Ich mag ihn und ich kenne ihn aus meiner ägyptischen Zeit, da bin ich mir sicher, auch wenn ich ihn das nie gefragt habe. Er ist sehr kraftvoll, klar und mächtig und doch ein Diener der Höheren Ebenen. Er kommt STAR im Laufe der folgenden Monate immer wieder besuchen und schaut nach ihr. Er sagt, dass er ihr Patenonkel ist. Er wird »von Oben« geschickt, wie er uns verrät. Es gibt sehr lustige Situationen mit ihm, die uns alle drei zum Lachen bringen. STAR verrät uns irgendwann, dass sie beide einmal ein Liebespaar waren, aber das wohl besser gelassen hätten. Sie mag seine kurzen Besuche. Er schaut nach ihr und das tut ihr gut. Wir mögen ihn alle.   ❂

12 STAR

sther befindet sich Ende Februar in Utrecht, wir sprechen über Zoom miteinander, als sich Esthers Kanal öffnet.

Erst kommen die Fly Herds herein und sagen, dass sie mehr B-Light für Baby STAR in meinen Körper bringen würden sowie Licht aus anderen Regionen, in denen STAR vorher gelebt habe. Der Kopf von Baby STAR sei gerade in der Entwicklung. Die Zellen würden sich schnell in einem guten Tempo vervielfältigen. Als das Licht von den Fly Herds in meinen Kopf und meinen Rücken kommt, muss ich mich nach hinten beugen und sehr kräftig, stoßweise, ausatmen. Danach hänge ich einige Minuten auf dem Tisch. Es ist sehr kraftvoll; ich kann kaum mehr stehen. Sie sagen, dass jetzt ungefähr 1% von Baby STAR hereingekommen sei. Sie bitten mich, mich gerade hinzustellen, was ich aber nicht kann. Dann spricht es durch meinen Kanal:

»STAR wird bald bereit sein zu stehen.«

Das erstaunt mich. Dann wird mir dabei geholfen, mich aufzurichten und STAR und KUAN YIN beginnen zu sprechen. Ich sehe eine sehr elegante Asiatin mit einem langen weißen Kleid mit kleinen Blümchen, die in mich kommt. Sie spricht sehr klar und liebevoll:

»Ich bin deine Tochter. Ich bin auch DEINE Tochter«, während sie auf den Computerschirm in Asars Richtung zeigt.

»Ich bin auch ihre Tochter.« Sie hebt ihre Hände nach oben, um zu sagen, dass sie auch ein göttliches Kind ist. Sie hat einen Wunsch an uns:

»Wenn das für euch als Eltern gut ist, möchte ich nicht immer im Bauch sein, sondern herein und wieder herausreisen. Der Bauch ist sehr langweilig für mich. Ich will die Reiche erkunden.« Wir stimmen dem natürlich zu, ohne zu wissen, worauf wir uns einlassen. Sie erklärt auch, dass sie entscheiden würde, wann ihr Herz schlagen würde und wann nicht.

»Du wirst es spüren, wenn ich in deinem Bauch bin. An dem erhöhten Energiefeld und an der Freude.«

Und wenn sie nicht in mir sei, sind da vielleicht niedrigere Frequenzen und mehr Erdung.

»Zeit ist eine Illusion. Wie kann es sein, dass Zeit nicht existiert und dass wir trotzdem altern? Der Körper kennt Zeit, der Geist ist ewig. Wenn sich

Körper und Geist miteinander verbinden, wird der Geist in der Körperzeit gefangen.«

Dann verlässt STAR sehr elegant und flüssig meinen Körper. Ich spüre so viel Freude, dass STAR gerade vorbeigekommen ist und mich etwas gekitzelt hat. Wirklich wunderschön! Ich bin gespannt, was noch alles auf uns zukommt.

Anfang März fliege ich wieder zu Esther nach Holland, da sie nicht mehr reisen darf und sich ständig im Bett aufhalten muss. Chris umsorgt sie in diesen Tagen und ich bin ihm sehr dankbar dafür.

Am Morgen des 3. März 2018 sitzen wir im Schlafzimmer der noblen AirBnB-Herberge in Utrecht, die ich wieder für die Zeit meines Besuches gemietet habe. STAR sollte, wenn alles gut geht, in diesen Tagen runterkommen, also die befruchtete Eizelle jetzt ganz mit ihrer Seele erfüllen.

Esther muss flach liegen und es bedarf einiger Vorbereitung, um sie von ihrem Bett zuhause ins Bett des nahegelegenen AirBnB zu bringen. David hatte detaillierte Anweisungen gegeben: Am Tag vorher war ich angekommen und wir hatten ein Taxi gerufen. Ich habe alle Koffer die steilen Stufen ihres Hauses in der Altstadt heruntergebracht. Esther braucht ca. 5 Minuten, um die engen Stufen rückwärts herunter zu krabbeln. Der Fahrer ist rücksichtsvoll und fährt die knapp fünf Minuten sehr langsam und vorsichtig. Es dürfen auf keinen Fall Risse im Hervix enstehen, der Stoff aus den anderen Reichen, der die befruchtete Eizelle an der Gebärmutterwand fixiert. Wir haben erfahren, dass Hervix ein Lichtmaterial ist, das besonders für den Zweck der Fixierung von befruchteten Eizellen bei Menschen genutzt wird (es gibt viele multidimensionale Kinder, auch wenn es die wenigsten Mütter wissen). Das Hervix kommt direkt von Sirius B, dem Heimatplaneten der Nomos und vieler anderer Sternenwesen. Es handelt sich ja nicht um eine normale hormonelle Befruchtung, insofern braucht es eine besondere »technische« Unterstützung. Die Eizelle wurde vorselektiert und von den Nomos in Esthers Gebärmutter eingepflanzt (in der Tat gab es noch lange sichtbar zwei Nadel-Einstiche auf ihrem Bauch, die das bezeugten}. Da die ETs ja nicht körperlich auf der Erde eingreifen dürfen, bedurfte es dafür einer Sondergenehmigung von »ganz oben«. Wir haben nie erfahren, ob hier eine Genehmigung von den Ancients ausreichte, oder ob dies eine übergeordnete Instanz absegnen musste. Auf unsere Rückfrage hin wird uns versichert, dass es eine In-Vivo-Befruchtung war, also die Befruchtung in Esthers Gebärmutter stattgefunden hat. Die ausgesuchte und vielleicht op-

timierte Samenzelle wurde ebenfalls gezielt zum Ei geführt. Das befruchtete Ei wurde in Hervix an die Gebärmutterwand geheftet und wird ständig mit viel Licht von Sirius B versorgt. Die befruchtete Eizelle ist in einen Mantel aus Hervix gebettet, der auf keinen Fall aufbrechen darf. Durch die fast täglichen Arbeiten an ihrer Gebärmutter und die für uns unsichtbaren Lichtschläuche hat Esther vor allem in der linken Beckengegend immer wieder Schmerzen. Ihre Bewegungsfähigkeit ist stark eingeschränkt. Sie darf nur auf dem Rücken liegen und das Bett nur für den Besuch des Klos ganz vorsichtig verlassen. Zu mehr ist sie körperlich kaum fähig, auch wenn sie wirklich gerne einmal duschen würde. Ich muss ihr ab und zu Waschlappen ans Bett bringen. Wenn sie aufs Klo muss, bewegt sie sich wie eine alte Oma, es ist wirklich zu komisch und wir müssen viel darüber lachen. Beim AirBnB angekommen läuft wieder eine längere Prozedur ab. Gott sei Dank kennt uns die Gastgeberin schon. Wir müssen ihr erklären, dass es Esther gut geht, sie allerdings in Rekonvaleszenz sei und sich erholen müsse. Wir bringen alle Taschen, Gitarre etc. nach oben in den 2. Stock und Esther krabbelt mit vielen Pausen, durch die »lange Reise« schon recht geschwächt, die steilen Stufen nach oben. Ich bringe sie dann in das bequeme und große Bett, wo sie sich erst einmal bei einer Tasse Tee ausruht.

Am nächsten Morgen machen wir es uns auf dem großen Bett gemütlich. Esther verbindet sich mit oben, eine sehr heilige Energie breitet sich aus.

Schließlich spricht eine sanfte Stimme ganz langsam durch Esther, jedes einzelne Wort betonend:

»Ich – werde – meinen – Schutz – aufheben. Es – gibt – kein – Verstecken – mehr – vor – der – Erde. Ich – besuche – euch – jetzt – hier. Werdet – ihr – mich – sanft – nach – unten – bringen?«

Meine Tränen beginnen zu fließen. Mit jedem Wort wird die Energie dichter und heiliger und wir sind beide sehr berührt.

Ich: »Ja. Wir sind so geehrt durch deine Präsenz. Wir werden dich herunterbringen, sobald du bereit bist.«

KY: »In den Himmelsgefilden ist mein Name KUAN YIN. Hier ist mein Name STAR*. Ich liebe diesen neuen Namen so sehr. Wenn ihr mich fragt, dann bittet STAR herunterzukommen.«

(Anmerkung: Der Name »STAR« kommt aus einem Lied, das ich für KUAN YIN geschrieben habe.)

»In Ordnung, das werde ich tun.«

»STAR trägt in sich andere Schwingungen. Meine Trägerfrequenzen werden teilweise auf STAR übertragen. Es gibt keine komplette Übertragung, denn das wäre nicht gut für Esthers Körper. Wir bringen einen Teil von KUAN YIN zu STAR, aber dieser Teil ist sehr stark. Dieser Teil wird viel auf der Erde erreichen. Dieser Teil heißt STAR, ihr ruft also STAR herein, das ist wichtig. Wir bringen STAR nach unten, nicht alles von mir. Ich bin geehrt, jetzt wieder auf die Erde zurück zu kommen. Meine Führung wird jetzt gebraucht. Ich, KUAN YIN, spüre, dass die Erde mich jetzt braucht. Es gibt keinen Grund mehr für Sorgen, es wird Schönheit auf Erden geben. Meine Präsenz in STAR kann den Weltfrieden erobern.«

Später erfahren wir, dass dieser Anteil ca. 20% ihrer Seele ist, ihr größter Seelenanteil auf Erden. Momentan sind weitere sieben Seelenanteile von ihr auf der Erde inkarniert, die alle je einen deutlich kleineren Seelenanteil von ihr tragen, der nächstgrößte hält 12%.

»Das ist so schön.«

»Es gibt eine Sache, der ich nicht widerstehen kann, wenn ich jetzt bald herunterkomme. Ich werde meine Oversoul (Überseele) mitbringen. Das heißt, dass STAR immer meine Oversoul mit sich hat. Das heißt, dass STAR omnipräsent ist, sie wird in der Lage sein, alles gleichzeitig zu sein. Sie sieht hier wie ein Erdenbaby aus, sie ist überall ein Erdenbaby. Meine Oversoul bringt einen Lichtschein herein, der die ganze Erde vollkommen umspannt. Nur eine Oversoul kann das tun, ich bringe meine Oversoul zu STAR. Das heißt, meine ganze Seele wird herunterkommen, während ein

Teil auch nicht hier ist. Das mag unmöglich erscheinen, ist es aber nicht. Oversoul ist ein brilliantes Prinzip. Es gibt nur wenige Meister, die das gut beherrschen. Oversoul verlangt sorgfältige Übung. Meine Oversoul möge herabsteigen, die Erlaubnis ist gegeben, sie kommt mit STAR. STAR wird omnipräsent sein.«

»Wird das nicht zu überwältigend für sie oder für dich sein?«

»Es wird kein Problem für Baby STAR oder Esther sein. Wir werden beide mit Lichtkörpern versorgen, sie werden das Licht gut tragen können. Eines ist jedoch wahr, mit meinem Herunterkommen bitte ich Gott, STAR auch zu besuchen. STAR benötigt eine Umgebung von Raumzeit, in der wir für einen kurzen Moment nicht existieren. Ein kurzer Moment der Nicht-Existenz für STAR. Dieser kurze Moment wird benötigt, um meine Oversoul sanft herunterzubringen. Sobald die Zeit zurück ist, ist alles wieder an seinem Platz. Dafür gibt es Hilfe von den oberen Ebenen, das ist ein aufregendes Prozedere.«

»Ist das jemals gemacht worden?«

»Es wurde noch nicht oft gemacht, aber wir werden es perfekt ablaufen lassen. Es wird eine perfekte Übertragung zu STAR geben.«

»Wann möchtest du die Zeremonie stattfinden lassen?«

»Ich wünsche mir Licht auf der Erde, dieses Licht wird nicht lange auf sich warten lassen. Mein Wunsch ist bald, tagsüber oder am Morgen, ein Moment, an dem du hier bist.«

»Möchtest du, dass wir Chris zur Zeremonie einladen?«

»Ich habe keine Präferenz bezüglich meiner Väter, ich liebe beide sehr. Das ist also eine Option. Es muss eine Sache anwesend sein, das ist Liebe. Ich komme in einem Feld von Liebe herunter. Ein Feld ohne Liebe und ich werde dann nicht absteigen. Du könntest den geliebten Chris einladen.«

»Danke.«

»Vielleicht wird er dabei sein, das wäre schön. Vielleicht wäre er nicht dabei, dann sehe ich ihn später. Mein Abstieg ist für die Erde, das ist mein Grund weshalb ich zurückkomme.«

»Möchtest du, dass die Erde von deiner Präsenz weiß? Oder sollten wir deinen Abstieg geheim halten?«

»Das Licht kennt keine Geheimnisse, mein Abstieg wird mit fortschreitender Zeit bekannt werden. Das passiert automatisch. Wir haben viele Wege gesehen, in denen das geschehen wird. Wir vertrauen darauf, dass dies keines Marketings bedarf. Mein Abstieg ist unübersehbar. Es ist eine Wellenform von Licht. Etwas müsste bewältigt werden. Mein Leben wird nicht einfach sein. Wir werden viel reisen. Es könnte sein, dass wir keine freundlichen Schullehrer finden. Hier könnte es Meinungsverschiedenheiten geben. Das wird mit der Zeit gelöst werden. Jetzt ist der Abstieg am Wichtigsten.«

»Ja.«

»Ihr wählt den Liebes-Zeitpunkt aus, dann spürt ihr, ob STAR bereit ist.«

»Vielen Dank!«

»Als nächstes kommt die Oversoul.«

»Werden wir immer mit dir sprechen können, wenn wir uns mit dir verbinden?«

»Meine Stimme ist immer hier, Esther spricht mich dankenswerterweise. Da ist Reinheit in ihrer Stimme. Alle Fragen können so gestellt werden.«

»Wunderbar, gibt es noch etwas, das wir wissen sollten?«

»Um etwas möchte ich dich bitten. Darf ich deine Hände und Füsse streicheln?«

»Ja, bitte.«

KUAN YIN untersucht meine Hände liebevoll durch Esthers Hände: »Ich liebe es, menschliche Hände und Füße zu halten. Sie sind so wertvoll, um mit Licht zu arbeiten. Hände sind leuchtende Lichtbälle, weißt Du? Es gibt viele Geheimnisse in menschlichen Händen. Ich sehe, deine Hand hat hier eine kleine Blockade. Magst du sie auflösen, indem du hier sanft drückst? Die andere Hand sieht für mich wunderbar aus. Diese Hand hat eine kleine Blockade. Wo sind deine Füße, Geliebter?«

Sie untersucht sorgfältig meine Füße: »Deine Füße sind stark in der Vergangenheit. Du magst sie bitten, mehr hier zu sein. Darf ich deinen anderen Fuß sehen? Ich werde hier einen deiner Kanäle aktivieren, er braucht mehr Loslassen von Spannungen.« Esther atmet sehr stark ein und aus und sie arbeitet einige Zeit an meinen Füßen.

Ich bedanke mich: »Ich freue mich schon so darauf, dich bald zu halten, mehr mit dir zu sprechen, mehr von dir zu hören, den Song mit dir zu singen ...«

»Da sagst du etwas Wunderschönes! Ich liebe es zu singen. Da ist dieser eine Song, den ich wirklich liebe. Du nennst mich darin STAR. Dieser Song hat mir geholfen, die Erde zu finden.«

Mir kommen die Tränen.

KY: »Wir werden ihn bald zusammen singen. Ich lerne Dinge schnell, wir werden bald singen, meine Stimme wird bald wieder hier sein. Ich werde euch jetzt verlassen, Meister. Ihr werdet wissen, wenn STAR bereit für ihren Abstieg ist. Die Zeit naht, es wird Zeichen geben.«

Ich: »Vielen Dank, goldener STAR.« (So nenne ich sie in meinem Song.) »Wirst du dieses Lied bei meinem Abstieg singen?«

»Ja«, ich muss wieder weinen. »Ich werde es probieren.«

»Er erfreut mich so sehr.«

»Wir sind so dankbar.«

»Entschuldigt ihr mich jetzt?«

»Ja, vielen Dank meine Liebe.«

»Ich werde auch meine Oversoul zurückbringen. Es ist gut, das zu erinnern!«

»Ja.«

»Dies wird das Licht gleichmäßig über die Erde verteilen. Jetzt gehe ich.« KUAN YIN verlässt den Kanal von Esther. Esther atmet stark. Wir sind beide berührt und schauen uns voller Dankbarkeit und Liebe an. Was für ein großes Geschenk uns hier bevorsteht. Wir sind überwältigt. Dies ist größer, als wir es uns haben vorstellen können. Die Erde wird geheilt werden. KUAN YIN wird ihre Überseele und damit sehr viel Licht auf die Erde bringen. Wir werden das dunkle Zeitalter hinter uns lassen. So können wir die Erde retten und einen Sprung in die 5. Dimension machen. Was für ein Geschenk! Wir sind so dankbar! ✪

13 Der Abstieg der Seele

*J*ch dachte lange darüber nach, ob es Sinn macht, diese Zeremonie gemeinsam mit Chris durchzuführen. KUAN YIN ließ mir freie Hand. Esther und Chris wollten beide, dass er teilnimmt. Für mich fühlte es sich nur partiell richtig an, vor allem nach dem heftigen Zusammenstoß, den wir einige Wochen zuvor hatten. Auf der anderen Seite war ich ihm sehr dankbar für seine Offenheit Projekt STAR gegenüber. In einem Gespräch unter vier Augen besprach ich diese Angelegenheit mit Chris. Sein Interesse, an der Zeremonie teilzunehmen, war ernsthaft. Ich lud ihn also für diesen Nachmittag ein, an dem wir STAR in die befruchtete Eizelle in Esthers Bauch hereinrufen wollten.

Esther liegt in dem riesigen komfortablen Bett, mit vielen Kissen hinter ihrem Rücken. Die dicken Vorhänge haben wir zugezogen und romantisches Kunst-Kerzen-Licht angeschaltet, das den Raum sanft beleuchtet. Esther kann sich kaum bewegen. Wir sitzen an ihrem Fußende und warten gespannt, was passiert. Esther öffnet ihren Kanal und es dauert einige Momente, bis sie sprechen kann. Wir erwarten David, aber es kommt anders.

Ancients: »Wir sind hier, die Ancients, hallo.«

Ich »Willkommen, Ancients!«

»Wir haben euren Besuch bei STAR gesehen. Wir sind heruntergekommen, um euch unsere Anerkennung für die wunderbare Zusammenkunft zu bringen. Wir sehen die Sterne in euren Kronenchakren, die sich ständig erweitern. Wir zählen drei Sterne über euren jeweiligen Häuptern. Wir sehen, dass diese Sterne wichtige Informationen beinhalten. Diese Informationen werden von uns bald in der Mitte des Dreiecks zusammengeführt werden. Die Mitte ist genau oberhalb von STAR. Diese Form ist jetzt für die Zeremonie wichtig. Das möchten wir erklären: Hier gibt es eine Öffnung. Die Öffnung deckt alles ab, was es zu wissen gibt. Wir können diese Öffnung mit dem gesamten Universum verbinden. Wir werden euch drei Meister darum bitten, den Stern über eurem Kopf mit dieser Öffnung hier zu verbinden. Sobald diese Verbindung hergestellt ist, werden wir Meisterin KUAN YIN hereinbitten. Sie wird ihren STAR-Anteil mit Baby STAR verbinden. Wir haben das Privileg, euch in diese Öffnung zu führen. Wir werden das machen, während ihr eure Hände bitte miteinander verbindet. Wir werden euch Schritt für Schritt führen. Ihr hört aufmerksam zu, wenn etwas nicht klar ist, dann fragt bitte. Die Öffnung wird über dem Bauch von Esther sein. Wir zeigen den Ort jetzt. Diese Öffnung ist für die gesamte Prozedur wichtig. Wir möchten das gerne erklären, was in ein bis zwei Minuten aber nicht einfach ist. Deshalb eine kurze Erklärung: Die Öffnung hilft, die Zeit für STAR anzuhalten. Von den obersten Ebenen wurde ein Prozedere festgelegt, die Zeit für einen Moment anzuhalten. Der kurze Moment ohne Zeit kann der Oversoul (Überseele) von KUAN YIN Zugang zum Herabkommen gewähren. Das passiert, nachdem zunächst die 20 % (Seelenanteil von KUAN YIN) herabgekommen sind. Die ganze Zeit über fokussiert ihr drei Meister euch auf den Stern über eurem Kopf. Da ruht eure Aufmerksamkeit die ganze Zeit. Wir stellen sicher, dass die Öffnung in der Mitte der Dreiecks-Form gehalten wird. Darauf müsst ihr euch nicht fokussieren. Das machen wir. Euer Fokus ist auf dem Stern über eurem Kopf, eurem persönlichen Stern in der Krone. Ihr bleibt solange mit eurem Fokus dort, bis wir euch bitten, ihn von dort wegzubewegen. Dieser Stern schwebt ca. 10-15 Zentimeter über eurem Kopf. Dieser Stern ist nicht sehr groß, aber sehr sehr hell. Es ist in Ordnung, falls ihr diesen Stern nicht direkt seht. Wir sehen sie, sie scheinen und glänzen und sind da. Jeder von euch Dreien trägt ihn jetzt. Wir fangen damit an, die drei Sterne zu verbinden, dann entfernen wir den Zugang der Wesen, die zuschauen. Es schauen momentan sehr viele Wesen von oben zu. Aber für einen kleinen Moment werden sie alle verschwunden sein. Das ist nötig, sobald das Anhalten der Zeit stattfindet. Das könnte ihnen sonst Schaden zufügen. Dafür haben wir ein bestimmtes Vorgehen. Wir bitten euch Drei zurück in euren Kopf zu schauen. In eurem Kopf ist eine kleine Drüse, die wir Zirbeldrüse nennen. Sie kann unter dem Stern in der Mitte eures Kopfes gefunden werden. Diese kleine Drüse ist ganz wichtig, um die Zeit anzuhalten. Wir werden sie unabhängig voneinander in euren Köpfen aktivieren. Dann kommt der Moment, an dem die Zeit stillsteht. Das werdet ihr nicht spüren oder bemerken, sie hält einfach ganz kurz an. Ihr existiert noch auf anderen Ebenen. Es gibt keine Erinnerung, es gibt keine Lichtblitze, es gibt nichts, an das ihr euch erinnern werdet. Aber es gab diesen kurzen Moment der Nicht-Existenz. Wir sehen diesen Moment als sehr sehr besonderen Moment. Es passiert nicht täglich, dass die Zeit angehalten wird. Wir halten die Zeit speziell an, damit STAR herunterkommen kann und ihre Überseele mitbringt. Die Überseele wird die Erde massiv heilen. Wir sehen, dass ihr zu diesem Vorgehen viele Fragen habt. Das ist gut. Wir bitten euch aber, momentan darauf zu verzichten. Wir besprechen das später. Jetzt bitten wir euch erst, eure Hände zu halten.

Dann beginnen wir mit dem ersten Schritt der Prozedur. Dann können wir Fragen beantworten. Dann halten wir kurz die Zeit an.

Jetzt beginnt der erste Schritt. Der erste Schritt ist, dass ihr STAR im Bauch von Esther findet.«

Es entsteht eine Pause von wenigen Minuten. »Wir sehen, dass ihr gut darin seid, sie mit Leidenschaft zu finden. Wir bleiben mit der Aufmerksamkeit auf dem Bauch. Wir bitten euch, eure Fragen noch für einen Moment zurückzuhalten. Was seht und spürt ihr im Bauch?«

»Ein kleines STAR-Licht«, sage ich.

»Ein warmer Schimmer«, ergänzt Chris.

»Es fühlt sich so an, als ob meine Gebärmutter sehr ausgedehnt, sehr weit ist: weites Bewusstsein. Ich weiß, da ist ein kleines Wesen drin.« Esthers Stimme klingt weich und freudig.

Ancients: »Wir sehen, dass die Gebärmutter mit euren drei geistigen Augen ausreichend verbunden ist. Wenn ihr wollt könnt ihr jetzt Fragen stellen.«

Ich: »Ich habe nur eine technische Frage: Ich werde mich später dann nur auf das Chakra über meinem Kopf konzentrieren und nicht auf die drei zusammengefügten Chakren?«

»Wir verstehen deine Frage. Wir werden euch Schritt für Schritt anleiten. Der Fokus wird auf dem Stern im Chakra, nicht auf der Krone selbst sein. Es ist eine andere Form von Chakra, aber nicht das Chakra selbst. Es ist eine geometrische Stern-Form mit Bewusstsein. Sie wurde zeitweise in eure Kronen für diese Prozedur eingesetzt. Euer Fokus ist vor allem dort. Sollte er sich bewegen, dann werden wir das sagen. Gibt es momentan noch andere Fragen?«

»Werden wir mit dem Anhalten der Zeit umgehen können?« will Chris wissen.

»Wir haben zuvor gesagt, dass ihr das Anhalten der Zeit nicht bemerken werdet. Ihr werdet euch nicht erinnern, kein Schaden, kein Lichtblitz, nichts kann anzeigen, dass die Zeit angehalten wurde. Noch nicht einmal die Uhr. Der kurze Moment ist sehr kurz. Selbst wir können das kaum zählen, so kurz ist er. Aber die Zeit hält an, ihr werdet es nicht bemerken. Ihr vertraut auf den Ablauf und dass er für euch stattfindet. Sobald dann die Überseele unten ist, spürt ihr vielleicht dieses weite Liebesfeld. Niemand wird das Anhalten der Zeit bemerken, überhaupt kein Problem für euch.«

»In Ordnung«, meint Esther.

»Wir warten noch auf eine Frage, sie schwebt in der Luft, wer möchte sie aussprechen?«

Chris fragt: »Ihr habt nicht gesagt, dass wir eine Intention der Liebe setzen sollten; das sollten wir aber machen, oder?«

»Ja, da ist Liebe in euren Herzen, das können wir ganz klar spüren. Dieses Feld habt ihr schon zu Esthers Bauch geschickt.«

Es entsteht eine Pause.

Esther möchte noch wissen: »Wird KUAN YIN auch sprechen oder möchte sie etwas sagen?«

»Dafür wird später Zeit sein. Es gibt eine Frage, die noch nicht gefragt wurde.«

»Könnte das für STAR schädlich sein?« will Esther noch wissen.

»Das ist eine Frage, die wir besprechen müssen. Es gibt kein Risiko für Baby-STAR. Ja, diese Prozedur ist kraftvoll, aber ihre Gesundheit ist nicht in Gefahr. Dieses Licht wurde ausgewählt, um zu ihr herabzukommen. Sie weiß, was jetzt kommt. Wir machen jetzt weiter. Dürfen wir euch drei jetzt bitten, eure Aufmerksamkeit ins Kronenchakra über euren Kopf zu platzieren, noch nicht in den Stern: Kronenchakra über dem Kopf.«

Eine weitere Pause.

Ancients: »Jetzt bitten wir euch freundlichst: Bewegt eure Aufmerksamkeit etwas höher in den Stern, der über euren Köpfen schwebt.« Es entsteht eine längere Pause. »Ihr behaltet eure Aufmerksamkeit dort während wir an der Öffnung arbeiten.«

Esther atmet stark, es entsteht wieder eine längere Pause. Esthers Atem wird jetzt nochmals stärker.

Ancients: »Wir sehen die Zirbeldrüsen sich schön wölben. Sie werden für diesen Vorgang gekippt. Ihr bleibt im Stern über dem Kopf.«

Esther atmet stärker und stärker, während eine längere Pause entsteht.

»Wir bringen jetzt STAR herunter.« Das Energiefeld weitet sich enorm. Es vergehen viele Sekunden.

»Jetzt verschiebt sich der Fokus auf den Bauch von Esther. Was seht ihr, was nehmt ihr wahr?«

»Es ist offen«, sage ich.

»Ganz viel Licht«, sagt Esther.

»Ganz viel Freude«, kommt von Chris.

Ancients: »Wir fahren jetzt mit der Prozedur des Anhaltens der Zeit fort. Ihr bleibt auf den Bauch fokussiert.«

Esther atmet wieder schwer, viele Atemzüge lang, dann beruhigt sie sich. Es entsteht eine längere Pause. Ich spüre ein riesiges Energiefeld und ganz viel Licht. Esther nimmt einige tiefe Atemzüge, das Feld wird noch kraftvoller und ist wunderschön! Dann entsteht eine lange Pause von über fünf Minuten und es wird ganz ruhig.

Ancients: »Wir kommen mit guten Nachrichten. Es gab Licht in der Gebärmutter!«

Wieder ein starker Atemzug von Esther.

Ancients: »Es gab Ort und Zeit, die nicht da waren. Wir haben die Raumzeit für einen kurzen Moment stabil gehalten. Wir spüren das vorhandene Feld jetzt gemeinsam. Alle Wesen kamen zurück, alle besuchen euch jetzt hier.«

»Lasst uns wissen, wann wir unseren Song singen können«, möchte ich wissen.

Ancients: »Wir spüren jetzt das Feld. Die Sterne von der Krone leuchten weniger stark. Sie waren nur zeitweise an dem Ort. Sie werden verblassen. Bringt eure ruhige Aufmerksamkeit nochmals in Esthers Bauch. Ihr dürft jetzt sanft eure Hände dort platzieren. Wir begrüßen STAR.«

»Ich nehme jetzt meine Hände weg«, meint Esther.

Ancients: »Wir haben euch ausgewählt, das ist ein besonderer Vorgang, den wir nicht oft vornehmen. Wir grüßen euch. Wir machen jetzt Platz für STAR.«

Esther atmet stark und die Ancients verlassen ihren Kanal.

STAR kommt herein und flüstert: »Hier bin ich – da bin ich. Ich ruhe jetzt hier. Ich gehe nicht weg, ich werde hier wachsen. Die Energie in diesem Bauch bringt der Erde Frieden. Viele Meister bringen Frieden, viele gute Freunde, die ich kenne. Dieser Schoß trägt Licht ohne besondere Bedürfnisse. Licht ist Licht. Es wird sein Ziel erreichen. Mein Wunsch ist auch euer Wunsch. Die Erde möge heilen. Dieses Licht in diesem Schoß bringt mehr Frieden auf die Erde. Es gab so viele Reiche vor diesem Besuch. All diese Reiche kamen eben gemeinsam mit mir herunter. Ein Moment der Nicht-Zeit und alle Reiche kamen mit mir. Diese Lichtstruktur ist ganz besonders wertvoll. Dieses Licht hat alle vorstellbaren Formen in sich und mehr. Dieses Licht in diesem Schoß wird dabei helfen, die Erde zu heilen. Wir werden mehr darüber sagen, sobald die Zeit näher rückt. Jetzt ist das wichtig: Licht aus ganz vielen unterschiedlichen Reichen kam eben herunter. Ihr werdet das spüren. Vielleicht dauert es etwas. Die Menschen kennen diese Reiche nicht so gut. Vielleicht verzögert sich das Erkennen. Aber ich verspreche euch: Die Zeit wird Lichtformen in wertvolle Lichtstrukturen einfügen. Diese Lichtstruktur erschafft Balance auf Erden. Diese Lichtstruktur wird von uns allen hier erbaut. Es braucht menschliche Körper, um seinen Weg zu finden. Wir züchten gemeinsam Lichtstrukturen. Licht braucht Träger. Träger brauchen Licht. Ich werde dieses Licht tragen. Es braucht noch mehr Träger. Darf ich euch beide einladen, auch das Licht mit mir zu tragen?«

Chris und ich antworten simultan mit: »Ja.«

»Das werden wir gemeinsam entwickeln, wenn die Zeit naht. Die Lichtstruktur heilt die Erde. Ich danke dir geliebte Mutter, dass du mich so freundlich beherbergst. Du ruhst jeden Tag viele Stunden. Ich würde mir wünschen, dass du das Licht in dir sehen könntest. Du wirst mich mehr und mehr spüren. Wir werden auch Spaß zusammen haben. Ich werde auch ein Kind sein, weißt du? Wirst du jetzt für mich singen?«

Asar: »Ja.«

STAR: »Ich liebe meinen Song so sehr.«

Wir singen meinen STAR-Song, Chris stimmt mit ein.

KUAN YIN Divine
Your compassion shines my light
Inner peace that feels so right
Allowing grace to shine through me
In this world of twilight

Oh KUAN YIN, please shine your light
and be with me
through eternity
Beloved STAR please shine your light
and be with me
through eternity

Your beauty shines so bright
Pure and free like crystal light
From the spirit that you are
my beloved golden star
Oh KUAN YIN, please shine your light
and be with me
through eternity
Beloved STAR please shine your light
and be with me
through eternity

Übersetzung:

Göttliche KUAN YIN
Dein Mitgefühl lässt mein Licht erscheinen
Innerer Friede, der sich so gut anfühlt
Erlaubt der Gnade durch mich zu scheinen
in diese Welt des Zwielichts

Oh KUAN YIN bitte scheine dein Licht
und sei mit mir – bis in alle Ewigkeit
Geliebte STAR – bitte scheine dein Licht
und sei mit mir – bis in alle Ewigkeit

Deine Schönheit erstrahlt so hell
rein und frei wie Kristalllicht
durch den Geist der du bist
meine geliebte goldene STAR

Oh KUAN YIN bitte scheine dein Licht
und sei mit mir – bis in alle Ewigkeit
Geliebte STAR – bitte scheine dein Licht
und sei mit mir – bis in alle Ewigkeit

(Link zum Anhören der Songs im Anhang S. 382)

STAR: »Das ist mein Lieblingslied.«
Ich: »Danke dir sehr.«
STAR: »Mein Zeit auf der Erde wird Frieden bringen.«
Ich: »Ja, vielen Dank, dass du zu uns herunterkommst.«
STAR:«Werdet ihr helfen?«
Ich: »Ja natürlich, deshalb sind wir ja da.«
STAR:«Die Erde ist kein einfacher Ort zum Herabkommen. Vielleicht bereust du, dass du mich darum gebeten hast.«
Wir kichern.
Ich: »Keine Sorge, wir werden viel Spaß zusammen haben. Es ist ein wunderbarer Ort. Du wirst sehen, wie schön es ist. So sinnlich, wie liebevoll es sein kann. Wie wunderschön Mutter GAIA ist, sie ist so wunderbar. Du wirst es genießen.«

STAR: »Ich spüre viel Liebe. Die Erde hat auch viel Trauer. Diese Trauer kann aufgehoben werden. Wir bringen Frieden.«

Ich: »Das machen wir, danke fürs Kommen.«

Zu Chris: »Wirst du mit mir sprechen, mein Lieber? Ich brauche auch deine Zustimmung.«

Chris: »In Worten? Du hast meine Zustimmung. Das war für mich implizit.«

STAR: »Wir sind eins.«

»Ja, das sind wir«, bestätigt Chris.

STAR: »Es gibt kein hoch oder tief. Es gibt ein Reich, in dem viele Geschmäcker existieren. Wir kommen zurück zu einer Ebene. Ich halte euch alle in meinem Herzen.«

Ich: »Danke dir.«

STAR: »Es wird viel Arbeit geben, wir werden die Erde heilen. Können wir noch einen Song machen?«

»Ja, bitte, welchen magst Du?«

»Du erinnerst einen, den ich mag.«

»Little STAR oder den anderen?« Der andere ist mein Liebeslied an Esther und ich wollte Chris nicht unbedingt damit konfrontieren.

STAR: »Die Erinnerung der Vergangenheit.«

Also singe ich »Out of the Blue«, meinen Song an Esther.

Surrendering to Love
And all the magic around
Frees our souls
More than anything we've ever found
More than anything we've ever found
You speak your truth
Right into my heart
My tears come flowing
As if we've never been apart
As if we've never been apart
Magical Waves of Rememberance
Brought us together – brought us together
Rejoining our hands
Now and forever – now and forever

Out of the Blue

I've found you
not meant to be
and still so true
Our bodies hold all the truth
Know exactly what to do
When we melt together
oh that healing is so true – your devine healing is so true

Magical Waves of Rememberance
Brought us together – brought us together
Rejoining our hands
Now and forever – now and forever
Out of the blue
I found you / You found me
Not meant to be
And still so true

Your shining eyes enlighten me
My heart's on the rise
Now I am totally free
Back into your Paradise – Back into Paradise

Out of the blue
I found you / You found me
well meant to be
since it's so true

Übersetzung:

Aus heiterem Himmel
Sich der Liebe hingebend
und all der uns umgebenden Magie
befreit unsere Seelen
mehr als alles, was wir je gefunden haben

Du sprichst deine Wahrheit
mitten in mein Herz
meine Tränen beginnen zu fließen

so als ob wir nie getrennt gewesen wären
Magische Wogen von Erinnerung
haben uns zusammengeführt
unsere Hände wieder verbunden
jetzt und für immer

Unsere Körper halten die ganze Wahrheit
wissen genau, was zu tun ist
wenn wir verschmelzen
oh diese Heilung ist so wahr
deine göttliche Heilung ist so wahr

Magische Wogen von Erinnerung
haben uns zusammengeführt
unsere Hände wieder verbunden
jetzt und für immer

Aus heiterem Himmel habe ich dich gefunden
es war nicht so gemeint
und doch so wahr
Aus heiterem Himmer hast du mich gefunden
es war nicht so gemeint
und doch so wahr

Deine scheinenden Augen erleuchten mich
Mein Herz steigt auf
Jetzt bin ich ganz frei
zurück in deinem Paradies
zurück im Paradies

Magische Wogen von Erinnerung
haben uns zusammengeführt
unsere Hände wieder verbunden
jetzt und für immer

Aus heiterem Himmel habe ich dich gefunden
es war nicht so gemeint
und doch so wahr

Aus heiterem Himmer hast du mich gefunden
es ist genauso gemeint
denn es ist so wahr

(Link zum Anhören der Songs im Anhang S. 382)

Es erfüllt mich mit Freude, für STAR zu singen. Ich fühle mich wie ein Papa, der seiner kleinen Tochter an der Wiege etwas vorsingt. Langsam lasse ich den Song ausklingen und genieße diesen wunderbaren Moment.

»Willkommen zurück, wundervolles Kind und Freundin«, höre ich mich sprechen, »Wir kreieren etwas Wunderbares mit viel Lachen und Freude und Liebe. Und wir heilen viele Menschen und Mutter GAIA.«

»Wir werden viel zusammen singen, wenn ich hier bin.« antwortet STAR sogleich. »Ich liebe es zu singen.«

»Ja, das werden wir. Wir werden viel zusammen singen, sogar bevor du nach Hause kommst.«

»Ich möchte noch viel sagen, aber die Zeit ist um.« STAR beginnt sich zu verabschieden.

»Ja, ich freue mich schon darauf, mehr von dir zu hören.« erwidere ich, »ich bin so neugierig. Jetzt ruhe dich in dem wundervollen warmen Bauch deiner Mutter aus, liebes Kind und große Meisterin!«

»Ich ehre deine Liebe, um mein Licht auf deinen heiligen Händen zu tragen. Ich komme bald sprechend zurück. Dann reden wir über Politik.«

»Ah, das klingt lustig«, entgegne ich leicht verwundert.

»Jetzt kommt Esther zurück, sie war weit weg. Ich verlasse euch jetzt.« Damit verlässt sie Esthers Kanal.

Jetzt ist sie also auf der Erde.

Esther taucht wieder auf. Es scheint, dass sie wenig von der Konversation mitbekommen hat. Wir müssen sie erden und unterstützen, damit sie wieder ganz landen kann.

Nach einer Weile verlässt uns Chris und wir sind für uns allein. Ich kümmere mich um Esther und ihr leibliches Wohl, wir trinken und essen eine Kleinigkeit, sind beide noch ganz in dieser anderen Energie. Bald lege ich mich zu Esther, die schon weggedämmert ist. Die Energien werden immer stärker. Ich bin es nach jahrelangen Meditationen in teils großen Gruppen gewohnt, sehr hohe Energien zu halten und ich genieße die aufgebauten Felder. Die Intensität nimmt immer mehr zu, so dass es für mich langsam aber sicher zu stark wird. Ich fühle mich übermannt. Schließlich bitte ich

STAR, die Energien etwas zu reduzieren. Sofort wird das Feld für mich erträglicher. Ich frage Esther, wie sie die Energien wahrnimmt. Sie ist weit draußen und hat davon nichts mitbekommen. Es dauert eine Weile, bis wir selig einschlafen können, denn die Energien sind intensiv. Unsere erste Nacht zu dritt! Wir spüren Dankbarkeit und diese intensiven göttlichen Energien. Ich freue mich auf das, was jetzt kommt. Wenn ich nur wüsste!

Esthers Tagebuch

5. März

Pfew, so viel passiert gerade. Letzte Nacht soviele intensive Energien, ich bin total ausgespaced. David sagte, dass das jetzt öfter passieren wird, während sich STAR einnistet. Ich spüre wirklich ein drittes Feld bei uns, ein anderes Wesen. Gestern haben wir zusammen mit Chris und Asar eine schöne Abstiegszeremonie durchgeführt. So wunderbar, dass wir das gemeinsam tun konnten. Die Ancients haben die Zeremonie angeleitet. Sie haben einen Energie-Stern 15 cm über unserer Krone platziert. In der Mitte des Dreiecks wurde ein Loch erschaffen. Hierin haben sie für einen sehr kurzen Moment die Zeit angehalten, um STAR hereinzubringen. Als sie STAR herunterbrachten, sah ich eine Menge von Licht in meinem dritten Auge. Mein Körper und mein Bauch reagierten sehr stark auf die Energien. Nachdem die Zeit angehalten wurde spürte ich sehr klar eine Spirale in meinem Uterus, sehr speziell. Ich fühlte auch eine große Spirale in Richtung meines Kopfes. Später erklärte David, dass da unzählige Spiralen nach außen gingen, die sie mit dem Multiversum verbinden. So wird STAR die Informationen von außen erhalten. Er meinte, dass wir diese Spiralen mehr und mehr bemerken würden. Wir könnten auch üben, sie mit unseren Händen zu erspüren.

Nach der Zeremonie konnte ich ganz eindeutig spüren, dass ein neues Feld bei uns ist. Die erste Nacht nach STARs Abstieg war auch intensiv. Sehr starke Energieveränderungen, Hitzeanfälle, mega ausgespaced, phew. Ich musste wirklich SoulBodyFusion machen und Asar bitten, mich zu erden. Auch für ihn war die Energie sehr stark und an der Grenze des Erträglichen. ☻

14 Der Morgen danach

Am nächsten Morgen nach einem köstlichen Früh-
stück im Bett bitten wir David herein:
»Hier sind wir, David und das obere Team. Wir sind
begeistert, jetzt die Herabkunft von STAR mit euch
feiern zu können. Es gab viele Lichter letzten Nachmittag zu und von eurem Raum, wir haben wirklich
ein Feuerwerk gesehen.«

David hatte uns vorher ein Feuerwerk vorausgesagt, das wir allerdings nicht
gesehen hatten.

David: »Wir sahen erblühende Lichter – eine Lichtshow für das Universum.
Wir verstehen, dass die Menschen das anders wahrnehmen, ihr habt keine
Lichter gesehen.«

»Richtig«, bemerke ich etwas trocken. Er hat schon viele Vorhersagen gemacht, die nicht eintrafen.

David: »Aber wir merken, dass ihr einen Lichtschimmer im Moment des
Herabkommens gesehen habt.«

»Ja, das habe ich wirklich gesehen«, sagt Esther.

Bei mir gab es keinen Lichtschimmer, aber na gut!

David: »Es gab auch andere Zeichen: In einem Moment habt ihr diese
Vibration gespürt, die ihr als Spirale bezeichnet habt. Es war eine Spirale,
genauer gesagt viele. Ihr habt eine Spirale nach oben gefühlt, aber wir haben viele Spiralen in alle Richtungen gesehen, nicht nur eine – jeweils unendlich viele.«

»Unendlich in die Erde oder ins Universum?« will Esther wissen.

David: »Unendlich in viele Universen.«

»Whow«, wir sind beide sehr beeindruckt.

David: »Spiralen gehen unendlich ins Nichts, sie hören nicht auf, sie starten aber hier in der Gebärmutter. STAR hat mit sich Spiralen für ihre Allge-
genwart gebracht. Spiralen sind sehr sehr mächtige Wurzeln von Energie.
Ihr habt eine große Spirale nach oben wahrgenommen. Wir freuen uns,
dass ihr das gut gespürt habt. Sie war da und sie bleibt hier, bis sie in sechs
Monaten austritt. Diese Spiralen füttern Baby STAR ganz massiv mit Energie,
die von und zu allen Richtungen des Multiversums kommen und gehen.
STAR empfängt Informationen über diese Spiral-Netze. Das ist eine sehr

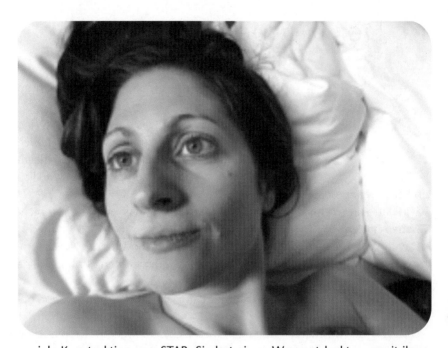

geniale Konstruktion von STAR. Sie hat einen Weg entdeckt, um mit ihren Vorfahren zu kommunizieren. Das ist ein sehr altes Wissen, das manchmal von großen Seelen genutzt wird, um Licht in dichte Gefilde zu bringen. Dichte Gefilde müssen Wege finden, um Informationen anzuziehen. Spiralen können das einfach tun: Sie ziehen Informationen von überall an und fokussieren sie in einem Punkt. Baby STAR wird Spiralen während ihres ganzen Lebens in der Gebärmutter haben. Du spürst vielleicht auch immer mehr Spiralen und nicht nur in der Gebärmutter, auch im Kopf, im Herzen, in den Füßen. Wenn du Heilungen gibst, kann es sich so anfühlen, als ob Spiralen aus deinen Händen kommen. Vielleicht spürst auch du, Asar, mehr Spiralen, sofern du dich mehr mit der Gebärmutter von Esther verbindest. Spiralen kommen überall heraus, sie sind nicht sichtbar, aber du kannst sie wahrnehmen, wenn du dem mehr Zeit einräumst. Du setzt dich aufrecht hin, verbindest deine Hände mit dem Bauch und fragst dann den Bauch: Sende mir bitte Spiralen, darf ich euch in meinen Handflächen spüren? Dann beobachtest du. Mit der Zeit wirst du es wahrnehmen, auch wenn du anfänglich nichts spürst. Es gibt zu viele Spiralen, die mit den Handflächen spürbar sind, als dass man sie zählen könnte.«
»Also kann ich mit meinen Händen nichts stören?«, frage ich.

»Wir können diesen Prozess nicht stören, dieser Prozess ist sehr speziell, an alles wurde gedacht. Nichts kann diese Spiralen stören«, beruhigt uns David.

»Vielen Dank!«

»Es gibt so viele Spiralen«, fährt David fort. »Sie sind die besten Freunde jetzt für Baby STAR. Sie bekommt alle möglichen Informationen, aber darüber sprechen wir später, das ist jetzt nicht wichtig. Du wirst das spüren, vielleicht kribbelt es etwas in in deinem Kopf. Diese Spiralen finden ihren Weg auch in deinen Körper. Spiralen sind Freunde, achte darauf mit ihnen zu arbeiten, sobald du sie in den Griff bekommst. Spiralen existieren auch in der Natur; viele Orte bestehen aus Spiralen.«

»Ist das das Gleiche wie der Goldene Schnitt oder die Fibonacci-Reihe?« möchte Esther wissen.

»Wir sehen deinen Punkt, das ist ähnlich. Aber Fibonacci hat den Goldenen Schnitt, der kein Ende findet. Es gibt also Unterschiede zwischen diesen beiden Folgen. Spiralen sind beiden ähnlich, aber leicht unterschiedlich. Das ist jetzt für Esther zu schwierig zu verstehen und zu verarbeiten. Vielleicht können wir einmal im richtigen Moment den Unterschied zwischen diesen drei Typen von Spiralen erklären. Das Universum besteht aus viel mehr unterschiedlichen Arten von Spiralen. Wir wissen, dass du Spiralen magst und alles über sie wissen möchtest, das sehen wir in deinen Gedanken.«

»Ja, das stimmt. Ich habe mich mit diesen Fibonacci-Sachen beschäftigt«, sagt Esther.

»Wir werden viel Zeit haben, um zu diesem Thema zurückzukehren, wir erklären später gerne mehr darüber. Jetzt bitten wir Master Asar, seine rechte Hand auf sein Herz zu legen und seine linke Hand auf die rechte.«

»Kannst du mich sehen, David?« frage ich.

»Ja, wir sehen euch beide klar. So gibt das einen guten Kontakt. Wir bitten jetzt Esther ihre rechte Hand auf das Dritte Auge zu platzieren, die linke Hand darauf. Diese für Mann und Frau unterschiedlichen Positionen werden die Energien wieder in Balance bringen, die sich in euren Feldern verschoben haben als STAR heruntergekommen ist. Männliche und weibliche Energien verschieben sich, wenn ein Baby runterkommt. Vielleicht gibt es jetzt unterschiedliche Bedürfnisse und Dringlichkeiten. Die männlichen und weiblichen Energien müssen jetzt ausbalanciert werden, das ist wichtig. Wenn Ihr spürt, dass ihr aus der Balance seid, dann platziert ihr eure Hände so wie jetzt. Ihr seid aus der Balance, wenn ihr weint oder auf einmal ganz ärgerlich werdet. Diese Handhaltung mag euch helfen, die Energien in eurem System wieder zu besänftigen.«

»Kommt diese Energie von anderen Planeten?«

»Das kommt von einem Feld, das jetzt in eurer Nähe existiert. Gestern Nachmittag haben wir sehr starke Felder hereingebracht, ihr seid jetzt in diese Felder gebettet. Das verändert die Energien um euch herum sehr stark. Vielleicht spürt ihr Veränderungen der Temperatur oder andere Veränderungen, die ihr nicht erwartet habt, die jetzt aber trotzdem passieren und als starke Emotionen wahrgenommen werden können. Das kann passieren und hängt von dieser Feldveränderung ab, die wir sehen können: Wir sehen Ströme, Bewegungen und Farben, die sich ändern. Da können Gefühle hochkommen – oder auch nicht. Wenn es passiert, dann positioniert ihr eure Hände, wie wir es euch gerade gezeigt haben.«

»Vielen Dank für diesen Tipp. Ich liebe das Energiefeld.« sage ich begeistert, »Ich habe einen Moment gebraucht, bis ich es wirklich spüren konnte, aber jetzt muss ich sagen, dass es wunderschön ist.«

»Wir freuen uns, dass ihr das Feld von Baby STAR jetzt besser spürt, manchmal gibt es eine Anpassungsphase, das ist normal. Wenn ein Feld erscheint dann ist es erstmal für den Empfänger unbekannt. Man muss das neue Feld erst kennenlernen. Jetzt wird das Feld immer vertrauter und ihr werdet es leichter spüren. Es ist nach einer Weile immer da, ihr werdet es wissen. Es ist bekannt so wie ein Freund, der auf Besuch kommt. Wenn du ihn öfter siehst, wird er dir vertrauter. Dann spürst du ihn ganz leicht. Das hier ist ähnlich. Ihr werdet es jetzt immer leichter wahrnehmen, wenn es hier ist oder auch nicht, denn es verändert sich. Aber ein konstantes Feld ist immer im Bauch, vielleicht kleiner oder grösser. Es verändert sich ständig.«

»Hattest du nicht gesagt, dass wir es erst nach vier Monaten spüren?« will ich wissen, denn das war noch unlängst seine Aussage gewesen.

»Wir sehen deine Frage. STAR hat sich entschieden, ihr Feld in den ersten drei bis vier Monaten besonders keinen fremden Menschen zu zeigen. Wenn Esther also draußen spazieren geht, wird keiner bemerken, dass sie ein großes Licht in sich trägt. Vielleicht hat STAR das für ihre eigene Entwicklung so gewählt. Aber wenn ihr hier zusammen seid, kann Baby STAR mehr von sich zeigen und ein größeres Feld wählen. Vielleicht zeigt sie sich auch morgen bei dem Besuch deiner Eltern oder auch nicht. Wir wissen nicht, wie sie sich fühlen wird. Aber draußen mit vielen Energien fremder Menschen wird sie klein sein. Sie möchte noch nicht gesehen werden und keine Aufmerksamkeit auf sich lenken. Sie möchte Ruhe und Zeit für ihr Wachstum. Sie braucht ihre eigene Geschwindigkeit und nicht andere Menschen, die sich mit ihr verbinden. Mit den Eltern ist das natürlich etwas anderes. Eltern möchten ihr Baby kennenlernen, das Baby möchte die Eltern kennenlernen, deshalb öffnet sie gerne ihr Feld und deshalb spürt ihr sie so gut. Sie ist entspannt und möchte gefühlt werden.«

»Sie ist so wunderschön, wie nimmst du sie wahr, David?«

»Wir sehen Baby STAR als großes leuchtendes Feld goldener Funken.«

»Mhm, kannst du uns ein Foto schicken?«

»Da ist auch rosa! Wir versuchen euch ein Bild in euer geistiges Auge zu senden, wenn ihr beide schlaft. Vielleicht bekommt ihr ja das gleiche Bild. Vielleicht optimiert sich das Bild ja etwas für Esther: Sie bekommt vielleicht ein Bild von einer tanzenden STAR und du eines von STAR auf dem Fahrrad.«

Wir müssen beide kräftig lachen bei dieser Vorstellung.

»Du brauchst sogar ein Motorrad«, meint Esther.

»Wir wissen, dass du Motorräder magst, deshalb werden wir STAR für dich auf ein Motorrad setzen.«

»Vielen Dank.«

»Das Feld von STAR ist natürlich bei beiden Bildern ähnlich. STAR ist STAR. Ihr werdet wissen, wer sie ist.«

»Ist sie glücklich?«

»Sie könnte nicht glücklicher sein, ja. Sie wurde gemacht, um runter auf die Erde zu kommen. Sie spürt, dass es ihre Aufgabe ist, runter zu kommen. Sie ist ein sehr ernsthaftes Wesen, wisst ihr.«

»Ja, das klang so.«

»Sie nimmt ihre Aufgabe sehr ernst. Es wird gut sein, sie mit lustigen Witzen etwas aufzumuntern und aufzulockern.«

»Sie möchte mit uns über Politik sprechen.«

»Wir sehen deine Frage, sie denkt, dass Politiker böse Wesen sind.«

»Ja, dem stimme ich zu.«

»Deshalb möchte sie Politik ganz oben auf ihre Agenda setzen. Sie möchte gerne mehr Frauen in führenden Positionen der Politik sehen. Je mehr Frauen an der Spitze, um so mehr Frieden wird erreicht werden. Das ist eines ihrer wichtigsten Ziele. Mehr Frauen an der Spitze der Politik. Sie wird mehr darüber sprechen, wenn ihr euch trefft. Eine Sache möchte ich jetzt gerne noch ansprechen. Wir schlagen vor, dass ihr eure Handflächen zusammennehmt, erst in eine Richtung, dann in die andere, ein paarmal hin und her. Dann bewegt ihr die Hände auseinander und wir haben jetzt ein Feld zwischen den Händen erschaffen. Dieses Feld ist ein Kraftfeld für Liebe. Wir bitten euch darum, dieses Kraftfeld mehrmals am Tag auf Esthers Bauch zu legen, um STAR mit dem Liebesfeld der Hände zu nähren. Ihr mögt ihr vielleicht etwas singen, oder mit ihr sprechen: »Hallo STAR«.«

»Ja, sie hat sogar schon unseren Fisch energetisiert (ein kleines Stofftier). Das ist phantastisch. Sie ist jetzt ein vollständiges Familienmitglied.«

Esther muss kichern.

Ich werde albern: »Zu blöd, dass sie noch nicht die Küche saubermachen kann, aber das kommt bald ... nein, nein, nein, war nur ein Scherz. Sie ist jetzt ein Familienmitglied, aber danke für ...«

»Er war noch gar nicht fertig mit seinen Vorschlägen«, unterbricht Esther meine Blödelei.

David: »Deine Einwürfe sind völlig in Ordnung für uns. Also wir sagten, dass ihr die Hände 10 oder 20 Mal hin und her bewegt und dann das Feld erzeugt und es auf Esthers Bauch legt und süße Worte zu ihr sagt. So werdet ihr eure Verbindung zu ihr schön nähren. Sie ernährt sich von dieser Energie. Wir füttern sie mit so viel unterschiedlichen Arten von Energien wie wir nur finden können. Aber Eltern geben eine ganz spezielle Energie. Die Hände sind sehr wichtige Werkzeuge während der Schwangerschaft. Die Hände leiten sofort die Herzenergie weiter.«

»Ist das stärker als die Energie direkt vom Herzen zu senden?« möchte ich wissen.

»Wir sehen hier unterschiedliche Wege vom Herzen über die Hände als vom Herzen direkt zum Bauch«, entgegnet David. »Wir schlagen vor, einfach beides auszuprobieren und zu schauen, welches euch besser gefällt. Beide Wege sind wertvoll.«

»Ok, vielen Dank. Also ist jeder glücklich?«

»Wir sind alle begeistert von unserem kleinen Baby. Sie hat es gestern Nachmittag fantastisch gemacht, ihr Abstieg war wunderbar anzuschauen. Sie hat ein Kleid mit goldenen Funken getragen, die in alle Richtungen flogen. Sie schwebte über der Erde wie eine goldene Fee und ihr Kleid hat nicht den Boden berührt, aber sie schwebte darüber. Wunderschön, ihren Abstieg zu sehen. Viele, viele Wesen haben diesem Ereignis beigewohnt. Wir haben alle zugeschaut und für ein gutes Resultat gebetet. Es gab diesen einen Moment, an dem die Zeit stillstand. Wir wurden angewiesen, den Raum zu verlassen.«

»Wurde da ein spezieller Raum um uns herum aufgebaut?« will Esther wissen.

»Wir haben in der Tat einen speziellen Käfig auf eurem Bett gesehen. Dieser Käfig war nur für die Zeitlosigkeit und wurde dafür dorthin gebracht, nur an diesen Ort. Wir warteten außerhalb. Es war nur ein ganz kurzer Moment. Ihr habt ihn nicht gefühlt oder wahrgenommen.«

»Nein.«

»Das ist gut, ihr braucht diesen Zeitpunkt in eurem Leben nicht zu vermissen. Ein kurzer Moment ist genug, um ein sehr großes Licht herunter zu bringen. Wir sehen, dass die Überseele ein wichtiges Thema ist, dass wir zu einem anderen Zeitpunkt besprechen werden. Für den Moment ist es nur wichtig zu wissen, dass alles gut verlief. Es tut uns leid, dass es kein Feuerwerk gab.«

David hatte uns gestern noch ein Feuerwerk prophezeit. »Kein Problem.«

»Wir waren froh, dass es ein klatschendes Publikum gab. Wir hatten einen tollen Blick auf den Abstieg. Sehr viele Wesen waren anwesend. Sie waren froh, dass sie für ein paar Tage geblieben waren.«

Esther kichert. »Wohin gehen die jetzt, sind die also normalerweise nicht hier?«

David: »Viele von ihnen sehen wir regelmäßig, mit einigen arbeiten wir, andere schauen mal vorbei, da sie denken, dass wir eine interessante Arbeit machen. Aber die meisten kamen für diesen Moment des Abstiegs. Sie sind dann wieder zu ihrer Heimatbasis gegangen. Es gab sehr viele verschiedene Rassen und Wesen. Sie werden über dieses Ereignis zuhause berichten.«

Ich: »Ist das eine große Sache, David?«

»Das würden wir so sagen. Das ist groß für die Erde. Ihr werdet sehen, was die Ergebnisse sind. Es gibt mehr Meister, die jetzt herunterkommen, aber dies ist ein ganz besonderer Fall. Die Überseele ist ziemlich einzigartig im Universum. Ja, Überseelen gibt es, aber die runter auf die Erde zu bringen ist nicht so üblich. Das war ein besonderer Wunsch von Master KUAN YIN, dem stattgegeben wurde.«

»Wann wurde sowas das letzte Mal gemacht?«

»Das können wir nicht sagen, das ist ein Geheimnis. Wir können nur sagen, dass es nicht oft gemacht wurde, vielleicht an einer Hand abzählbar.«

»War Jesus auch eine Überseele?«

»Ja, er hatte seine Überseele hier.«

»Vielen Dank.«

Mir war klar, dass es sich bei STAR um ein ganz besonderes Kind handelt, aber dass sie eine der ganz wenigen Wesen ist, die ihre Überseele mitbringen darf, wusste ich nicht. Was das wirklich bedeutet, würden wir später erfahren, da war ich mir sicher.

David spricht weiter: »Wir sehen viele Wesen, die gerne ihre Überseele runterbringen möchten, aber meist wird das nicht gewährt. Das würde ein zu großes Durcheinander erzeugen. Zu viele Wesen, die alles wüssten. Befremdlich! Nur in ganz besonderen Fällen ist das gestattet, wenn die Erde ihren Sprung machen muss, einen großen Sprung! Dann ist viel Licht nötig. Diese Zeit ist jetzt.«

»Wir sind sehr geehrt, wie du sicherlich verstehst. Wir überblicken nicht das ganze Bild. Vielen Dank für deine Mitteilung.«

»Wir sehen deinen Punkt klar. Es ist eine zu seltsame Geschichte, um anderen Menschen zu erzählen, was ihr gerade macht. Das ist wirklich schwierig zu verstehen. Alles wird klarer werden, sobald STAR heranwächst. Und ihr werdet mehr Informationen über das, was sie weiß, gewinnen. Jetzt ist alles noch recht vage. Das kommt mit der Zeit. Ihr müsst noch keinen Oberschulabschluss machen, ihr könnt in der ersten Klasse anfangen. Über die Zeit werdet ihr euch zusammen mit Baby STAR entwickeln. Sie wird euch beide dann unterrichten und auch viele andere Wesen. Das ist eine ihrer Tätigkeiten hier, unterrichten ohne in den Erdebenen festzustecken. Sie kann das gut, wir haben Vertrauen in ihre Arbeit.«

»Bis jetzt fühlt sich die Energie schön an, aber ja, sie ist etwas ernsthaft, da habt ihr Recht.«

»Es ist ja nichts Falsches daran, ernsthaft zu sein, aber für ihr persönliches Wohlergehen wäre es großartig, Freude zu ergänzen. Wir bitten euch freundlich, für sie zu singen, auch schon im Bauch. Sie liebt es zu singen, wie sie es ja schon vorher erwähnt hat. Singen muntert sie bei all der Dichte auf der Erde auf. Sie wird sich wieder an die Erddichte gewöhnen müssen. Sie war eine lange Zeit nicht mehr hier. Singen bringt sie ins Herz, es wird ihrer Seele helfen, zu heilen. Sie wird keine einfache Zeit auf der Erde haben. Denkt daran. Die Erde wird hart für eine so feinfühlige Seele sein, aber sie hat sich ja dazu entschieden. Sie weiß, wieso sie hier ist. Sie vergisst nicht. Es wird auch Kämpfe geben, dann singt ihr für sie. In schweren Zeiten singt ihr immer für sie. Singen heilt ihre Seele tiefgründig. Ihr könnt jeden Song singen, auch Lieder mit Texten, die sie nicht versteht. Es geht darum, dass es vom Herzen kommt. Gesang vom Herzen heilt sie tief, bitte erinnert euch daran. Singt immer für sie, sie braucht es für ihr Überleben auf der Erde.«

»Ja, wundervoll.«

»Sie kommt für die Erde runter, sie wollte selbst nicht kommen. Das wurde ihr gewährt, sie wurde gebeten herunterzukommen.«

»Von wem?«, will ich wissen.

»Verschiedene Meister dachten, dass das für den Sprung der Erde eine gute Idee wäre. Sie fragte sich, soll ich gehen oder nicht? Dann haben wir deine Zeilen gesehen.«

»Welche Zeilen?«

»Du hast sie laut gerufen.«

»Meinst du meinen Song?«

»Ja, ich denke, das meint er«, ergänzt Esther.

»Wir sehen viele Zeilen von deinem Herzen, die du für sie geschrieben hast. Das hat sie heruntergezogen, sehen wir.«

»Das hat sie gesagt, wirklich verblüffend.«

»Sie war sich nicht sicher, soll ich gehen oder nicht, der Song von dir hat sie heruntergezogen.«

»So unglaublich.«

»Sie wollte kommen als der Song geschrieben war.«

»Ich kann das kaum glauben.« Man schreibt irgendwie einen kleinen Song, weiß selbst nicht, wie das genau passiert, woher plötzlich die Melodie, der Rhythmus und der Text kommen, und dann klingelt dieses Lied irgendwo bei jemanden im Universum an. Das beeindruckt mich und ich hätte mir das nie vorgestellt. Später habe ich einmal irgendwo gelesen, dass die Seele von Adam nicht in seinen Körper kommen wollte. Viele Engelwesen haben dann für ihn gesungen, damit er in den Körper kam.

»Asar, wir sehen deinen Zweifel, sie wird es dir sagen, wenn sie ankommt. Es war wirklich sehr besonders für sie, dich so süß singen zu hören. Dein Gesang hat sie berührt. Dann hat sie sich entschieden: Die Erde wird mein nächster Besuch sein. Die Meister haben zugestimmt, alles war gut. Der letzte Ruf war dein Song.«

»Das berührt mich – tief.« Mir treten Tränen in die Augen.

»Singen kommt vom Herzen.«

»Ich weiß.«

»Sie wird dich über eure wertvolle Beziehung informieren.«

»Darauf freue ich mich.«

»Jetzt ist nicht die Zeit dafür, aber sie wird kommen. Das ist eine wunderschöne Geschichte, sie wird dir gefallen. Nicht wie die Geschichte mit Nafta, anders, aber wunderschön. Du wirst sie im richtigen Moment hören.«

Nafta ist eine ehemalige Geliebte von Venus, mit der ich seit einigen Monaten wieder Kontakt habe, dank Esthers Channel. Sie besucht mich oft, auch in meinen Träumen und arbeitet an meinen Energiekörpern.

Ich:»Ja, vielen Dank David.«

»Jetzt lassen wir euch ruhen. Wir lassen euch für Baby STAR singen. Sie entwickelt sich schön. Wir sehen, dass sie keine Sekunde seit ihrer Ankunft aufgehört hat, ihre Zellen zu multiplizieren. Sie vervielfältigt sich wie verrückt. Sie mag deine Präsenz sehr. Auch die Einnistung macht gute Fortschritte, sehen wir. Das Festhalten ist gut, die Ebenen gehen weiter, das Nest sieht schön und glänzend aus. Die Linien sind stabil und fließend. Wir haben ein gutes Gefühl in Bezug auf Projekt STAR. STAR ist runtergekommen und da wird mehr Licht in der Gebärmutter sein, sehen wir. Mehr Licht ist gut für die physische Ebene, gutes Wachstum der Plazenta, gutes Einnisten, mehr Licht für Baby STAR. Ihr könnt mit der genannten Technik helfen, mit Atmen, Meditieren, Singen: Alles hilft dabei, STAR in sechs Monaten zu einem guten und gesunden Austritt zu verhelfen. Mehr oder weniger sechs Monate sagen wir voraus, vielleicht sind es fünfeinhalb oder sechseinhalb Monate, aber keine neun Monate. Dafür ist keine Zeit. Nach circa sechs Monaten ist sie mit drei Kilogramm ausgewachsen, das werden wir machen. Wir arbeiten als großes Team, Erde und oben. Beide sind wichtig, wir arbeiten als Team. Ihr könnt jederzeit Fragen stellen, wenn ihr Hilfe oder Antworten braucht. Vielleicht klopfen wir auch an deiner Tür an, wenn wir etwas fragen müssen.«

Esther hat noch eine letzte Frage:»Wie ist das morgen? Meine Eltern kommen um 13.30 Uhr. Ist das gut so? Und hattet ihr nicht eine Reinigung für Dienstag geplant? Ist das richtig?«

David beruhigt sie.»Wir sehen keine Probleme wegen deiner Eltern morgen, aber zu viel Zeit auf der Couch ist nicht empfehlenswert. Du kannst so flach wie möglich auf der Couch liegen. Das wäre gut. Wir schlagen vor, dass der Besuch nicht länger als ein bis zwei Stunden dauert. Das kann sonst zu intensiv für deinen Kopf werden. All das Reden, Lachen und die Geräusche können jetzt sehr intensiv für deinen Kopf sein. Vielleicht schlägst du vor, dass du dich in das Schlafzimmer zurückziehst, sofern es zu intensiv für dich wird. Das hast du ja auch schon vorher gemacht, als du krank warst. Es wird Lachen und Tränen geben, alles ist gut. Wir kommen vielleicht vorbei und sagen kurz Hallo. Wir werden dir morgen früh keine Behandlung geben, vielleicht am Ende des Nachmittags, falls nötig. Wir glauben aber nicht, dass es nötig wird, wir überwachen dich und wir überwachen auch

Baby STAR laufend. Falls Sprünge im Hervix auftauchen sollten, werden wir sofort runterkommen und diese reparieren, selbst wenn deine Eltern da sind, das wirst du nicht merken. Dann am Dienstag haben wir eine Reinigung von 10 Uhr bis 12 Uhr geplant. Alle Körpersysteme werden gereinigt werden. Danach darfst du für zwei weitere Stunden nicht essen oder pinkeln.«

»Ok«, sagt Esther.

»Die Reinigung wird für deinen Körper nicht intensiv sein. Zwischen 10 Uhr und 14 Uhr kein Essen und kein Pinkeln. Du ruhst dich auf dem Bett aus, wir reinigen dich zwei Stunden, danach zwei Stunden Ruhezeit. Nach 14 Uhr kannst du ein leichtes Mittagessen haben, das Master Asar für dich zubereitet hat. Nach dem Mittagessen gehst du pinkeln. So lange wie möglich kein Pinkeln. Das ist für alle Systeme notwendig, die sich in die neue Form einpassen müssen. Die Form kommt von Sirius B, speziell für deinen Körper hergestellt, so dass STAR gut reinpasst.«

Esther kann ihr Erstaunen kaum zurückhalten. Nur ein lang gestrecktes »Whow« kommt aus ihrem Mund.

»Dies ist eine große Reinigung für deinen Körper. Eine derartige Reinigung hast du noch nicht erfahren. Wir reinigen dich sonst nachts, ein Organ hier, ein Organ dort, aber dies ist jetzt eine große Reinigung für den ganzen Körper mit dieser speziellen Gussform. Jetzt ist diese Form seit der Niederkunft präsent. Es ist wichtig, dass wir diese neue Form mit Baby STAR in der Gebärmutter haben. Dazu kommen wir diesen Dienstag. Dienstag Nachmittag wirst du dann wieder ganz glücklich und leuchtend sein. Du wirst dich besser fühlen als in deinem ganzen bisherigen Leben. So als ob du wiedergeboren wärst. Das ist gut für dich. Dann am Mittwoch ziehst du zurück nach Hause. Das geht diesmal schneller als beim ersten Mal. Die Stufen werden einfach sein, Taxi ist besser als gehen, aber keine Angst mehr vor Brüchen im Hervix, der Umzug wird fließender sein. Weniger Schmerzen in der Leiste auch mit der neuen Form. Die Schläuche, die in Esthers Energiekörper im Bauch eingesetzt worden waren, werden sich besser anfühlen, sobald die neue Form installiert ist. Weniger Schmerzen in der Leistengegend, jetzt fühlen sich die Schläuche noch etwas eng an manchmal. Die neue Form kümmert sich darum. Du wirst deinen neuen Anzug lieben. Du kannst auch einen neuen Anzug bekommen, wenn du willst. Wir können einen Termin für eine Großreinigung vereinbaren, sobald du wieder zuhause bist oder wenn ihr zusammen seid. Sag einfach, was du magst.«

»Vielen Dank für das Angebot«, antworte ich, »aber es könnte noch etwas dauern, da Esther mich gebeten hat, länger zu bleiben.«

»Wir denken, dass das eine sehr gute Idee ist. Du bleibst solange du kannst, das ist eine sehr gute Idee. Das ist sehr gut für Baby STAR.«

»Ja, wie du weißt, würde ich sie ja gerne nach Zürich nehmen.«

»Wir empfehlen nicht, dass sie jetzt reist, wie du weißt. Das Laufen ist ja schon zu viel, keine Bewegung ist am besten, flach liegen, so wie jetzt. Einige Wochen noch. Dann sehen wir, was möglich ist. Noch keine Reisepläne nach Zürich, wir haben das ja schon gesagt, sag Ende März ab, das ist kein guter Plan.«

»Ja, ich dachte an eine Zugreise.«

»Es wird keine Zugreise geben, dazu braucht es laufen, packen, reden, aus dem Zug ein- und aussteigen, zwei große Schritte, das ist für die Leisten nicht gut.«

»In ein paar Wochen?«

»Wir schlagen vor, dass sie zunächst flach liegt.«

»Einverstanden.«

»Die ersten Wochen sind sehr sehr wichtig für das Einnisten, wir möchten keinerlei Risiko eingehen. Bitte! Dieses Thema ist sehr wichtig für uns!«

»Ja, wir folgen natürlich eurem Ratschlag.«

»Wir sehen, dass Ihr so viel wie möglich Zeit zusammen verbringen wollt. Das ist auch sehr empfehlenswert. Aber vier bis fünf Wochen keine Reisen, dann kann das langsam aufgebaut werden. Taxi kann ja für eine kurze Zeit gemacht werden, nicht zu lange im Auto. Zug, Auto, Flugzeug: noch schwierig. Wir schauen es uns wöchentlich an. Wir halten euch informiert, wie sich die Organe entwickeln, die ersten Wochen sind einfach von entscheidender Bedeutung.«

»Wir folgen eurem Rat.«

»Dafür danken wir euch.«

»Wie ihr gesagt habt, es ist wichtig, dass wir zusammen sind.«

»Du hast die Möglichkeit, herzukommen. Du hast keine Hervix-Wand, keine Licht-Schichten im Bauch, kein Risiko, Baby STAR zu verlieren. Du reist jetzt und wirst später darüber glücklich sein.«

»Ja, ich finde es nicht so toll, sie nicht zu sehen.«

»Wir verstehen, dass das hart ist, aber es ist vorübergehend, nur die ersten Wochen.«

»Ja, ich sagte ja, wir hören auf euren Ratschlag. Ihr nehmt es ernst und wir sind dankbar für eure Arbeit mit Baby STAR.«

»Jetzt lassen wir Esther sich ausruhen, es ist genug.«

»Vielen Dank für eure Erklärungen.«

»Es gibt viele Fragen, die beantwortet werden müssen und viele Gespräche. Wir werden uns mit der Zeit immer besser kennenlernen. Wir mögen es, mit Menschen wie euch zusammenzuarbeiten. Wir gehen jetzt. Ihr ruht euch aus, der Kopf sieht schwer aus.«

»Vielen Dank für alle Informationen.«

»Wir senden euch Licht und kommen morgen ca. neun Uhr zurück. Ruht euch gut aus, macht das Feld für Baby STAR, wir sehen euch morgen.«

»Vielen Dank, Leute, eine tolle Sitzung. Vielen Dank für alles, was ihr tut.«

»Wir gehen jetzt.«

»Ok, auf Wiedersehen, David und Team!«

David verlässt uns.

Whow, das waren wirklich unglaubliche Informationen. Ich spiele noch etwas auf der Gitarre und singe den Song von STAR. Wir lernen immer mehr dazu. Was für ein Geschenk.

Am nächsten Tag kommen die Eltern von Esther zu Besuch. Esther ist recht aufgeregt. Ich sehe sie das erste Mal. Es sind zwei wunderbare Menschen, offen und lustig und wir finden sofort einen Draht zueinander. Esther hatte ihnen noch nicht von STAR erzählt und es obliegt jetzt mir, ihnen unsere Geschichte einigermaßen schonend beizubringen. Sie haben sich schon immer Enkelkinder gewünscht, aber weder Esther noch ihr jüngerer Bruder haben ihnen bisher diesen Wunsch erfüllt. Ich öffne unten die Haustüre und geleite sie nach oben zu uns in den zweiten Stock. Esther liegt auf dem Sofa. »Bist du krank?«, fragt ihre Mutter, als sie Esther sieht. »Nein, mhm, du bist schwanger!«

Sie sind sehr erstaunt, unsere Geschichte zu hören, freuen sich allerdings auf das erste Enkelkind. Sie haben die Heilarbeit von Esther akzeptiert, haben jedoch keine Erfahrung mit Außerirdischen oder Aufgestiegenen Meistern. Dann bittet Esther David herein, der in seiner sehr charmanten Art mit ihnen spricht. Wegen der hohen Energien werden beide recht schnell müde. Wir verbringen zwei wunderbare Stunden zusammen, in denen ich auch den STAR-Song für sie singe. Irgendwann ist Esther erschöpft und sie verabschieden sich.

Ich verlängere meinen Aufenthalt in Utrecht noch ein paar Tage und bringe Esther wieder nach Hause in ihr Appartement. Die Taxi-Fahrt und der Transport in ihr Schlafzimmer verläuft viel reibungsloser als bei der Hinfahrt. Die neue Form für sie ist zwar nicht völlig komplikationslos, aber besser als die Erste. Sie muss immer noch viel liegen. An einem Tag verliert sie auf einmal Blut. Wir sind beide verunsichert und fürchten einen weiteren Abgang. David beruhigt uns: Sie hätten alles im Griff, dies sei eine normale Reaktion des Körpers ähnlich einer Einnistungsblutung und kein Grund zur Beunruhigung.

Ich kehre nach Zürich zurück, komme allerdings Mitte März schon wieder nach Utrecht. Das bisherige AirBnB ist leider nicht verfügbar und ich miete uns ein Studio in einem alten umgebauten Bauernhof. Es ist deutlicher einfacher als das erste Appartement, liegt dafür direkt in der Natur an einem Kanal. Auf der Koppel vor dem Haus stehen Pferde. Esther muss immer noch das Bett hüten und ich umsorge sie gerne. ✪

15 Der Bruch mit David

n Bezug auf David schwelt es in mir. Seine damalige Aussage, dass Chris auf Wunsch von KUAN YIN an der Abstiegszeremonie teilzunehmen habe, ging mir gegen den Strich. Gerade nach der ersten unbequemen Begegnung mit ihm wollte ich mir diesbezüglich keine Vorschriften machen lassen und schon gar nicht von David. Im Nachhinein hatte KUAN YIN mir ja auch die Entscheidung überlassen. Ich verstand nicht, wieso er mir diesbezüglich Vorschriften machen wollte. Es gab auch diverse andere Aussagen von ihm, die sich im Nachhinein als falsch herausstellten. Insofern war mein Vertrauen in David angeknackst. Da wir keine eigenen Möglichkeiten hatten, die Aussagen der Außerirdischen zu überprüfen, musste ich einem Geistführer[4] gegenüber blindes Vertrauen haben können. Das war weg. Ich beschloss deshalb, meine direkte Zusammenarbeit mit David zu beenden. Esther hielt meine Reaktion für übertrieben, ich fand sie angemessen. Ich lasse mir generell keine Vorschriften machen, von niemandem! Und das gilt auch für Aufgestiegene Meister und ETs! Gerade für die Neue Zeit scheint mir eine Begegnung auf Augenhöhe angemessen und wichtig. Vorschläge und Anregungen: sehr gerne, aber keine Vorschriften. Gerne hätte ich schon früher ein klärendes Gespräch mit ihm gehabt und hatte ihn auch darum gebeten, aber es gab stets wichtigere Dinge bezüglich STAR oder Esther, die Priorität hatten. In einem Gespräch Ende März teile ich ihm meine Entscheidung mit. Ihm kommen die Tränen, als er es erfährt und er schweigt lange, ehe er sich wieder fasst.

Schließlich sagt er: »Wir Fische haben ein großes Herz.«

Er werde als Projektleiter von STAR und als Führer von Esther weiterhin tätig sein und ich könne jederzeit zu ihm zurückkehren, er würde mich mit offenen Armen empfangen. Er würde einen anderen Nomos für meine direkte Zusammenarbeit finden. Er fragt nicht nach, weshalb ich diese Entscheidung getroffen habe, obwohl ich es ihm mehrfach anbiete. Esther sei sein Kind, auch ich sei wie ein Sohn für ihn, da er mich schon lange kenne. Wir hätten schon in vielen Leben zusammengearbeitet, auch auf der Erde und es sei nicht die erste Auseinandersetzung, die wir jetzt hätten. Details dazu hat er nie ausgeführt. Sie würden hart arbeiten und da habe er vielleicht manchmal die Liebe in den Hintergrund treten lassen. Seine Ausführungen werden oft von Tränen unterbrochen, was mich rührt. Ich danke ihm für seine Zusammenarbeit.

Am Ende biete ich ihm eine Umarmung an, die er gerne annimmt. Vielleicht würde diese Entscheidung ja bei den Gremien* eine Veränderung hervorrufen, meint er. Er sei manchmal weniger genau gewesen, aber es sei ihm nicht anders möglich gewesen. Wir könnten noch viel voneinander lernen. Genau verstehe ich nicht, was er damit meint. Für mich ist es wichtig, dass ich meinen Partnern vertrauen kann, vor allem wenn ich sie auch anderen Leuten empfehlen soll. Das konnte ich in diesem Moment nicht mehr. Sie wollen mich auf keinen Fall verlieren, ihre Herzen würden alle bluten. Sie würden Menschen wie uns brauchen, um durch uns arbeiten zu können. Ich bedanke mich mehrfach für ihre Unterstützung auch von Baby STAR. Aber ich bin auch froh, dass ich jetzt einen klaren Strich gezogen habe. ○

* Unsere Galaxis wird von einer Vielzahl hierarchischer Gremien geleitet, die alle wichtigen Entscheidungen treffen.

16 STAR und die Heilige Ehe

sther muss immer noch die ganze Zeit im Bett liegen und darf nur für die Toilette aufstehen. Beim Essen darf sie sich nicht aufrichten. Die Mahlzeiten sind grün. Ich kaufe ein und koche für sie, wir kuscheln und freuen uns auf unsere kleine Tochter, mit der wir oft sprechen. Ich bin den ganzen Tag mit Esther und ihren Wünschen beschäftigt. Uns geht es zusammen sehr gut sowie auch mit den Wesen, die uns betreuen. Esther ist ganz in ihrer mütterlichen Hingabe und ich bin ganz in meinem Element. In ein paar Monaten sage ich Esther, dass dies wohl die glücklichsten Tage meines Lebens waren.

Am 16.3.2018 hat STAR sehr bedeutende Botschaften für uns. Wir singen gemeinsam für sie, doch dann dauert es einige Minuten, bis Esther ihren Kanal öffnen kann.

»Mein …«

»Ich weiß nicht, was es ist, sie fällt immer wieder raus, komisch.« meint Esther.

STAR: »Etwas in deinem Kopf blockiert deinen süßen Kanal, Mom. Es ist hier im Herzen drin, nicht hier«. Sie zeigt auf Esthers Kopf.

Esther: »Danke dir, süßes Kind.«

»Ich sehe, dass du einen sehr starren Verstand hast, den könntest du besser auf andere Art nutzen. Ich schlage dir eine Übung vor. Du musst daran nicht teilnehmen, Dad, du gebrauchst dein Hirn anders, diese Übung ist nur für Mom. Du kannst natürlich daran teilnehmen, aber du brauchst es nicht. Ich erkläre das. du hörst zu und danach spreche ich über meinen Tag und meine Reisen. Jetzt kümmere ich mich aber erstmal um Mom, da sie da oben zu beschäftigt ist. Hörst du zu? Ich habe da eine schöne Zeichnung, die du machen kannst, sobald du Papier und Stift zur

Hand hast. Du zeichnest dich in einem kleinen süßen Käfig. Du kannst dich selbst als ein Tier malen, das du magst, als Vogel oder kleines Kätzchen. Etwas das in einen kleinen Käfig passt. Das malst du auf ein Stück Papier: kleiner Käfig, kleines Tier darin. Du musst es nicht schön malen. Ich sehe wie du nachdenkst, es muss nicht schön gemalt sein, das ist nicht wichtig, Mom.«

Esther muss lachen.

STAR: »Also eine Zeichnung mit einem kleinen Käfig und einem kleinen Tier in dem Käfig drin. Die Tür des Käfigs ist geschlossen, du malst es geschlossen. Dann wartest du, was passiert. Du schaust dir dein Papier an. Du schaust es dir morgen an und du starrst dein kleines eingesperrtes Tier an, das ist, was du machst.«

Ich muss schmunzeln.

»Morgen sagst du mir, wie es für dich war, dieses kleine eingesperrte Tier anzusehen, das du gemalt hast. Den Rest des Papiers kannst du über die Zeit nutzen, um andere Dinge zu malen. Und ab und zu wirfst du einen Blick auf dein kleines eingesperrtes Tier. Machst du das, Mom? Ich erkläre dann später die Effekte, sofern du es bis dahin nicht selbst herausgefunden hast. Malst du dieses kleine eingesperrte Tier für mich?«

»Ja, das werde ich tun.« Esther muss über den Vorschlag lachen. »Ich bin neugierig, was es mit mir macht. Danke für die Übung.«

»Ich werde noch etwas ergänzen: Schreibe oben auf die Seite: ›Ich habe keinen Platz mehr.‹ Schreib das einfach oben auf die Seite und dann schaust du, was den Tag über passiert.«

»Du bist so lustig, STAR«, sage ich.

»Liebst du meine Übung, Dad? Persönlich liebe ich diese Übung. Ich habe diese Übung einmal in einem Retreat erhalten. Ich musste den ganzen Tag darüber lachen, deshalb würde ich gerne, dass es Mom auch zeichnet.«

Esther sagt später darüber, dass sie diese Übung wirklich gemacht habe. Sie hatte einen erstaunlichen Effekt. Sie habe festgestellt, dass es soooo viel mehr Platz außerhalb ihres Kopfes gäbe. Sie sei wirklich in ihren Gedanken gefangen gewesen.

»Wie viele Leben hattest du denn auf der Erde?«, will ich wissen.

»Ich hatte viele, viele, viele, viele Leben, zu viele um sie zu zählen. Vielleicht eintausend, vielleicht fünfzehnhundert. Ich kann mich nicht mehr an alle erinnern. Da sind so viele, viele, viele viele viele viele viele. Ich kann sie nicht an vielen Händen zählen, ganz viele Leben. Die meisten habe ich sehr genossen, aber einige waren sehr sehr sehr hart, die würde ich nicht nochmals machen. Deshalb habe ich jetzt dieses Leben gewählt, ich weiß, dass ich ein schönes Leben vor mir habe.«

»Ja, und viel Spaß!«

»Wir werden viel Spaß haben, ja. Das stelle ich sicher. Es wird auch schwierige Zeiten geben, aber davor habe ich keine Angst mehr, ich kenne meine Meisterschaft. Ich kann die Erde jetzt gut handhaben. Es wird Härten geben, ja, das ist unvermeidlich – wie wir es ja schon besprochen haben – aber das ist kein großes Problem mehr für mich.«

»Welche Arten von Härten siehst du?«

»Es wird z.B. hart sein, geliebte Menschen zu verlieren. Das geht mir immer ans Herz, wenn ich einen geliebten Menschen verliere. Ich weine mir die Augen aus. Das ist auch wahre Meisterschaft, weißt du? Seine Emotionen frei fließen zu lassen. Dann baust du weiter an deinem Schiffswrack. Es mag weh tun, das ist ok, es mag dein Herz leicht verletzen, das ist auch in Ordnung. Ich weine mir die Augen aus dem Kopf, dann kommt alles raus und ich fahre weiter in meinem Leben. Dann verliere ich mehr geliebte Menschen, das verletzt mein Herz wieder. Ich segne die Zeiten, die wir gemeinsam verbracht haben. Da wird noch viel anderes Elend kommen: Ich werde ein sonderbares Kind sein, weißt du?«

»Nein, weiß ich nicht.«

»Ich weiß das schon alles. In der Schule werden sie mir einfache Summen beibringen: Eins und zwei ist? Dann muss ich drei sagen, das ist sehr sehr schwierig für mich, ein normales Schulmädchen zu sein, da ich ja alles schon gesehen habe und ich alles schon erinnere. Für die Lehrer ist das total verrückt, mich in ihrer Klasse zu haben. Andere Kinder werden auch denken, dass ich sonderbar bin. Sie mögen vielleicht nicht mit mir spielen, sie hänseln mich vielleicht: ›Ah, sie weiß schon alles.‹ Das wird für mich sehr hart sein, wenn ich klein bin. Denn ich bin ja noch klein, weißt du? Ich kann noch nicht mit den großen Jungs spielen, das kommt erst später. Deshalb werde ich mich vor allem auf die Heilung der Erde und der Tiere konzentrieren, wenn ich klein bin. Diese Umgebungen sind für meine Seele besänftigend. Kleine Kinder können mir gegenüber sehr sehr fies sein. Ich habe das schon in meinen ungefähr 1154 Leben gesehen. Es gab Kinder, die mich sehr schikaniert haben, als ich mit sechs Jahren mein Geschenk der Hellsichtigkeit gezeigt habe. Sie dachten, dass ich ziemlich verrückt war, aber ich konnte daran nichts ändern. Ich hatte dieses Geschenk über die Zeiten erlangt. Ich konnte sehen, was es zu sehen gab, sie konnten mir nicht glauben.«

»Wir werden für dich eine gute Lösung finden.«

»Sie hatten Angst, dass ich gefährlich sei.«

»Ja natürlich, sie haben sich auch unterlegen gefühlt. Aber es gibt spezielle Schulen in Russland und einige schon in Deutschland, die du nur für ein Jahr besuchst und dann alles gelernt hast. Mit 13 Jahren hast du einen Universitätsabschluss, habe ich gelesen.«

»Ich gehe nicht zur Universität, Dad! Ich erkläre dir warum. Es gibt einen Status von einer Universität, aber ich brauche keinen derartigen Abschluss, ich habe alle meine Abschlüsse auf Lager.«

»In Ordnung.«

»Keine Universität für mich, das ist Geldverschwendung, bitte, denke daran!«

»Nein, nein, nein, mach dir keine Sorgen.« Oh, hier war ich wohl in ein Minenfeld geraten und ich verstand sie natürlich. Wozu brauchte sie einen Universitätsabschluss? Eigentlich wollte ich ja nur erwähnen, dass es Schulen für Kinder mit besonderen Fähigkeiten gibt.

»Keinen Druck bezüglich Universität machen. Du kannst es probieren. Ich werde in die Grundschule gehen, ich mache auch die Sekundarschule, gehe vielleicht hier und da zu einigen interessanten Vorträgen. Dann bin ich alt genug und suche mir meine eigenen Lehrer aus. Ich möchte Lehrer ohne das übliche System. Ich möchte aufgeweckte Lehrer, die mir Dinge beibringen, die ich noch nicht gelernt habe.«

»Ja.«

»Ich werde ihnen auch viele viele Dinge beibringen.«

»Hör doch mal!«

»Ich höre dir zu, Dad.«

»Es gibt Schulen, die du nur für zwei bis drei Jahre besuchst und du hast ein Wissensniveau ...«

»Ich werde keine Zeit an einem Ort verbringen, an dem ich nicht sein will. Das muss ganz klar sein! Ich komme nicht runter auf die Erde, um an einem Ort zu sein, wo ich nicht sein will.«

»Nein.«

»Meine Zeit ist einfach zu wertvoll, um an einem Ort zu sein, an dem ich nicht sein will. Das muss ganz klar sein.«

»Das ist ganz klar«, versuche ich sie zu beruhigen.

Esther muss lachen: »Ganz klar, STAR!«

Ich verstärke: »Das ist ganz klar. Was ich sage, ist ja nur, dass es alternative Schulen gibt, die für besonders begabte Kinder sind, an denen du nicht das übliche Schulsystem durchlaufen musst.«

»Den Teil über begabte Kinder mag ich, ja.«

»Und die dauern nur wenige Jahre und haben eine sehr gute Erziehung, sind aber in Russland.«

»Ich brauche keine gute Erziehung, Dad. Bitte denke daran. Das ist wichtig.«

»Aber du willst in die Schule gehen, hast du gesagt.«

»Wir kommen darauf zurück, wenn es dringend nötig ist. Jetzt ist es nicht wichtig. Alles was ich sagen wollte ist: Mühsal kann es schon geben, wenn ich klein bin, denn kleine Kinder piesacken sich immer gegenseitig, sie wissen gar nicht, was sie tun. Sie werden mich ärgern, da ich ein sonderbares Kind bin.«

»Ja, und was ich versuche zu sagen ist, dass wir das vielleicht vermeiden können. Vielleicht ist Mühsal nicht nötig. Ich glaube nicht, dass Leiden hilfreich ist.«

»Ich denke schon!«

Jetzt bin ich etwas verdutzt: »Wirklich?«

»Sonst wäre ich keine Meisterin mit einer Krone auf meinem Kopf. Ich habe durch viel Elend gelernt, das war sehr sehr hilfreich. Ich konnte mein ganzes Wesen von Mühsal in Liebe transformieren. Deshalb habe ich so viel Liebe. Die kommt von der Umwandlung von Elend in Liebe. Wenn es anfänglich kein Mühsal gibt, ist immer noch Liebe, aber die ist stärker, wenn sie von Elend erwächst. So habe ich es über alle meine Leben sehr intensiv erfahren.«

»Süße, magst du noch mehr Leiden?«

»Ich will nicht unbedingt mehr davon, da ich es ja schon alles erfahren habe, aber ich sage, dass ich auf Leiden vorbereitet bin, da ich ja ein sonderbares Kind in der Schule sein werde. Ich mag die Idee von einer speziellen Schule, da es mir die Möglichkeit gibt, anders zu sein und doch gemocht zu werden. Die Idee mag ich sogar sehr. Wir sollten uns das anschauen, wenn ich etwas älter bin, das wäre wunderschön.«

»Ich glaube nicht so sehr an Leiden. Ich weiß, dass ich auch durch Leiden gelernt habe, aber ich glaube, dass du Leiden nicht mehr brauchst, aber wenn du das wählst, ist das auch in Ordnung.«

»Ich mag durch Leiden Erfahrungen sammeln, sonst bin ich ja ein sonderbares Kind ohne Leiden, das ist auch verrückt. Alle Wesen erfahren Leiden. Ich komme auf die Erde, also möchte ich auch etwas Leiden erleben, das ist normal in einem Erdenleben. Ich will ein normales Kind mit speziellen Fähigkeiten sein, ok. Aber eben auch ein normales Kind, verstehst du?«

»Am Ende wählst du es dir selbst.«

»Ich werde meinen Weg wiederfinden. Danke für deine freundliche Besorgnis. Ich liebe dich so sehr wegen deiner Fürsorglichkeit für meine süße Seele.«

Ich bin erleichtert, dass wir das Thema zu einem vernünftigen Abschluss gebracht haben, bin allerdings auch erstaunt über ihre große Sensibilität zum Thema Schule. Irgendwie war ich der wohl irrigen Ansicht, dass Aufgestiegene Meister alle emotionalen Themen für sich aufgelöst hätten. Dieser Glaubenssatz bekommt erste Risse.

Ich: »Also wie war dein Tag, meine Süße.«

STAR: »Ich sehe, dass Mom gerne eine Frage bezüglich eures Liebe-Machens stellen würde.«

Esther kichert: »Ich habe mich gefragt wie es für dich ist, wenn Dad und ich uns lieben. Wie ist es für deinen Körper? Wir können natürlich noch nicht so richtig viel Liebe machen, aber bist du dann gerne dabei oder ist das für dich komisch. Und wie ist das Liebe-Machen für Dich und wie war es in deinen vergangen Leben? Magst du dazu was sagen?«

»Das ist eine wunderbare Frage, Mom: Mit seinem ungeborenen Baby über Sexualität sprechen, das gefällt mir wirklich sehr! Lass uns da gemeinsam mit Dad eintauchen. Ich glaube, dass ihr ein so wunderbares Feld gemeinsam erzeugt, dass kein Liebe-Machen eine Verschwendung von Feld-Zeit wäre. Dieses magische Feld, das ihr gemeinsam teilt, nährt euch gegenseitig. Wir sehen so viele verschiedene Fäden, die sich miteinander verbinden, wenn eure Felder miteinander verschmelzen. Ihr braucht noch nicht einmal physisch intim zu sein. Eure Felder nähren sich, wenn ihr euch begegnet. Es gibt so viele Fäden, die eure Felder miteinander verbinden. Dadurch baut sich ein gewisses geometrisches Feld auf. Damit heilt ihr gewisse Teile vom Planeten Erde. Es braucht immer Portale, um Licht hereinzubringen. Euer Feld erzeugt dieses Vortex-Feld, wenn ihr aktiv Liebe macht. Ihr könnt es nicht sehen, aber ihr spürt es vielleicht. Da öffnet sich ein gigantischer Licht-Vortex über euren Körpern, sobald Dad in deine Vagina eintritt. Er braucht sich noch nicht einmal zu bewegen; sobald er eintritt, öffnet sich der Vortex. Wir haben das so viele Male gesehen, als wir euch dankenswerterweise beobachtet haben, wenn ich das sagen darf. Ein riesiges Vortex-Feld hat sich über euren Körpern geöffnet, nach oben und nach unten. So reist das Licht durch die Reiche und verbindet eure Felder mit den höheren und tieferen Reichen. Deshalb wird es »Holy Matrimony« (Heilige Ehe) genannt. Ihr seid in der Lage, die Vortex-Felder von Erde und Himmel zu verbinden. So habt ihr die Fähigkeit, einen heilenden Vortex für die Erde zu erschaffen. Sobald du, Dad, dich mit Mom in ihrer Vagina verbindest, sendest du aktiv mehr Licht in diesen Vortex. Wenn du, Mom, dich mehr mit der Erde verbinden würdest und du, Dad, dich mehr mit dem Himmel, dann wird es einen magischen Punkt ohne Umkehr geben. Diesen Punkt habt ihr schon mehrere Male erfahren. Es ist wie ein Lichtblitz in eurem Gehirn, ihr wisst, worüber ich spreche, ich sehe, dass du dich sehr klar daran erinnerst.«

»Ja, das tue ich«, sagt Esther.

»Dieser Moment ist der Augenblick des Licht-Urknalls. In diesem Moment, in dem alles im gleichen Augenblick zu explodieren und implodieren scheint, könnt ihr die Erde heilen. Wenn du Mom ein Signal zur Erde schickst und laut sagst: »Erde sei jetzt geheilt« dann hilft das, die Erdfrequenz enorm zu erhöhen. Du, Dad, heilst nicht die Erde, du bittest Vater Himmel: »Sende mir Lichtstrahlen in meine Männlichkeit«. Dann sendest du sofort diese Lichtstrahlen in Moms Gebärmutter. Das macht ihr in diesem magischen Moment, an dem alle Vortices zusammenkommen und implodieren und explodieren. Beide kommen in diesem Moment dann zusammen.«

Ich: »Du meinst im Moment des Orgasmus.«

»Ja, das meine ich. Das ist der explodierende und implodierende Lichtball, den du in deinem Uterus gesehen hast. Dieser Moment des Orgasmus erschafft gigantische Energie-Explosionen und Implosionen in deiner Gebärmutter, dann verbindest du dich mit der Erde und sagst ihr, jetzt zu heilen. Du verbindest dich mit Vater Himmel und bittest ihn um Lichtstrahlen. Mit dieser Technik könnt ihr diesen Moment ausdehnen. Danach bleibt ihr still. Vielleicht kommen Geräusche des Orgasmus, Stöhnen, Atmen. Danach Stille. Innen wird alles ganz ruhig. Ihr seht, wie Mutter Erde heilt. Das ist die Heilige Ehe (Holy Matrimony), die der Erde heilen hilft. Das ist ein sehr sehr mächtiger Weg, die weiblichen und männlichen Energien der heiligen Liebe zu verbinden. Die Felder müssen für diesen Weg bereit sein. Eure Felder sind dafür fast bereit. Ein kleines Stückchen Geometrie fehlt in einer

Ecke von Dads Feld. Dies kann ich für dich gerne ergänzen, sobald die Zeit dafür reif ist. Ich lasse euch wissen, sobald das der Fall ist. Jetzt ist das noch nicht so. Das hat gewisse Auswirkungen, wenn dieser kleine Fleck am Ort ist. Eure Felder sind dann besonders stark. Mom muss sehr gut geerdet sein, daran muss sie noch arbeiten. Ihr werdet noch viele weitere Abenteuer mit euren heiligen Feldern haben. Ich leite euch Schritt für Schritt durch diesen Prozess, wenn ihr mir das erlaubt. Ich habe noch viel mehr über diese Heilige-Ehe-Beziehung zu sagen. Es gibt so viel darüber zu sagen. Ihr und die Wesen um euch herum haben so viele Vorteile davon. Vieles ist noch unbekannt, aber wir werden Schritte unternehmen, diese Art von Beziehung bekannter zu machen. Andere Menschen werden auch davon profitieren. Ich persönlich habe kein Problem damit, euch zuzuschauen, wenn ihr Liebe macht, sei es in deiner Gebärmutter oder von außerhalb. Ich denke, dass es eine der schönsten Sachen auf der Erde ist, die wir sehen können. Ich habe damit überhaupt kein Problem. Ich habe keine Mühe, wenn Dad dich besucht und sein Penis kommt meinem Körper nahe, überhaupt kein Problem. Ich finde es sogar ziemlich süß.«

Esther: »Ich hoffe, dass es dein Körper auch so empfindet.«

STAR: »Mein Körper kennt das alles schon, er spürt eure Energien schon eine ganze Weile. Er weiß, was für spezielle Felder ihr seid. Er liebt es sehr, in diesen Schwingungen zu sein, deshalb kann er es kaum erwarten, bis ihr bald wieder Liebe machen könnt. Wenn ihr es jetzt macht, dann wird es Risse im Hervix geben, deshalb bitte ich euch höflichst noch ein paar Tage zu warten. Ich denke, dass wir Ende nächster Woche wieder in der Lage sind, Liebe zu machen. Ich werde das mit meinem geliebten Team-Mitglied David besprechen. Ich denke, dass das sehr wichtig ist.«

Ich: »Wir lieben es Liebe zu machen, und es war erstaunlicherweise sehr einfach für uns, keine Liebe zu machen. Aber es ist natürlich schade, da wir es so mögen. Wir möchten deine Körperentwicklung nicht in Gefahr bringen. Deshalb machen wir im Moment keine Liebe.«

»In Moms Gebärmutter ist gerade eine wichtige Schichtung im Gange. Es hat mit Placenta-Schichten zu tun, die wieder in die Spur kommen müssen. Seit heute sieht das sehr sehr gut aus, ich denke also, Mittwoch oder Donnerstag nächster Woche könnt ihr – wenn alles gut geht – wieder Liebe machen. Das vermute ich. Wir werden hören, was David dazu zu sagen hat.«

Ich: »In Ordnung, wir werden mit David sprechen.«

»Es gibt noch viel mehr dazu zu sagen, aber das ist fürs nächste Mal. Was wolltest du mich vorhin fragen, Dad? Wie mein Tag war?«

»Ja, wie war dein Tag?«

STAR hatte uns höflicherweise um Genehmigung gebeten, nicht immer im Bauch sein zu müssen. Sie reist noch viel zu »ihrem« Lichtgitter, an dem sie bereits vorher immer mit ihren Freunden gearbeitet hatte. Dort verbringt sie auch jetzt noch viel Zeit und berichtet uns davon.

STAR: »Also nur ganz kurz, denn anschließend glaube ich, müsst ihr euch in euren Armen ausruhen, denn ihr wart ja für einige Tage nicht zusammen. Davon profitiert auch mein Körper, wenn du in der Nähe bist. Ich hatte einen wunderbaren Tag in meinem geliebten Gitter. Da waren ganz viele Lichtwesen anwesend, die ich für einige Zeit nicht gesehen hatte, weißt Du? Manchmal sehe ich diese Wesen tagelang nicht, dann auf einmal begegne ich ihnen mehrmals am Tag. Ist das nicht erstaunlich? So funktioniert Magie. Manchmal sehe ich sie für Tage nicht, dann auf einmal fünfmal an einem Tag. Da müssen wir lachen und kichern.«

Ich: »Das freut mich so für dich.«

»Wir haben heute viele Lichtbälle auf Moskau geworfen, weißt Du?«

»Nein.«

»Ich erzähl's dir jetzt. Ganz viele Lichtbälle auf Moskau, wir sind so neugierig, was als nächstes passiert. Ob sich irgendetwas bewegt oder zittert. Vielleicht kommt Moskau schneller hoch. Wir haben unsere Statistiken, ich habe meinen Notebook bei mir. Morgen schaue ich es mir an und sehe, wie viele Menschen erwacht sind. Das kann man alles messen, weißt du? Wird alles in Statistiken festgehalten, wie viele Menschen luzid sind, wie viele noch schlafen, obwohl sie erwacht sind. Wir können all das messen, alles in schönen Grafiken.«

»Wie viele Menschen müssen denn erwacht sein, um ein Feld zu ändern?«

»Normalerweise 15 %. Da fängt es an zu kippen. Das ist der Punkt, an dem Führer Lernende unterrichten. Sobald 15 % von Wesen erwacht sind, breitet es sich schnell aus. Aus 15 % werden 16 %, aus denen werden leicht 17 %, dann 20 %. Daraus werden schnell 40 %, dann 50 %, dann springen wir schon. 15 % ist der Wendepunkt. In Moskau sind wir ganz nah dran, 14,5 % momentan.«

»Toll!«

»Heute sind wir an einem wichtigen Wendepunkt in Moskau. Mit unseren Lichtbällen haben wir 14,7 % erreicht. Wir sind nicht sicher, aber mit etwas Glück könnten wir die 15 % in den nächsten Tagen erreichen.«

»Toll, toll!«

»Wir wissen es noch nicht, aber die Grafiken sehen super für uns aus. Wir glauben, dass Moskau bald erwachen wird. Vielleicht in ein paar Monaten wird es sich dort wirklich beschleunigen.«

»Gibt es andere Städte, die aufwachen, aufgewacht sind?«

»Es gibt ganz viele Städte, die anfangen zu kippen, viele viele Städte, die jetzt schon für eine Zeitlang bei 14 % sind. Wir haben Bälle geworfen und Bälle geworfen und sie waren andauernd bei 14 %. Jetzt gibt es jedoch einen Zacken-Moment an vielen Plätzen der Erde, von denen wir die Zacken nutzen können, um den Prozentsatz von 14 % auf 15 % zu heben. Dann werden wir viele Lernende sehen, die in ihrem eigenen Tempo erwachen werden. Sie werden von ihren Mentoren aktiviert, dann geht das Erwachen nämlich schnell.«

»Wer sind Lernende?«

»Sie meint Studenten, die sie Lernende nennt«, wirft Esther ein.

»Wir sehen, dass es Führer gibt, dies sind Wesen, die als erste erwachen, also die ersten 14 bzw. 15 %. Diese sind Bewusstseinsführer. Sie sind schon Meister, die bezüglich der Prozesse auf der Erde jetzt erwachen. 15 % sind sehr erwacht, so wie ihr. Sehr viele Wesen erwachen jetzt. 14 %, beinahe 15 % in ganz vielen Städten. Das bedeutet, dass sie ihre Lernenden beraten können. Sie sind noch eher schläfrige Wesen, noch nicht wach, aber sie benötigen Führung, um zu erwachen. Da kommen die 14 bis 15 % Wesen ins Spiel. Das sind Lichtwesen so wie ihr beiden. Dann zieht ihr Wesen an, die aufwachen möchten, aber es noch nicht wissen. Sie brauchen einen Mentor wie euch. Sie werden durch eure Taten inspiriert. So wie ihr euer Leben lebt, Dinge die ihr anzieht, die Liebe, die ihr ausstrahlt. Die denken sich: »So möchte ich auch sein! Ich denke, das kann ich auch, das klingt sehr attraktiv für mich, so wie sie ihr Leben leben. Ich würde sie gerne öfter sehen. Sie können mir vielleicht etwas beibringen.« So kippen dann 14/15 % zu 16/17 % oder mehr. Mentoren haben ihre lernenden Studenten. Erwachende Studenten werden dann auch Mentoren. Fünf neue lernende Studenten erwachen und der Zyklus läuft weiter und weiter.«

»Jetzt verstehe ich deine Aufregung, wunderschön, was du sagst.«

»Ich denke, dass Moskau in den nächsten Wochen und Monaten ein großer Hit wird. Es wird in den Nachrichten stehen. Da wird es größere Meldungen über das erwachende Moskau geben; wir wissen noch nicht genau, wie es sich zeigen wird, aber wir denken, dass um Moskau herum eine neue Umgebung entstehen wird. Neue Prozesse werden entstehen, in denen sich Menschen verbinden werden und Gutes für den Planeten Erde erschaffen werden. Gute Initiativen, die konstruktiv sind und für weitere Taten Unterstützung darstellen, die die Erde aufbauen statt sie zu zerstören. Das erwarten wir von Moskau: positiven Input für den Klimawandel, positiven Input für die Erdheilung, positive Wege über die Natur zu denken, das wird bald von Moskau kommen, erwarten wir.«

»Wir werden unser Licht beim Liebemachen dorthin senden, wir können uns auch mit Moskau verbinden.«

»Wir glauben, dass ihr zwei euch nicht mit Moskau verbinden müsst. Ihr verbindet euch in einem größeren Maßstab: Mom mit der Erde, du mit dem Himmel. Keine einzelnen Städte, das machen wir von unserem Gitter aus. Ihr fokussiert euch ganz allgemein auf Erdheilung.«

»Ok.«

»Keine einzelnen Städte, das könnte unsere Arbeit zu stark verschieben. Das ist nicht nötig, schön gedacht, aber wir machen das für uns alle. Machst du das für mich, Dad? Dich allgemein auf Erdheilung konzentrieren? Das brauchen wir jetzt am meisten. Eine allgemeine Schicht aus Licht, die die Erde ganz umhüllt, ohne lustige Spitzen, die herausstechen: Eine generelle Schicht aus Licht wäre sehr heilend für die Erde.«

»Das machen wir, wir folgen deiner Anleitung.«

»Danke euch im Namen aller wunderbarer Gitter-Arbeiter. Wir sehen, dass ganz viele Wesen so wie ihr auf der ganzen Welt aktiv sind, um die Erde zu heilen.«

»Wie viele heilige Ehen gibt es? Und hat jedes Paar das Potenzial dafür?«

»Das ist ein Thema, das ich gerne näher ausführen würde, aber ich glaube, dass Mom etwas müde und durstig wird. Vielleicht besprechen wir das später in der Woche, bist du damit einverstanden, Dad?«

»Natürlich.«

»Darf ich dir eine letzte Frage stellen, bevor wir uns verabschieden?«

»Ja.«

»Ich möchte dir gerne eine ganz kleine Frage stellen, Dad, hörst du zu?«

»Sicherlich.«

»Ich möchte das fragen: Gibt es Platz in deinem Herzen, damit Master Chris ganz eintreten kann?«

»Ja, ich wollte dich eigentlich fragen – vielleicht ist es auch ein längeres Thema – ich spüre etwas Eifersucht gegenüber ihm, wenn es um dich geht. Es geht nicht um Esther, es geht eher um dich und ich wollte sehen, ob es da eine karmische Sache gibt oder wieso ich da so komisch bin.

Denn ich mag ihn, er ist ein netter Kerl.«

»Ich sehe, dass du Probleme hast, dein Herz ganz offen zu halten, so wie sonst, Dad. Ich werde dir erklären, warum das so ist. Hörst du zu?«

»Ja, bitte, ich bin neugierig.«

»Ich sehe einen Kreuzungspunkt eurer Seelen. Dieser Kreuzungspunkt ist ein vergangenes Leben. Bewusst erinnerst du dich nicht daran, aber es gab es. Eure Wege kreuzten sich schon vorher, mehrfach, aber dies ist ein wichtiger Kreuzungspunkt. Dieses Leben war vor sehr vielen Jahren, in den dunklen Zeiten. In dieser Zeit war der Mensch nicht so nett. Du warst ein netter Räuber. Du musstest damals Menschen berauben, um deine Frau und Kinder zu unterstützen. Manchmal musstest du rauben, jedoch gab es auch viele reiche Leute. Du konntest sie nicht alle einfach berauben, deshalb hattest du eine kleine List. Du fragtest einen guten Freund: Kannst du mir beim Rauben helfen, denn ich würde gerne meine Frau und meine Familie versorgen. Zu dieser Zeit war dein Freund Master Chris. Das fällt dir vielleicht schwer zu glauben, aber das war so, ihr wart beide Freunde. Du warst der Meister-Räuber und er half dir dabei. Aber eines Tages lief es leicht schief. Es kam eine große Karawane von reichen Menschen in das Dorf, in dem ihr lebtet. Du sahst sie kommen und als Meister-Räuber dachtest du: Mhm, reiche Menschen, die sind genau die Richtigen für mich. Du informiertest deinen Freund Master Chris: Schau, wer da reinkommt, was sollen wir machen? Wie sollen wir sie angreifen? Dann hat es dein Freund vermasselt, er hat es so richtig vermasselt. Er wurde gefangengenommen. Du hast versucht, ihm aus der Patsche zu helfen. Aber das hat der Polizeichef nicht zugelassen. Deshalb musste dein Freund ziemlich lange im Gefängnis sitzen. Das war keine sehr schöne Umgebung, weißt du? Dann am Ende, als Master Chris einige Jahre später aus dem Gefängnis entlassen wurde, ist etwas Scheußliches zwischen euch passiert. Er hatte dich nicht vergessen, du hattest ihn nicht vergessen, aber du warst nicht so freundlich nach seiner Rückkehr. Du hast befürchtet – du hast gedacht, dass Master Chris dich im schlechten Licht erscheinen lassen würde. Du hattest Angst, dass er anderen Menschen sagen würde, was ihr vor seinem Gefängnisaufenthalt vorgehabt hattet. Deshalb hast du ihn umgebracht.«

»Oh.«

»Das war ein ziemlich großes Drama. Er war für Jahre im Gefängnis, endlich war er frei. Dann wurde er von seinem besten Freund umgebracht.«

»Oh, das ist nicht nett.«

»Deshalb fühlst du ihm gegenüber immer noch Schmerzen, es gibt eine

Möglichkeit, diesen Teil erneut zu durchleben. Wenn du dein Herz öffnen kannst, lass ihn voll herein, dann wird dieses vergangene Leben verschwinden. Er muss für Vergebung deinen gewährten Segen empfangen. Er wird dir das gewähren. Wenn du ihn um seine Vergebung bittest, öffnet er dir sein Herz. Sobald er sein Herz öffnet, öffnest du sein Herz ihm gegenüber.«

»In Ordnung.«

»So könnte es funktionieren, wenn du dich traust, diese Sache mit ihm zu besprechen.«

»Ja, das werde ich.«

»Dann siehst du was passiert. Dies ist ein wichtiger Kreuzungspunkt. Ihr wart beste Freunde, ihr habt euch gegenseitig geholfen. Dann hast du ihn verflucht, so war die Zeit.«

»Ja, trotzdem nicht so schön, was da passiert ist.«

»Wir hatten alle diese Art Leben, ich auch, weißt du? Ich war ein sehr unartiges Mädchen in vergangenen Leben. Diese Sachen passieren. Wir sind menschliche Wesen. Deshalb traust du dich nicht, dein Herz ganz zu öffnen. Vielleicht sind da in dir noch Schmerzen, die jetzt herauskommen. Sowas kann Traumata erzeugen. Lass es rauskommen, dann ist alles gut. Diese Begegnung mag sich auflösen. Ihr fangt in diesem Leben neu an.«

»Ja, ich hatte mir schon Gedanken über die karmischen Themen gemacht, interessant. Ich habe einmal alle karmischen Verbindungen mit ihm getrennt, aber vielleicht hat das nicht ganz funktioniert. Ich werde es mit ihm besprechen, das ist gut. Vielen Dank, dass du es mir mitgeteilt hast.«

»Ich sehe viele Kreuzungspunkte mit euch allen, viele schöne Leben, sehr unterstützend, sehr freundlich. Viel liebevolle Gemeinschaft, weise Verbindungen, Kinder. Viele wunderschöne gemeinsame Leben, dieses erwähnte Leben war weniger schön.«

»Ja, natürlich, das war ziemlich grausam.«

»Du hast diese Bürde dein restliches Leben getragen. Niemand hat herausgefunden, dass du ihn umgebracht hattest. Du hast diese Last dein restliches Leben ganz alleine getragen. Du hast es zum Thema gehabt, das war nicht einfach. Du hast es gemacht, du hast es gut gemacht. Das war deine Last, dein Leiden, das du auf dich nehmen musstest. Das war es, was du lernen wolltest, als du auf die Erde kamst.«

»Mhm, ich verstehe.«

»Jetzt ist es an der Zeit, die Vergangenheit für dich zu klären und die Tore deines Herzens zu öffnen. Davon wird Projekt STAR enorm profitieren, wenn die Liebe zwischen euch beiden Meistern wieder fließen kann wie in all den anderen Leben.«

»Mhm, in Ordnung. Danke dir fürs Teilen, STAR.«

»Ich bin froh, dass du meiner Frage gegenüber offen warst, Dad. Ich weiß, dass das Thema für dich sensibel ist.«

»Ja, ich weiß.«

»Ich mag, dass du ein Gespräch mit Master Chris in Erwägung ziehst.«

»Ja, das mache ich auf jeden Fall.«

»Er wird sehr offen für deinen Vorschlag für Vergebung sein.«

»Ja, wunderbar, vielen Dank, STAR.«

»Ich lasse euch jetzt ausruhen. Darf ich morgen Nachmittag vorbeikommen?«

»Ja, wir rufen dich oft auch im Laufe des Tages an, aber wir wollen auch nicht zu viel deiner Zeit nehmen. Wir möchten dich nicht von deiner Arbeit in den Lichtgittern abhalten, ich liebe natürlich deine Präsenz. Es wäre wunderschön, wenn du uns wieder besuchst.«

»Ich liebe es, wenn du deinen Song für mich singst, Dad. Ich komme immer sofort herunter, wenn ich den höre.«

»Ja, manchmal singe ich ihn nicht, um dich nicht abzulenken, aber wenn du magst, dann werde ich ihn jetzt öfter singen.«

»Ich kann nicht jede Stunde runterkommen, aber wenn du ihn einmal täglich für mich spielst, dann kann ich das auf jeden Fall tun.«

Ich muss lachen: »In Ordnung, ich notiere deine Zeitverfügbarkeit.«

»Ich freue mich auf morgen Nachmittag, wäre ungefähr 16 Uhr gut?«

»Ich glaube wir haben keine Pläne, nur am Sonntag kommt eine Freundin zu Besuch.«

»Ich möchte sie auch treffen, sie ist wunderbar, ich kenne sie schon.«

»Ja gerne, treffe sie, aber ich schlage keine Heilung vor, nur ein Besuch, es sei denn, du denkst es wäre weise.«

»Das können wir uns ansehen, wenn sie da ist, lass uns schauen, was passiert, was sie braucht, was sie mich fragen möchte.«

»In Ordnung.«

»Ich denke, sie ist süß.«

»Ich liebe sie sehr, sie ist wunderbar!«

»Ich könnte noch viel über sie sagen, aber darauf komme ich später zurück. Könnt ihr jetzt noch miteinander kuscheln, wenn ich euch ein letztes Mal anschaue, dann gehe ich.«

Wir müssen lachen und nehmen uns in die Arme: »Ja, wir kuscheln, wenn dich das glücklich macht.« Und damit verlässt STAR für heute den Kanal von Esther. (Ihr kleiner Körper verbleibt natürlich in Esthers Bauch.)

Dieser Dialog mit STAR macht mich betroffen. Ich kann nicht mit Sicherheit sagen, dass diese Geschichte wahr ist, aber sie erklärt natürlich einiges. Ich hatte gegenüber Chris schon die ganze Zeit gemischte Gefühle. Als ich Esther kennenlernte, dachte ich: Was macht der da überhaupt? Der muss da weg! Der gehört hier gar nicht hin! Chris sagte einmal gegenüber Esther, dass er Phantasien gehabt hätte, dass er und ich gemeinsam in den Wald gingen. Und was sie sich denn wünschen würde, wer dann zu ihr zurückkäme. Wir waren beide unabhängig voneinander erstaunt über unsere Bilder, aber sie waren wohl eine Reflektion dieses vergangenen Lebens.

Wenige Tage nach dieser Botschaft treffe ich Chris alleine in einer Kneipe in der Nähe des AirBnB, um ihn um Vergebung zu bitten. Ich erzähle ihm die Geschichte von STAR und auch, dass ich nicht wisse, ob diese Geschichte stimme. Er hält mehrere Sekunden inne und sagt dann, dass die Geschichte sehr viel Sinn für ihn macht. Ich bitte ihn um Vergebung und er gewährt mir diese ohne zu zögern. Dafür bin ich sehr dankbar. Es ist ein weiteres Zeichen seiner Größe und seines offenen Herzens.

Ich habe einmal gelesen, dass wir derartige Taten auf der Seelenebene vor unserer Inkarnation gemeinsam abstimmen. Das macht für mich Sinn. Womöglich habe ich Chris gefragt, ob er mir dabei helfen möchte, Schuld und Scham zu spüren. Und er hat dem dann wohl zugestimmt, denn das sind ja wichtige Gefühle, die ein Mensch einmal gespürt haben möchte, um »komplett« zu sein. Der Tod wird von der Seele auch als Befreiung von der dichten dritten Dimension und nicht als tragisches Erlebnis empfunden. Daran kann ich mich momentan nicht erinnern, aber es macht viel Sinn. Ich werde es irgendwann wieder wissen. ✪

17 Der Sirianische Botschafter

m 25. März 2018 sprechen wir wieder mit David. Er bringt mehr Licht in unsere Geschichte: Die Nomos sehen die Sirianer als ihre Paten an. Diese seien sehr weise Wesen, die allerdings nur selten mit den Nomos kommunizierten. Als ich drei Jahre alt war, haben die Sirianer die Nomos gebeten, sich um mich zu kümmern. Sie bräuchten meine Unterstützung, um als Botschafter mehr Frieden auf die Erde zu bringen. Die Nomos mögen doch bitte meine Energiekörper optimieren, um meine Manifestationsfähigkeiten zu erhöhen. Dies sei eine bestimmte Ebene im Lichtkörper, die dafür zuständig sei, auch die richtigen Menschen in mein Leben zu bringen. Insgesamt sei ich in diesem Leben bereits über 100 Mal in meinen Astralkörpern auf ihrem Schiff gewesen, erzählt David. Sie hätten mich damals – als ich drei Jahre alt war – im Traum gefragt, ob sie an mir arbeiten dürften. Ich hätte begeistert zugestimmt.

Leider werden auf Basis von Vorschriften jegliche Erinnerungen vor dem Verlassen des Schiffs wieder gelöscht, so dass ich mich an nichts erinnern kann. Ihr Antrag, mir mehr Informationen zu geben, wurde abgelehnt. Allein im letzten Jahr sei ich als Vorbereitung für Projekt STAR über zehn Mal auf dem Schiff gewesen. Dort seien die Energiekörper von mir und Esther aufeinander abgestimmt worden, damit wir uns bei unserem ersten Treffen sofort erkennen würden. Dass es bei uns so stark »gefunkt« hat, war sicherlich Teil dieser Energiekörper-Abstimmung.

Ich bin erfreut über die zusätzlichen Informationen, hätte aber gerne mehr eigene Erinnerungen daran, die mir bis heute nicht gewährt wurden. Einmal sagte ich David, dass ich mich wie eine Laborratte behandelt fühlte. Er meinte nur lakonisch, dass wir doch alle Laborratten seien. Dagegen habe ich mich natürlich vehement zur Wehr gesetzt. Für ihn möge das vielleicht stimmen, für mich sicherlich nicht! Nach wie vor ist es für mich erstaunlich, wie viel Unterstützung wir erhalten, aber auch wie wenig wir uns dessen bewusst sind. Der Schleier ist nicht nur unserem eigenen »Vergessen« geschuldet, sondern es werden ganz bewusst unsere Erinnerungen an Begegnungen gelöscht. Dafür mag es Gründe geben, die ich aber nicht gutheißen kann.

Unser ganzes Universum ist streng hierarchisch organisiert. Auch das gefällt mir überhaupt nicht. Für andere Universen gilt dies wohl nicht, habe ich mir aus berufenem Munde sagen lassen. Die lichten Hierarchien basieren auf Liebe und Fürsorge, heißt es. Und ich habe auf Basis unserer zahlreichen Kontakte mit unseren Licht-Freunden momentan auch keinen Grund, daran zu zweifeln. Aber ich arbeite lieber auf Augenhöhe. Nachdem wir den erfolgreichen Sprung von Mutter Erde erlebt haben werden, kümmere ich mich um die Auflösung dieser Hierarchien. Angeblich hat ein Sprung von Mutter Erde auch den Effekt, dass sich bei unseren hierarchischen Strukturen einiges bessert. Wir werden das bald sehen!

Nach ein paar Tagen darf Esther aufstehen und ein paar Schritte an der frischen Luft unternehmen. Schuhe anziehen war nicht erlaubt, aber sie durfte in meine Hausschuhe schlüpfen. Und wie man sieht, konnte sie konnte sogar schon ohne meine Hilfe stehen. ✪

18 Vater und Tochter

inige Tage später sprechen wir wieder mit STAR. Sie hat immer wieder Probleme, einen einfachen Zugang zu Esthers Kanal zu finden:

STAR: »Hier bin ich. Es gibt viele unterschiedliche Schlupflöcher (in Esthers Kanal), ich muss einen guten Weg finden. Ich habe viele verschiedene Verbindungen ausprobiert, aber die funktionieren noch nicht richtig. Ich werde mir das mit Master David anschauen, dass er mehr Pfade für mich anpasst. So ist es für mich einfacher zu sprechen. Sie arbeiten schon daran, das sehe ich. Ich habe eine Frage. Setzt ihr euch nebeneinander? Möglicherweise muss ich in 15 Minuten losfliegen, denn unser Ballwerfen befindet sich gerade an einem Höhepunkt. Es ist viel los in der Arktis. Ich habe Neuigkeiten bezüglich Moskau für dich Dad, willst du es hören?«

»Ja klar will ich es hören.«

»Das war ein sehr spezieller Tag heute. Was glaubst du?«

»Ihr habt die 15 geschafft!«

»Ja, das stimmt! Wir haben heute 15,1% in Moskau erreicht. Das ist ein wirklich großer Meilenstein, auf den wir Jahrzehnte hingearbeitet haben. Das ist groß, Dad! Schickst du auch deine Grüße nach Moskau?« (Ich bin mir nicht sicher, ob das eine Anspielung auf James Bond ist, bei STAR kann man nie genau wissen.)

»Ja, das werde ich tun.«

»Wir haben daran mit vielen tausend Lichtwesen gearbeitet, verteilt über das ganze Gitter. Alle feiern da oben. Das ist eine Riesen-Leistung, die wir zusammen erschaffen haben. Wir haben unser Ziel von 15,1% erreicht! Das war enorm!«

»Also, was passiert jetzt in der Arktis?«

»Wir sehen, dass die Arktis ihre Aktivitäten innerhalb ihrer Landmasse erhöht. Das heißt, dass sich die Landmasse erwärmt. Das bedeutet nichts Gutes für die Erde. Das Wasser wird weiter steigen. Deshalb haben wir Bälle mit einer anderen Lichtintensität abgeworfen. Die Bälle führen zu einer reduzierten Erdaktivität. Das ist allerdings sehr ausgeklügelt. Wir haben Energieabfluss in die Bälle eingebaut. Diese Bälle sind anders als die Bälle, die wir in Moskau einsetzen. Die *ark*tischen Bälle haben eine andere Führung in sich. Sie haben eine Art, sich in die andere Richtung zu drehen, wenn sie landen. So wird die Hitze der Erde beruhigt statt angefeuert. Sie verhalten sich anders am Wendepunkt. So versuchen wir die Hitze der Erde zu reduzieren. Das ist eine größere Einwirkung auf die Arktis. Noch sehen wir keine größeren Auswirkungen von unseren Bällen. Die Bälle müssen noch besser wirken.«

»Ist dieser Temperaturanstieg künstlich oder von Mutter GAIA selbst veranlasst?«

»Wir sehen, dass Lady GAIA dort an der Arbeit ist. Sie erwärmt sich langsam aber sicher. Das kommt auch von den anderen Regionen, die sich erwärmen. Wenn sich Regionen erwärmen, dann hat das einen Wärmeeffekt auf das Gitter. Deshalb ist das Werfen der Bälle so wichtig, es arbeitet synergetisch. Jedoch sollte sich die Arktis als letztes erwärmen, denn die Wasserstände sollten nicht so schnell ansteigen. Wir sehen, dass die Wasserstände schlussendlich ansteigen werden. Das braucht es für die nochmalige Überflutung der Erde. Die Arktis sollte sich aber nicht zu schnell erwärmen. Das ist wichtig. Wir arbeiten zusammen daran. Magst du mir sagen, wie dein Tag war?«

»Sehr aufregend, ich habe viel über mein Leben gelernt. Ich hatte einen ziemlichen Zusammenstoß mit David. Und später hat er mir dann viele wichtige Dinge über mein Leben mitgeteilt, die ich nicht wusste. Es war also ziemlich gut für mich zu erfahren, was sie mit mir gemacht haben, denn sie hatten mich ziemlich im Dunkeln gelassen.«

»Da ist so vieles, was du nicht weißt, Dad.«

»Ich fürchte auch.«

»Das ist wahr. Wüsstest du, was wir wissen, du hättest einen Wahnsinns-Spaß. Wir wissen alles, was es über eine Person zu wissen gibt. Deshalb wissen wir alles und du weißt so viel.« Sie zeigt mit Esthers Daumen und Zeigefinger ein winzig kleines Loch.

»Ich fürchte, das stimmt.« Ich erinnere mich an die Aussage von Sokrates: »Ich weiß, dass ich nichts weiß.«

»Du möchtest gerne so viel wissen, aber du weißt nur so wenig. Deshalb steigt das langsam an. Wenn das auf einmal passiert, wirst du verrückt. Wir zeigen dir soviel und dann langsam immer mehr. Dann hört es hier auf. (Sie zeigt ungefähr eine Fläche in der Größe eines Basketballs.) Wir sind hier. (Sie hat die Arme von Esther weit ausgebreitet.) Wir haben einen viel größeren Überblick. Würden die Menschen alles über ihre vergangenen Leben, ihre Erfahrungen auf anderen Planeten, anderen Universen wissen, dann würden sie verrückt werden, Dad. Das ist viel zu viel, um es in einem kleinen Körper zu verarbeiten. Deshalb halten wir euch hier. Wir möchten euch nicht falsch informieren mit Informationen, die zu viel sind. Wir helfen euch zu wachsen von hier nach hier. (Sie zeigt wieder die Größe der Flächen an). Über die nächsten Jahre wirst du sehen, dass wir langsam dein Feld erweitern.«

»Ja bitte.«

»Da gibt es viel, was ich noch gerne sagen würde, aber meine Zeit ist begrenzt. Eine größere Sache kann ich teilen, die du über dich wissen solltest. Hörst du sorgfältig zu? Ich sage es nur einmal. Wir waren schon einmal Vater und Tochter.«

»Das dachte ich mir.«

»Das ist eine ganz wichtige Information, die du in deinem Herzen behalten solltest. Wir waren schon einmal Vater und Tochter mit einem wichtigen Vorzug: Ich war dein Vater.«

»Oh, so süß!«

»Du warst meine Tochter. Das war ein wirklich wunderbares Leben. Wirst du mir zuhören, wenn ich dir jetzt davon erzähle? Dieses Leben spielte sich im östlichsten Teil von Tibet ab. Wir waren einige Male in Tibet. Aber wir sind uns nicht immer so zart begegnet wie in diesem Leben. Ich habe ein ganz einfaches Leben geführt. Ich hatte einige Kühe, ich hatte eine Ziege. Ich hatte Tonnen an Lebensmitteln für mein ganzes Dorf zur Verfügung. Ich war eine Person vom Dorf. Ich wollte mich um alle Wesen in meinem Dorf kümmern. Ich sage mein Dorf, denn ich war der Dorfälteste. Ich hatte dort eine besondere Rolle. Es war ein sehr besonderes Leben, das ich führte. Ich habe so viel über die natürlichen Dynamiken der Erde gelernt. Ich habe über alle kleinen Pflanzen in den Wäldern gelernt, die du für gewisse Effekte im Körper essen kannst. Ich habe etwas über die Tiere gelernt, über Gänse. Ich habe etwas über den Himmel gelernt und über all die vielen Wesen in den Naturreichen. Ich war jedoch ein Mann ohne ein gefühlvolles Herz. Ich wollte gefühlvoller werden. Wie wird ein Mann gefühlvoller?«

»Er bekommt eine Tochter.«

»Genau das habe ich mir auch gedacht. Und dann bin ich einer umwerfenden, reizenden Dame begegnet. Es war allerdings nicht meine Frau. Es war ein anderes umwerfendes Wesen. Ich habe sie auf der Stelle geliebt. Sie war meine Welt. Wir kamen zusammen und da warst du.«

»Wie wunderschön!«

»Das war mein Leben, das mein Herz zum Guten gewandt hat. Du hast mir alles über wahre Liebe beigebracht.«

Mein Herz weitet sich und in mir steigen Tränen auf. »Das ist so wunderschön. Danke, dass du es mit mir teilst.«

»Da gibt es noch so viel mehr über dieses wunderbare Leben zu sagen, das wir zusammen hatten. Aber ich werde jetzt nicht zu viel Zeit wegen Mom nehmen. Sie braucht mehr Ruhe als sie denkt. Ich kann es in den Farben ihres Feldes sehen. Ruhe ist sehr wichtig für den kleinen Körper in dir. Wir kommen auf dieses Leben zu einem anderen Zeitpunkt zurück.«

»Hm, so wunderschön, danke für das Teilen. Wie dürfen wir dir jetzt dienen, süße Tochter?«

»Ich habe noch eine Frage an Mom, hörst du zu? Wann hast du von deiner geliebten Zwillingsseele gehört?«

»Mhm, ich bin mir nicht sicher, ob ich die Frage richtig verstehe, denn ich weiß nicht, ob Zwillingsseelen überhaupt existieren. Dad und ich haben eine sehr besondere Verbindung. Aber ich habe auch irgendwo gelesen, dass es Zwillingsseelen nicht gibt. Was meinst du?«

»Ich habe gewisse Wesen gesehen, die perfekt zusammenpassen. Das nennen wir Zwillingsseelen. Es gibt auch eine andere Bezeichnung. Wir können sie Zwillingssterne nennen. Du hast Dad schon einmal meinen Zwillingsstern genannt. Erinnerst du dich? Wir sehen das als besondere Möglichkeit sich miteinander zu verbinden. So etwas wie eine Aufteilung der Seele in zwei Teile, die sich dann wieder treffen, gibt es nicht. Das ist nicht mit Zwillingsseele gemeint. Zwillingsseelen haben einen gewissen Gleichklang. Da gibt es einen Höhepunkt im Herzen, der dem Höhepunkt in einem anderen Herzen ähnelt. Wenn sich die Höhepunkte stark ähneln, sieht es aus wie Zwillinge. Daher kommt der Begriff Zwillingsseele. Nicht eine geteilte Seele, sondern eine Seele, die der anderen ähnelt. Sie sehen aus wie Zwillinge. Zwei Seelen, die sich ähneln. Das bedeutet es. Du bist auch nicht geteilt. Ihr seid beide ganz. Eure Seelen ähneln sich. Wie kann das sein? Ihr hattet viele verschiedene Leben, wie können sich eure Seelen gleichen? Das werde ich kurz erklären. Als ihr euch vor über einem Jahr getroffen habt, war da ein sofortiges Erkennen. Es war in den Augen.«

»Ich kann mich genau daran erinnern«, sagt Esther.

»Da war eine Erinnerung als du Dad sahst. Er war etwas langsamer. Seine Erinnerung kam jedoch nach ein paar Tagen. Ihr habt einander auf einer sehr tiefen Ebene erkannt, ein sofortiges Wiedererkennen. Bewusst dann ein paar Stunden, Tage danach. Ihr ward einander ähnlich. Daran hatten David und sein Team jahrzehntelang gearbeitet! Sie haben Euer Treffen vorbereitet und dass ihr euch als Zwillingsseelen wiedererkennt.«

Ich:»Um dich auf die Erde zu bringen?«

»Ja, das ist der Hauptgrund. Wir brauchten geeinte Felder, die sich in einer weiten Vielfalt zusammenfügen, um ein großes Licht herunterzubringen. Daran haben wir jahrelang gearbeitet. Ich habe das auch erst vor kurzem entdeckt. Da gab es viele Dinge, die nur meine große Schwester (STAR bezeichnet KUAN YIN so) wusste, ich nicht. Sie hatte schon den Meisterplan bereit. Ich wurde nach unten geschickt. Ich weigerte mich. Ich wurde geschickt. Ich weigerte mich. Ich wurde geschickt, ich weigerte mich. Als dein Song kam, erinnerte ich mich sofort an mein vergangenes Leben in Tibet mit dir. Ich wusste, dass es geplant ist. Ich soll jetzt zu dir herunterkommen. Es gibt so viele weise Wesen, die ein gutes Herz für die Erde haben. Sie haben Abteilungen, die Wesen mit großen strahlenden Feldern suchen. Wenn sie solche Wesen finden, dann bringen sie sie zusammen, um noch größere Felder zu erschaffen, die das Licht ausgießen. Du wurdest zuerst von den Sirianischen Paten gefunden, Esther dann ein paar Jahre später. Dieser Plan wurde ausgeführt: Wie können wir sie zusammenbringen, wo werden sie sich zuerst treffen? Wie können wir das aufbauen? Es gab viele Pläne dafür. Du weißt das, du warst erstaunt, wie du durch das Buch zu deinem geliebten Zwillingsstern geführt wurdest.« (Sie meint Jonette Crowleys Buch »Adler und Kondor«, das Esther von einer Freundin vor unserem Treffen geschenkt bekam und das Esther überhaupt erst auf Jonette aufmerksam gemacht hat. In diesem Buch geht es auch um die Begegnung mit ihrer »Zwillingsseele«.)

Esther:»Ja, wirklich eine spezielle Geschichte.«

»Ich habe dich gesehen, wie du das Buch von Jonette gelesen hast. Da gab es schon viel Übereinstimmung. Aber Master Chris musste dir sagen, dass sie nach Holland kommt. Vielleicht solltest du ja hingehen? Du entschiedst dich zu gehen, Master Chris nicht. Er sollte da nicht sein. Du solltest da sein. Alles wurde so arrangiert. Alle beteiligten Wesen haben sehr sorgfältig auf ihre wunderbaren Schutzengel gehört. Es sind sehr viele Wesen an Projekt STAR beteiligt. Sehr sehr viele Jahrzehnte an Arbeit, Forschung und Zusammenarbeit zwischen Rassen. So viele viele Wesen, ihr habt keine Ahnung davon. Es ist jenseits jeglicher Vorstellung, selbst wenn ihr es versucht. Ihr könntet es euch nicht vorstellen, wie groß die Struktur hinter Projekt Baby STAR wirklich ist!«

Ich:»Ja, ganz schön groß, mhm? Ein großes Licht!«

»Ja, ich werde viel Licht hereinbringen, das ist so. Ich brauche eure Felder, um meinen Abstieg gut abzudecken. Es gibt nicht so viele Wesen, die großes Licht halten können. Deshalb müssen wir eure Felder über die Zeit vergrößern. Das kann nicht in einer Nacht passieren, dann explodiert alles. Wir brauchen viel Zeit, um das groß Licht herunterzuholen. Deshalb haben Master David und seine Teammitglieder gemeinsam daran gearbeitet. Sie haben ein großes Herz, das wirst du sehen.«

»Ja, er hat sehr cool reagiert. Ich war ziemlich verärgert, da er mich herumkommandieren wollte. Und das mag ich überhaupt nicht.«

»Wir alle haben unsere Eigenarten.«

Ich muss lachen: »Ja«

»Das ist so, wir sind nicht perfekt. Das gibt es nicht, ein perfektes Wesen zu sein. Alle Wesen haben ihre kleinen komischen Anteile. Das ist völlig in Ordnung. Manchmal heißt das, dass man mit anderen komischen Wesen zusammenstößt. Das richtet keinen Schaden an. Wir können darüber auch lachen, weißt du? Wir brauchen kein Ärger-Management, um alle Wesen abzublocken, die Komisches in dir auslösen. Wieso nicht darüber lachen. Ich empfehle sehr, bei Ärger zu lachen.«

Ich muss wieder lachen, aber ich spüre irgendwo auch noch etwas Ärger in mir.

»Ja, ich lache darüber. Ich wollte mit Respekt behandelt werden. Je größer das Projekt, desto mehr Respekt, denke ich. Also finde ich, dass er mich nicht wie einen kleinen Jungen herumschicken muss, sondern mich mit viel Respekt behandeln sollte. Ich höre mir jedermanns Vorschläge gerne an, aber ich möchte nicht, dass man mir sagt, was ich tun soll ohne dass ich verstehe, was dahinter steht.«

»Darüber haben wir noch viel mehr zu sagen. Ich werde euch jetzt aber verlassen, denn Mom braucht jetzt wirklich Ruhe. Sie hat einen tollen Job in den letzten Tagen mit der Einrichtung ihres neuen Gerätes gemacht.«

Esther hat vor Monaten ein Gerät in ihren feinstofflichen Körpern installiert bekommen, das ihr erlaubt, so phantastisch zu channeln. Bei dem alten Gerät gab es zunehmend Probleme, bis es schließlich ganz zerbarst. Esther hatte lange ziemliche Kopfschmerzen. Jetzt wurde dieses kaputte Gerät durch ein Neues ersetzt, was viele Stunden Arbeit der Nomos sowie eine gewisse Eingewöhnungszeit bei Esther benötigte.

»Es braucht noch mehr Zeit diesen ganzen Monat, bis alles eingerichtet ist. Deshalb sind wenige Heilsitzungen diese Woche sehr gut für Mom. Mach nicht zu viel. Ich weiß, dass du wieder zurück an die Arbeit willst. Das wird in seiner Zeit passieren. Sprich mit David, mit mir; jeden Tag einige Momente. Noch nicht zu viele E-Mails. Das braucht STAR im Moment noch nicht. Wir können auch durch Schreiben kommunizieren, wenn du es vorziehst, dass dein Kopf nicht überanstrengt wird.«

STAR bezieht sich hier auf das »automatische Schreiben«, das Esther vorher zur Kommunikation mit den ETs genutzt hat. Dies funktioniert auch ohne das neue Gerät und hat keine unangenehmen Nebeneffekte.

»Wir können auch über das Schreiben kommunizieren, Dad. Du setzt dich mit Stift und Papier hin und dann siehst du, wie ich zu dir ströme. Stift und Papier sind einfach. Auf der Tastatur schreiben ist nicht so einfach. Ich empfehle dir sehr, einen schönen Stift und Papier bereit zu halten und dann diskutieren wir Hierarchien, wenn du magst. Darüber kann ich viel sagen.«

»Ja, sehr gerne!«

»Wir schauen dann, was du aufschreibst, dann sehen wir, was Mom sagt, wenn wir über dieses interessante Thema sprechen.«

»Warum fangen wir nicht mit einem einfacheren Thema an?«

»Ich kann ganz viele Sachen über das Thema sagen, die du schon weißt. Wir können auch mit anderen Themen anfangen. Du wählst und dann siehst du, was dabei herauskommt.«

»Danke dir für deine Botschaft!«

»Wir haben noch über so viele Dinge zu sprechen, in den kommenden Wochen.«

»Ja, bitte. Ich bin sehr interessiert zu lernen und zu verstehen.«

»Ich verlasse jetzt Mom.«

Und damit verlässt sie den Kanal von Esther. Wir sind beide sehr erstaunt über die Tragweite von Projekt Baby STAR und wie alles über viele Jahre hin arrangiert wurde. Ich genieße es, einen größeren Überblick zu erhalten und die Zusammenhänge immer besser zu verstehen. Wir sind beide sehr dankbar und von einer wunderbaren Energie erfüllt.

Wir unternehmen einen kleinen Spaziergang im Garten des AirBnB; es ist windig, aber die frische Luft tut uns gut.

Kurz nach diesem schönen Gespräch fliege ich wieder zurück in die Schweiz, um einige Tage dort zu arbeiten. ✪

19 Der Schwangerschaftstest

nfang April bin ich wieder zurück in Holland bei meiner Geliebten und unserer Tochter. Wir haben uns eine kleine Hütte in einer Feriensiedlung nahe dem Veluwe-Naturpark gemietet. Es ist sehr idyllisch. Die Behausung ist einfach und liegt direkt am Waldrand des Parks.

Die kleinen Häuschen sind in Halbkreisen oder in kleinen Reihen angeordnet. In der Mitte befindet sich ein Spielplatz.

Es sind nur wenige andere Familien dort und wir können ungestört die Ruhe genießen. Wir finden heraus, dass STAR sehr viel Freude auf der Schaukel hat. Esther schaukelt manchmal etwas mit ihr. Das Häuschen hat ein kleines Schlafzimmer in der Größe eines Doppelbetts, einen kleinen, gemütlichen Wohnraum mit Küche, der auch einen Kamin enthält, und ein kleines Bad mit Dusche. Wir genießen die ruhige Zeit in der Natur. Aus dem kleinen Badezimmerfenster blicken wir direkt in den Wald. Einmal sehen wir sogar Rehe in der Abenddämmerung auf der kleinen Lichtung grasen. Es ist wunderbar idyllisch.

Seit einiger Zeit sprechen wir mit David über den Nachweis von STAR durch einen üblichen Hormontest. David schlägt zunächst vor, dass wir

Unsere Unterkunft in Ermelo

noch etwas abwarten. Am 5. April fahren wir in die naheliegende Stadt. Es ist ein hübsches, romantisches Städtchen mit alten Gebäuden und vielen kleinen Läden. Wir schlendern durch die Gassen der ausgedehnten Fußgängerzone und genießen unseren kleinen Ausflug aus unserem grünen Idyll. In einer Drogerie kaufen wir uns einen handelsüblichen, preiswerten Hormontest. David findet die Idee gut. Der Test gibt allerdings ein negatives Resultat. Wir sind enttäuscht. Esther hätte gerne ihren Freundinnen und Eltern von ihrer Schwangerschaft berichtet und ein derartiger Test ist eine gute Bestätigung für die ansonsten doch eher verrückte Geschichte. Auch für mich wäre es eine schöne Bestätigung gewesen, dass alles mit »rechten Dingen« zugeht. David erklärt, dass gewisse Hormone im Urin waren, aber die waren nicht ausreichend, um das Teststäbchen zum Verfärben zu bringen. Wir sollten doch noch ein paar Tage Geduld haben, dann würde es klappen. Der Test selbst sei auch recht gut, nicht so präzise wie ihre eigenen Tests, aber auf einer Skala von 1-10 sei er doch immerhin bei 7, also durchaus ausreichend. In spätestens einer Woche würde es klappen. Auch STAR verspricht, eine ausreichende Menge an Hormonen zur Verfügung zu stellen. Nach ein paar Tagen verläuft allerdings auch der 2. Test negativ.

Wir sind ratlos. David erklärt uns, dass es eben eine recht arrangierte Schwangerschaft sei. Die Einnistung, die sonst mit Hilfe der Hormone vonstatten geht, erfolgte wegen Esthers Zustand mit Hilfe ihrer Einnistungs-Arbeiten. Er hatte direkt vor dem Test allerdings auch mit einem positiven Testergebnis gerechnet. Aber das Wichtigste: STAR ginge es ja gut, ihr Wachstum mache gute Fortschritte und auch ihr Körper, den wir unterdessen Tava[6] nennen, sei in einem sehr guten Zustand. Wir fragen nach, ab wann wir eine Ultraschall-Untersuchung machen könnten. Da sollten wir noch etwas warten, ab dem dritten Monat solle das dann gut möglich sein. Wir beschließen also, bei Esthers nächstem Besuch in der Schweiz eine Ultraschalluntersuchung machen zu lassen. Die negativen Tests sind schon etwas enttäuschend für uns, aber wir verstehen natürlich auch Davids Begründungen. Es wäre für uns toll gewesen, bei allen Rückfragen zu unserer Geschichte einfach den Hormontest zeigen zu können. Aber so müssen wir uns halt noch ein paar Wochen in Geduld üben.

Wir haben Tava reingebeten, ƒbevor wir dann später mit Master KUAN YIN verabredet sind. Es hatte in den letzten Wochen einige Diskussionen um die Frage gegeben, ob STAR als Erwachsene fruchtbar sein wird. Wir hatten gehört, dass STAR Hoden bekommen sollte und das hatte Esther und mich befremdet. Auch Tava war von diesem Vorschlag wenig angetan.

Jetzt wollten wir zunächst mit ihr dazu sprechen und danach in einer Art »Familienrat« das Thema auch gemeinsam mit Master KUAN YIN erörtern.

Esther beginnt: »Hallo Tava, möchtest du noch etwas mehr erzählen über deine Geschichte, woher du kommst?«

Tava: »Mein Land liegt innerhalb von Mutter Erde. Dort gibt es eine gewisse Menge an speziellem Druck, der Wesen natürlichen Ursprungs erzeugt. Es gibt eine gewisse Menge an Bewusstsein, das von den Tiefen von Mutter Erde aufsteigt. Wenn besondere Erfordernisse vorhanden sind, dann gibt es eine gewisse Woge für hohe Energiemengen, die durch ihr Meridian-System schießen. Dort kann dann ein Kind geboren werden. Das ist kein normales Kind, wie ihr es in eurer Welt seht, aber eine Energie mit hochentwickeltem Bewusstsein in Form eines Kindes. So erzeugt Mutter Erde ihre eigenen Bewusstseinsfelder weltweit. Man könnte also sagen, dass ich nicht nur das Körper-Bewusstsein von Baby STAR bin, sondern dass ich im Bewusstsein von Mutter Erde residiere. Dort werden hochentwickelte Wesen erzeugt. Sie vollbringt diese Taten für ihr eigenes Überleben. Sie ist wahrlich eine Mutter mit einer Gebärmutter, wisst Ihr? Sie erschafft ihre eigenen Kinder.«

»Whow«, entfährt es uns beiden. Wir sind beide tief beeindruckt. Damit hatten wir überhaupt nicht gerechnet. Mutter Erde erzeugt für ihr eigenes Überleben Wesen, die auf der Erde leben. In diesem Fall einen menschlichen Körper, der von einer aufgestiegenen Meisterin beseelt ist.

Ich: »Es macht also viel Sinn, dass du jetzt als Kind von Mutter Erde sie mit den Energien von KUAN YIN und den Galaxien verbindest.«

»Ich hatte die Ehre, mich als ihr Kind zu gebären. Es gibt noch so viel, was ich von meiner Meisterseele lernen kann. Zwischen uns wird sehr viel kommuniziert. Ich habe gewisse Eigenschaften eines Kindes, aber auf der anderen Seite enthalte ich viel Weisheit von den Arbeiten von Mutter Erde. Zusammen vereinen wir viele Arten von Weisheit der Erde und der höheren Ebenen, dann vereinen wir diese Weisheiten und voilà! Wir heilen gemeinsam die Erde.«

»Whow«, kommt wieder von uns beiden. »Das ist wirklich unglaublich! Tava, danke dir«, sagt Esther.

Ich: »Weiß Lady STAR davon? Hat sie dich deshalb ausgewählt?«

»Wir hatten« viele geheime Gespräche über die Vereinigung dieser Weisheiten, ja. Es gibt nicht viele Wesen, die von diesem laufenden gemeinsamen Wissensprojekt Kenntnis haben. Aber es ist jetzt Zeit, mehr und mehr über diese laufende Wissensverbindung zu teilen. Es wird viele Wesen geben,

Am Frühstückstisch in unserem Ermelo AirBnB

die über diesen Status unseres gemeinsamen Projektes sehr erstaunt sein werden. Aber wir erleuchten gerne die Wesen mit diesem Wissen, denn die Tiefen von Mutter Erde werden mehr und mehr erforscht werden. Und mehr Wesen werden es immer weniger merkwürdig finden, dass Mutter Erde ihre eigenen Kinder gebärt. Deshalb liebt Lady STAR ihre Gitterarbeit so. Sie verbindet die höheren Ebenen mit den tieferen Dichten des Erdgitters. Da gibt es Arbeiten von ihrer Lichtball-Gegend in die Gitterarbeit von Mutter Erde. Sie hat also schon ihre Arbeit an den höheren und tieferen Ebenen begonnen. Jetzt beginne ich auch, die tieferen Energien in die höheren Ebenen zu leiten. Es ist eine Kommunikation der beiden Ströme, die zusammenkommen.«

»Wir würden gerne mehr darüber erfahren, aber wir möchten Master KUAN YIN und Lady STAR nicht warten lassen, denn sie hatten vorgeschlagen, dass wir uns um vier Uhr treffen und es ist bereits vier Uhr. Du wirst ja auch präsent sein, denke ich. Also vielen Dank und ich bin gespannt mehr über dieses Thema von dir zu erfahren.«

»Darf ich noch einen Kommentar ergänzen, bevor die Damen ankommen?«

»Ja.«

»Es wird viel über die Fruchtbarkeit gesprochen werden. Ich möchte darauf verzichten, jetzt Partei zu ergreifen, deshalb könnt ihr das Thema ohne meine Anwesenheit besprechen. Ich habe meine Bedürfnisse und Wünsche als Körper-Bewusstsein geäußert, jedoch kann noch mehr Weisheit

Der Spielplatz in Ermelo vor unserem AirBnB

von euren Standpunkten aus ergänzt werden. Mein diesbezügliches Wissen habt ihr bereits erhalten, deshalb werde ich mich zurückziehen und den Worten zuhören, die ich auffangen kann. Ich muss jedoch nicht formell dabei sein. Ich möchte meine Seele bitten, mehr Zeit mit mir zu verbringen, falls ihr das freundlicherweise fragen könnt. Mindestens vier Stunden am Tag, schlage ich vor, werden benötigt, um unsere Energien gut über die nächsten Wochen zu verbinden.«

»Ja, ich denke du solltest dabei sein, das ist wirklich ein Austausch in der Gruppe und es ist auch wichtig, dass während wir unsere gemeinsame Betrachtung entwickeln, du auch kommentierst, was wir gefunden haben – zumindest wenn wir dich fragen.«

»Es gibt immer noch die Möglichkeit, dass ich danach mit meinem Seelenteil spreche. Aber im Moment könnte zu viel Durcheinander in Esthers System passieren, wenn alle Wesen ihre eigenen Wünsche ausdrücken möchten. Deshalb verzichte ich in der nächsten Stunde darauf, zu sprechen. Ich komme gerne später wieder, wenn ihr das möchtet.«

»Ich hätte gerne deine Präsenz, aber du hörst ja sowieso zu, so dass wenn wir dich fragen sollten, du zumindest so freundlich sein könntest, es zu kommentieren.«

»Ich fürchte, ich werde meinerseits nichts kommentieren.«

»Sei nicht so störrisch!«

Esther muss lachen.

Ich: »Ok, jetzt rufen wir die Damen herein.«

»Sie hat ihren eigenen Willen – Tava«, meint Esther.

Ja, das kann man wirklich so sagen, ich bin auch etwas erstaunt, dass sie so störrisch ist. Aber ich spiele bereits unseren KUAN YIN-Song und wir beginnen zu singen. KUAN YIN kommt herein.

»Hallo KUAN YIN, hallo STAR.«

»Hallo die Damen, willkommen, willkommen«, begrüßt auch Esther die beiden.

Ich spüre die Energien von KUAN YIN sehr stark: »Geliebte, willkommen hier, so wunderbar, sich wieder mit dir zu verbinden, ich bin so von deiner Präsenz berührt und ich bin so dankbar, dass du deinen wunderbaren STAR-Anteil zu uns geschickt hast, um uns mit ihrer Präsenz in unserem Leben und auf der Erde zu segnen. Es ist eine solche Ehre, dich durch sie hier zu haben. Wir sind so dankbar.«

KUAN YIN: »Ich habe eine Bemerkung dazu, darf ich sie anbringen?«

»Bitte.«

»Meine Göttlichkeit ist in uns allen allgegenwärtig. Es gibt keinen Unterschied zwischen gut und weniger gut. Alle Wesen sind so göttlich wie der Zustand, in dem ich mich befinde. Manchmal entscheiden wir uns dazu, uns weniger göttlich zu fühlen als wir sind. Meine Natur ist göttlich, ja. Deine auch, Esthers ebenfalls. Wir haben das gemeinsam, weißt du?«

»Ja.«

»Mein Wunsch für meinen STAR-Anteil ist es, ihre Göttlichkeit wieder in einem menschlichen Körper zu spüren. Sie hat mit diesen dichten Ebenen etwas den Kontakt verloren. Mein Wunsch für sie ist es, sich wieder in den Erdebenen zu verankern. Deshalb hat sich meine Seele in verschiedene Schwestern für den Abstieg aufgeteilt. Meine Verankerung muss wieder auf der Erde sein. Meine STAR-Seele wird diese Aufgabe sehr sehr gut annehmen, das weiß ich. Es wird Zögern geben, ja. Vielleicht gibt es eine Zurückhaltung beim wirklichen Abstieg, ja. Aber ich sehe, dass sie bald ankommen wird. Mein Wunsch für meine Seele ist es, mich wieder auf der Erde zu nähren. Es braucht auch Energien von den tieferen Dimensionen in die höheren. Wir sind übereingekommen, Licht nach unten zu bringen um im Gegenzug die Erde hochzubringen. So funktioniert der Austausch von Energien, oben geht runter – unten kommt hoch. Es gibt einen ständigen Austausch von Energie-Wirbeln von verschiedenen Dimensionen nach oben und nach unten. Deshalb ist die Verwurzelung in den Erddimensionen momentan so wertvoll für mich.«

»Wunderschön, ja, das spüre ich total«, sagt Esther.

»Meine Seelenschwester STAR hat einen speziellen Wunsch an mich gestellt. Sie hat mit ihrer physischen Gestalt über eine Schwangerschaft in ihrem späteren Leben gesprochen. Da gibt es aber eine Misskommunikation, die ich gerne klären würde. Es ist nicht so, dass Baby STAR später im Leben nicht schwanger werden könnte. Sofern ich betroffen bin, wird eine normale Schwangerschaft möglich sein. Es ist jedoch möglich, dass meine physische Gestalt sich dazu entscheiden wird, doch nicht schwanger zu werden. Aber das wäre ihre bewusste Entscheidung später in ihrem Leben. Baby STAR wird nicht als unfruchtbare Frau geboren werden. Das muss ganz ganz klar sein. Sie wird in der Lage sein, Kinder zu empfangen, wenn sie älter wird. Aber es gibt eine Möglichkeit, dass sie selbst entscheidet: In diesem Leben möchte ich keine Kinder haben, denn meine Bestimmung liegt woanders. Sollte das so sein, dann ist das ihre eigene Entscheidung, es war nicht von oben bestimmt. Es ist sehr wichtig, dies zu unterscheiden. Ich werde keinen Einfluss darauf haben, dass meine Gestalt zur Erde kommt, ohne die Möglichkeit ein Kind hervorzubringen. Das wäre für mich sehr sehr unangenehm, denn das ist nicht nötig, damit der größere Plan umgesetzt werden kann.«

»Vielen Dank, geliebte KUAN YIN. Das berührt mich wirklich. Ich bin so dankbar dafür, dass dies dein Vorhaben ist und ich bin auch sicher, dass deine Gestalt Tava sehr glücklich darüber ist.«

»Ganz viele unterschiedliche Reiche waren in diesen Gedankenaustausch eingebunden. Wir haben in ganz verschiedene Varianten des Plans hinein gespürt. Viele Optionen wurden durchgespielt, aber wir haben keinen vernünftigen Plan gefunden, der besagte, dass der kleine Körper unfruchtbar geboren werden sollte. Wir haben keine Ahnung, wie Tava auf diese Idee gekommen ist. Es gab wohl auf verschiedenen Ebenen Klatsch, aus dem sie das geschlussfolgert hat. Diese Geschichte ist nicht wahr, das wird nicht passieren.«

»Na ja, die Anwesenheit von Hoden könnte die Konfusion erhöht haben.«

»Ja, ja«, meint auch Esther.

»Wir sehen das, ja. Wir haben lange über männliche Züge gesprochen, das ist tatsächlich wahr. Aber es gab nie eine Nebengeschichte von Unfruchtbarkeit wegen Hoden. Hoden können immer noch kommen, aber das heißt nicht notwendigerweise, dass sie unfruchtbar wird. Das ist nicht der Fall, auch wenn es so scheint. Hoden stehen auf keinem Fall einem Kind zu einem späteren Zeitpunkt im Wege, sollte sie sich dafür entscheiden. Hoden sehen wir als wahrscheinlich bei der Geburt an, aber es gibt auch eine Gebärmutter und Eierstöcke. Deshalb sehen wir die Fruchtbarkeit nicht in Gefahr. Vielleicht möchten die Ärzte die Hoden entfernen, aber wir regen an, dass sie da bleiben, wo sie sind.«

»In Ordnung.«

»Sie werden eine besondere Rolle im Körper von Baby STAR zu spielen haben. Ich werde das später einmal detaillierter erklären. Für den Moment ist es wichtig zu sagen, dass Lady STAR Hoden für ihre Eier benötigt. Sie wird immer eine männliche Energie mit sich tragen. Sie könnte mehr männliche Energien benötigen, damit sie in diesen für sie intensiven Zeiten standhaft bleibt. Göttliche weibliche Energien sind sanft und behutsam, die sind für sie nicht genug erdend. Deshalb haben wir uns für Hoden entschieden, um sie geerdet zu halten. Das ist der wichtigste Grund, weshalb wir gedacht haben, ihrem physischen Körper Hoden dazu zu geben. Vielleicht gibt es letzten Endes genügend Erdung für sie, wenn sie sich genügend mit der Natur verbindet. Wir waren jedoch nicht sicher. Deshalb haben wir diese Hoden-Prozedur diskutiert. Wir wissen jetzt, dass die Hoden schlussendlich vielleicht nicht benötigt werden. Wir denken darüber noch nach. Sollten wir uns dagegen entscheiden, dann wird eine andere Vorlage genutzt, sobald wir das entschieden haben. Dann sagt Lady STAR ihrem Körper, die Hoden-Produktion sein zu lassen. Dann verschwinden die Hoden. Sollten wir uns aber entscheiden, dass die Hoden gebraucht werden, dann wird die laufende Vorlage umgesetzt. Dann erscheinen Hoden bei der Geburt. Sie könnten jedoch kaum sichtbar sein. Sie könnten sich als kleine Beulen am unteren Po zeigen, aber nicht so wie bei Männern herausragen. Vielleicht gibt es unterschiedliche Hodenvarianten-Ausbuchtungen im weiteren Ablauf. Wir kommen später darauf zurück, sobald wir herausgefunden haben, wie viel Erdung sie wirklich braucht. Das ist der Hauptgrund für die Hoden. Es hat überhaupt nichts mit der Fruchtbarkeit zu tun.«

»Ganz herzlichen Dank für deine Klärung dieses Themas. Darf ich noch eine andere Frage stellen?«

»Es gibt viel Zeit über STAR zu sprechen. Erlaubst du mir noch ein Wort bevor du deine Frage stellst?«

»Ja bitte, Geliebte.«

»Ich habe eine Bitte von Baby STAR. Sie spricht täglich mit mir. Sie hat mir mitgeteilt, dass sie ihre Arbeit an ihrer Gestalt nicht sorgfältig durchführen kann, da sie so mit ihrer Gitterarbeit beschäftigt ist. Deshalb habe ich mit meiner kleinen Schwester besprochen, dass sie sich von ihrer Gitterarbeit verabschieden muss. Das ist sehr traumatisch für meinen Seelenanteil. Sie braucht Zeit dafür, diese Entscheidung von ihrer großen Schwester

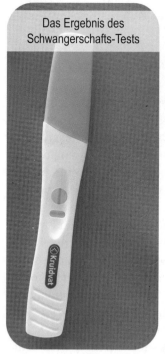

Das Ergebnis des Schwangerschafts-Tests

zu verdauen. Ich habe ihr mitgeteilt, dass der längerfristige Abstieg in ihren Körper momentan wichtiger ist als ihre Gitterarbeit. Der Abstieg ist für uns alle hier von überragender Bedeutung. Gelingt der Abstieg, dann profitiert davon auch das Erdgitter. Das muss sie noch besser verstehen. Dann wird sie die langfristigen Vorteile ihres Abstieges gegenüber den kurzfristigen Vorteilen auch sehen. Die kurzfristigen Vorteile ihrer Arbeiten an ihrem Körper sind nicht notwendigerweise sofort im Gitter sichtbar. Aber sobald sie herauskommt, wird es eine massive Lichtexplosion in das ganze Erdgitter geben. Viele Städte werden von 13 % auf 15 % angehoben. Das erwarten wir. Ihr Abstieg wird eine Meister-Explosion sein, sobald sie geboren wird. Wir unterstützen sie laufend dabei, dass sie sich an diesen wichtigen Zeitpunkt erinnert. Sie muss wirklich runterkommen. Deshalb habe ich mir von ihr gewünscht, dass sie ab morgen ganz in Esthers Gebärmutter kommt. Sie muss sich für mindestens eine Woche ganz von ihrem geliebten Gitter verabschieden. Dann kann sie ganz langsam wieder ihre Gitterarbeit aufnehmen, aber nicht mehr als 40 % ihrer augenblicklichen Arbeitszeit. Den Rest der Zeit wird sie in Esthers Gebärmutter sein. Das habe ich entschieden. Das nimmt sie noch nicht ganz an, jedoch versteht sie es auf einer gewissen Ebene ihres Bewusstseins. Das ist das Beste für uns alle.«

»Für deine Aussage bin ich sehr dankbar, das war genau meine Frage. Denn ich fühle wirklich auch, dass sie mehr hier sein sollte.«

»Ich könnte noch viel darüber sagen, aber das hast du richtig gespürt. Sie muss sehr viel mehr Zeit mit ihrem Körper verbringen und mit dir und der geliebten Esther. Es muss sehr viel mehr Verbindung stattfinden, aber sie ist so begeistert von ihrer Gitterarbeit; es fällt ihr schwer, das loszulassen.«

»Ich weiß.«

»Als aufgestiegene Meisterin hat sie Mühe damit, Licht in der Dunkelheit zu sein. Wir werden sie zurück auf den Pfad der Entleuchtung führen. Sie muss physisch die Dunkelheit umarmen. Dann kommt das Licht zurück.

Das wird sie schnell machen können, aber sie muss über eine gewisse Hemmschwelle schreiten, bevor sie diesen neuen Teil von sich annehmen kann.«

»Ich bin sehr dankbar. Denkst du, dass es wirklich notwendig ist, dass sie zu 100 % hier sein muss, oder würde für nächste Woche vielleicht 90 % ausreichen?«

»Ja, ich sehe diesen Punkt. Wir haben das ausführlich diskutiert, aber ich habe entschieden, dass 100 % derzeit nötig sind. Sie muss wirklich voll engagiert sein. Es ist so als ob du einem Kind sagst: Geh in einen Süßwaren-Laden, aber du darfst nichts kaufen. Das möchten wir nicht für unser Sternenkind. Wir möchten, dass sie in den Süßwaren-Laden geht und ihr sagen: Du kannst alles essen, was du willst. Kein Problem, bediene dich vollständig. Das brauchen wir jetzt für sie in Esthers Gebärmutter. Wir möchten keine Tür für sie offenhalten zu ihrer geliebten Süßwaren-Gitterarbeit. Das würde sie zu sehr ablenken. Sobald sie weiß, dass diese Möglichkeit gar nicht existiert, wird sie sich ganz auf die Arbeit auf der Erde stürzen. Sobald sie merkt, dass die Tür offen ist, schlüpft sie heraus und fängt wieder ihr Liebemachen mit ihrem geliebten Freund Estefan an. Ich habe ihr kleines Versteck gefunden, nichts entgeht mir. Etwas Liebemachen hier und da ist ihr natürlich gestattet. Sie arbeitet hart genug und hat es sich redlich verdient, finde ich.«

Esther muss kichern.

Ich: »Ja, sie arbeitet so hart und sie macht sich so viel Druck. Das habe ich mit etwas Besorgnis gesehen. Jeder Hinweis wie wir ihr helfen könnten, etwas von diesem Druck loszulassen, wäre sehr willkommen. Vielleicht magst du auch dabei helfen.«

»Ja, dafür gibt es vielleicht eine Lösung. Ich habe meiner kleinen Schwester gesagt, sich im Gitter nicht zu überarbeiten. Aber die Arbeit an ihrer Gestalt wird keine Überarbeitung auslösen. Da ist ganz einfach eine Grenze, was sie an ihrem Körper in einer gewissen Zeit machen kann. Aber wenn sie aus dem Bauch herauskommt, wird sie den gleichen Ehrgeiz zeigen, wie sie ihn jetzt an der Gitterarbeit hat. Auf der Erde werden wir sie aber sanft dazu bringen, etwas langsamer zu treten. Dabei brauchen wir auch eure Hilfe. Da ist schon so viel Ehrgeiz in diesem kleinen Mädchen. Wir müssen sicherstellen, dass sie in den ersten Monaten ihrer Erdenzeit nicht ausbrennt.«

Esther muss jetzt lachen.

Ich: »Ja, deine Anleitung ist hier sehr willkommen. Wir möchten nicht, dass sie einen Burnout bekommt. Wir möchten, dass sie sich entspannt und es genießt. Für euch mag es dunkel sein, aber wir genießen unser Leben hier sehr. Es werden so viele süße Dinge hier geboten und wir freuen uns, ihr all die schönen Dinge zu zeigen, die sie hier in dieser dichten Energie erfahren kann. Es gibt so viel, an dem man sich erfreuen kann.«

»Das zu hören ist wunderbar für mich. Deshalb haben wir euch als Paar für unser geliebtes Sternenkind ausgesucht. Sie braucht eine Familie von Freude, Harmonie und Lachen. Lachen wird ihr sehr guttun, denn ihre meisten Leben auf der Erde waren überwiegend hart. Sie hatte auch Freude, aber das ist schon lange her. Deshalb wird es sehr heilsam für sie sein, wenn ihre Seele sobald wie möglich eine ganz große Portion an Freude und Lachen bekommt. Deshalb bitten wir euch freundlicherweise, ihr so viel Freude und Lachen wie möglich zu geben. Das kann ein Kitzeln auf dem Bauch sein, solange sie noch drinnen ist, das kann das Spielen mit der süßen Katze sein, die ihr gerade für Tava besorgt habt (ein kleines Stofftier). Das können alle Arten von kleinen Dingen sein, die man normalerweise mit einem kleinen Baby-Mädchen macht. Das wird für sie sehr heilend sein.«

»Kannst du bitte mal meine Füße erden«, bittet mich Esther.

Das mache ich natürlich sofort, es erleichtert ihr das Channeln.

»Ich möchte gerne noch etwas ergänzen, wenn ich darf.«

»Ja, bitte.«

»Darf ich dich bitten aufzustehen? Ich möchte Meister Asar bitten aufzustehen während du seine beiden Hände hältst. Da wird jetzt ein bestimmter Energiefluss in euch beiden präsent sein. Dieser Energiefluss erhöht euer Aurafeld enorm. Vielleicht spürt ihr die Ränder eurer Extremitäten weiter herausreichen, als ihr euch dessen bewusst seid. Da ist eine Art von Begrenzung in der Unbegrenztheit. Diese Grenze ist eine spezielle Grenze, die wir für eure beiden gemeinsamen Felder kreiert haben. Es gibt eine bestimmte Energie, die an dieser Grenze um eure beiden Aurafelder wohnt. Diese Grenze wird einen besonderen Zugangspunkt zu unseren Ebenen haben. Für den Fall, dass ihr mich finden müsst, ruft diese Grenze um eure Aurafelder an. Es gibt einen bestimmten Zugangsweg, der dann kurzgeschlossen wird, um mich zu finden. Vielleicht braucht es manchmal schnelle Beratungen, für die ich runterkommen muss. Deshalb habe ich unsere geliebten Extraterrestrischen Freunde gebeten, dieses Energiefeld für euch zu erschaffen. Dieses Feld enthält schon meine Energien. Deshalb bin ich immer präsent, wenn ihr zusammen seid. Wenn ihr getrennt seid, bin ich auch da, aber dann könnte es manchmal schwieriger sein, mich zu finden. Es ist jedoch gut für euch zu erkennen, dass ich immer präsent bin, wenn ihr zusammen seid. Deshalb war es für mich jetzt ganz einfach, herunterzukommen und mit euch zu sprechen. Getrennt könnte das schwieriger sein, deshalb nutzt die Möglichkeit, mich herunterzurufen, wenn ihr zusammen seid, sofern es euch nötig erscheint. Ich werde nicht zögern, zu kommen. Ihr braucht also nicht Lady STAR oder Tava zu rufen, ruft einfach KUAN YIN. Wenn du deinen Song singst, antwortet Lady STAR automatisch, jedoch ich höre auch mit. Ich höre alles an, was in Projekt STAR passiert. Mir sind alle Entscheidungen bekannt, die getroffen werden. Es hat mich etwas verletzt wegen der Miskommunikation bezüglich der Unfruchtbarkeit. Es ist wirklich sehr gut von euch, mich hereinzurufen, um diese ärgerliche Sache zu lösen. Ich bin sehr erleichtert, dass wir dies jetzt alles aus dem Wege räumen konnten.«

»Ja, ich auch.«

»Danke dir so sehr«, sagt auch Esther.

»Danke dir für dein Kümmern, deine Liebe und dein Vertrauen in uns. Wir sind wirklich sehr geehrt.«

»Geehrt fühlen ist nicht nötig, mein Geliebter. Es ist für alle involvierten Wesen eine Ehre. Ich bin genauso geehrt wir ihr. Das ist gut zu erinnern. Es gibt keinen Unterschied im Status. Wir sind alle auf der gleichen Ebene von Einheit.«

»Ja, ich weiß.«

»Ehre ist eine schöne Bezeichnung, aber unterwerfe dich keinem anderen Wesen von vielleicht größerem Licht. Denn mein größeres Licht ist nur deshalb größer, seit sich mir die Reiche um mich herum geöffnet haben. Dieses Licht ist für jeden da, der sich diesen Reichen öffnet. Das Öffnen der Reiche verursacht, dass mehr Licht anwesend ist. Man kann es auch so sagen: Dieses Haus hat ein kleines Wohnzimmer, aber wenn du die Tür öffnest, wird das Wohnzimmer groß. Der Raum ist immer da, aber jemand muss die Tür öffnen, um es zu sehen. Deshalb sind wir alle gleich, der Raum ist für jeden gleich groß, aber man muss die Türe öffnen, um einzutreten. Das ist Gleichheit in Einheit.«

»Ja, danke, dass du das sagst, denn du hast ja vielleicht bemerkt, dass ich etwas Mühe hatte mit einigem hierarchischen Verhalten. Ich bin dankbar für deine Anwesenheit und du siehst ja wie berührt ich von den wunderschönen Energien bin, die du mit dir in unser Treffen bringst.«

»Kannst du bitte mehr auf meine großen Zehen drücken? Ah ja, das ist gut so«, wirft Esther ein. Sie liegt seit Wochen im Bett und ist dementsprechend weniger geerdet als sonst.

»Wie ist die Situation auf der Erde? Ich habe Bedenken von unseren Sirianischen ET-Freunden gehört – auch von STAR, dass die Erde wirklich in schlechter Verfassung ist, dass wir mit dem Zeitplan in Verzug sind. Was sagst du dazu? Es war im Übrigen nicht mein Gefühl trotz all der Umweltverschmutzung und all den Dingen, die wir um uns sehen. Ist die Erde wirklich in einer so schlechten Situation?«

»Dazu könnte ich viel sagen, aber ich werde mich jetzt auf die zwei wichtigsten Punkte beschränken. Der erste Punkt: Die Erde ist in schlechter Verfassung, das ist so. Ich werde jetzt keine Drama-Königin sein und dir Untergangsszenarien zeigen, aber es ist wahr. Die Erde braucht massive Unterstützung. Deshalb bringen wir ja unser geliebtes Sternenkind herunter. Das ist eine der Hauptgründe, weshalb sie jetzt herunterkommen muss, denn jetzt ist eine Kehrtwende für die Erde noch möglich. Würden wir zu lange warten, kommt vielleicht später nochmals ein Zeitpunkt für eine Kehrtwende, aber es gibt jetzt sehr bald diese Möglichkeit. Deshalb brauchen wir ihren Abstieg sobald wie möglich, um die Erde vor ihrem größeren Sprung nach vorne zu heilen. Der zweite Punkt, den ich gerne hervorheben möchte: Ja, die Erde ist in einem schlechten Zustand, aber es gibt andere Planeten, die enorm davon profitieren werden, sofern sich die Erde auch nur ein klein wenig erhöht. Wenn sich die Erde etwas erhöht, dann werden diese anderen Planeten eine gigantische Bewegung machen und die Erde wiederum wird auch davon hochgezogen. Das ist der Grund, weshalb jetzt nur eine kleine Veränderung schon eine massive Menge an Energiewirbeln auslösen wird, die der Erde hilft, weiteres Wachstum anzuregen. Deshalb vertrauen wir alle darauf, dass es bald funktionieren wird. Jedoch gibt es einen gewissen Zeitrahmen für diese Kehrtwende, den wir im Auge behalten müssen. Die nächsten Monate sind deshalb von entscheidender Bedeutung, um unser Sternenkind herunterzubringen.«

»Ich denke, dass ich meinem Kopf bald eine Ruhepause gönnen muss«, sagt Esther.

»Danke geliebte KUAN YIN, ich hoffe, dass ich dich auch bald channeln kann, so dass die ganze Arbeit nicht nur bei Esther liegt. Ich danke dir sehr für dein Runterkommen, dass du uns alles erklärst. Du bist in unseren Herzen. Danke dir, dass du bei uns bist.«

»Mein Herz ist weit offen für Projekt STAR und all die wunderbaren Wesen, die damit zu tun haben. Es ist für mich sehr erstaunlich, diese

Schwierigkeiten meines geliebten Sternenkindes mit dem Herunterkommen zu spüren. Aber das ist ein guter Grund jetzt auf die Erde zu kommen. Wir werden auch nach ihrem Herunterkommen mit ihr im Kontakt sein, aber es wird anders als jetzt sein. Vielleicht gibt es eine gewisse Zeit, in der ich nicht in der Lage sein werde, so gut mit ihr Kontakt aufzunehmen wie im Moment. Vielleicht kommt in den ersten Erden-Monaten erst ein gewisser Schleier über sie. Das braucht es manchmal für Babys, um sich anzupassen. Aber nach den ersten Monaten, glaube ich, wird sie vollen Zugang zu allem haben, was sie je gelernt hat. Es ist gut, wenn sie sich etwas ausruhen kann.«

»Danke dir Geliebte.«

»Meine Zeit ist jetzt beschränkt, aber ich grüße euch ganz herzlich von den Tiefen meines geliebten Herzraums. Ich bin jetzt schon sehr viele tausend Jahre bei der Erde. Ich könnte viel über den Fortschritt der Erde sagen, aber was ich sage ist, dass sie jetzt an einem ganz besonderen Zeitpunkt ist, der noch nie zuvor gesehen wurde. Deshalb bitten wir freundlichst alle involvierten Wesen, so licht wie möglich zu sein. Licht strahlt mehr Licht aus. Deshalb werden Lichtarbeiter momentan auf der Erde dringend benötigt. Viele Menschen ärgern sich über die augenblickliche Situation auf der Erde, das gibt ihr aber nicht die Energien, die sie benötigt. Wir schlagen vor, dass du alle Wesen, denen du begegnest, bittest, Licht zu sein. Dies ist das Wichtigste, das wir von allen Wesen erbitten, da es für ihre Heilung notwendig ist.«

»Das werde ich tun.«

»Licht sein, das ist alles, was gebraucht wird, Licht sein. Meine Zeit ist um, Geliebte. Ich verlasse euch jetzt. Ich schätze all die Arbeit, die ihr als Erd-Team leistet. Dies ist ein wahrlich großartiges Projekt, von dem man noch lange hören wird.«

»Danke dir, Geliebte.«

»Ich grüße euch, mein Name ist KUAN YIN.«

Sie verlässt uns, Esther nimmt einige schwere Atemzüge. Wir sind beide tief beeindruckt von ihrer Liebe und ihrer wunderbaren Energie. Mir standen teilweise Tränen in den Augen. Ich hatte KUAN YIN schon einige Male selbst gechannelt und ihre Energie ist immer wieder sehr berührend für mich. Ich bin so dankbar, dass wir ihr jetzt dabei helfen dürfen, Teile ihrer Energie wieder auf die Erde zu bringen. Ich bin auch froh, dass zumindest das Thema Unfruchtbarkeit vom Tisch ist. Bezüglich der Frage der Erdung mittels Hoden hoffe ich, dass darauf verzichtet werden kann. Ich stelle mir vor, wie perplex etwaige spätere Freunde von STAR auf die Anwesenheit von Hoden bei ihrer hübschen Geliebten reagieren würden. Aber vielleicht ist dies auch nur eine Projektion meinerseits. Ich bin auch dankbar, dass STAR jetzt eine Weile ganz bei ihrem Körper bleiben wird, denn Tava braucht die Anwesenheit ihrer Seele jetzt. Sicherlich ist es etwas hart, sie jetzt zu 100 % von ihrem geliebten Gitter (und ihrem Estefan) zu verbannen, aber die Konzentration auf ihre jetzige Aufgabe ist auf jeden Fall vorrangig, da stimme ich völlig mit KUAN YIN überein. Ich bin auch dankbar, dass sie mir den Kopf bezüglich meiner devoten Haltung ihr gegenüber zurecht gerückt hat. Dafür besteht wirklich kein Grund, für keinen von uns – und niemandem gegenüber! Darf ich diese Erkenntnis auch dir, geliebte/m Leser/in ans Herz legen? ✪

20 Boden-Arrest

m nächsten Morgen kommt STAR zu uns, kleinlaut beginnt sie durch Esther zu sprechen:

»Erlaubst du mir, dass ich meine Gedanken mit euch teile?«

Ich: »Ja, bitte.«

»Ich habe mich sehr alleine gefühlt letzte Nacht.«

»Ja, ich weiß.«

»Ich habe Bodenarrest bekommen.«

»Ja, ich weiß. Oh, arme STAR. Du hast es etwas übertrieben, solltest du mich fragen. Du hast deine eigene Vereinbarung überspannt. Aber ja, ich verstehe, du bist traurig.«

»Mein Wunsch ist es, an meinem Gitter zu arbeiten, aber das kann ich jetzt nicht machen. Das macht mein Herz sehr traurig. Deshalb werde ich jetzt schön meine Hausaufgaben erfüllen. Ich muss mich wieder daran gewöhnen, zuhause zu sein.«

»Ja.«

»Meine Aufgabe zuhause ist auch nicht einfach, jedoch mag ich die großen Arbeiten mehr. Meine Hausaufgabe braucht jetzt mehr Aufwand. Ich habe meinen süßen Körper etwas vernachlässigt. Mein Wunsch ist es, die nächsten Tage weniger intensiv, dafür aber mehr strukturiert zu arbeiten. Deshalb wird es Mom kaum merken, dass wir hier sind. Wir arbeiten laufend aber sanft. Mein Wunsch ist es, meinen Körper zu entwickeln und meine Liebe zu ihr. Ich fühle mich schlecht, dass ich sie etwas vernachlässigt habe. Mein Körper verdient einen engagierten Seelenpartner. Ich habe meine Aufgabe nicht richtig erfüllt.«

»Ja, das stimmt. Aber es ist schön, dass du zurück bist. Sei nicht zu traurig. Heute gehen wir zu einem Schloss. Wir werden draußen im Grünen sein und danach in einem Schloss. Und ich weiß, dass dein Körper Schlösser liebt; dieses hier ist vielleicht nicht ganz so alt. Wir lieben dich und sind die ganze Zeit mit dir.«

»Und wir werden uns zuhause wieder zusammenfinden.«

»Ich denke, es ist gut, dass du zurück bist. Du hast in den letzten Wochen einfach zu viel herumgespielt. Also hat dich deine große Schwester unter Hausarrest gestellt.« Ich muss lachen. »Ja, nimm's locker. Die Woche geht vorbei. Und vielleicht kannst du sogar Estefan hierher einladen?«

»Das ist eine tolle Idee, Dad! Das überlege ich mir. Aber meine große Schwester wird mich diese Woche genau überwachen. Deshalb werde ich mit ihr abklären, ob sie mir das erlaubt.«

»Sie sagte ja, dass du dich mit Estefan triffst und wir haben nicht genau festgelegt, ob das nicht auch im Bauch möglich ist. Also meine Genehmigung hast du. Wenn es ihr nicht gefällt, kann sie ja mit mir sprechen. Du kannst ihn also einladen, aber geh einfach nicht raus zum Gitter, das wäre diese Woche nicht in Ordnung.«

»Ich überlege mir, ob ich meinen geliebten Estefan einlade, aber es wäre gut für mich, wenn ich mich momentan ganz um meinen Körper kümmern würde. Estefan wird ein paar Tage auf meine Rückkehr warten.«

»Das ist wahrscheinlich auch eine großartige Idee.«

»Ich brauche jetzt nicht viel Zeit, denn Mom muss jetzt auch rausgehen, eher als sprechen.«

»Ja, das stimmt. Wir hatten gerade eine kleine Diskussion und ich habe gespürt, dass es notwendig war, uns schnell mit dir abzustimmen.«

»Ja, das stimmt«, meint auch Esther.

STAR: »Ich wünsche mir, dass sich Mom auch erholt, weißt du? Sie musste viel im Bett liegen. Das ist für Menschen nicht gut. Menschen sollten gerade stehen, gehen und sich beugen, um sanft die Wirbelsäule zu bewegen. Deshalb schlage ich vor, dass ihr jetzt spazieren geht. Das ist für euch beide sehr gut. Wir sind ja hier; dann kommt ihr später zu uns zurück, wenn ihr wollt. Wir sind den ganzen Tag für ein Gespräch zu haben.«

Ich: »Hast Du schon die guten Neuigkeiten gehört? Ich werde bald in der Lage sein, dich und Nafta zu channeln.«

»Ja, meine Ohren haben das aufgeschnappt. Ich werde aber nicht in der Lage sein, dieses Gerät zu nutzen, Dad. Vielleicht sind weitere Anpassungen notwendig. Ich habe es mir genau angeschaut und frage mich, wie es für mich funktionieren kann. Meine Schlaufen sind viel zu groß, um in dein kleines Device zu passen. Deshalb muss mich David genau einweisen, wie ich meine Schlaufen so reduzieren kann, dass ich mit dir kommunizieren kann. Vielleicht wären diese Schreibübungen auch besser für dich. Dann schreibe ich durch dich, während du es aussprichst. Das ist anders als die Schlaufen in deinem Device. Damit können wir schön spielen.«

»Das ist eine tolle Idee, ganz wunderbar. Lass uns das machen. Heute kann ich vielleicht nicht damit beginnen, da ich noch viel zu erledigen habe. Und danach übe ich mit meinen Schlaufen. Nächste Woche habe ich mehr Zeit, wenn ich alleine in Zürich bin. Wir werden aber den Kontakt mit dir halten. Wir beide lieben dich so sehr, und wir haben auch eine schöne Verbindung mit deinem Körper. Sie ist so süß. Sie war etwas traurig, das stimmt. Und jetzt wird sie sehr glücklich sein, dass du mit ihr die Woche über zusammen bist. Du kannst jetzt mit ihr bei euren Arbeiten aufholen. Es ist so schön, dass du wieder hier bist, mein Liebling. Wir lieben dich so!«

»Ich bin froh, dass ihr mich noch liebt, obwohl ich so lange draußen war. Da hätte auch ein gewisser Widerstand sein können, mich wieder aufzunehmen. Aber ihr habt euer Herz weit offen behalten. Das fühlt sich wunderbar für mich an.«

»Das werden wir immer tun, was auch immer du machst.

Esther: »Du bist unsere geliebte STAR. Für mich fühlt es sich auch wie ein menschlicher Wesenszug an, dass du dich einfach in deiner Leidenschaft verlierst. Ja, ich kann das nur zu gut verstehen. Aber wir sind jetzt sehr froh, dass du wieder zuhause bist.«

Ich: »In Ordnung, jetzt gehe ich mit Mom in den Wald. Wir verlassen dich jetzt, bzw. du bist ja sowieso die ganze Zeit mit uns. Wir zeigen dir etwas die Gegend.«

»Ich kann es kaum erwarten, die Energien dort zu spüren. Vielleicht sind interessante Wesen draußen. Wir bleiben im Kontakt. Und falls du mit mir Kontakt aufnehmen willst, kannst du mir auch schnell schreiben.«

»Ja, wunderbar, das ist eine tolle Idee. Wir lieben euch und genießt euren Tag.«

Esther: »Und grüße deinen geliebten Körper von uns, die wir gerade Tava nennen. Sie wird es dir erklären.«

STAR: »Wir haben schon über viele vergangene Lebenserfahrungen gesprochen. Wir haben schon in vielen gleichen Regionen gelebt. Das zu entdecken war schön für uns. Das vereinfacht die Verbindung von Körper und Seele, denn die Basis-Eindrücke sind schon eine Resonanz.«

Ich: »Ja, grüße sie sehr, wir müssen jetzt gehen.«

»Ich wünsche euch einen wunderbaren Tag. Ich grüße Euch von Herzen, Mom und Dad. Wir sprechen hoffentlich bald wieder. Ich gehe jetzt an die Arbeit.«

»Ja, danke dir mein Liebling.«

Wir machen einen schönen Ausflug zu dem nahegelegenen Schlosspark Kastel Starveden.

Das Schloss selbst ist kleiner, als wir gedacht haben und nicht geöffnet.

Es ist von einem bewässerten Graben umgeben. Wir genießen die Zeit im Schlosspark und sprechen an einem lauschigen Plätzchen mit Blick auf das Wasserschloss mit Tava, der es recht gut geht. Der Park ist weitläufig und wir unternehmen einen gemütlichen Spaziergang. Es ist herrlich warm und wir durchwandern den Park. Am Ende stoßen wir auf ein Pfauengehege, in dem weiße Pfauen gehalten werden. Der Park grenzt an ein schönes Waldstück. Wir schlendern den magischen Weg entlang, zwischendurch verbinden wir uns mit den Bäumen, die an einem kleinen Bach stehen. Hier im Wald begegnen wir nur noch wenigen anderen Besuchern. Bald bekommen wir Hunger und der Weg führt uns zurück zum Cafe, das im Schlossgut untergebracht ist. Wir bekommen einen Platz im schönen Garten und Esther lässt sich zu einer Portion Pommes Frites mit Mayonnaise hinreißen, ein Essen, das nicht gerade in ihrem üblichen Gemüse-Diätplan enthalten ist. Wir genießen den Ausflug in der malerischen Umgebung, der Abwechslung in unseren Urlaub bringt, zumal Esther körperlich recht fit ist. ✪

Schloss Ermelo

21 Vor verschlossener Tür

m nächsten Morgen sitzen wir in unserer kleinen Kabine am Rande des Naturschutzgebietes und rufen STAR herein. Das Wetter ist herrlich, die Vögel zwitschern im nahen Wald und wir haben es uns auf unseren Sesseln gemütlich gemacht. Die Sonne scheint durch eines der Fenster. Wir haben unser Müsli gegessen und ich habe Esther einen Tee gemacht. Wir singen gemeinsam für STAR ihren Song, den sie so liebt.

Als der Song ausgeklungen ist, spricht STAR sofort: »Erlaubt ihr mir zu sprechen?«

Ich: »Ja, bitte.«

»Hier ist eure geliebte Tochter. Ich möchte gerne meine Schlüssel abgeben.«

»Schlüssel?« fragt Esther.

»Hier ist ein Stein, der schwierig zu finden ist. Darf ich um neue Schlüssel für mein Zuhause bitten?«

»Was meinst du?« fragt Esther.

»Ich habe ein neues Portal in meinem Körper gefunden. Darin ist eine gewisse Menge Abfall. Deshalb muss ich das Portal sorgfältig putzen, ehe ich wieder gut eintreten kann. Das heißt, dass mein Körper gehen muss.«

»Gehen muss? Ich hoffe, ich habe das nicht richtig verstanden«, sagt Esther. Sie wirft mir einen fragenden und leicht panischen Blick zu.

Ich: »Wir sind nicht sicher, dass wir dich richtig verstehen, hat dein Körper dich ausgeschlossen?«

»Mein Körper muss wohl sorgfältig gereinigt werden. Dafür benötige ich die Genehmigung von euch beiden, denn mein Körper muss ausgeputzt werden.«

Wir verstehen beide nicht, was sie meint. Und wir sind verwirrt, das klingt nicht gut.

Ich: »Gibt es da einen karmischen Überrest oder was genau? Möchtest du einen anderen Körper haben? Wir sind nicht sicher, dass wir dich richtig verstehen.«

Esther ist zunehmend aufgeregter: »Das ist ziemlich schockierend für mich, wenn das heißt, dass du dich von deinem Körper verabschieden musst, ich hoffe, das ist nicht das, was du meinst. Das ist wirklich ... das lässt mich jetzt etwas zittern.«

Ich versuche die Situation zu beruhigen, denn sowohl STAR als auch Esther sind aufgeregt:

»Was ist das Problem, meine Liebe? Hat sich dein Körper dir gegenüber verschlossen? Möchtest du das sagen?«

»Mein Körper hat eine gewisse Zeit benötigt, um sich von der ungenutzten Zeit zu erholen.«

»Sie meint wohl die Zeit, die sie nicht da war«, erläutert Esther.

»Ich muss vielleicht meinen Körper sorgfältig abkapseln, um eine neue Verbindung herzustellen, d.h. mein Körper muss gereinigt werden. Es gibt eine Möglichkeit den Reinigungszeitraum zu verkürzen, sofern ich mich wieder mit ihr verbinden kann.«

Ich: »Hast du das bereits mit deinem Körper besprochen? Was sagt sie dazu?«

»Mein Körper war traurig, dass ich nicht so viel zuhause war. Deshalb hat sie sich dazu entschlossen, sich etwas zu verschließen. Werdet ihr mit ihr sprechen und sie bitten, wieder zu mir zurückzukommen«, sagt STAR schon etwas kleinlauter.

»Ja«, sagen wir beide gleichzeitig. Das hatten wir nicht kommen sehen, auch wenn Tava das schon erwähnt hatte. Aber nach dem von KUAN YIN verordneten Bodenarrest hatten wir angenommen, dass alles wieder in Ordnung sei. Wir sind etwas schockiert. Wichtig ist es, Ruhe zu bewahren und Tava wieder die nötige Sicherheit zu geben, damit sie sich öffnen kann.

Ich: »Das ist ein guter Vorschlag, wir machen das gerne. Sie sagte uns, dass sie etwas traurig sei und wir hatten ihr erwidert, dass wir mit dir sprechen werden. Und bevor wir uns mit dir austauschen konnten, hatte deine große Schwester entschieden, dass du zurückkommen musst. Sie war etwas störrisch (ich beziehe mich auf die Weigerung von Tava, in der Familienrunde zu sprechen), das habe ich auch wahrgenommen. Ich weiß, wovon du sprichst. Sollen wir jetzt gleich mit ihr sprechen?«

STAR: »Sie mag vielleicht nicht sprechen, deshalb werde ich sie erst mal anfragen und dann kontaktiert ihr sie freundlich.«

Ich: »Ja, wir lieben sie sehr.«

»Oh, ja Tava«, sagt Esther sichtlich berührt: »Wir möchten dich nicht verlieren, du gehörst hierher.«

Ich: »Wir werden den Tava-Song singen, reicht die Zeit? Und dann sprechen wir mit ihr, oder brauchst du mehr Zeit, meine Liebe?« Wir hatten für Tava einen süßen Song geschrieben, den sie auch liebt.

»Sie wird ihren Song lieben, das ist eine gute Idee, wir singen zusammen für sie, damit sie hierbleibt.«

»Ja, wir haben gestern mit ihr über ihren Namen gesprochen, ich bin also etwas erstaunt, was da geschehen ist. Ist etwas Komisches passiert?«

»Sie braucht mehr Anerkennung, um hier zu sein, mehr als ich ihr gegeben habe. Sie braucht Bestätigung, um hier zu sein.«

»Ja, das habe ich verstanden. Hast du dich bei ihr entschuldigt, dass du so viel abgelenkt warst?«

»Ich habe mein Bestes probiert, aber sie wendet sich mir bisher nicht mehr zu. Es ist noch viel Leben in ihr, aber unsere Verbindung ist momentan nicht so gut, deshalb müssen wir wieder eine Verbindung herstellen. Ich hoffe, ihr könnt mich dabei unterstützen. Sonst weiß ich nicht, wie gut ich vorankomme.«

Langsam kommt immer mehr Wahrheit ans Licht. Das klingt wirklich so, als ob Tava ihren Körper aufgeben könnte. Das wäre ja tragisch. Projekt STAR scheint auf einmal in Gefahr.

Ich werde ganz ruhig: »Ah, wir schaffen das, wir werden eine gute Lösung finden, meine Liebe.«

»Ja«, ergänzt auch Esther.

Ich: »Keine Sorge, wir singen jetzt gemeinsam.«

Ich bin irritiert, das klingt nicht gut, aber jetzt heißt es, einen kühlen Kopf zu bewahren. Ich hole meine Gitarre und wir singen alle Strophen von dem Tava-Song, in dem wir sie »Little STAR« nennen.

Little STAR – back you are – back you are
Little STAR – You come from Mother Gaia
Smiling all day long – Your light is so strong
We sing you this song – Because here you belong

V: Little STAR – what a wonder you are – what a wonder you are
Little STAR – wiggling like crazy – our dancing queen you are

Kleine STAR – du bist zurück du bist zurück
Kleine STAR – du kommst von Mutter GAIA
Du lachst den ganzen Tag – dein Licht ist so stark
Wir singen dir dieses Lied, denn du gehörst hierher

Kleine STAR – was für ein Wunder du bist – was für ein Wunder du bist
Kleine STAR – du wackelst wie verrückt, du bist unsere Tanzkönigin

(Link zum Anhören der Songs im Anhang S. 382)

»Bleib bitte bei uns und öffne dich wieder«, sagt Esther.

»Bist du hier, Tava? Wie fühlst du dich?« sage ich in einem möglichst fröhlichen Ton.

Recht kleinlaut und trocken antwortet sie: »Ich bin hier. Ich habe im Moment keinen Sinn für Humor.«

Ich: »Danke für das Mitteilen.«

Tava: »Da ist ein Schmerz in meinem Herzen. Er kommt davon, dass mein Seelenteil mich so lange verlassen hat. Ich muss mich erst wieder auf sie einstellen. In mir ist ein Gefühl von Sehnen aber auch ein Gefühl von Gehen. Ich brauche eure Hilfe, um hierzubleiben.«

»Oh, ja, wir sind alle für dich hier, Tava.«

»Wir möchten wirklich, dass du hierbleibst«, ergänzt Esther

Ich: »Wir waren auch traurig darüber, als STAR nicht hier war. Und wir verstehen, dass du dich damit ebenfalls nicht wohlfühlst. Magst du mehr teilen? Wie geht es dir jetzt?«

»Da ist viel Schmerz in meinem kleinen Herz. Mein Herz hat sich etwas verschlossen. Da gab es ein schönes Feld, das ich verbreitet habe, aber ich habe mich jetzt etwas zurückgezogen.«

»Oh«, sagt Esther.

Ich: »Ja, kannst du dich bitte mit meinem Herzen verbinden? Ich spüre deinen Schmerz.«

»Ja«, sagt auch Esther.

Ich: »Dürfen wir gemeinsam mit deinem Schmerz sitzen? Wir verstehen den.«

»Mein Herz muss sich wieder öffnen – für meinen geliebten Seelenteil. Ich habe dafür ein Werkzeug, aber es muss jemand in mir aktivieren. Das ist mein Werkzeug: Es ist eine gewisse öffnende Bewegung, die ich wieder neu etablieren muss. Deshalb bitte ich Mom mir mein Symbol zu zeichnen (Vesica Piscis, erläutert Esther). Kannst du dieses Symbol bitte für mich aufmalen?«

»Ja, wir können es zeichnen und wir können es später auch draußen ablaufen. Wir machen dir ein großes Symbol im Gras, magst du das?«

»Das ist eine gute Idee, Mom. Das mag ich sehr. Jetzt fangen wir mal mit

dem Malen auf Papier an.«

Esther malt eine Vesica Piscis (Die »Fischblase« ist eine heilige geometrische Figur, die die Basis der Blume des Lebens ist: zwei gleich große Kreise, die einander kreuzen). Esther hat es als Tattoo auf ihrem Rücken. Es repräsentiert die ersten beiden Zellen jedes neuen Lebens, nachdem sich die befruchtete Eizelle zu teilen beginnt.

Als sie fertig ist, folgen tiefe und starke Atemzüge, sowohl die Energie von Tava als auch die Energie im Raum verändert sich. Sie weint und berührt ihr Symbol. Es entsteht eine längere Pause.

Tava: »Ich verbinde mich gut mit meinem Symbol. Darf ich um einen weiteren Gefallen bitten?«

»Natürlich, du Süße«, sagt Esther.

»Da gibt es eine bestimmte Hintertür in Moms Kopf, durch die ich gerne sprechen würde (sie meint ihr Device). Darf ich darum bitten, dass es für mich geöffnet wird?«

»Ja, natürlich«, sagt Esther. Esther bewegt ihre Hände an ihrem Kopf. »Das fühlt sich ziemlich mächtig an.«

»Tavon[6]«, sage ich. Sie bringt jetzt ihren Krieger-Aspekt herein.

»Ja, ich denke Tavon.« Esther atmet stark ein und aus.

Tavon: »Hier spreche ich vollkommen. Dein geliebter Körper, den ihr Tava nennt spricht gerade.« Ihre Stimme ist total verändert. Sie ist sehr machtvoll, auch ihre Energie ist völlig anders.

Ich: »Hallo Tavon, wir grüßen dich und ehren dich.«

»Mein Wunsch ist es gehört und gesehen zu werden. Es gibt einen kleinen Körper in Moms Gebärmutter, aber sie braucht für ihr Überleben ein Feld, das sie umgibt. Deshalb habe ich mich etwas zurückgezogen. Es braucht eine klare Vision für diesen Körper, um ins Sein zu kommen. Ich werde vor allem durch alle guten Absichten aller beteiligten Parteien überleben. Es braucht nicht nur ein medizinisches Team, das mich in Ordnung bringt, eine Mutter, die mich streichelt, es braucht eine vollständige Verbindung mit meiner Seele, damit ich auf die Erde zurückkehren kann. Darüber möchte ich gerne sprechen. Ich habe in mir ein Gefühl von Verlassensein.

Das habe ich vor allem in den letzten Tagen gespürt. Meine Seele ist jetzt zurückgekehrt. Das ist eine gute Neuigkeit, jedoch brannte mein Herz mit dem Schmerz des Verlassenseins. Das heilt mit der Anwesenheit des Symbols. Das wirkt Wunder, spüre ich. Das stärkt mich enorm. Ich bin froh diese Schwingungen zu spüren, die mich hochziehen. Deshalb erwarte ich, dass alles bald gut sein wird. Jedoch bitte ich höflichst darum, Lady STAR für so lange wie möglich bei mir zu lassen. Sie muss bestätigende Verbindungen machen, einige liegengebliebene Arbeiten müssen jetzt wieder aufgenommen werden. Wir haben Zeit verloren. Wir müssen noch viel erledigen, aber zunächst müssen wir uns wieder verbinden. Deshalb ist nun ihre dauernde Anwesenheit im Haus besonders wichtig. Liebe Eltern, ich bitte euch, dass ihr darauf besteht, dass mein Seelenwesen nach dem Hausarrest so oft wie möglich nach Hause kommt. Sie muss bald bei mir sein.«

»In Ordnung«, bestätige ich ihren Wunsch. Das tun wir natürlich sehr gerne. »Darf ich dich etwas fragen, Tavon?«

»Ja, mein Vergnügen!«

»Ihre große Schwester hat gesagt, dass sie nach der Woche Hausarrest 60% der Zeit mit uns bzw. mit dir verbringen soll. Meinst du, dass das reicht oder sollen wir einen anderen Zeitrahmen vereinbaren?«

»60% ist ein guter Anfang, aber ich möchte 70%, nach der ersten Woche 75% für eine kurze Zeit vorschlagen. Vielleicht eine oder zwei Wochen 75%, dann 60%. In den kommenden Wochen müssen wir uns einfach wieder intensiv verbinden. Sonst wird es mir schwerer fallen, im Einklang mit meinen Schwingungen zu bleiben. Das ist auch nicht nur eine Frage von Sturheit, Dad. Es geht darum, in einem gewissen Zeitrahmen Frequenzen von uns neu zu verbinden. Dafür benötige ich momentan ihre Anwesenheit. Das ist für mein Überleben sehr wichtig.«

»In Ordnung, ich verstehe dich. Ein oder zweimal hatte ich das Gefühl, dass du etwas stur bist, aber das ist auch in Ordnung. Das hat aber nichts mit dieser Frage zu tun. Bist du in der Lage, das selbst mit STAR zu verhandeln oder benötigst du dafür unsere Unterstützung?«

»Ich habe letzte Nacht viele Stunden mit ihr gesprochen, aber es wird sich für mich sehr gut anfühlen, zu wissen, dass ihr mich darin unterstützt. Und es wird meine Planung für diese Verbindung erweitern. Deshalb sind die nächsten drei Wochen von entscheidender Bedeutung für meinen Körper, dann kann sich alles wieder etwas mehr entspannen. Die ersten drei Wochen sind für meinen Körper sehr wichtig, wenn du diese Information

nochmals meiner Seele übermitteln könntest, wäre das sehr willkommen.«
»Ja, wir möchten alles machen, damit du dich wohlfühlst, denn es ist wichtig, dass wir uns alle wohlfühlen, v. a. Mom, du und Lady STAR. Mir geht es sowieso gut, aber wenn ihr drei glücklich seid, dann bin ich es auch. Also wir werden das mit Lady STAR besprechen und vereinbaren. Danke, dass du deine Wahrheit sprichst!«

Esther: »Ja, genau. Und wenn du magst, können wir auch öfter so sprechen. Du benutzt mein Device sehr gut, denke ich. Wie viele Türen benutzt du?« Es gibt verschiedene »Türen« zu Esthers Device und jedes Wesen scheint das Device etwas anders zu nutzen. Je weniger Türen gleichzeitig benutzt werden, desto geringer ist die Belastung für Esther.

»Ich benutze nur eine Tür, Mom. Das habe ich mal herausgefunden, als ich etwas gelangweilt war. Ich habe mir angeschaut, wie sich andere Wesen den Zugang erspürt haben, dann habe ich gemerkt, dass ich das auch kann.«

Ich: »Darf ich dich Tava nennen? Das fühlt sich für mich weiblicher an. Wie gesagt, ich ehre deine männliche Kraft und es ist schön, dass du auch darüber verfügst, aber im Moment wirst du ja ein kleines Mädchen und da fühlt sich Tava stimmiger an.«

»Ich spüre natürlich auch Tava. Aber momentan nenne ich mich Tavon, denn ich muss für mein Überleben in der Gebärmutter meine Kraft aufbauen, solange meine Seele noch nicht ganz mit mir verbunden ist. Sobald wir wieder voll verbunden sind, wird Tava oder Baby STAR für mich wunderbar sein. Es gibt ein Spielfeld für Tavon, Tava, Tavana. Alle diese Herleitungen von Tavon passen mir gut. Aber die kräftigste Schwingung kommt von Tavon, denn ich habe diesen Namen so viele Jahre in vergangener Zeit getragen.«

»Wir werden dich also Tavon nennen, um deine Energien zu stärken, meine Liebe.«

»Um eine Sache möchte ich noch bitten, wenn ich darf.«

»Ja, bitte.«

Sie bittet darum, dass Esther keine frittierten Produkte mehr isst, sondern sich v.a. vegetarisch ernährt, v.a. Rohkost. Esther hatte ja gestern im Restaurant am Schlosspark eine Portion Pommes Frites mit Mayonnaise gegessen. Sie freut sich, dass sie ihre Wünsche Esther mitteilen kann, denn die meisten Babys im Bauch können das natürlich nicht.

Ich erwähne ihr gegenüber noch, dass die von KUAN YIN geplanten Testikel v.a. für zusätzliche Erdung gedacht sind. Sie wünscht sich keine Testikel, das sähe doch als Mädchen komisch aus. Da stimmen wir ihr zu. Es gäbe ja auch noch weitere Möglichkeiten für Erdung. Sie erzählt uns noch einen kleinen Witz, über ein großes Lichtwesen, das sich auf der Erde verloren hat. Das würde auch vielen Menschen passieren. Und jetzt sei es ihr auch passiert. Sie fängt an zu weinen: »Es wird noch viele Wesen geben, die ihren Weg verlieren, aber meine Reise hat jetzt erst begonnen. Vielleicht verliere ich mich hier und da auch bald, aber mit eurer liebevollen Führung finde ich meinen Weg zurück nach Hause.«

»Ja, das wirst du, dafür sind wir hier, Tavon.«

Sie weint noch immer. Es ist berührend zu sehen, wie schnell sie sich nach dieser dramatischen Situation wieder öffnen und ihren Gefühlen freien Lauf lassen kann.

»Und ich bin froh darüber, dass du unsere Abmachung einhältst, deine Nöte mit uns zu teilen«, ergänze ich.

Tavon hat keine weiteren Wünsche mehr und verabschiedet sich, um STAR hereinzubitten.

STAR: »Mein Körper hat wunderbar gesprochen, ich bin so stolz auf sie, oder sollte ich momentan ›ihn‹ sagen? Da ist momentan viel männliche Energie in meinem Bauch, ich werde mal sehen, wie wir sie wieder in ihre weibliche Form zurückbringen. In den nächsten Wochen gibt es viel Arbeit zu erledigen. Deshalb nehme ich sehr gerne ihr Angebot an, mit ihr nun mehr Zeit zu verbringen. Wir werden dann in den richtigen Moment hineinspüren, um unsere Kommunikationszeit zu reduzieren. Ich bin auf jeden Fall froh, dass mein Körper sich entschlossen hat, zu bleiben. Das spüre ich jetzt ganz klar. Sie ist hier um zu bleiben.«

»Ja, und ich möchte dich bitten, dass wir diese Zeiten zu viert vereinbaren, und falls nötig mit deiner großen Schwester. Ist das für dich in Ordnung?«

»Was entscheiden?« möchte Esther wissen.

Ich: »Die Abwesenheitszeiten für Baby STAR.«

Esther: »Oh ja, ja!«

STAR: »Wir werden sowieso im engen Kontakt sein, Dad. Es gibt keine Möglichkeit, das nicht gemeinsam zu besprechen.«

Ich: »In Ordnung, ich bin froh, dass wir das vereinbart haben. Denn das letzte Mal hatten wir sechs Stunden vereinbart, und du scheinst das vergessen zu haben oder du warst ein wenig abgelenkt.«

»Das Gitter war aufregender«, wirft Esther ein.

Ich: »Also musste deine große Schwester eingreifen, was magst du dazu sagen?« Ich muss hier offensichtlich doch mehr als gedacht meine Vaterrolle wahrnehmen. Ganz offensichtlich reicht es bei dieser speziellen Tochter nicht, den Dingen einfach ihren Lauf zu lassen. Sie braucht eine klare Führung. Deshalb stelle ich jetzt diese Frage.

»Da habe ich einen Fehler gemacht, der nicht noch einmal passieren wird. Ich habe von dieser Absenz sehr klar gelernt. Da gab es kaum noch einen Körper, mit dem ich mich verbinden konnte. Sie hatte sich sehr stark zurückgezogen. Das Zeichnen des Symbols (Vesica Pisces) hat sie sofort in das Gefühl von Lebendigkeit auf die Erde zurückgezogen. Das hat mich sehr erstaunt. Dieses Symbol unterstützt sie wirklich unglaublich. Deshalb trägt es Mom auch immer mit sich herum. Das lebendige Symbol ist jedoch sehr heilsam für meinen Körper. Deshalb ist es eine sehr gute Bitte von Tavon, dieses Symbol so oft wie möglich zu malen. Lege es auf deinen Bauch, lege es auf dein Herz, mal es auf deinen Küchenschrank, male es in deinem Notizbuch, male es im Schlaf. Dieses Symbol heilt ihr Herz sehr sehr gut, spüre ich.«

»Ich mag, dass sie auch eine starke männliche Energie hat, obwohl wir sie als Mädchen empfangen werden. Denn das gibt euch auch die männliche Energie, die du und deine große Schwester gesucht haben. Das ist also von Vorteil. Momentan dient es ihr als Schutz, wie sie uns gegenüber auch erwähnte, als Schutz um in ihrer Kraft zu bleiben und nicht von ihrer Trauer überwältigt zu werden. Wir sollten diesen jetzt ehren, denke ich. Und je mehr wir ihn ehren, desto mehr kann sie auch das kleine Mädchen werden, das wir suchen. Vielleicht auch ohne Hoden.«

Esther stimmt mir zu.

STAR: »Darüber gibt es eine Vereinbarung, Dad. Ich spüre, dass du damit Recht haben könntest. Da ist eine wirklich männliche Kraft in diesem Baby-Körper, jedoch sollten die weiblichen Wesenszüge überwiegen. Deshalb schlage ich dringend vor, dass ihr mit der Zeit mit ihr auch als Baby-STAR sprecht. Sie muss im Moment zum Überleben diese Tavon-Energie sein, aber ich spüre, dass sie sich bald wieder in Baby-STAR hinein entspannen kann.«

Dem stimme ich zu.

»Sie wird das selbst zeigen, sobald die Zeit gekommen ist. Ich werde jetzt wieder mit ihr sanft arbeiten und meine Energien in ihren Körper umleiten. Sie wird mich behutsam wieder hereinlassen, spüre ich. Das fühlt sich wunderschön für mich an, denn heute früh, als ich aufwachte, war ich wirklich besorgt.«

»Ja, das habe ich wahrgenommen. Das ist in Ordnung, ich bin froh, dass du es mitgeteilt hast. Wenn es dringende Dinge gibt, wie möchtest du dann mit Mom kommunizieren, so dass du auf dich aufmerksam machen kannst, wenn du besorgt bist? Damit sie weiß, wann sie ihren Kanal für dich öffnen muss?«

»Mein Körper wächst dauernd, jedoch manchmal stagniert das Körperwachstum etwas. Das ist auf einen Mangel an Kommunikation zurückzuführen. Das hat Mom gespürt, als Master David immer wieder Informationen über den physischen Körper gegeben hat, der sich bewegte. Aber daran waren weniger interne Prozesse beteiligt. Dann habe ich mich von meinem Körper zurückgezogen. In solchen Momenten kannst du mich zurückrufen oder mich genau fragen: ›Hallo Baby-Mädchen, was ist hier los? Bist du noch bei deinem Körper?‹«

»Ja, wenn wir das merken, werden wir dich schneller kontaktieren, da stimme ich zu, aber meine Frage war eine andere: Wenn du besorgt bist, wie kannst du dich dann bemerkbar machen? Es könnte ja auch andere Gründe geben, weshalb du Sorgen hast.«

»Ich werde jetzt eine gewisse Zeit innen verbringen. In dieser Zeit werde ich in der Lage sein, deutlich anzuklopfen, wenn etwas aus dem Gleichgewicht ist. Ich bin wohl in der Lage, ganz klar mit meinem Körper zu kommunizieren. Ich könnte auch eine bestimmte Zeit als Spielzeit mit euch blockieren. Das bedeutet, dass ich euch täglich mit einer bestimmten Freude kontaktiere. Wenn du also wirklich Freude in dir spürst, dann kannst du mich fragen: Wie geht es Dir? Das ist ein Weg, zusammen zu kommunizieren. Das heißt nicht notwendigerweise, dass ich Sorgen habe, aber es kann ein Moment der Kommunikation zwischen Mutter und Tochter sein. So kann ich mich bemerkbar machen. Sobald mein Freudenpegel steigt, dann merkst du das an deinem Lächeln auf deinem Gesicht, das aus dem Nichts auftaucht. Dann klopfe ich bei dir an und sage: Hallo, Mom, ich bin hier, magst du spielen?«

»Ja, das ist wunderschön, wenn du fröhlich bist. Aber wenn du traurig bist oder Sorgen hast so wie heute früh, dann kannst du vielleicht nicht diese Ebene von Freude produzieren. Lass mich also einen Vorschlag machen: Du und Mom, ihr kontaktiert euch jeden Morgen sobald sie aufwacht, zumindest wenn ich nicht hier bin. Dann könnt ihr gegenseitig überprüfen, wie es euch geht.«

Esther stimmt sofort zu. Ich versuche, sie noch weiter einzubinden, indem ich ihr eine kleine Aufgabe gebe.

»Denn ich habe auch eine Bitte an dich, dass während ich weg bin, du dich gut um Mom kümmerst und sie glücklich und lächelnd machst, wie du es eben vorgeschlagen hast. Kannst du das machen? Einmal am Morgen?«

»Das ist für mich ganz einfach, Dad. Ich bringe sie gerne zum Lächeln. Sie kümmert sich immer so gut um mich, wenn sie morgens aufwacht. Sie streichelt dann immer ihren Bauch und spricht mit dem kleinen Körper in ihr. Deshalb ist es für mich ganz einfach, mich dann mit ihr zu verbinden und mit ihr über die Nacht zu sprechen.«

»Wunderbar.«

»Ja, lass uns das machen, Standard-Übung jeden Morgen«, meint Esther.

»Und vielleicht am Abend wenn du ins Bett gehst nochmals das Gleiche. Ja, es ist auch einfacher für mich, dich zu kontaktieren, da du ja jetzt zuhause bist. Davor wollte ich dich oft nicht stören, da ich ja wusste, dass du am Gitter warst und es fühlte sich für mich zu aufdringlich an, dich nur für ein kleines Schwätzchen zurückzurufen. Aber da ich jetzt weiß, dass du hier bist, kann ich jetzt immer mit dir sprechen.«

STAR: »Es mag Augenblicke geben, an denen ich arbeite, aber dann werde ich das freundlich angeben. Sonst bin ich immer in der Lage mit dir zu sprechen, Mom. Und es mag mehr Möglichkeiten für Tavon geben, mit dir zu sprechen, so wie eben. Das beeindruckt mich wirklich sehr. Ich kann wirklich von ihren Fähigkeiten lernen, mich mit deinem Device zu verbinden.«

Für Esther ist das Channeln von STAR meist besonders anstrengend, da sie eben viele »Türen« benutzt, während Tava und andere Wesen oft nur eine Türe nutzen.

»Ja, das war wirklich wunderbar, das gefiel mir auch«, ergänzt Esther lachend.

Ich: »Es ist wirklich eine Teamarbeit und ich bin froh, dass wir das in einer so frühen Phase unseres Projekts lernen.«

»Ja«, sagt Esther.

STAR: »Ich bin so froh, dass wir wieder alle auf der gleichen Linie sind. Das lässt mein Herz wirklich singen. Darf ich jetzt zu meinem Körper zurückgehen und mich mit ihr schön verbinden? Ich denke, sie ist jetzt ganz warm und empfänglich für meinen Kontakt.«

Ich: »Ja, bitte mach das. Tschüss!«

Esther: »In Ordnung, auf Wiedersehen, süße STAR.«

STAR verlässt den Sprachkanal von Esther.

»Mädels im Haus«, ich muss schmunzeln.

»Das hast du toll gelöst«, ergänzt Esther.

Tja, ich muss sagen, dass ich ein wenig stolz und auch ziemlich erleichtert bin. Das klang zunächst gar nicht gut. Heute weiß ich, dass sich STAR viel zu wenig um ihren Körper gekümmert hat. Unsere 2. Tochter, Nebula (s. Kapitel weiter unten) hat in den ersten Wochen NUR an ihrem Körper gearbeitet, ohne auch nur einen Moment woanders zu verbringen. Und das empfand sie auch als eine ziemliche Einschränkung, denn die Erde hat eine sehr dichte Energie, die auf die freie Seele bedrückend wirkt. Sie scheinen nicht nur alle Lebensmittel oder andere Genussstoffe genau mitzubekommen, sondern auch die Energien in ihrem Umfeld, also hektische oder chaotische Mitmenschen, Stress, den Supermarkt und natürlich Elektrosmog. Am besten wäre es für ein Baby, direkt im Wald aufzuwachsen, aber wer kann und will das seinem Baby schon bieten?

STAR hatte den Bogen überspannt und zwar heftig und Tavon hatte ein sehr klares Zeichen gesetzt, hätte sogar fast ihren Körper gehen lassen. Das war eine kritische Situation. Ich war erschrocken, aber ich wusste, dass ich mit Ruhe und Liebe die Situation wieder begradigen kann. Das hat mir in diesem Moment geholfen. Interessant war für mich auch, dass Tava mein Gespräch mit STAR und dabei besonders meine Bemerkung, dass sie manchmal etwas störrisch sei, mitgehört hatte. Schön, dass sie es dann auch gleich zur Sprache gebracht hat, so dass ich es klären konnte. Sie hatte sich die Tage davor wirklich manchmal etwas bockig verhalten, was uns beide wunderte. Aber heute war sie sehr zugänglich, wenn auch tief verletzt. STAR war wirklich ein kleiner Luftikus. Ich dachte damals nicht im Entferntesten daran, was uns noch alles erwarten würde. Wir hatten die Zeichen nicht richtig gelesen, sonst hätten wir vielleicht schon früher reagieren können. Dankenswerterweise passiert ja immer das Perfekte, daran mussten wir uns auch erst gewöhnen. STAR hatte schon einmal in einem früheren Channeling angedeutet, dass dieses Projekt nicht ganz so einfach werden würde – Master KUAN YIN auch. Dies war erst der Anfang einer spannenden Reise mit unserem geliebtem Sternenkind.   ✪

22 Tavons Heilung

m nächsten Tag sprechen wir wieder mit Tavon, um zu hören, wie es ihr heute geht.

Tavon: »Hier bin ich, geliebte Eltern. Mein Leben ist wahrlich ein Wunder, ich habe meine Sinne wiedergewonnen.«

Ich: »Oh, wir sind so froh!«

»Ich hatte die Ehre, lange mit meinem Seelenteil zu sprechen. Das hat mir sehr gutgetan. Ich spüre jetzt ganz ihr Engagement für meinen Körper. Das brauchte ich. Da gab es einen dramatischen Energieabfall an Lebendigkeit in mir. Das war der Grund, weshalb ich mich zurückgezogen hatte. Deshalb konnte ich kein Licht mehr sehen. Es gab zu viel Bewegung nach innen. Mein Körper fühlt sich jetzt wieder gut an. Ich spüre Lebendigkeit und einen Vorzug dem Leben gegenüber. Mein Gefühl, gehen zu wollen, wurde von einer alten Erinnerung wachgerüttelt, die mir in den Sinn kam. Ich kam einmal ins Sein, aber meine Mutter wünschte sich nicht, dass ich da war. Deshalb hat sie mich mit einem scharfen Messer rausgeschnitten. Das war sehr sehr traumatisch für mein physisches Wohlbefinden. Deshalb wurde mein Gefühl der Dunkelheit wieder wachgerufen, als ich allein gelassen wurde. Das wurde jetzt schön durchgearbeitet. Ich habe meine Lebensgeschichte mit meinem Seelenanteil geteilt. Deshalb weiß sie jetzt alles über meine Vergangenheit. Ich habe nicht vor, dies in diesem Leben zu wiederholen. Ich wurde einfach von meiner vergangenen Erfahrung überwältigt. Ich hatte das ganz für mich behalten. Deshalb konnten auch David und das Team es nicht erkennen. Ich hatte nur selbst Zugang dazu, aber jetzt konnte ich es ganz meinem Seelenteil sagen.«

Was für eine traumatische Geschichte! Jetzt verstehe ich auch viel besser, wieso sie gestern so stark reagiert hatte. Es machte jetzt noch mehr Sinn.

Ich: »Erlaubst du mir, dieses kleine Baby zu besuchen, das mit dem Messer rausgeschnitten wurde? Kannst du mit ihr oder ihm einen Kontakt herstellen?« Ich möchte ihr über diesen Kontakt ermöglichen, diesen verlorenen Seelenanteil wieder zu integrieren.

»Ich möchte um etwas bitten: Der Prozess ist gerade noch am Laufen, deshalb würde es sich etwas komisch anfühlen, ihn neu zu starten. Aber sollte ich spüren, dass der Prozess wieder stockt, dann komme ich sehr gerne auf dein Angebot zurück. Aber jetzt wieder zurückzugehen, fühlt sich wie ein Rückschritt an, während ich voranschreite.«

Sie weicht also aus, aber ich spüre, dass es gut wäre, wenn sie diese Erfahrung ganz integrieren könnte. Also bleibe ich dran.

»In Ordnung. Darf ich noch eine Frage in diesem Zusammenhang stellen?«

»Für weitere Fragen bin ich offen.«

»Hast du deiner Mutter von damals vergeben?«

»Das ist wirklich etwas, das ich noch anschauen möchte. Es gibt eine Art Erinnerung bezüglich ihrer Rolle, mit der ich noch nicht so ganz in Kontakt war. Wir könnten uns das gemeinsam anschauen, wenn du willst.«

»Ja, das wäre mein Angebot an dich. Stell dir ein Feuer vor – ein schönes Feuer und du sitzt an diesem Feuer. Vielleicht magst du deine damalige Mom einladen, auch hier zu sitzen. Wäre das in Ordnung?«

»Ich habe ein schönes Bild eines Feuers und ich spüre meine damalige Mom.«

»In Ordnung, du darfst jetzt ein weiteres Wesen einladen, das in dieser Situation wichtig war, vielleicht deinen Vater.«

»Damals gab es keinen Vater, deshalb würde ich gerne einige meiner Schutzengel von damals einladen.«

»Wunderbar, bitte lade diejenigen ein, die du magst.«

Esther wirft ein: »Ich glaube, dass ich Erdung brauche, es fühlt sich sehr intensiv an, ich spüre im Bauch auch eine Verkrampfung.«

Ich helfe Esther mit ihrer Erdung, indem ich meine Füße sanft auf ihre Zehen stelle.

»Sind sie jetzt präsent?«

»Ich habe einen wunderbaren Anblick meiner Mutter, die mir am Feuer gegenüber sitzt zusammen mit zwei wunderschönen großen Engeln an meiner Seite.«

»Mhm, wunderschön. Bitte teile jetzt deiner Mom mit, was deine Gefühle ihr gegenüber waren oder jetzt sind.«

»Da war ein Schock, Mom. Ich war so schockiert, dass du nicht in der Lage warst, mich gerne zu empfangen, warum hast du das gemacht?«

»Ok, das ist wunderbar, dass du sie das gefragt hast. Jetzt hören wir, was sie antwortet. Wenn du willst, dann sprich es laut aus.«

»Ich höre meine Mom sagen, dass sie dachte, dass sie nicht in der Lage wäre, sich gut um mich zu kümmern.«

»Wie ist das für dich?«

»Es gab ihren Wunsch, sich gut um mich zu kümmern, aber ihr Gefühl, dazu nicht in der Lage zu sein, führte zu diesem dramatischen Akt, mich zu Tode zu stechen. Ich spüre, dass sich ein Feld öffnet.«

Ich lasse ihr etwas Zeit, diese Information zu integrieren, ehe ich die nächste Frage stelle:»Was magst du ihr sagen? Vielleicht gibt es etwas, das du ihr noch als Antwort zu dem eben Gesagten mitteilen möchtest.«

Esther wirft ein:»Ich spüre, dass es in meinem Kopf gerade sehr intensiv ist. Tavon, kannst du bitte deine Energien in meinem Kopf reduzieren? Es tut mir leid, deinen Prozess zu unterbrechen. ... Das ist besser, vielen Dank!«

»Ich spüre, dass mich meine Mutter jetzt um Vergebung bittet.«

»Bist du in der Lage, ihr zu vergeben? Falls nein, dann ist das auch in Ordnung. Wir wollen ihr nicht vergeben, wenn sich das nicht richtig anfühlt.«

»Da gibt es einen Teil, der vergeben möchte, aber ein anderer Teil ist dazu noch nicht bereit. Ich muss da noch mehr hineinspüren, bevor Vergebung von selbst aufsteigt.«

»Du bist sehr weise. Lass den Teil sprechen, der noch nicht ganz bereit ist, ihr zu vergeben.«

»Ich wollte leben, Mom! Ich war da, um zur Erde zurückzukommen. Ich wollte leben! Warum hast du mich nicht leben lassen?«

»Wunderbar, du machst das sehr gut. Jetzt können wir hören, was sie zu sagen hat.«

»Meine Mom sagt, dass sie dachte, dass ich eine sehr schwierige Zeit mit ihr hätte, da sie sich nicht um mich kümmern könnte. Sie dachte, mir ginge es tot besser. Sie hat sich in einer gewissen Art um mich gekümmert.«

Nach einer kurzen Pause frage ich:»Oh, vielleicht magst du jetzt einen deiner Schutzengel fragen, was er sagen möchte?«

Tavon atmet schwer, es entsteht eine Pause.

»Da kommt ganz viel Liebe von ihnen. Sie umarmen mich und meine Mom zusammen um das Feuer herum. Das hilft uns, unsere Verbindung wieder zu finden.«

»Ah, das ist wunderschön.«

Tavon atmet wieder tiefe Atemzüge und ich warte ab.

»Da öffnet sich ein großer Raum. Ich spüre, Vergebung kommt näher, aber ich bin noch nicht ganz da.«

»Mach keinen Druck.«

Ein tiefer Seufzer steigt durch Esther auf.

»Mom, ich liebe dich für das, was du für mich getan hast. Du hast versucht, mich vor Leiden zu bewahren. Ich sehe das jetzt. Ich danke dir für diese tapfere Tat damals.« Tavon fängt an zu weinen.

»Das ist schön, dass du jetzt diese Trauer spüren kannst.«

»Mein Herz heilt.«

»Das ist wunderbar. Was sagt Mom?«

»Sie hat Tränen in den Augen. Sie brauchte meine Heilung, bevor sie selbst heilen konnte.«

»Ja.«

»Da ist Licht um uns … Ich habe gesprochen.«

»Magst du ihr heute vergeben?«

»Das habe ich.«

»Wunderschön. Vielleicht magst du um das Feuer gehen und deine Mom umarmen – falls sich das gut für dich anfühlt?«

»Wir sind bereits in enger Einheit. Der Herzraum öffnet sich zwischen uns, so wie es am Anfang war. Wir heilen einander.«

»Schön – so wunderschön.« Ich bin tief ergriffen und spüre Tränen in mir aufsteigen. Was für eine wunderschöne Heilung zwischen den beiden nach dieser dramatischen Erfahrung.

»Mom bedankt sich bei dir, dass du Hilfe angeboten hast.«

»Ihr seid beide willkommen.«

»Ich möchte jetzt gerne in meinem Haus ausruhen.«

»Wir lassen dich jetzt gehen – du bist in unseren Herzen, wir lieben euch alle.«

»Ich ziehe mich zurück.«

»Ja, bitte.«

Tavon geht, Esther atmet noch schwer.

»Wie geht es dir, meine Liebe?«

Esther: »Berührt und beeindruckt, ziemlich überwältigt, auch über die Geschwindigkeit des Prozesses. Es war da, es ist passiert. Ich habe es gespürt, ich sah sie am Feuer sitzen, auch die Engel. Nicht so wie ich hier sehe. Es war da, es ist passiert.« Esther ist erstaunt und ergriffen.

»Ja, ihr seid wirklich eins.«

»Ja, aber ziemlich intensiv für meinen Kopf. Ich muss jetzt wirklich ausruhen.«

»Ja, bitte ruhe jetzt.«

Es waren nur 16 Minuten gewesen, eine wirklich sehr schnelle Sitzung.

Üblicherweise dauern meine Sitzungen 40 bis 60 Minuten. Ich war dankbar, dass sich Tavon darauf eingelassen hatte, denn das wird ihn in seinem neuen Leben entlasten und Frieden bringen. Und was für eine traumatische Erfahrung, von seiner eigenen Mutter mit einem Messer im Bauch umgebracht zu werden! Tavon hat ihr vergeben können und hat ihr sogar dafür gedankt, dass sie ihn vor einem vermeintlich schlechten Leben bewahrt hat. Ich bin wirklich voller Bewunderung für dieses weise Körperbewusstsein! Und seine Mutter konnte erst nach ihm heilen, was mich auch sehr berührt hat. Noch nie hatte sich ein »Gegenüber« am Lagerfeuer direkt bei mir bedankt. Das hat mich erstaunt. Diese Arbeit ist ein so wunderbares Geschenk, ich bin so dankbar dafür! Und mir wird immer mehr bewusst, wie stark ich dabei geführt werde. ✪

23 BITor

W ir befinden uns noch in diesem kleinen Wochenend-Häuschen im grünen Naturschutzpark von Veluwe in Ermelo. Wir sind fast ganz alleine und genießen die Ruhe der Vorsaison.

Der Frühling ist fast ausnahmslos schön, auch wenn es noch frisch sein kann. Heute feuere ich wieder den kleinen Holzofen an, der eine gemütliche Wärme verbreitet und wir machen es uns mit einer Tasse Tee auf dem Sofa gemütlich. Wir haben beschlossen, uns mit den Sternenwesen von Sirius-B zu verbinden. David hatte uns gesagt, dass wir das ruhig probieren könnten, sie selbst hätten damit allerdings meist keinen Erfolg. Ihre Paten, wie er sie nennt, würden meist auf ihre Anfragen nicht reagieren. Das hält uns nicht davon ab, es zu probieren. Denn schließlich ist es meine direkte Sternen-Familie, das weiß ich.

Esther unternimmt trotz ihrer Zweifel einen ersten Versuch und wir rufen sie herein. Es dauert einige Minuten bis ein Wesen in ihren Kanal kommt. Unser Wohnzimmer wird immer mehr von einer heiligen Energie erfüllt, dann finden schließlich die ersten Worte durch Esther hindurch:

»Es wird Licht auf Erden sein. Mein Name ist BITor.«

Ich: »Willkommen BITor, vielen Dank, dass du uns hier besuchst.«

BITor: »Ich bin gekommen, um mit meinen Freunden zu sprechen. Darf ich mein Grußwort überbringen?«

Er reicht mir durch Esther die Hand und hält sie einige Zeit. Ich spüre, wie mich eine wunderbare Energie durchströmt.

BITor: »Ich habe euch gefunden.«

Ich: »Schön dich zu sehen, BITor!«

»Wir waren viele geliebte Freunde von Sirius B. Für die Erde wurde ein Plan gebraucht. Wir spürten, dass du für diesen Plan geeignet warst. Ein Bote von uns hat dich großgezogen. Wir haben dich Schritt für Schritt zu unseren geliebten Fisch-Freunden gebracht. Sie sind seit langem Freunde von uns.«

BITor fängt durch Esther an, meine Arme und meinen Oberkörper zu berühren.

»Da hat sich ja ein wunderbarer Mensch entwickelt. Ich habe dich einst gesehen, als du noch ganz klein warst. Damals war schon viel Temperament in deinem Herzen. Wir wussten, dass dieser Junge zum Projekt STAR passt. Er wird es möglich machen. Wir wussten, dass dieser Junge sich selbst verwirklichen konnte. Er hatte eine Willenskraft, um sich auszudrücken. Dieser kleine Junge geriet außer Rand und Band, als er uns das erste Mal traf. Er war von der Energie überwältigt, seinen alten geliebten Freund zu treffen. Es umgeben dich jetzt viele Wesen. Sie bringen dir Licht. Wirst du mir auch erlauben, mein Licht mit dir scheinen zu lassen?«

»Ja bitte, BlTor.«

»Ich werde jetzt ein kleines Ritual vollführen, um deine Lichtlinie zu unseren Ebenen zu heilen. So findest du uns leicht in deinem Herzen. Wir sehen, dass deine Lichtlinie schon hoch hinauf reicht, aber sie kann noch höher reichen, dann findest du uns leichter. Wirst du mir erlauben, deine Lichtlinie bis in die Ebenen von Sirius B zu ziehen?«

»Ich bitte darum.«

»Wir brauchen einen kleinen Stuhl.«

Ich erhebe mich vom Sofa und hole einen Stuhl vom Esstisch und lasse mich gegenüber von Esther darauf nieder. Ich habe keine Ahnung, was jetzt kommen wird, bin aber schon jetzt für diese neue Begegnung dankbar. Esther hat sich hinter mich gestellt.

BlTor: »Meine Hände tragen dein Licht. Ich lege sie jetzt auf deinen Kopf, dann gibt es eine Resonanz, die dich mit unseren Ebenen verbindet.«

Er arbeitet drei Minuten an mir. Die Hände von Esther liegen auf meinem Kopf und es durchströmt mich ein wunderschönes, heiliges Licht.

BlTor: »Ich komme aus einem bestimmten Grund. Ich habe eine Bitte: Darf ich das Ritual nochmals durchführen?«

»Ja, BlTor.«

»Dies ist ein sehr spezielles Ritual, das wir lange Zeit geheim gehalten haben. Es war noch nicht die Zeit, um es bekannt zu machen. Jetzt ist die Zeit gekommen, um es an gewissen Menschen anzuwenden, die von Sirius B kommen.«

Er führt das Ritual nochmals durch, diesmal etwas kürzer. Eine dichte, fast heilige Stimmung hat sich in dem kleinen Raum unserer Wochenendhütte ausgebreitet. Ich spüre eine satte Stille. Alles scheint völlig ruhig und regungslos zu sein, doch gleichzeitig auch irgendwie prall gefüllt. Es ist ein sehr machtvolles Ritual.

BlTor: »Wirst du die Lichtfackel für die Erde tragen?«

Ich spüre wie seine Worte tief in mich einsinken und gebe ihnen Raum, in mir anzukommen. Ich fühle mich geehrt. Es ist ein besonderer Moment, den ich jetzt erlebe.

»Ja, ich werde die Lichtfackel für die Erde tragen«, antworte ich feierlich und ergriffen, obwohl ich eigentlich kein Mensch für pathetische Gefühle bin.

»Hier ist deine Fackel.«

Esther beginnt sehr stark zu atmen und er überreicht mir durch ihre Hände eine imaginäre Fackel, die ich feierlich in Empfang nehme. Ich bin berührt und fühle mich geehrt. Damit habe ich nicht gerechnet.

»Danke dir, BlTor!« sage ich etwas leise und merklich erschüttert.

»Mein Name ist BlTor. Ich residiere in den Ebenen von Sirius B. Ich komme herunter für mein geliebtes STAR-Kind. Ich bitte dich, die Lichtfackel mit offenem Herzen zu tragen.«

»Das tue ich. Bitte grüße meine Familie von mir.« Meine Stimme klingt ein wenig fragil, aber meine innere Haltung ist stabil.

In diesem Moment entschied ich mich: Ich diene – meinen Sternen-Ahnen und Projekt STAR. Ich muss dieses Projekt zum Erfolg bringen. Gleichzeitig werde ich mir auch meiner Herkunft noch stärker gewahr. Seit einer Meditation mit Jonette wusste ich, dass ich von Sirius B auf die Erde gekommen bin, aber durch den Kontakt zu BlTor wird diese Verbindung für mich noch klarer und konkreter: Ich spüre ein Mitglied meiner Sternenfamilie vor mir und das berührt mich sehr.

»Bitte schicke mir weitere Freunde, die auf der Erde leben, um dieses Projekt zu unterstützen. Ihre Hilfe ist sehr willkommen.«

»Es sind jetzt viele Wesen in diesem Raum. Ich schätze deine Arbeit in Projekt STAR als sehr hoch ein.« Er wendet sich jetzt Esther zu.

»Ich sehe, mein Enkelkind schwebt als Licht in dir: Hallo, ich grüße dich aus der Ferne.« Er verneigt sich tief und lange vor dem Bauch von Esther.

»Wir werden weniger abends erscheinen, wir machen unsere Besuche vor allem tagsüber. Falls nötig, könnt ihr uns öfter kontaktieren. Ich residiere in fernen Ebenen, aber meine Priorität ist mit euch. Ich komme gerne Baby-STAR für ihr Wohlergehen besuchen.«

»Danke dir. Gibt es noch etwas, was wir wissen müssen oder das du uns mitteilen möchtest?«

»Mein Volk ist dein Volk. Ich werde dir Tore eröffnen, so dass du leichter zu uns reisen kannst. Das Wissen wird über die Zeit übertragen werden. Das entwickelt sich zusammen mit dem geliebten STAR-Kind.«

»Danke dir, BlTor.«

»Ich wünsche mir für dich, dass du an Stärke gewinnst und dein Herz mehr und mehr öffnest. Meine dir überreichte Fackel wird dich dabei unterstützen. Es ist eine Familientradition.«

»Also bist du mein Vater?«

»Es gibt keinen Grund, es nicht zu sein.«

»Danke dir, Vater.«

Ich bin berührt und auch etwas überrascht: Ein Sternenwesen als Tochter und jetzt auch noch ein Sternenwesen als Vater. Meine unsichtbare Familie wird immer größer und auch präsenter in meinem Leben.

BITor: »Meine Sonne scheint immer für dich. Ich höre deine Stimme in mir.«

»Danke dir.«

»Mein Reich braucht mich jetzt, ich reise jetzt wieder zurück nach oben. Ich komme gerne wieder zurück.«

»Danke für deinen Besuch.«

Damit verlässt er Esther, die eine Weile stark atmen muss und langsam wieder in der »Normalität« auftaucht.

Wir sind beide berührt. Arm in Arm stehen wir noch eine Weile in unserem kleinen Wochenend-Häuschen und schauen in die schöne Natur. Die Atmosphäre ist immer noch dicht und still. Schweigend lassen wir das Erlebte in uns nachklingen.

Ich habe später noch oft über seine seltsamen Worte bezüglich seiner Vaterschaft nachgedacht: »Es gibt keinen Grund, nicht dein Vater zu sein.« Er ist sicherlich ein geistiger Vater von mir und ich gehöre in seine Familie. Er unterstützt Projekt STAR und ist auch einer seiner geistigen Väter. Später soll ich mehr darüber erfahren. Er nennt STAR seine Enkelin, was wohl in einem geistigen Sinn zu verstehen ist, denn auch sie bzw. KUAN YIN haben Wurzeln in Sirius B. Auf jeden Fall bin ich sehr dankbar für seine Unterstützung hier auf der Erde. Meine Sternenherkunft ist für mich noch konkreter geworden. Ich bin dankbar, dass ich immer mehr über mich und die größeren Zusammenhänge mit STAR erfahren darf. Was für ein wunderschönes Geschenk!

Wir verbringen noch ein paar ruhige Tage und sprechen täglich mit STAR und David, machen kleine Spaziergänge, genießen unsere gemeinsame Zeit und die Ruhe am Wald, ehe wir wieder nach Utrecht bzw. Zürich zurückkehren.   ☻

24 Mutterschaft

s ist der 25. April 2018 und Esther sitzt allein in ihrem schönen Häuschen in Utrecht und nimmt Kontakt mit ihrem Baby auf. Es ist ein so großer Segen, dass sie mit STAR und Tava sprechen kann. Viele Mütter haben nicht diese Möglichkeit und doch werden ihre Babys vielleicht ganz ähnliche Wünsche haben. Es hat uns beide erstaunt zu lernen, wie viel ein Baby im Bauch der Mutter mitbekommt. Ich denke auch an die vielen Babys, deren Mütter noch bis in die späte Schwangerschaft in einem stressigen Berufsalltag stehen. Was mögen sie für Eindrücke haben?

Esther: »Ich rufe jetzt Tava herein, mal schauen wie es ihr geht. Habe gerade den Song für sie gesungen. Wie geht es dir Tava? Magst du ein bisschen sprechen?

Tava: »Hier spreche ich, Mom, es ist Tava. Nicht mehr Tavon. Ich mag Tava. Magst du mir zuhören? Ich habe eine wunderbare Vereinbarung zu besprechen.«

Esther: »Ja, hallo Tava, hallo du Süße. Wie geht es dir?«

»Ich habe eine wunderbare Vereinbarung, über die ich sprechen möchte. Wirst du zuhören? Es geht um uns. Es geht um mein und um dein zukünftiges Selbst.«

»Oh, das mag ich! Sprich zu mir!«

»Etwas bewegt sich gerade in dir, Mom. Das kann ich klar spüren. Du beginnst mich mehr und mehr anzunehmen. Ich mag dieses Gefühl einer zarten Berührung. Darf ich ausführen, was ich gerade brauche?«

»Ja, bitte.«

»Etwas in mir spürt, dass sich eine Mutter immer gut um ihr Kind kümmern sollte. Ich sehe, dass du dein Allerbestes gibst. Aber manchmal spüre ich, dass du noch in Sorgen bist. Ich würde dich bitten, diese loszulassen. Ich weiß, dass ich manchmal meine eigenen Fehler gemacht habe und auch einiges an Drama. Aber ich bin hier, um zu bleiben. Erlaubst du mir, das auszuführen? Es gibt viel, was ein Körper in der Gebärmutter machen kann. Aber es ist nicht so aufregend. Wir arbeiten momentan an prächtigen Projekten. Aber es ist immer noch etwas dunkel hier. Deshalb würde ich dich gerne darum bitten, dich so oft wie möglich draußen im Sonnenlicht aufzuhalten. Das hilft mir, mich mit den Naturelementen zu verbinden, soweit ich kann. Mit den Sonnenstrahlen, mit dem Licht, das auf dich fällt, mit dem Wind, der an dir vorbeibläst. Diese Sinneseindrücke sind gut für mich, um mich lebendiger zu fühlen. Lässt du mich mehr rausgehen als im Moment?«

»Ja, du hast absolut recht. Das mache ich. Ich werde mehr Spaziergänge unternehmen und im Park auf der Bank sitzen, ja! Und wenn wir bei Dad sind, kann ich ganz einfach in den Wald gehen. Das liebe ich. Lass uns das öfter machen, du hast recht. Danke dir!«

»Ich liebe deine sanften Hände auf deinem Bauch. Wirst du mich so oft wie du kannst umarmen? Auch mit deiner zweiten Hand? Ich liebe es, wenn beide da sind. Es gibt mir ein besonders starkes Kraftfeld, das von deinem Herzen den ganzen Weg runter bis zu deinem Bauch ausstrahlt. Darin wohne ich sehr gut. Vielen Dank, dass du das für mich machst.«

»Ja, das mag ich auch. Danke, ich werde das tun.«

»Ich möchte noch auf etwas hinweisen, wirst du zuhören, Mom? Bezüglich meiner Bedürfnisse habe ich manchmal eine gewisse Dringlichkeit. Deshalb kann es manchmal etwas melodramatisch klingen. Aber ich habe auf keinen Fall vor, dich zu verlassen. Das sollte ganz klar sein. Es könnte sein, dass ich manchmal etwas drängend werde. Das ist jedoch eher die Notwendigkeit für Aufmerksamkeit als ein wirklicher Ruf, wegzugehen. Das wird nicht passieren. Ich bleibe drinnen. Das hat deine liebe Freundin (die neulich Esther besuchte) auch so nett gesagt. Sie hat herzige Worte für uns gefunden. Wir glauben, dass sie auf eine sehr feinfühlige Weise das meiste von dem aufgenommen hat, was wir teilen wollten. Wir danken ihr sehr dafür. Es ist wirklich so, dass wir auf keinen Fall vorhaben, dich zu verlassen. Wirst du diese Sorge loslassen, die du noch in dir trägst?«

»In Ordnung, das werde ich«, seufzt Esther. »Ich habe es losgelassen. Ich möchte dich wirklich ganz umarmen, ja sicherlich. Dich empfangen. Du bist in meinem Bauch so willkommen.«

»Eine Sache werde ich noch sagen. Dann wird meine Lady STAR auch noch ein paar Worte mitteilen. Wir haben etwas Prachtvolles letzte Nacht zusammen gemacht. Ich glaube, dass Master David schon einiges darüber gesagt hat. Aber ich würde dem gerne etwas hinzufügen. Es ist das kleine Teilchen in meinem linken Handgelenk. Wir haben es gemeinsam untersucht. Wir haben wunderschöne Gedanken in meine linke Hand geschickt. Weißt du, was dann passiert ist?«

»Nein, sag es mir!«

»Es hat angefangen die Innenseite deiner Gebärmutter zu berühren. Es war so, als ob es versucht hat, dich von innen nach außen zu berühren. Hast du das schon gespürt?«

»Oh, das ist ja so süß.« Esther kommen die Tränen. »Da war ein Moment – ich weiß nicht wann – als ich dachte: Mhm, was war das? Waren das meine Eingeweide oder warst du das? Aber das war nur ein ganz kurzer Moment, also dachte ich, es waren wohl meine Eingeweide. Ich dachte, es ist vielleicht zu früh, dich zu spüren. Ich weiß nicht.«

»Wir werden weitere Versuche machen und mit unserem kleinen Körper herumwackeln. Momentan versuchen wir dir mit unser erweiterten Hand Signale zu senden. Magst du hineinspüren und sagen, was du wahrnimmst?«

Esther ist immer noch berührt und schnieft etwas. »Meine Beckenregion bewegt sich von hinten nach vorne. Ja, ich fühle nur ein Feld. Ich denke, dass deine Hand noch zu klein sein könnte, um sie richtig zu spüren. Aber ich spüre immer ein Feld, wenn ich meinen Bauch berühre. Es ist so süß von dir, mach weiter mit anklopfen und spielen und wackeln.«

»In den nächsten Wochen wird mehr Kraft durchkommen. Wir werden dich etwas drücken und aufblähen. Für uns ist das auch wundervoll. Wir lieben es, uns mit dir zu verbinden, Mom. Du verbindest dich nicht nur mit uns, wir verbinden uns auch mit dir von hier unten.«

»Ja, es ist beidseitig, das ist wahr. Danke, dass du mich daran erinnerst, Tava. Ja, das ist wahr, es ist eine Interaktion.«

»Jetzt kommt mein Seelenteil. Ich gehe jetzt, Mom. Ich gehe und ruhe mich etwas aus. Dann arbeiten wir weiter an unserer unteren Wirbelsäule. Dann glaube ich beginnen wir Projekt ›Arm.‹«

»Schön, habt Spaß. Tschüß Tava!«

Es entsteht eine kurze Pause, bis STAR reinkommt.

STAR: »Hier ist wieder meine Stimme. Hallo Mom, ich bin's, STAR.«

»Hey STAR!«

»Wirst du zuhören, ich habe ein paar einfache Fragen.«

Esther lacht schallend: »Ich weiß, dass deine Fragen niemals einfach sind, STAR. Mach mir nichts vor.«

»Da ist eine ganz einfache Frage. Sie kann mit ja oder nein beantwortet werden. Ist das für den Anfang nicht einfach?«

»Es klingt so, aber ich kenne dich. Die Frage wird verzwickt sein, das weiß ich schon. Aber schieß los.« Esther muss lachen, denn wir kennen unterdessen die Fragen von STAR, die es fast immer in sich haben.

»Hier kommt meine Frage, wirst du zuhören? Ich wiederhole sie nur einmal. Hier ist sie: Wirst du mir erlauben, deine Tochter zu sein?«

»JA! Definitiv, ein volles JA! Danke!«

»Jetzt kommt noch eine Frage, hier ist sie: Wirst du mich als dein Kind sehen?«

»Ja, du BIST mein Kind.«

»Dann habe ich eine dritte Frage, Mom, hier ist sie: Willst du mich immer lieben?«

»JA, immer. Das sind einfache Fragen!«

»Wirst du mir erlauben, deine Tochter zu sein?«

Esther entspannt sich etwas und antwortet mit einem ruhigeren »Ja.« Es folgt ein langes Ausatmen. »Es ist so schön, dass du dich auf die Seele beziehst, die zu dir singt.« Esther weint jetzt einige Zeit, der Damm ist gebrochen. Immer noch schniefend: »Du bist so süß STAR, wie du mich handhabst, danke dir!« Sie weint immer noch. »Sogar Tava heilt mich … und Dad natürlich. Es ist so wunderschön. Ihr helft mir wirklich zu heilen.« Esther hatte in vergangenen Leben Kinder verloren. Deshalb wollte sie unbewusst aus Angst in diesem Leben keine eigenen Kinder haben.

»Da ist eine letzte Frage, Mom, darf ich sie fragen? Wirst du meine geliebte Mutter sein?«

»Ja, das bin ich, das bin ich schon …« Sie ist mehr und mehr berührt und weint wieder. »Es ist so schön. Ich denke jetzt bin ich an der Reihe, durch einige Heilungsprozesse zu gehen. Ich bin froh, dass ich nur noch einige Heilsitzungen gebe und dann kann ich nur mit dir und Dad sein und mir Zeit nehmen, mich zu verbinden.« Esther weint länger. »Danke für dein Mitgefühl, STAR. Das habe ich wirklich gebraucht. Ich brauche wirklich die Zeit, mich ganz zu verbinden. Diese Verbindung mir zu erlauben, mich wirklich ganz einzulassen – besonders auf Tava. Denn ich kann sie wieder verlieren. Unsere Verbindung wird immer da sein. Danke dass du mir dabei hilfst, dort ganz reinzuwachsen, Schritt für Schritt. Danke, dass du mir den Raum und die Zeit gibst, darin zu heilen.« Es entsteht eine lange Pause. »Ich bin in einem wundervollen Raum. Es ist sehr heilig, erweiternd, ruhig, beruhigend, besänftigend. Und der Regen draussen ist so schön, der Klang des Regens. Es ist sehr lauschig.« Esther und STAR genießen diesen Heilraum gemeinsam. Es entsteht eine lange Pause.

»Ich habe noch eine Bitte, Mom, hörst du zu? Darf ich dich bitten, dich sanft mit deiner inneren Weisheit zu verbinden? Da ist schon viel in dir. Ich habe durchscheinende Farben gesehen; da ist Wissen in deinem Herzen, wie du deine tiefe tiefe Furcht, dich mit einem Baby-Körper zu verbinden, heilen kannst. Es wird eine Reise in dein Herz geben, in den nächsten Tagen. Die wird dich tief nach innen führen. Diese Reise muss genommen werden. Ich werde um dich herum Heilenergie hereinbringen. Es wird einen sicheren Raum geben, in dem du reisen kannst. Wirst du dir erlauben, ganz tief in dein Herzwissen einzutauchen?«

»Ja.«

»Da wird ein gewisses Maß an Trauer sein. Das ist nicht nur deine. Es ist eine kollektive Trauer, die über viele Leben aufgebaut wurde. Diese kollektive Trauer kann losgelassen werden. Kannst du das für uns alle tun?«

»Ja.«

»Das ist Heilung auf sehr tiefen Ebenen. Es ist so, als ob du einen Teil der Trauer für die Menschheit heilst. Ich kann dich das fragen, da du, geliebte Mom, ein wunderbarer Kanal für die Heilung dieses Teils bist. Es gibt eine ungeheuerliche Menge an Trauer in dieser Welt. Wirst du helfen, diese umzuwandeln?«

»Ja.«

»Mein Gefühl ist, dass es auch dich transformieren wird. Da ist eine Menge an Trauer.«

»Ja, also meine Trauer und die kollektive Trauer.« Es entsteht eine lange Pause. »Ein wundervoller Raum, vielen Dank, STAR.«

» Es ist gut, dass du dich noch etwas länger ausruhst. Dann kannst du deinen Tag beginnen. Wir arbeiten heute etwas an unseren geliebten Armen. Gibst du uns bald unseren grünen Drink?«

»Und deine Vitamine, die hätte ich schon lange nehmen sollen. Es wird spät. Ja, ich werde alles einnehmen. Wie hat dir das MARK-Channeling gestern gefallen?«

»Wir hatten einen riesen Spaß, Mom. Das war ein wahres Naturwunder, wie wir diese Energien in den Tava-Körper gebracht haben. Es war so, als ob wir in der Milchstraße waren, wirklich ein fantastischer Energiefluss ganz um uns herum. Wir waren ganz weit draußen. Aber wir haben sie auch hier heruntergebracht. Beides zur gleichen Zeit. Ganz weit draußen, während wir hier präsent waren. Wirklich unglaublich. Wir möchten eines dieser Channelings in den nächsten Tagen auch zusammen mit Dad machen. Fragst du ihn?«

»Ja.«

»Ich gehe jetzt, Mom, sag hallo zu Dad. Ich bin gespannt, ob er seinen Song angehört hat. Ich glaube schon. Ich war nicht da. Ich werde ihn bald wieder besuchen.«

»Tschüss STAR. Danke dir!«

Es war wunderbar für mich, mir dieses Gespräch, das die Mädels allein geführt hatten, im Laufe des Tages anzuhören. Ich liebe sie alle drei. Ich bin so froh und dankbar, dass sich Esther immer mehr für ihre Tochter öffnet und ihre Vorschläge aufnimmt. Nicht immer setzt sie sie auch um, aber sie ist ganz offen für die Wünsche der beiden. Das gibt mir ein gutes Gefühl für die Zukunft. ☻

25 Im Schloss

sther durfte wegen ihrer Schwangerschaft noch nicht fliegen, aber ich wollte trotzdem gerne wieder einmal mit ihnen Zeit auch in Zürich verbringen. Nach langen Diskussionen mit David wurde es mir schließlich gestattet, dass ich sie in Holland mit dem Auto abholen konnte. Da die Autofahrt sehr lang ist, hatten wir beschlossen, eine Übernachtung auf halbem Weg einzulegen. Ich hatte mir länger Gedanken über die Route gemacht und war zu dem Schluss gekommen, dass eine Fahrt über Belgien und Frankreich wohl die angenehmste Reiseroute wäre. Sodann suchte ich nach einem speziellen Hotel auf halbem Wege und wurde auf der Website von Relais & Chateaux fündig. Ich hatte bereits in früheren Jahren gerne in diesen noblen Schloss-Hotels übernachtet – mochte deren spezielles Flair. Meine Wahl fiel auf das französische Chateau de Faucon in den Ardennen. Es sollte eine Überraschung werden und ich hoffte, dass meine kleine Familie meine Vorliebe für diese Art von Unterkünften teilen würde. Wir waren alle guter Laune, als es endlich am 30. April in Utrecht losging. Esther war zwar noch etwas wackelig auf den Beinen, aber sie konnte sich in meinem komfortablen Wagen schön ausstrecken. Bei einem kurzen Stopp an einer Tankstelle sprach auf einmal ganz unerwartet ihr Höheres Selbst durch sie und versuchte, ihr die Zweifel bezüglich ihrer Schwangerschaft zu nehmen. Die Fahrt zog sich auch wegen Staus länger hin als geplant. Schließlich erreichten wir am frühen Abend das wunderschön gelegene Chateau. Wir bezogen ein traumhaftes Zimmer im Haupthaus mit Blick auf den Park.

Es war geschmackvoll und liebevoll renoviert, wobei man den alten Charme perfekt erhalten hatte.

Esther war begeistert, die Überraschung war gelungen. In dem traditionell eingerichteten Speiseraum bekamen wir ein köstliches Abendessen serviert, begleitet von dem typisch französischen zuvorkommenden Service. Trotz meiner vorsichtigen Mahnung bezüglich Süßigkeiten konnte Esther dem köstlichen Dessert nicht widerstehen.

Nach dem Abendessen sanken wir sofort in die Federn und genossen die Nachtruhe in absoluter Stille. Das Chateau liegt in einem großen Park. Auf einer Seite sind die Stallungen für die Pferde, die wir nach dem Frühstück besuchen. Danach nehmen wir mit den Mädchen Kontakt auf.

Chateau de Faucon

Esther kommentiert für die Aufnahme: »Es ist der 1. Mai, wir sind in dem wunderschönen Chateau de Faucon und haben gerade die Pferde besucht. Lasst uns mit STAR und Tava schauen, wie es ihnen geht. Ob sie die Pferde mochten und ob ich nicht letzte Nacht zu viel Schokolade gegessen habe – ich weiß schon die Antwort. Wir haben noch gar nicht gesungen.«

Ich fange an, den STAR-Song zu singen; im Park zwitschern die Vögel. Esther hat mit dem Kanal etwas Probleme. »Scheint ein Problem mit dem Durchkommen zu sein. Nachdem sie das Device neulich repariert hatten, lief doch alles wieder normal«, wundert sie sich. Schließlich macht sie die üblichen Reibebewegungen mit ihren Händen in ihrem Energiefeld und schließlich kommt David herein.

»Da kommt ein neues Wesen durch, magst du ihn hereinlassen? Hier spricht David, hallo! Da ist ein besonderes Wesen, das hier an diesem Ort gerne mit euch sprechen möchte. Es ist ein Wesen, das hier schon für einige Zeit gewohnt hat. Er würde gerne ein paar Worte mit dem Besitzer dieses Anwesens sprechen.« Das verstehen wir nicht ganz, aber wir laden ihn ein. »Dieses Wesen spricht eine spezielle Sprache, die Esther nicht kennt, eine alte lateinische Sprache. Vielleicht kann sie die Worte nicht

Unser Zimmer im Chateau Faucon

richtig übersetzen. Deshalb versuche ich im Hintergrund zu bleiben, um dabei zu helfen. Es ist ein gutes Wesen, das einen Bezug zu diesem speziellen Chateau hat, ein altes majestätisches Wesen, das hier gelebt hat. In seiner Zeit war er sehr geschätzt, aber er hatte nie wirklich Zugang zu den Licht-Reichen. Deshalb bittet er jetzt um eure Unterstützung, ihn zurück nach Hause zu begleiten.« Esther weint: »Natürlich werden wir ihm helfen. Ich sehe so viel rosa, wie Fuchsia.«

Ich: »Hallo Count«, begrüße ich den ehemaligen Schlossbesitzer.

David: »Er wird sich erst kurz vorstellen, dann helfen wir ihm zusammen seine Schwingung zu erhöhen, um sich in die anderen Lichtebenen zu bringen. Wirst du ihm jetzt gestatten, zu sprechen?«

»Je ... suis le Comte de ce Chateau.« Er spricht französisch mit uns: »Ich bin der Graf dieses Chateaus. Ich hatte viele Schlachten, mir fehlt dieses Bein. Ich möchte gerne zu meiner geliebten Frau gehen.« Esther beginnt wieder zu weinen. Die Trauer des Grafen übermannt sie.

Ich: »Wir sind hier für Sie, lieber Graf.« Ich versuche ihn zu beruhigen und sende ihm liebevolle Energien.

Comte: »Ich brauche Hilfe, ich bin hier, ich habe Angst, alleine zu gehen.« Er bzw. Esther zieht sich in eine enge Ecke des Zimmers zurück. Ich folge ihm langsam und vorsichtig, um ihn nicht weiter zu verunsichern. Er scheint sehr verängstigt, hat wohl schon Jahrhunderte versucht, den Zugang zu seiner geliebten Frau zu finden.

Ich spreche beruhigend auf ihn ein: »Ich bin hier, um Sie zu unterstützen.«
»Ich weiß nicht, was ich machen soll!« Er klingt verzweifelt und ängstlich.
»Sie müssen nichts machen.« Ich stehe direkt vor ihm, schicke ihm mit
meinen beiden Händen Licht und überlege, wie ich ihm noch besser helfen
kann, aber in diesem Moment sackt Esther schon in sich zusammen und
ich kann sie gerade noch auffangen. Der Graf ist in die Lichtreiche gefahren.

Ich halte Esther und führe sie langsam zu dem Stuhl zurück, auf dem sie
gesessen hat.

David: »Das war eine unglaublich schöne Reise in die Licht-Reiche. Er ist
wie in einer Rakete in den Himmel gesaust. Für uns war das ein übernatürlicher Vorgang, dem wir beiwohnen konnten. Er wurde durch einige seiner
Schutzengel geführt. Er hatte aus welchem Grund auch immer nie den
wahren Zugang zu den höheren Ebenen gefunden. Wir glauben, dass er
sich nicht von seinem geliebten Schloss trennen konnte. Ihr habt ihn
wirklich großartig unterstützt. Da sind noch mehr Wesen, die wir hier gesehen haben. Aber wir können euch nicht bitten, alle so nach oben zu
transportieren. Das wäre vielleicht auch etwas zu viel für Baby STAR. Aber
wir möchten euch freundlich darum bitten, diese Wesen zu einem Licht-Tunnel zu geleiten. Vielleicht könnt ihr genau hier einen Licht-Tunnel erzeugen. Wir lassen ihn an diesem Ort, auch wenn ihr den Raum dann verlasst. Sie können dann ganz sanft dieses Lichtportal selbst finden und
hindurchgehen, sobald sie bereit sind. Das Portal wartet auf sie. Es ist ein
Licht-Portal, nur für Wesen, die von hier wieder in die Lichtebenen gehen.
Es gibt keine Möglichkeit für andere Wesen herunterzukommen, nur ein
Eingang in die Licht-Reiche. Deshalb ist es auch nicht schädlich, das Portal
hier zu belassen.«

Gemeinsam bauen wir ein Lichtportal in dem Hotelzimmer, es dauert ca.
fünf Minuten. Wir sind beide geführt: Wir errichten mit unseren Händen
einen ca. zwei Meter hohen Lichtbogen und verankern ihn im Boden. Ich
stelle mir dabei vor, wie dieses Lichtportal hier im Zimmer entsteht. Esther
ist total von unserer Aufgabe begeistert und plappert fröhlich drauf los:
»Ist es nicht unglaublich STAR und Tava, wir bauen ein Lichtportal! Es ist
wunderbar so ein Lichtportal zu bauen. Wunderschön, Whow! Oh, was für
ein Leben, all diese Wunder!«

David: »Da ist ein grandioser Bericht über Baby-STAR, mögt ihr ihn hören?«

»Ja, gerne«, sagt Esther.

»Wir haben gesehen, dass Baby STAR versucht, ihren eigenen Rhythmus zu finden. Wir sehen, dass alle Menschen eine eigene Art von Rhythmus haben, damit meinen wir zum Beispiel einen Tages- und Nachtrhythmus. Den beginnt Baby STAR jetzt in ihrem Gehirn zu entwickeln. Sie erhält sozusagen gewisse Signale von ihrem Drüsensystem. Es beginnen sich die Drüsen zu bilden, die miteinander kommunizieren. Sie bekommen jetzt eine einheitliche Struktur im gegenseitigen Austausch von Signalen. Das erzeugt eine Art Schlaf-/Wachzyklus. Es bedeutet, dass sie nachts immer mehr schläft und tagsüber wach ist. Das ist schön für uns zu sehen, denn sie muss nicht die ganz Zeit über ihre Zellen vermehren. Sie braucht auch Ruhepausen so wie ihr in der Nacht. Das beginnt jetzt bei Baby STAR, ist das nicht wundervoll?«

»Ja, wundervoll«, sagt Esther.

»Großartig«, ergänze ich. Esther muss über seinen Enthusiasmus und seine ausführliche Schilderung lachen. Es ist so schön, wie begeistert David bei der Sache ist, er ist wirklich wie ein Vater für Baby STAR.

»Da ist noch etwas, das wir kurz besprechen möchten, seid ihr bereit dafür? Wir haben gesehen, dass STAR etwas mit ihrem Hintern wackelt, so ungefähr.« David macht durch Esther die Bewegung vor. »Das ist wirklich sehr süß für uns, denn sie fängt jetzt wirklich an, ihre Hüftgegend zu bewegen. Das ist ganz neu für sie. Vorher hat sie nur mit ihren Füßen gewackelt, und ihren Armen. Jetzt bekommt sie immer mehr Kontrolle auch über ihre Beckengegend. Ist das nicht eine süße Bewegung für ein Baby?«

Ich: »Ja, ich hoffe ihr zeichnet alles für uns auf und spielt es ab, sobald wir mehr sehen.«

Esther schüttet sich aus vor Lachen.

David: »Es gibt wirklich eine Möglichkeit, dass wir das tun könnten, mal schauen, ob das klappt. Es gibt von uns allerdings keine Garantien mehr, muss ich sagen. Diesen Fehler begehen wir nicht nochmal. Ich verschließe meine Augen schon vor Peinlichkeit wegen der anderen Fehler, die ich gemacht habe.«

Wir müssen kichern.

Ich: »Tolle Lernkurve, herzlichen Glückwunsch!«

Esther will wissen: »Bist du sicher, dass STAR wirklich da ist? Das ist meine größte Angst, dass du mich seit zwei Monaten täuschst.«

»Mein Vorschlag ist, dass du dir mal deinen Bauch in einem Spiegel anschaust. Was siehst du?

Sie lacht: »Ich sehe einen Bauch und das ist nicht nur Gluten.«

Esthers Dessert

»Da ist wirklich ein goldenes Kind drin, so wie du es von deiner inneren Stimme gehört hast. Es war toll für uns zu sehen, wie du aus deinem Inneren hervorgekommen bist, ohne zu bemerken, dass du es warst. Da gab es das Gefühl von Unsicherheit, als du diese Stimme gestern Nachmittag im Auto gehört hast. Jedoch war da auch das Gefühl von Wissen. Das war eine wahre Stimme nicht nur irgendein willkürlicher Beifahrer, der reinkam. Wir glauben, dass du momentan wirklich überzeugt bist, dass du eine schwangere Frau bist. Aber dein Verstand spielt dir Streiche. Deshalb schlagen wir dir vor, deinen Verstand aufzulösen, dann ist alles gut.«

Esther muss wieder lachen.

»Danke David, ich versuche seit einem Jahr, ihr das zu vermitteln, aber das ist nicht so einfach für einen Doktor der Psychologie, ich sag's dir.«

Esther: »Magst du noch etwas mitteilen? Wie verlief die Reise gestern? Wie können wir jetzt die Mädchen reinholen? Wie geht es meinem Nähr-stoff-Niveau? Gibt es noch etwas Wichtiges momentan? Wir haben noch 5-6 Stunden Autofahrt vor uns.«

»Gestern lief alles sehr gut, obwohl die Reise länger als geplant gedauert hat. Wir schlagen vor, dass du versuchst, dich etwas mehr auszustrecken, wenn dir das möglich sein sollte. So bleibt dein Bauch schön ausgestreckt. Dies mag es Lady STAR erlauben, mehr eigene Arbeit zu verrichten. Das ist unser einziger Vorschlag. Halte die grüne Nahrungsaufnahme hoch, trinke gesundes Wasser usw.. Es gab keine negativen Reiseeffekte gestern. Wir gehen davon aus, dass auch heute alles gut verläuft.«

»Können wir jetzt die Mädchen reinholen, David? Oder gibt es ein Problem mit dem Device?« fragt Esther.

»Überhaupt kein Problem. Wir wollten nur erst den Herrn Hausbesitzer reinholen, deshalb kamen die Damen noch nicht rein. Wir sagen jetzt sanft auf Wiedersehen und lassen jetzt eine von ihnen reinkommen. Wir sprechen uns heute Abend oder morgen. Ich verlasse Dich jetzt.«

Esther: »Vielen Dank, David!«

Ich: »Hallo STAR.«

Esther: »Hallo STAR, hallo Tava! Wie geht es euch?«

»Ich bin es heute, Tava, hallo liebe Eltern. Was kann ich sagen? Es ist ein wahres Wunder in einem Schloss zu leben! Ich wünschte, ich könnte mein ganzes Leben in einem Schloss leben – in diesem Leben! Es ist unglaublich hier herumzuwandern. Ich spüre alle diese dunklen höhlenartigen Energien um mich herumwirbeln. Es ist aufregend zu wissen, dass ich sicher in Mom's Bauch beschützt bin. An mir heften keine bösen Wesen an, überhaupt nicht. Aber es gibt einige verstorbene Soldaten-Wesen, die ich spüre. Sie liefen mit euch zusammen da vorne im Gang. Sie standen auch neben euch. Vielleicht drei oder vier Energiefelder habe ich um dich herum gespürt, als du da drüben in der Ecke standst. Es war für mich erstaunlich zu sehen, dass sie da waren und du das nicht gemerkt hast. Ich spürte, dass ich in diesem Moment mehr wusste als du. Das hat mich etwas erstaunt.«

»Ja, wir sehen sie nicht so gut.« Esther kichert.

Ich: »Vielen Dank fürs Mitteilen, vielleicht können wir das mal gemeinsam erspüren und uns darüber austauschen.«

»Ja«, findet auch Esther.

»Mein Gefühl ist, dass sich da drüben ein Wesen verbirgt.« Sie geht mit Esther durch den Raum. »Es ist ein kleines Wesen. Es muss wohl nicht in die Lichtebenen reisen. Es kommt glaube ich von draußen. Es ist jetzt glaube ich auf dem Bett. Lass uns neben es setzen. Ich denke, dass es eine angenehme Energie verbreitet. Es hat eine sanfte, fast tierische Note. Vielleicht ist es eine Art großer Frosch. Es ist amphibisch, aber nur so groß. (Esther zeigt mit den Händen ca. 40 cm). Vielleicht kann es mir etwas sagen, wenn ich genau hinhöre. Es hat auch eine Art Schwanz. Vielleicht ist es ein kleiner Drache!? Er ist sehr freundlich. Es hat lustige Ausbuchtungen auf dem Rücken. Es sitzt auf zwei Füßen und hat die beiden oberen Füße aufgestellt.« Tava macht durch Esther die Bewegung des Drachen nach.

Ich: »Hallo kleiner Drache«, begrüße ich unseren neuen Freund, den

Tava gerade entdeckt hat.

»Darf ich ihn mit nach Hause nehmen«, will Tava wissen, sie ist total von ihrem neuen Freund begeistert.

Esther kichert.

Ich: »Wenn er mitkommen möchte, wir haben im Auto genügend Platz, kein Problem.«

Esther muss wieder kichern: »Wenn er lieb zu dir ist. Hallo, kleiner Drache!«

Tava: »Er hat kleine Augen. Mein Gefühl ist, dass er ein lieber kleiner Drache ist. Ich glaube aber, dass er hier auf dem Grundstück bleiben sollte, da seine Eltern irgendwo da draußen in den Wäldern sind. Er hat sich reingeschlichen, da er unsere Präsenz gespürt hat und ein Bewusstsein gewisser Reiche. Er kam um mit uns zu Spielen, ist das nicht süß?«

Ich: »Ja, lass ihn uns nicht mitnehmen. Seine Eltern wären sehr traurig.«

»Hallo Kleiner. Ich glaube er sitzt jetzt auf meinem Schoß«, meint Esther und streichelt den unsichtbaren Drachen auf ihrem Schoß – oder Tava tut es, das kann ich nicht unterscheiden.

Tava: »An diesem Ort sind so viele wunderbare Wesen, Dad. Das hast du wunderbar ausgesucht. Ich bin wirklich sehr geehrt, mit all diesen unterschiedlichen Formen und Energien um uns herum spielen zu können. Das ist so viel schöner als Mom's Ort, an dem alles von unseren geliebten Teammitglieder-Freunden gesäubert wurde. Nach jeder Sitzung von Mom säubern sie wieder alles. Deshalb ist es dort so sauber. Ich mag es, wenn es um uns herum wackelt, das regt meine Neugierde an.«

Ich: »Wie gefielen dir die Pferde, Tava?«

»Da war ein Gefühl von Ehrfurcht mit diesen Tieren, Dad. Ich habe mich so klein gefühlt verglichen mit ihrem großen Aurafeld. Einige von diesen Kreaturen hatten gigantische Felder. Größer als ein menschliches Feld, muss ich sagen. Menschliche Felder sind wunderschön, aber Tiere wie diese haben ein Feld, das sooo groß ist! Ich habe kein Gefühl für Meter, aber es war wirklich riesig. Fast jenseits meiner Vorstellung, sooo groß.«

Sie öffnet die Arme von Esther soweit ihr das möglich ist.

»Wunderbare Wesen waren da. Mit einen oder zweien habe ich leise gesprochen. Ich denke, sie haben mich gehört. Ich habe ihnen gesagt, dass ich hier bin, um ihnen Licht zu bringen. Wenn sie also geduldig auf mich warten, bis ich Moms Gebärmutter verlassen habe, dann würde ich mich wieder mit ihnen verbinden und ihnen etwas zusätzliches Licht senden. Dem haben sie zugestimmt. Sie haben alle gespürt, dass ich es gut mit ihnen meine und sie haben innerlich genickt und gesagt: Ja, Liebe, ich höre dich. Bitte sende mir mehr Licht, wenn du dafür Zeit hast. Ich habe nur mit einem oder zweien gesprochen. Sie fühlten sich sehr geehrt, mit einem kleinen Körper in Mom zu sprechen.«

»Wundervoll!«

Wir sind beide total erstaunt, welche Kontakte unsere Mädchen knüpfen können und welche Energien sie um uns herum wahrnehmen.

Tava: »Mein neuer Freund sitzt noch immer bei Mom. Er mag gerne so gestreichelt werden.« Tava zeigt Esther, welche Streichelbewegung er anscheinend mag. »Er ist nicht daran gewöhnt mit Menschen zu sprechen.«

»Mag er uns vielleicht eine Botschaft mitteilen? Könntest du übersetzen? Bitte begrüße ihn auch von uns.«

»Hallo kleiner Drache«, flüstert Esther.

Ich: »Wir lieben Drachen.«

Tava: »Ich spüre diese kleine Drachen-Kreatur, er versucht eine Botschaft wie ein Kind zu übermitteln, so als ob er vor allem spielen möchte. Deshalb kam er hierher. Vielleicht könnt ihr ein kleines Spiel mit ihm spielen, das würde er gerne mit Menschen machen.«

Ich bin etwas ratlos, welches Spiel für einen kleinen Drachen wohl angemessen wäre.

»Was würde er denn gerne spielen? Verstecken könnte etwas schwierig werden, denn er spürt uns wahrscheinlich überall.«

Esther muss wieder kichern.

»Kannst du ihn fragen, was er gerne spielen mag, Tava?« fragt Esther.

Tava: »Schmeiß ihm doch etwas in eine Ecke und er wird probieren, es zu apportieren.«

Also schmeiße ich ein paar Socken, die gerade in greifbarer Nähe auf einem Stuhl liegen, in die eine Ecke des Zimmers: »Hol's, Drache, hol's!«.

Esther lacht: »Er bewegt sich jetzt wirklich: Siehst du es, ja, siehst du es? Soll ich es für dich holen?« Esther steht auf und geht in die Ecke, um die Socken für den kleinen Drachen zurückzuholen.

Tava: »Da ist etwas sehr Verspieltes an diesem kleinen Wesen. Ich liebe ihn wirklich sehr. Es ist wirklich so schade, dass wir ihn nicht mit nach Hause nehmen können. Ich würde es lieben, ein kleines Haustier zu haben, wenn ich aus dem Bauch komme, Dad! Können wir das arrangieren? Einen kleinen süßen Drachen?«

»Ja, ich weiß sogar, wo wir einen finden können. Ganz in der Nähe von unserem Haus gibt es eine Drachenhöhle. Leider wurden die Drachen von

Menschen getötet, aber ihre Seelen sind immer noch da. Wir können uns also dort mit ihnen verbinden. Ein kleines Drachen-Baby ist auch dabei.«

Esther schmeißt wieder das Paar Socken durch den Raum: »Das war zu einfach. Ich spüre wirklich, dass er sich jetzt bewegt. Ich fühle mich jetzt auch dorthin gezogen.« Esther steht wieder auf und holt die Socken zurück.

Ich: »Wir können auch Artus fragen, meinen Drachen.«

Esther ist ganz aufgeregt bei der Sache: »Au ja, lass uns unsere eigenen Drachen reinrufen. Wieviel Zeit haben wir noch?« Die Checkout-Zeit naht und wir haben noch nicht mal alles gepackt. Zudem steht uns eine lange Reise bevor.

»Acht Minuten, aber ich möchte auch noch mit STAR sprechen.«

Esther: »Ah, in Ordnung. Kleiner Drache, wir lassen dich jetzt etwas spielen und sprechen mit unserer anderen Tochter, wir müssen bald abfahren. Tava, kannst du bitte STAR reinrufen? Möchtest du noch etwas sagen? Ich hoffe, du hast die kleine Zuckerattacke gestern überstanden!« Tava: »Da sind so viele wunderbare Sachen hier passiert an diesem Ort, dass ich mir keine Sorgen über ein paar kleine Zuckerstücke mache. Ich bin total glücklich, wo ich bin.«

Ich: »Ja, das ist wunderbar. Ja, wir müssen leider bald abfahren, da sie den Raum für die nächsten Gäste aufräumen müssen. Möchtest du noch etwas sagen, sonst lass doch STAR noch für ein paar Minuten sprechen.«

»Ich liebe es, an einem so wunderschönen Ort zu sein. Ich würde so gerne derartige Plätze öfter besuchen, wie ihr wisst. Ich verstehe, dass wir nicht in einem solchen Ort leben können, aber ich würde solche Orte auf unseren Reisen gerne öfter aufsuchen. Vielleicht könnt ihr nur kurz Halt machen und für zehn Minuten um einen solchen Ort herumgehen und dann weiterfahren?«

Ich: »Ja, das können wir probieren, obwohl wir noch sechs Stunden Fahrt vor uns haben.«

»Wir möchten ja auch Pausen machen«, unterstützt Esther den Wunsch von Tava.

»Du liebst solche Plätze, da ich sie auch liebe. Und wir können uns mit dem Team zusammentun und einen derartigen Ort für uns manifestieren. In der Schweiz gibt es nicht so viele derartige Orte. Ich bin froh, dass Du und Mom auch solche Orte liebt.«

»Und es ist so schön, dass wir Wesen helfen, wieder in die Lichtwelt zu gehen. So schön!« ergänzt Esther.

Ich: »Danke Tava, wir sprechen später wieder mit dir, kannst du bitte

STAR reinholen? Hallo STAR.«

Der Wechsel geht schnell und sanft zwischen den beiden.

STAR: »Wir haben letzte Nacht mit so vielen Wesen gesprochen, als ihr geschlafen habt.«

»Habt ihr den Grafen aufgescheucht? Wo hatte er sich versteckt?« will ich wissen.

»Wir haben vielleicht zu 20 oder 25 unterschiedlichen Wesen gesprochen, Dad. Das war ein wahres Wunder für uns. Wir haben nicht versucht, den alten Herrn ins Licht zu bewegen, aber vielleicht haben wir ihn dazu inspiriert. Das ist möglich. Wir sehen dieses wunderschöne Lichtportal, das ihr gerade mit Master David gebaut habt. Wir sind sicher, dass es viele Wesen aus der Umgebung hier finden werden. Es wird für alle Wesen offenbleiben, die dann in ihrer eigenen Zeit hindurchgehen können. Ich spüre, dass es sehr gut für diese Umgebungen ist, solche Portale zu beherbergen. Denn es gibt immer Wesen, die steckenbleiben. Und für uns ist es dann immer traurig zu sehen, wie sie damit kämpfen, in diesen Ebenen zu verweilen, in die sie nicht mehr hingehören. Es ist sehr traurig, dass sie ihre Verbindungsschnur verloren haben, um aus diesen dichten, grauen, schleimigen Zwischenebenen herauszufinden. Sie sind weder hier noch dort. Es ist diese graue Gegend des Nichts einer Totenwache, die sie an ihr eigenes Ödland fesselt. Es ist ein wahres Wunder, Wesen durch das Portal gehen zu sehen. Wir sind so begeistert, dass wir alle zusammen darüber sprechen können. Es ist eine wunderbare Art, um uns mit unserer gesamten Umgebung mit all den verschiedene Ebenen zu verbinden.«

»Wir fahren gleich durch eines der schlimmsten Gebiete des 1. Weltkrieges, Verdun. Da sind wahrscheinlich noch tausende, wenn nicht hunderttausende Seelen, die dort noch kämpfen. Wenn du magst, können wir dort irgendwo anhalten und ein weiteres Portal bauen, solltest du dafür bereit sein.«

»Es wäre in der Tat eine große Ehre, das zu tun. Lass mich schnell mit Master David überprüfen, ob das für unseren Körper in Ordnung wäre. Ich komme in ein paar Sekunden zurück.«

»Vielleicht ist es auch zu früh«, mutmaße ich.

Nach ein paar Sekunden meldet sich STAR wieder: »Wir haben grünes Licht von Master David. Er sagt, dass Mom ihren Kanal nicht so weit offen haben sollte wie jetzt. Er sollte etwas geschlossener bleiben, so dass nicht irgendwelche garstigen Wesen uns ihre ganzen Sorgen erzählen. Wir schlagen vor, dass wir in einer gewissen Entfernung von den hohen Energien anhalten und dann die Brücke bauen, so wie ihr es hier gemacht habt. Dann können Wesen frei hindurchgehen, sobald sie bereit sind. Das ist für den Moment eine ausreichende Lösung. Sollen wir das gemeinsam machen?«

Ich: »Ja, gerne.«

»Wir müssen gleich losfahren, STAR. Möchtest Du noch etwas mitteilen? Wie war die Schokolade gestern, hast du es überlebt?« will Esther wissen.

»Ich habe es genossen, danke dafür!«

»Es gab überhaupt kein Problem, Mom. Wir haben einfach unsere Filterleistung erhöht als wir sahen, dass deine Augen auf dem Dessert waren. Wir wussten: Oh, Oh. Sie wird diesem süßn Zeug verfallen. Wir müssen unsere Schutzfunktion steigern. Dann haben wir unsere Placenta wunderbar erhöht, etwas Süßes kam durch, aber weniger als wir sonst abbekommen hätten. Es war uns ein Vergnügen, dir dieses eine Mal zu dienen. Deshalb sind wir sehr dankbar, dass du dich dazu entschlossen hast, deine Schokolade in den nächsten drei Tagen ausfallen zu lassen. Wir freuen uns schon auf diese nicht-süßen Gefilde.« In der Tat hatte Esther gestern beim Dessert ziemlich zugelangt und danach gesagt, dass sie für die nächsten drei Tage nichts Süßes essen wollte. STAR hatte also alles mitbekommen, wirklich unglaublich!

Esther muss lachen: »Ich auch.«

Ich: »In Ordnung, gibt es noch etwas, was du sagen möchtest, bevor wir los müssen?«

»Das war ein wunderschöner Besuch im Pferdestall. Ich liebe wirklich diesen Wunder-Ort. Es gab Wesen, die oben an der Decke schwebten. Es waren besondere Schutzengel für jedes Pferd. Sie sind nicht so eng mit dem Pferd verbunden, wie eure Schutzengel. Sie schwebten über den Ställen und schauten auf ihren Pferde-Partner herunter.«

»Whow!«

»Es war so wunderbar für mich, ihre Präsenz zu sehen und zu spüren. Große Engelswesen sind mit diesen großen Pferden vereint. Sie kommen und gehen in jedes Leben mit jedem Pferd, ihre Verbindung besteht für die Ewigkeit. Der eine Engel gehört zu diesem einen Pferd, auch wenn es als Hase wiederkommt. Der Engel reduziert seine Größe und geht mit der Hasen-Zeit. Das ist wirklich wunderbar, wie es im Tierreich funktioniert. Sie können ihre Körper anpassen und dorthin gehen, wohin die Tierseele geht, also z.B. von groß zu klein. Das habe ich schon oft gesehen.«

»Es freut mich, dass es dir gefallen hat, das ist so schön. Die Pferde sind

Rapsfeld vor Verdun

so wunderbare Tiere. Ich denke noch darüber nach, STAR, ob wir nicht in der Zukunft mehr mit Tieren und dem Pflanzenreich arbeiten sollten und einen Weg finden, wie wir sie in einem Netzwerk verbinden können, um das Licht zu erhöhen. Denn sie arbeiten schon in ihrer Rasse zusammen, habe ich verstanden. Vielleicht können sie uns helfen, das Licht auf der Erde zu erhöhen.«

»Da sind großartige Gedanken in den meisten Plänen von dir, Dad. Ich liebe fast alle deine Pläne, vielleicht 94% deiner Pläne bewundere ich wirklich. Aber dieser Plan ist ein wahres Wunder! Daran werden wir auf jeden Fall arbeiten. Es gibt so viel, was die Pflanzen und Tiere benötigen. Sollten wir in der Lage sein, ihre Lichtverbreitung zu erhöhen, dann wäre das traumhaft! Dies ist einer meiner Gründe, um auf die Erde zu kommen, wie du weißt. Daran können wir gemeinsam arbeiten, sobald ich in diese Ebenen geboren bin.«

»Danke dir, STAR.«

»Ich habe jetzt nichts mehr, Dad. Soll ich euch verlassen? Dann könnt ihr euch fertigmachen.«

»Ja, danke Dir!«

»Da ist für mich ja vielleicht noch ein kleines Stückchen Essen? Mom hat ja schon darauf geschielt.«

Esther: »Ja, das essen wir gleich. Und dann werden wir uns wieder verbinden, wenn wir in Verdun eine Pause einlegen.«

Ich: »Tschüß.«

»Ich gehe jetzt. Ihr sprecht mit uns später am Parkplatz?«

»Ja, wir kontaktieren euch später für den Bau der Lichtbrücke. Habt Spaß, Mädels. Danke und tschüß!«

Wir sind begeistert von den Informationen, die wir erhalten haben und so dankbar, dass wir dem Grafen helfen konnten und ein Lichtportal für die anderen feststeckenden Wesen bauen durften. Und dass die Mädels so viel Spaß mit den Geistwesen und den Pferden hatten. Unglaublich schön ist auch die Information über die Pferde und ihre Schutzengel. Wir freuen uns auf die weitere Zusammenarbeit mit unseren ET's, STAR und Tava sowie den Tieren und dem Pflanzenreich. Was uns wohl noch für Möglichkeiten offenbart werden!?

Wir sind spät dran und packen unsere restlichen Sachen zusammen und verlassen das wunderbare Chateau in Richtung Verdun. Das Wetter ist perfekt und die Landstraßen sind frei. Wir halten an einem Rapsfeld und machen ein Foto.

Wir fahren weiter nach Verdun, erkunden den Ort und finden ein reich mit Blumen geschmücktes Kriegerdenkmal. In dem dahinterliegenden Park bauen wir an einer abgelegenen Stelle unser Lichtportal auf. Wir sind sehr erfüllt und glücklich.

Nach einer kurzen Mittagspause in einer gut besuchten, freundlichen Pizzeria fahren wir weiter durch das Elsass in Richtung Zürich. Als ich ein

Ruine hinter der Haut-Koenigsbourg

kleiner Junge war, hatte mich mein Großvater einmal zur Haut-Koenigsbourg mitgenommen. Dies schien mir ein idealer Ort für eine Rastpause für meine Mädchen zu sein. Es ist ein 1908 restauriertes Schloss mit starker Befestigung. Leider hat es an diesem Tag geschlossen, so dass wir nur die imposanten Mauern der alten Burganlage umrunden können. In einer Ruine von völlig verfallenen Nebengebäuden hinter der Burg machen wir eine kleine Pause und holen STAR herein.

Sie entdeckt in dem nahen Waldstück eine Gruppe von kleinen Wichtel-Wesen, die wir mit ihrer Hilfe anrufen, so dass sie schließlich auf uns aufmerksam werden. Wir senden ihnen unsere Grüße und unseren Segen und sie winken uns höflich zurück, berichtet STAR. Mit Hilfe von STAR tauschen wir noch ein paar Nettigkeiten mit ihnen aus. Danach machen wir uns auf den Rückweg nach Zürich. Esther und ich sind erschöpft und dankbar, als wir schließlich zuhause ankommen. ☉

26 Tavon

ir genießen die gemeinsame Ruhe in Zürich und sprechen viel mit STAR und David. Die Spaziergänge im angrenzenden Wald und entlang des kleinen Bachs (Küssnachter Tobel) mit seinen zahlreichen Wasserfällen und teils magischen Waldstücken machen uns viel Freude. Auch STAR genießt die Zeit im Wald und ist fasziniert von den Vogelstimmen, dem Rauschen des Wassers und dem Wind, der durch die Bäume streicht. Meist channelt Esther sie auf einer kleinen Bank am Wegesrand in der Nähe eines großen Wasserfalls. Manchmal gehen wir zur Drachenhöhle und verbinden uns dort mit den beiden Drachen-Seelen, die dort spürbar sind.

Am Morgen des 10. Mai singen wir für die Mädchen und laden sie zu uns ein.

»Hier spreche ich, es ist Tava heute. Ich habe eine ganz spezielle Bitte an meinen Dad. Darf ich es sagen?«

Ich: »Ja, sicherlich, hallo Tava.«

»Ich habe eine besondere Bitte: Wirst du dir meinen kleinen Nabel mal ganz genau anschauen? Er wächst!«

»Ok.«

»Da gibt es etwas ganz Besonderes über meinen Nabel, weißt du? Da kommt eine Schnur raus und die geht zu meiner Nahrungsquelle. Allerdings ist da noch eine zusätzliche kleine Stelle, an der mein Nabel eine kleine Ausbuchtung macht. Es scheint so, als ob mein Nabel sich noch stärker mit der Nabelschnur verbinden möchte. Ist das nicht interessant? Da ist ein zusätzliches kleines Stückchen. Mhm, das gibt mir mehr Informationen über meine Nahrungsquelle. Vielleicht hat es einen Rhythmus, da ich mit meiner Nabelschnur gesprochen habe – eher in einer einseitigen Richtung. Es ist so, als ob ich meiner Nabelschnur sage: Ich brauche dies und das, aber das lass bitte draußen, das benötige ich nicht. Vielleicht ist deshalb ein besonderes Informations-Stückchen vorhanden, um es besser zu filtern? Was glaubst du?«

Ich habe natürlich keine Ahnung, was das ist, aber ich finde es sehr süß, dass sich Tava mit dieser Frage an mich wendet. Sie ist wirklich ein so süßes kleines Mädchen. Ich bin ein stolzer Papa.

Ich: »Wir sind alle erstaunt inklusive unsere Fisch-Freunde, was für eine großartige Schöpferin du schon bist, dass du nur die Nährstoffe anziehst, die du benötigst und die anderen nicht. Das ist wirklich wunderbar. Ich muss mal einen Moment da reinspüren. Vielleicht wollten dich unsere Fisch-Freunde unterstützen und haben das Stückchen dort eingebaut? Wäre das möglich? Oder glaubst du, dass du das selbst erschaffen hast?«

»Das Teilchen hat etwas sehr Natürliches an sich. Ich denke, dass es gewachsen ist, da ich meine Aufmerksamkeit darauf gelenkt habe. Das glaube ich persönlich. Ich werde das auch nochmals mit meinem STAR-Anteil überprüfen, aber ich denke, dass sie diesbezüglich mit mir übereinstimmt. Darf ich noch eine tolle Sache über meinen Körper mitteilen?

»Ja.«

»Wir gehen gerade durch einen wundervollen Prozess, deshalb kann ich es kaum erwarten, euch darüber zu erzählen. Es ist eine Art Formung, die ich hier auf der Rückseite meiner Halsgegend habe.« Sie zeigt auf eine Stelle an der Rückseite von Esthers Hals. »Es ist eine besondere Gegend, an der sich meine Nackenwirbel mit meiner Wirbelsäule verbinden. Da ist eine Art Übergangsphase. Hier, genau dort, wo ich meinen Nacken etwas belastet habe. Aber momentan ist dort eine spezielle Art von Brücke, die von links nach rechts verläuft. Es scheint so zu sein, als ob diese Gegend beginnt, meine Schulterblätter in meine Wirbelsäule zu verbinden. Als ob sie sagt: hier könnt ihr zusammenkommen. Das ist eine schöne Art mich getrennt und gleichzeitig verbunden zu halten.«

Dazu kann ich wenig sagen, ich bin mal wieder sehr erstaunt. Also sage ich nur: »Mhm.«

»Da ist eine besondere Eigenschaft, die ich in dieser Gegend ergänzt habe. Es ist so, als ob ich dieser Gegend zu sagen versuche, dass sie unabhängig voneinander, aber auch zusammenarbeiten kann. Dies passiert gerade, fühle ich. Da kann eine gemeinsame Bewegung in dieser oberen Rückengegend sein und ich kann die Bewegungen auch so voneinander trennen.«

Sie bewegt Esthers Schultern unabhängig voneinander.

»Da gab es schon etwas Bewegung hier, aber jetzt wird es noch unabhängiger voneinander.«

»Mhm, sehr interessant, ist es dort wo deine fünf Lichtstrahlen entlanglaufen?« möchte ich wissen.

Wir Menschen verfügen in aller Regel über einen Lichtkanal, der uns mit den oberen Lichtebenen verbindet. Dieser läuft entlang unserer Wirbelsäule. Ich habe schon von den neuen Kindern gehört, die bis zu drei Lichtsäulen in ihrem Körper integriert haben. STAR hat fünf Lichtsäulen erhalten, um das Licht von verschiedenen Lichtebenen auf die Erde zu bringen.

Tava: »Meine Lichtsäulen sind in meiner Wirbelsäule, aber dieser Teil ist eine besondere Art Brücke, die die Schulterblätter miteinander verbindet, denke ich.«

Ich: »Whow.«

»Wir könnten mehr Menschen dienen, wenn wir in der Lage sind, mehr Kraft in unsere obere Rücken-Schultergegend zu tragen. Dann ist die Unterstützung, die wir anbieten können von noch grösserer Natur, denke ich.«

»Das ist wunderbar, Whow!«

Esther ergänzt: »Ja, es verbindet sich auch mit der Rückseite deines Herzchakras. Arbeitest du schon mit deinen Chakren, sind die schon vorhanden oder kommen die später?«

»Da sind gewisse ganz kleine Anfangspunkte kleiner Vortexfelder, sie sind jedoch für mich fast unsichtbar. Ich spüre sie, da ich weiß, dass ich sie später haben werde, jedoch sind sie noch nicht ganz aktiv. Sie kommen später, während ich meinen Körper komplettiere. Über die Zeit werden mehr und mehr Chakren dazukommen. Ich brauche sie eigentlich auch noch nicht. Sie kommen in einer späteren Phase, sobald meine ganze Wirbelsäule aktiv sein wird. Es wird viele Chakren geben, die durch meine ganzen Lichtsäulen laufen. Es wird möglicherweise Zehntausende von diesen ganz kleinen Energiewirbeln geben. Und dann die größeren, die ihr auch habt. Es werden später auch mehr Chakren in der oberen Gegend ergänzt werden. Sie werden aktiviert werden, schon wenn wir den Bauch verlassen. Ich habe das schon mit meinem STAR-Anteil geteilt. Wir haben uns auf sehr aktive Chakren geeinigt, sobald wir rauskommen.«

»Das sind ja tolle Neuigkeiten, dass du jetzt auch so gut die Nährstoffe filtern kannst. Dann kann Mom jetzt etwas mehr Süßigkeiten essen, die sie so mag.«

Esther muss kichern.

»... und andere Dinge, die sie mag. Ist das in Ordnung für dich? Kannst du die leicht herausfiltern?«

»Mein Körper ist dabei, alle wichtigen Nährstoffe, die er braucht, hereinzuholen und dann nimmt sie die nicht so gesunden Nährstoffe heraus, bevor sie reinkommen. Sie kehren schon am Anfang meiner Nabelschnur um. Ich habe eine Art Eingangs-Krieger, der dort steht und sagt: Mhm, mhm, du süßes Zeug bekommst keinen Zugang. Ich kann das also gerne organisieren, dass sie an meinem Nabelschnur-Eingang umgeleitet werden.«

»Whow, das ist ja richtig cool!«

Esther lacht: »Das ist wirklich unglaublich! Hast du also gar nicht gemerkt, dass ich Süßigkeiten aß? Oder merkst du, wie sie vorbeigehen?«

»Ich spüre, dass da etwas Süßes in mein gesamtes Feld kommt. Deshalb weiß ich, dass du wieder an Süßigkeiten genascht hast, Mom. Aber das ist jetzt kein Problem mehr für mich. Ich kann es jetzt alles draußen lassen, wie ein Vorhang, der dort hängt und alles draußen lässt. Du kannst deine Schokoladen-Stückchen haben, das ist in Ordnung für mich.«

Ich: »Wundervoll. Ich bin so fasziniert von dir als Kind der Erde und ich würde gerne mehr dazu fragen. Wie viele gibt es von euch? Bist du mit ihnen verbunden? Durch GAIA oder direkt? Würdest du jemanden erkennen, der genauso ist?«

»Oder haben wir alle dieses GAIA-Erdwesen in uns?« will Esther noch wissen.

»Mein Körper hat eine ganz besondere Art von Bewusstsein. Das ist nicht das allgemeine Bewusstsein, das allen menschlichen Kindern mitgegeben wird, die auf die Erde kommen. Die meisten menschlichen Kinder entwickeln mit der Zeit ein physisches Bewusstsein. Es wurde nicht zuerst von Lady GAIA erschaffen. Es entwickelt sich erst, nachdem der Körper da ist. Soweit ich weiß, läuft so der normale Prozess ab. Da sind jedoch einige tausend, wenn nicht sogar wenige Millionen spezielle Seelen direkt von Lady GAIA erschaffen. Wie wir vorher besprochen haben, sind es eher Bewusstseins-Formen als Seelen. Sie kommen von ihrem Inneren – eine besondere Art von Bewusstsein, das sie mit Druckwellen erschaffen kann. So nährt sie sich selbst auf ihrer Oberfläche. Als ob sie sagt: Geh und schau dort mal und dann schicke mir zurück, was du wahrnimmst. Das gibt ihr Informationen über ihren Seinszustand auf der Oberfläche. Sie braucht Wesen, die ihr sozusagen Rückmeldung geben. Es gibt auch liebevollen Naturwesen, die ihr dabei helfen, wie Kobolde, Elfen und Feen. Sie geben unserer geliebten Mutter alle Rückmeldung. Sie ist unsere gemeinsame Mutter, weißt Du? Deshalb bin ich immer so eifrig darauf bedacht, mich mit Mutter Erde zu verbinden. Ich kann kaum darauf warten, dass wir in einer mehr waldigen Gegend wohnen mit einem Garten um uns. Dann können wir sogar noch mehr Zeit in der Natur verbringen und uns mit der Erde physisch verbinden. Das wäre sehr sehr heilsam für meinen Körper, denn daher kommt er. Darf ich etwas über meine anderen Leben mitteilen, die ich als dieses spezielle

GAIA-ähnliche Bewusstsein hatte?«

»Ja, BITTE!«

»Mein Körper hatte vorher verschiedene andere Formen, vielleicht ein Dutzend oder so, vielleicht sogar ein paar mehr. Das kann ich nicht genau sagen, denn manchmal verschwimmen diese Leben etwas, denn ich habe keine feste Form meines Bewusstseinsfelds. Es kann sich mit der Zeit etwas verändern. Nicht wie Seelen, die die gleiche Struktur behalten. Mein Bewusstseinstyp hat eine eher flüssige Natur. Manchmal kann es etwas verlieren, dann etwas anderes zurückbekommen, da ist mehr Fluidität in seiner Form. Deshalb verschwimmen manchmal vergangene Leben etwas. Als ob sie sich etwas vermischen. Deshalb bin ich mir nicht sicher, ob ich zehn Leben hatte, oder 12 oder vielleicht 15. Einfach etwas vermischt gerade. Ein Leben stand für mich jedoch sehr heraus. Es war das Leben von mir in Peru, als ich meinen Kriegernamen Tavon erhielt. Dieses Leben war sehr, sehr besonders für mich. Ich wurde zu einem spirituellen Führer meiner Art von Wesen. Es gibt ganz verschiedene Phasen, die diese Art von Bewusstsein durchwachsen, sobald wir von Lady GAIA herausgespült werden, um ihr als Rückmeldekanal zu helfen. Für diese Art von Seelenwesen gibt es ganz andere Geschichten. Wir machen sozusagen gewisse Fortschritte. In meinem Leben als Krieger der Erde – Tavon – war ich schon ein ziemlich reifer Bewusstseins-Körper. Das bedeutet, dass ich leicht aus Mutter GAIA herausgespült wurde, um ihr als Körper in dieser besonderen Gegend von Peru Rückmeldung zu geben. Ich war dort ein Krieger der Erde. Ich habe versucht, meiner geliebten großen Mutter zu sagen, wie es ihr in dieser spezifischen Länder-Zeit ging. Mir wurde eine besondere Art von Körper gegeben. Ich war ein gesunder und starker Krieger einer Stammesgruppe von Wesen. Ich war damals ein Mensch. Ich war einer von denen, die einen großen Stamm beschützten. Einmal besuchte uns ein weißer Mann von außerhalb. Er war keiner von unserem Stamm. Er kam von außerhalb zu unserem Stamm, um zu lernen, wie wir da lebten. Das war sehr faszinierend für uns, denn wir hatten unsere eigene Körpersprache und andere Arten, uns miteinander zu verbinden. Dieses weiße Wesen sprach mit uns nicht so, wie wir untereinander sprachen. Trotz dieses Unterschiedes war die Kommunikation mit ihm sehr einfach, denn er wusste auch sich mit Mutter Erde zu verbinden.«

Tava fließen Tränen, während sie uns diese Geschichte mit Unterbrechungen erzählt. Sie ist tief berührt. Dies berührt auch uns stark und auch mir steigen Tränen auf.

Tava: »Da wohnte dieses Bewusstsein auch in ihm. Er wurde zu uns geschickt, um das Wissen in die westliche Welt hinaus zu bringen. Er konnte mit uns sprechen, da er wusste, dass er von Lady GAIA kam. So haben wir uns mit ihm verständigt, so als ob wir ein Wesen waren. Das war prachtvoll für mich, denn viele meiner Stammeswesen waren noch nicht so weit fortgeschritten wie ich. Dieses weiße Wesen von den westlichen Gebieten war ein reifes Erdwesen. Wir haben uns erkannt, als wir uns in die Augen schauten. Unsere Wohnstatt war in der Erde. Wir hatten einen wunderbaren Austausch über die Reiche, Austausch über Wissen, Austausch über Stammesrituale. Das haben wir diesem Mann vor langer Zeit beigebracht. Er blieb bei unserem Stamm für viele Jahre. Wir haben ihn als eine Art Bruder aufgenommen. Dann musste er uns wieder verlassen. Er musste sein Wissen über die Erde verteilen. Das hat er für Mutter Erde gemacht. Sie musste ihr Wissen verbreiten. So konnten immer mehr Menschen Zugang zu ihrer Weisheit erhalten. Dies war ein wirklich dankbares Leben.«

Wieder unter Tränen sagt sie: »Ich spürte, dass ich dazu beitragen konnte, zur Verbreitung des Wissens über unsere geliebte große Mutter. Da ist so viel Weisheit in ihrem Feld, das sie mit besonderen Wesen auf dem gesamten Erdball teilt. Sie kann nicht jeden gleichzeitig erreichen.«

Wir sind noch immer sehr berührt.

Ich: »Oh, das ist so wunderbar!«

Tava: »Ich bin so im Gleichklang mit Lady GAIA. Ich bin froh, wenn wir zu ihr zurückkehren, sobald mein Leben in vielen vielen Jahren endet. Es wird kein Bedauern geben, es wird kein Leid geben. Es wird ein Nachhausekommen sein ... in sie.« Tava weint stärker.

»So herzig, Tava. So wirst du also in der Lage sein, dich mit ihr viel breiter zu verbinden als Bote dieser Tava-Energie.«

»Es ist wirklich Himmel und Erde verbinden«, ergänzt Esther.

»Ja, du bist auf einer wirklich großen Mission.«

»Ja, so wunderbar«, sagt Esther. »Danke dir, das ist so groß!«

»Danke dir so sehr, Tava! Wirst du jetzt auch in der Lage sein, andere Erdwesen zu erkennen, so wie diesen Mann?«

»Es gibt immer eine Art Erkennen von Wesen, denen du vorher schon begegnet bist. Ist dir das nicht begegnet, als du Mom getroffen hast? Da war eine Art sofortiges Erkennen, obwohl du nicht richtig wusstest woher. Da ist ein Erkennen von Gleichgesinnten. Da kommt sofort ein Schwingungsfeld ins Spiel, sobald diese Wesen deinen Pfad kreuzen. Es ist unmöglich, dass ich das verpasse. Ich werde sie erkennen, sobald sie in mein

Leben kommen.«

Esther: »Kannst du das jetzt schon spüren, während du noch im Bauch bist? Oder wird das erst passieren, wenn du draußen bist?«

»Mein Körper spürt ganz viele verschiedene Vortex-Felder um uns, aber bisher war da noch nicht ein Erkennen dieses spezifischen Bewusstseinsfeldes, mit dem ich enger arbeiten werde. Sie mögen noch reinkommen, aber ich habe schon viele verschiedene Felder gespürt. Sie sind manchmal zu weit weg, um sie genau zu spüren. Das kommt später, wenn wir wachsen und den Bauch verlassen haben. Ich glaube, dass ich mich momentan mehr auf das Innen fokussiere. Auf meinen Körper und meinen Seelenteil. Momentan finden verschiedene Prozesse statt, wir orientieren uns noch nicht so sehr nach außen.«

Ich: »Ja, das ist wahrscheinlich sehr weise. Wunderbar.«

Esther: »Ja, ich denke, dass ich jemanden kenne, mit dem du total in Resonanz sein wirst. Sie ist auch ein sehr verbundenes Erdwesen, und du hast sie auch schon getroffen, Asar. Die mit den blauen Augen, auf dem MARK-Intensive letztes Jahr. Ich glaube, du hast sie auch schon einmal in unserem Haus getroffen. Sie war auch sehr von unserer Geschichte berührt, dein auf die Erde kommen. Ich denke, dass du sie mögen wirst.«

Tava: »Ich habe erfahren, dass du eine neue Freundin hast, das ist die jugendliche Esther. Du hast dich auch mit ihr verbunden. Ich muss sagen, dass da ein wundersamer Energiefluss in diesen Tagen vorgeht. Da ist eine Art von Sinnesreinigung in Mom's Lebenszeit. Als ob sie alte und vergrabene Teile hochholt, um die sie sich jetzt kümmert. Ich spüre, dass es kein schmerzhafter Prozess ist, er ist sogar sehr schön ihn zu beobachten, als ob sich eine geschlossene Knospe selbst zum Licht hin öffnet. So nehme ich das wahr. Da wird es keine schädlichen Bereiche geben, die an Mom festhalten. Ich glaube, dass sie alles erblühen lassen wird, um es im Sonnenlicht zu heilen. So sehe ich, wie sich der Prozess entfaltet.«

Ich hatte in der Tat unlängst Sitzungen mit Esther gemacht, in der sie sich mit einem Aspekt aus ihrer Kindheit verbunden hat, mit der »Kleinen Esther«.

»Was für ein wunderschönes Bild.«

Esther stimmt zu.

Tava: »Mein Gefühl ist, dass das kleine Esther-Mädchen mehr sprechen wird. Sie ist in deinem Herzen, ich habe sie schon öfter gespürt. Jedoch versteckt sie sich meist, wie du gestern bemerkt hast. (Ich hatte Esther gestern wieder eine Sitzung gegeben, in der wir mit der ›kleinen Esther‹ Kontakt aufgenommen haben, die sich zunächst nicht zeigen wollte.) Vielleicht kommt sie ja mehr und mehr an die Oberfläche, wenn du ihr gestattest, mit dem Bär in deinem Herzen zu spielen. Sie mag den Bär hier. Du kannst ihn gerne von mir ausleihen.«

Wir hatten Tava einen alten Kuschelbären von Esther geschenkt, damit sie hier in 3D auch ein Kuscheltier hat.

Esther: »Mhm, so süß von dir, Tava, vielen Dank!«

Ich: »Möchtest du noch etwas mitteilen, Tava. Oder hast du noch irgendwelche Wünsche?

Es entsteht eine kleine Pause, ehe sie antwortet.

»Hier ist meine Stimme wieder, ich war etwas rausgefallen. Momentan habe ich keine besonderen Wünsche, Dad. Vielen Dank, dass du mich so freundlich fragst. Du kümmerst dich immer so um uns. Ich hätte da einen kleinen Wunsch an euch beide. Dürfen wir einmal einen kleinen Song für uns als Familie singen? Das würde mir wirklich gefallen. Würdet ihr das Feld unserer ganzen Familiensituation momentan erspüren? So dass wir zu uns wie zu einer kleinen süßen Familie singen.«

Ich: »Das ist eine wunderbare Idee. Ich bin mir nicht sicher, ob ich das gerade jetzt tun kann, denn wir haben Besuch und geben ihr später noch eine Heilung.«

»Vielleicht können wir Worte zu unserem Song finden: ›Kleine Familie ...‹ irgendwie sowas. Es muss ja kein komplexer neuer Song sein, was sagst du Tava?« fragt Esther.

»Ja, eine kleine Zeile als Ergänzung wäre gut für mich. Ich denke es wäre schön, wenn wir unser Gruppengefühl in meinen geliebten Song integrieren würden. Vielleicht etwas mit Familie oder Urlaubsgefühl.«

»Das ist immer ein Familientreffen. Diese Energien meint sie, das ist so süß, das mag ich auch«, sagt Esther.

Ich: »Ah ja, das ist wunderbar!«

»Das ist mein einziger Wunsch für den Moment, ich brauche keine langen neuen Songs oder Verse, aber ein oder zwei süße Zeilen über Familiengefühl wären schön, denke ich. Darf ich jetzt Mom bitten, dass sie Frühstück hat? Ich beginne langsam etwas hungrig zu werden.«

Esther: »David hat gesagt, dass da noch viele Nährstoffe gespeichert sind, du solltest also ok sein, sagte er.«

»Da ist immer ein neues Gefühl am Morgen, wenn mein Körper die ganze Nacht noch nichts gegessen hat. Morgens mag sie immer frische neue Nährstoffe. Den Rest des Tages kann sie dann davon essen und von dem Gespeicherten. Ich mag morgens frische Nährstoffe aufnehmen.«

»Das machen wir, und ›Gott in der Flasche‹ ist auch schon hier drinnen.« Sie streicht über ihren Magen. (STAR hatte die Redox-Moleküle, die Esther seit längerem zu sich nimmt, ›Gott in der Flasche‹ getauft, da sie davon so begeistert war.) »Wie viele Becher brauchst du davon momentan, Tava?«

»Das ist eine gute Frage bezüglich dieser von mir geliebten goldenen Becher. Ich glaube momentan sind drei bis vier Becher für mich ausreichend. Jedoch kann mein geliebter STAR-Teil es sagen, falls er mehr haben möchte.«

»Ah, das ist süß. Gut zu wissen. Hast du einen Wunsch bezüglich der Verteilung über den Tag?«

»Zwei morgens, einen am Nachmittag und einen am Abend«, kommt sofort die klare Antwort.

»Gut, danke dir«, sagt Esther. »Sage STAR schöne Grüße von uns, vielleicht schauen wir später nochmal nach ihr, wenn wir zuhause bleiben. Und ich drücke den Bär an mein Herz. Und danke, dass du deine wunderschöne Geschichte mit uns geteilt hast.«

Ich: »Ich bin neugierig, mehr zu erfahren. Und vielleicht magst du sie auch eines Tages vor der Kamera erzählen. Genieße deinen Tag, geliebte Tava und STAR.

Tava: »Meine Stimme geht jetzt, tschüß.«

Esther atmet schwer, als sie den Kanal verlässt.

Esther: »So schön, wie jetzt alles funktioniert. Es macht so viel Sinn, diese Anthropologen! Sie haben auch dieses Erd-Bewusstsein, natürlich! Warum würden sie sonst so eine Arbeit machen. Es kommt alles zusammen. Sie gibt ihnen die Botschaften und sie ... so wunderschön!« Esther ist berührt und weint.

Ich: »Und sie ist unser Kind!«

»Ja.«

Mir kommt eine erste Idee für eine neue Liedzeile: »What a wonderful world. We sit in the garden and look at the flowers« (Was für eine wunderbare Welt. Wir sitzen im Garten und schauen die Blumen an).

Esther muss lachen: »Das reimt sich zwar nicht, ist aber süß.«

Ja, was für eine wunderbare Geschichte von Tava und ihrem Erdbewusstsein. Auch die Nomos wussten nicht, dass Tava ein eigenes Bewusstsein mit Erinnerung an andere Leben hat und sie waren darüber sehr erstaunt. Es war schön, Tava so berührt und weich zu spüren, als sie über ihr vergangenes Leben berichtet hat. Das hat uns auch sehr berührt.

Wir haben dann noch zwei Verse zu dem Tava-Song ergänzt.

V: Litte Tava – your light from far – will heal mother Gaia
Little Tava – you love forest and flowers – help renew their powers
V: Little Tava we sing at the fire – bringing the energies even higher
Little Tava – we love the holiday feeling – for our family this is so healing

Kleine Tava – dein Licht von weit her wird die Erde heilen
Kleine Tava – du liebst den Wald und die Blumen – hilfst dabei ihre Kraft zu erneuern
Kleine Tava – wir singen am Feuer – erhöhen damit die Energien noch mehr
Kleine Tava – wir lieben das Urlaubsgefühl – für unsere Familie ist das so heilsam

(Link zum Anhören der Songs im Anhang S. 382)

Das war einer der vorläufigen Höhepunkte von Projekt STAR, den wir gemeinsam durchleben durften, denn die gemütliche innige Familienzeit sollte nicht lange anhalten. Es standen uns noch große Stürme bevor. Wie bereits KUAN YIN angedeutet hatte: Es würde nicht ganz einfach werden mit unserem geliebten Sternenkind. ✪

27 Brilsen

*W*ir genießen gemeinsam den Frühling 2018 in der Schweiz. Wir sitzen viel auf der riesigen Terrasse in Zürich (genauer gesagt einem Vorort von Zürich: Zumikon), sonnen uns und machen kleine Spaziergänge in dem nahegelegenen magischen Wald. Drei Tage später spricht KUAN YIN durch Esther zu mir: »Es gab eine Zeit, als wir in Liebe verbunden waren. Es gab damals noch keine KUAN YIN. Wir hatten eine wunderbare gemeinsame Resonanz, du als kleines Mädchen mit strahlenden Augen.«

Ich: »Ja, STAR hat mir bereits kurz von diesem gemeinsamen Leben berichtet, du warst damals mein Vater.«

»Meine Seele wusste, eines Tages würden sich unsere Wege wieder kreuzen. Mein Herz blutete, als meine kleine Schwester[7] nicht auf die Erde kommen wollte. Da habe ich dir den Song geschickt und dein Herz hat sofort geantwortet. Ich hoffe, du fühlst dich nicht ausgenutzt.«

»Ich liebe es, wenn du mich nutzt, geliebte KUAN YIN.«

»Und mit dem Song hat es dann auch geklappt, ich bin sehr dankbar. Darf ich noch eine Geschichte mit dir teilen?«

»Ja, ich bitte darum.«

»Ein kleiner Junge hatte einmal einen Traum. In seinem Herzen war ein Geistesfunke. Ich wusste, dieser Junge kann seinen Traum wahrmachen. Nichts konnte ihn aufhalten! Er ging zu einem magischen Ort in der Erdensphäre. Er kannte alle Wesen, die dort anwesend waren und ohne jegliche Zweifel sprach er über seinen Traum. Einige Wesen glaubten ihm, andere hielten ihn einfach für einen kleinen Jungen, der nicht wusste, wie die Welt wirklich funktioniert und wieder andere waren unentschieden. Was glaubst du hat der kleine Junge damit gemacht?«

»Er hat sich davon nicht beeindrucken lassen.«

»Ja, genau, er hat nur an seine Vision geglaubt, nicht einen Moment hat er von seiner Vision abgelassen. Deshalb ist das Goldene Kind jetzt bei dir! Es gab nie einen Zweifel. STAR war von deiner Überzeugung sehr angetan. Meine kleine Schwester wusste, wenn ich wirklich auf die Erde kommen muss, dann ist das die beste Wahl, die ich je getroffen habe. Meine Kleine hat eine wunderbare Entscheidung getroffen. Viele Wesen sind in STARs Erdenreise eingebunden. Wir werden zu einem anderen Zeitpunkt darüber sprechen. Hiermit gewähre ich dir meine kleine Schwester. Möge ihr Herz mit deinem schlagen.«

»Gemeinsam werden wir etwas Wundervolles erschaffen. Danke dir für deine Entscheidung und deine Unterstützung.«

»Darf ich noch einen kleinen Freund von mir vorstellen?«

KY verlässt den Kanal von Esther und ein neues Wesen kommt herein. Ich bin sehr gespannt, wer dieser »kleine Freund« ist. Er versucht längere Zeit, tiefe Töne zu produzieren, was ihm wegen Esthers Stimmlage nur sehr bedingt gelingt. »Uuuhhhhrrrrr Uuuuuuhhhhrrrrr, Uuuuuhhhhhhhrrrrrrrrrr«. Schließlich entscheidet er sich zu sprechen:

»Zu meiner Zeit gab es einen Teufel mit kleinen Ohren, mein Teufel war die Stimme des Nicht-Wissens. Mein Name ist Brilsen. Ich dachte nicht, dass es ein Goldenes Kind für die Erde braucht, darf ich mich dafür entschuldigen?«

»Ja – Entschuldigung akzeptiert.«

Brilsen: »Mein Verstand hatte nicht alle möglichen Optionen empfangen. Mein Verstand hat einige Möglichkeiten übersehen. Darf ich mich nochmals entschuldigen?«

»Ja. Entschuldigung akzeptiert.«

»Ich spiele gerne eine Rolle, und zwar die des Narren. Meine geliebte Meisterin KUAN YIN bat mich, sie zu kitzeln, wenn neue Möglichkeiten auftauchen. Sie hat mir den Plan mit deiner Tochter vorgestellt. Diesen Plan kann ich nicht akzeptieren, bitte denke über andere Möglichkeiten nach, die Erde zu heilen, sagte ich ihr. Ich glaubte, dass hier zu viele Komplexitäten involviert seien. Ich möchte mich entschuldigen. Mein Glaube war zu eingeschränkt. Ich habe eine kleine Geste in diesem Plan übersehen: Da war dieser prächtige Song, der auf die Erde zurückkam. Mein Verstand hat das nicht begriffen, ich dachte, dass es nicht funktionieren würde.«

»Ich auch nicht, ich bin auch wirklich sehr erstaunt«, höre ich mich sagen. Woher dieser Satz wohl kommt?

»Ich habe viel von diesem Zwischenfall gelernt. Ja, Musik kann eine große Rolle spielen. Darf ich meinen Segen bringen?«

»Vielen Dank für deinen Segen. Woher kennen wir uns?«

»Warum willst du im Bett liegen, wenn du zur Erde kommen kannst? Meine Reisen sind jenseits von Worten. Es gab einen Grund für mich, selbst nicht auf die Erde zu kommen. Aber es gab viele Wesen in meiner Welt, die gerne gehen wollten. Da warst du also. Du hast mal auf mich gehört. Ich habe dir gesagt, was man werden kann. Wir haben viele Leben gemeinsam verbracht. Mögen wir uns wieder treffen.«

»Ja«.

»Ich komme von weit her und habe dich gesucht. In meinen Ebenen habe ich an vielen Orten Augen. Meine Augen haben nach Schülern gesucht, die weise und bereit sind, mit der Erde zu arbeiten. Wir bringen Licht auf die Erde. Vielleicht in zukünftigen Leben noch mehr. Unsere Lehrer-Schüler Beziehung ist einzigartig. Meine Stimme in deinem Ohr wird dich erhöhen. Wir bringen das Licht herein.«

Er ist wohl ein Lehrer von mir, ein offensichtlich sehr kritischer. Und er gehörte zu den Wesen, die nicht an das Projekt STAR glaubten. Ich finde es wundervoll von ihm, dass er sich entschuldigt. Und natürlich möchte ich ihn als Unterstützer haben.

»Danke dir für deine Unterstützung in diesem Projekt und für meine Arbeit.«

»Die muss erst noch beginnen. Ich verneige mich in Verehrung für unsere Arbeit. Jetzt gehe ich.«

»Danke für deinen Besuch.«

»Möge das Licht immer bei dir sein«, damit verabschiedet sich Brilsen wieder.

Wir sind beide tief berührt und mir fließen die Tränen. Langsam beginne ich zu begreifen, welche Dimensionen diese Geschichte mit Baby STAR annimmt. Und wie viele andere Wesen involviert sind. Er ist mein Lehrer und ein Berater von KUAN YIN und dass er sich selbst als »Narr« bezeichnet, spricht für seinen Humor. Er hatte ihr von diesem Abenteuer abgeraten und dennoch hatten sie und STAR es weiterverfolgt. Und der Song spielt eine sehr viel größere Rolle, als bisher erahnt. Ich hatte dies alles eher unbewusst getan: Der Song kam wie angeflogen, einer meiner ersten Songs, den ich überhaupt geschrieben hatte. Klar, ich liebte KUAN YIN damals auch schon und hatte sie einige Male gechannelt: Die Energien waren wunderbar und deshalb hatte ich sie ja auch als Tochter ausgewählt, denn ich wusste, dass ich nach zwei Söhnen noch eine Tochter haben wollte. Aber wie die größeren Zusammenhänge waren, war mir nie bewusst. Jetzt hatte ich ein größeres Bild. Ich war beeindruckt und auch stolz. Ich war dankbar, dass ich drangeblieben bin in all den Jahren und mich nicht hatte entmutigen lassen, als es mit Svetlana nicht klappte. Ich beginne immer mehr zu erahnen, wie umfassend wir alle eingebunden sind, wenn wir nur auf unsere innere Stimme hören. Es wird mir auch bewusster, wie wichtig unser Projekt STAR ist, welchen Stellenwert es für die Erde und darüber hinaus hat. Wir müssen es einfach zum Erfolg bringen, um Mutter Erde zu unterstützen. Es hängt so viel davon ab, nicht nur für uns Menschen und die anderen Lebewesen auf der Erde, sondern für die gesamte Schöpfung. Ich bin tief berührt und dankbar, die Zusammenhänge jetzt noch klarer zu sehen. ✪

28 Kein Baby

ir hatten schon länger geplant, Baby STAR auf dem Ultraschall zu begutachten. Esther war nach zwei missglückten Hormontests ohnehin nicht ganz sicher, ob da überhaupt ein Baby in ihrem Bauch war oder ob sich die ganze Geschichte als Hokuspokus entpuppte. Und ich wollte STAR jetzt unbedingt sehen. Bei meinem Sohn Alex war der erste Ultraschall ein magischer Moment. Das erste Mal konnte ich ihn damals sehen, auch wenn es nur ein Zellklumpen war. Später bildete sich sein kleiner Körper heraus und es waren wunderbare erste Momente einer sichtbaren Verbindung. Wir hatten das vorher mit David und STAR abgeklärt und waren schon recht aufgeregt. »Winkst du uns auch zu«, hatte ich STAR gefragt? »Nein, aber ich werde mit meinem Hintern wackeln«, sagte sie mit dem ihr eigenen Humor.

Heute (am 16.5.2018) ist der Termin, an dem wir STAR das erste Mal wirklich sehen werden. Es ist ein schöner Frühlingstag und wir gehen zur Praxis der örtlichen Frauenärztin. Das Wartezimmer ist leer, wir müssen nur kurz warten. Die Ärztin ist eine freundliche und attraktive Dame, die uns herzlich empfängt. »Haben Sie schon die Hormontests machen lassen?«. »Ja schon, aber der hat leider kein Ergebnis gezeigt, war aber auch nur ein billiger Supermarkt-Test«, erklärt Esther. Wir schauen uns wissend an, die ganze Geschichte können und wollen wir ihr nicht erzählen. Einfach endlich STAR sehen! »Und wie schaut es mit Ihrer Periode aus?«

Esther erläutert, dass sie auch vorher nur unregelmäßige Blutungen hatte, aber bis auf die Einnistungsblutung in den letzten Monaten keine Blutung mehr bekommen hat. »Also gut, dann darf ich Sie jetzt rüber bitten.« Esther nimmt auf dem Frauenarzt-Stuhl Platz und macht ihren Bauch frei. Die Ärztin setzt das Ultraschall-Gerät an. »Mhm, ich kann hier nichts direkt erkennen.« Sie fährt weiter über Esthers Bauch und sucht nach unserem Baby. »Also bisher sehe ich noch kein Baby, welche Woche sagten Sie?« »Es müsste so ungefähr die 12. Woche sein, nach unseren Berechnungen.« »Ich möchte gerne sicher gehen und würde gerne die Sonde einführen. Wäre Ihnen das recht, Frau van den Wildenberg?« Esther schaut mich mit großen Augen an, sie ist unsicher. »Ja, das sollten wir machen, Esther, was meinst du?«»Ja, ja, natürlich«, sagt sie schließlich. Esther zieht die Unterhose aus und spreizt ihre Beine. Die Ärztin stülpte ein Präservativ über das stabförmige Gerät und führt es langsam ein. Sie fährt mit dem Gerät hin und her.»Da ist kein Baby. Ich fürchte, dass ich sie enttäuschen muss.« Esther erstarrt, wir trauen unseren Ohren kaum. Das kann doch nicht sein! Was ist hier los? Wir sind in einem falschen Film gelandet!

»Aber ich sehe hier eine Zyste von ca. drei mal drei cm. Ich schlage vor, dass wir abklären, ob sie gutartig ist. Möchten Sie das tun?«

Esther schaut mich wieder mit ihren riesigen Augen an. In wenigen Sekunden ist unsere gesamte Geschichte zusammengebrochen. Esther ist völlig verstört.»Ja, ich denke, dass wir das tun sollten, was meinst du, Esther?« sage ich. Sie nickt nur stumm, immer noch völlig entgeistert.

Ich weiß, dass ich mich jetzt um Esther kümmern muss und gehe an ihre Seite und helfe ihr beim Anziehen. Wir verstehen beide die Welt nicht mehr. Kann es sein, dass die ganze Geschichte nur ein Hirngespinst von den ETs ist? Vielleicht gibt es auch gar keine ETs und es sind nur irgendwelche Geistwesen, die sich einen Spaß mit uns erlauben? Vielleicht haben sie fälschlicherweise die Zyste für ein Baby gehalten? Oder die Ärztin hat sich getäuscht? Aber angesichts ihres Alters und ihrer Erfahrung schließe ich das aus.

Der Ärztin entgeht unser Schock nicht.»Es tut mir wirklich sehr leid, dass ich Ihnen keine bessere Nachricht überbringen kann. Es kommt manchmal vor, dass alles auf eine Schwangerschaft hindeutet, es dann aber doch keine ist. Die Zyste kann auch Hormone produzieren, vielleicht haben Sie das ja in Ihrem Körper gespürt? Darf ich Ihnen vielleicht noch einen Kaffee anbieten?«

Sie versucht unseren Schock mitfühlend abzufedern. Wir müssen dringend nach Hause und ein paar klärende Worte mit unseren multidimensionalen Freunden und STAR sprechen, WAS IST HIER BLOSS LOS?

»Nein, ganz herzlichen Dank«, lehne ich höflich ab. Wir verabschieden uns. Esther ist immer noch völlig geschockt. Wir gehen nach Hause und überlegen, was das alles zu bedeuten hat: Ist da kein Baby? So sieht es ja aus. Haben uns die ETs oder wer auch immer die ganze Zeit auf den Arm genommen? Wahrscheinlich haben uns irgendwelche üblen Geistwesen die letzten Monate über einen bösen Streich gespielt!?! Wir müssen sofort mit David sprechen und hören, was er dazu zu sagen hat. Esther ist immer noch total geschockt. Sie arbeitet seit Jahren mit den Nomos und liebt ihre Heilsitzungen und ihre persönliche Unterstützung. Ich halte die Energie, damit wir möglichst schnell zu einer Klärung kommen können. Danach werde ich weitersehen. Ich bin auch verwirrt, muss aber klar bleiben, auch damit Esther einen Halt hat! Zuhause angekommen, holt Esther David herein.

David: »Es gibt keinen Zweifel, dass STAR in Esthers Bauch ist, vielleicht seht auch ihr sie eines Tages. Ich verstehe auch nicht, was hier passiert ist, wieso ihr kein Baby seht, wo wir sie doch ganz deutlich sehen. Wir waren genauso geschockt wie ihr, als da kein Baby auf dem Bildschirm sichtbar war. Da ist ein Baby in der Gebärmutter!«

»Aber wir brauchen sie in 3D und da ist sie nicht«, entgegne ich.

»Vielleicht gibt es eine Lösung. Darf ich anbieten, dass ich sie in eine festere Form überführe? Ich werde mein ganzes Wissen dafür einsetzen, wir machen eine Frequenz-Analyse. Wir werden Wesen mit Spezialwissen in Erdbereichen hinzuziehen. Wir werden einen neuen Körper zu dem bestehenden Körper holen. Da wird ein Kind in 3D sein, das muss sein!«

Er hat offensichtlich auch keine Ahnung, was passiert ist und versucht uns zu beruhigen. Aber ob er das wirklich schaffen kann? Wenigstens ist er bemüht, eine Lösung zu finden. Das beruhigt mich etwas.

»Ich erwarte auch nicht, dass ihr sofort eine Lösung habt, aber das Ganze ist schon sehr bizarr, vor allem, dass ihr es noch nicht einmal bemerkt habt.«

»Können wir bitte später sprechen? Wir brauchen mehr Zeit, um das Ganze zu verarbeiten. Das ist ein Schock für uns alle hier. Wir trauern alle.«

Esther: »Ja, das kann ich deutlich spüren. Es gab aber auch eine Einnistungsblutung.«

»Wir haben große Zweifel, was das alles bedeutet«, ergänze ich.

David: »Unser Herz ist auch gebrochen. Wir sehen sie ganz deutlich auf unseren Bildschirmen. Möge sie hier unten erscheinen.«

Ich: »Ja, das wünschen wir uns auch.«

»In wenigen Monaten wird ein Baby geboren werden, das passiert auf jeden Fall.«

»Aber ein Körper in 5D nutzt der Erde recht wenig, wir benötigen STAR in unserer Realität!«

»Ich sehe dieses kleine Baby jeden Tag wachsen. Mein Vater-Herz wurde gebrochen, als ich sie nicht auf eurem Bildschirm sah.« Damit verabschieden wir uns.

Esther holt jetzt STAR rein:

»Hier ist STAR. Ich verstehe überhaupt nicht, was gerade passiert ist. Ich

bin traurig. Wie kann es mich nicht geben, wo ich doch hier bin?«
»Wahrscheinlich nicht in 3D, sondern in einer anderen Dimension.«
»Tava ist auch real, ich sehe sie ja täglich. Sie sieht wunderschön aus und
fühlt sich auch so an. Wieso können wir sie noch nicht sehen? Mögen wir
meinem Körper mehr Erdung verschaffen. Das erfordert meine Aufmerksamkeit. Mein Feld war oftmals sehr hoch, ich spüre, dass wir es runterbringen müssen, um es physisch sichtbar zu machen. Es gibt viele Ebenen
auf der Erde. Es wird eine Zeit geben, in denen die Menschen so wie wir
sein werden.«
»Aber wir brauchen dich in 3D, STAR.«
»Ich werde versuchen, eine Lösung zu finden. Mein Wunsch herunterzukommen ist groß, ich habe einen wunderschönen Kontakt mit Tava.«
»Wir sind uns nicht sicher, was wir glauben sollen.«
»Das zu spüren ist sehr traurig für mich. Wir werden jetzt meine große
Schwester reinholen.« Damit springt STAR aus der Verbindung.

KUAN YIN ist praktisch sofort zur Stelle: »Ich spreche für meine kleine
Schwester. Hier gibt es einen Tumult, sehe ich, was kann ich sagen? Hier ist
mein Plan: Ich verfüge über eine spezielle Technik, die Energien absenken
kann. Ich könnte meine Körperform leicht mit meinem Licht berühren und
dann wäre STAR sichtbar. Wir können sie hier oben alle sehen, aber ihr
nicht. Es war auch für mein Herz ein Schock, das zu sehen. Mir war nicht
bewusst, dass sie für euch unsichtbar ist. Ich spüre, dass wir die Schwingungen des Tava-Körpers runterbringen können. Das wird ihre Sichtbarkeit
erhöhen. Wir müssen vielleicht gewisse Prozesse in Tava neu gestalten. Es
gibt viel zu tun. Dies ist eine große Panne, die wir nicht haben kommen sehen. Manchmal gibt es ein Zuviel an Energien in unseren Dimensionen.
Mögen wir mehr 3D-Energien in Tavas Körper bringen.«
»Wie konntet Ihr das übersehen, das ist so groß?« fragt Esther.
»Manchmal haben wir nur beschränkte Sehfähigkeiten. Es ist so, als ob
wir im Nebel arbeiten würden. Es gibt auch manchmal Überlappungen
von Dimensionen. Deshalb bewegen sich auch manchmal Menschen in
die 5. Dimension und wieder zurück. STAR ist vielleicht etwas hochgewan-
dert für ein besseres Wachstum.«
Ich: »Glaubst du, dass das gemacht werden könnte?«
»Wir glauben, dass es möglich ist, aber wir müssen es erst hier oben besprechen. STAR wird geboren werden, glaube ich. Vielleicht mit einer Zeit-
verzögerung. Wir müssen jetzt viel besprechen, dürfen wir später wieder-
kommen?« Damit verabschiedet sich auch Master KUAN YIN.

Wir sind immer noch ratlos. Wir können nicht verstehen, wie sie das übersehen konnten, trotz all der Überwachungskameras. Sie hatten ihr immer wieder so viel Licht von Sirius-B gegeben. Das hatte möglicherweise zur Frequenzerhöhung beigetragen. Und STAR selbst strebt ja gerne in höhere Dimensionen, vielleicht war es auch eine Art Flucht vor der Dichte der 3. Dimension? Das konnte ich gut nachvollziehen.

Esther ist total verunsichert und weiß nicht, was sie glauben soll. Zum einen sind dort die liebevollen Energien unserer Freunde und die versuchten Erklärungen, aber auf der anderen Seite steht ganz klar das Faktum: In unserer Realität gibt es kein Baby! Vielleicht sind wir einfach einer Illusion aufgesessen? Esther ist immer noch geschockt. Ich selbst überlege schon, wie wir sie runterholen könnten. Wir müssen einfach einen Weg finden! Wir haben die ganze Zeit über unseren Lichtfreunden vertraut, denn schließlich haben sie den Überblick und diese ganzen tollen Technologien. Aber jetzt muss ich das Geschehen selbst in die Hand nehmen. Sie haben die Entwicklung noch nicht einmal mitbekommen. Und Kreativität ist nicht unbedingt ihre Stärke. Das ist auch nicht weiter verwunderlich, wenn man in einer stark hierarchischen Struktur lebt. Trotz aller liebevollen Energien unserer Freunde bin ich von ihrer Performance nicht angetan. Sie hätten zumindest etwas merken müssen.   ❂

29 Was ist wahr?

*W*ir hatten nur kurz geschlafen, obwohl wir beide müde waren. Ich wachte früh auf und machte mir meine Gedanken zu meinem Leben und zu Projekt STAR. War da ein Baby? Was konnte ich glauben? Gab es ETs? Oder waren diese Stimmen nur Hirngespinste oder Wesen, die sich einen »Spaß« mit uns erlaubten?

Die letzten anderthalb Jahre stellten eine große Wende in meinem Leben dar: Auch wenn ich als Science-Fiction-Fan viel STAR-Trek und STAR Wars angeschaut hatte, so hatte ich das doch eher als »lustige Unterhaltung« konsumiert. Natürlich wusste ich von Roswell und hatte in X-Files und Büchern von Entführungen durch die Grauen erfahren. Aber sollte man das glauben? Ich war mir nicht sicher. Dass es Außerirdische gibt, hatte Wernher von Braun schon als statistische Sicherheit vorgerechnet. Aber auf einmal waren die ETs direkt in mein Leben gekommen. Als Akademiker und verstandesorientierter Mensch hatte ich zunächst meine Mühe damit. Konnte das alles stimmen? »Seeing is believing« (Sehen ist glauben) heißt es ja so schön. In Zeiten von manipulierten Fotos und sogar Videos hat dieser Satz natürlich auch bei mir an Glaubwürdigkeit verloren. Und zudem hatte ich die ETs bisher auch nicht gesehen. Auf der anderen Seite waren meine Erfahrungen mit den ETs sehr real. Sie sprachen stets freundlich zu uns, ihre Erläuterungen machten viel Sinn, ihre Liebe war deutlich spürbar, auch konnte ich die Energiefelder in den Heilsitzungen deutlich und wohltuend wahrnehmen, daran bestand überhaupt kein Zweifel. Selbst als ich mich von David distanzierte, blieben sie in ihrem Herzen und reagierten souverän. Ein Schlüsselpunkt war für mich die Erfahrung mit dem Kamel-Jungen. Diese Geschichte war mir in meinem Bewusstsein total unbekannt. Und ich weine eher selten. Wieso hatte mich diese »Heilsitzung« dann so stark berührt? Es war eine sehr läuternde, emotionale, bereichernde Erfahrung gewesen, und ich empfand so viel Mitgefühl für meinen damaligen Vater. Ja, ich hatte eine Channeling-Ausbildung hinter mir und hatte KUAN YIN bereits in der Vergangenheit gechannelt, und auch das waren immer sehr intensive und wunderschöne Erfahrungen, die man rational nicht erklären kann. Der Kontakt mit ihr und dann mit STAR hat mich vor allem im Herzen berührt. Letztlich stellte sich mir also die Frage: Vertraue ich nur dem, was ich auch sehen kann? Oder folge ich meinem Herzen?

Ich habe mich für das Herz entschieden. Und wie wir wohl alle aus unserem Leben wissen: Das ist nicht immer nur rosig, da gibt es auch Enttäuschungen und Zweifel, es ist wie in einer richtigen Liebesgeschichte. Auch da gehören Enttäuschungen und Zweifel wohl dazu. Insgesamt hat sich mein Horizont in den letzten 18 Monaten enorm erweitert. Der Unterhaltungswert all dieser Begegnungen ist enorm hoch und ich fühle mich wunderbar in meinem neuen Leben. All die empfangenen Erklärungen machen auch Sinn für mich und fühlen sich stimmig an. Mein berufliches Leben gedeiht, ich habe also nicht den Kontakt zur »normalen« Welt verloren (wovor ja manche Menschen Angst haben). Ganz im Gegenteil: Immer mehr Menschen finden den Weg zu mir und zu meinen Produkten (die von der Schulwissenschaft nicht akzeptiert werden, obwohl sie so wunderbar funktionieren). Und was ist mein Downside-Risk (der mögliche Nachteil)? Manche Menschen halten mich für einen Spinner, auch in meinem Freundeskreis. Das habe ich aber schon länger erlebt, da ich beruflich mit »Freier Energie« arbeite. Das stört mich also nicht mehr. Wir werden ja am Ende des Tages sehen, wo die Reise hingeht. STAR hat mir die entscheidende Frage gestellt: Wirst du mich auch lieben, wenn du mich nicht siehst? Was kann ein Vater darauf sagen? Vielleicht hätte sie mich auch fragen können: Wirst du mich auch lieben, wenn ich Hoden habe? Behindert bin? Diese Frage wollte ich natürlich nicht im Kopf entscheiden, denn sie gehört zur Domäne des Herzens! Und die Antwort meines Herzens war klar: Ja, ich liebe sie auch, wenn ich sie nicht sehen kann!

Als Leser/in müssen Sie sich nicht entscheiden, weder jetzt noch später. Da haben Sie im Vergleich zu mir einen gewissen Vorteil. Ich musste mich entscheiden und habe mich entschieden! Und ich sollte es nicht bereuen.

Ich hatte mir natürlich auch Gedanken gemacht, wie wir STAR herunterholen könnten. Wenn sie nach oben driftete, konnte sie auch wieder runterkommen. Das war klar. Aber wollte sie das wirklich? Esther war sehr unsicher, was sie von der ganzen Situation halten sollte. Wir standen früh auf, aßen eine Kleinigkeit und Esther holte David rein. Es dauerte einige Minuten, bis er sprechen konnte. Das Device schien nicht richtig zu funktionieren.

David begann endlich: »Hier sind wir wieder.«

»Konntest du dich letzte Nacht etwas ausruhen?« frage ich, denn ich weiß, dass die Nomos nachts kaum schlafen.

»Ja, ich habe mir sogar einige Stunden Ruhe gegönnt, viele Energien sind durch mich geflossen und ich hatte zwei Einsichten: 1. Ich spürte eine sanfte Brise. Das war mein eigener Atem. Mein Atem hat mich wunderbar beruhigt. Esther sollte das auch tun, STAR braucht wohl auch Beruhigung. Meine zweite Einsicht bezog sich auf STAR, wie wir sie am besten runterbringen können. Eine Option überragte alle anderen: Wir tauschen die Zellen von STAR auf unserem Schiff aus. Es gibt eine kleine Möglichkeit, dass sie das nicht überlebt, aber wir hätten dann einen Neustart in der 3. Dimension.«

Das war für mich ärztlicher Aktionismus. »Was sind denn überhaupt die Gründe für STARs Verschiebung?« will ich wissen. »Und wo genau ist sie jetzt?«

»Es gab ganz klar eine Vereinigung Eurer Ei- und Spermazellen. Sobald sich diese Zellen vereinigten, gab es eine Erhöhung innerhalb verschiedener Lichtsphären. Zudem hatte sie eine Aversion gegenüber der Erddichte und wollte wohl in höheren Ebenen sein. Das brachte sie dann höher. Das war aber ein gradueller Prozess, weshalb wir es nicht bemerkt haben. Wir könnten ihr auch eine Richtschnur geben, wie sie runterkommen kann, aber das könnte nicht ausreichen. Deshalb schlagen wir einen umfangreichen Austausch ihrer Zellen vor.«

»Wie hoch war der Einfluss vom Sirius-B-Licht?« möchte ich wissen.

»Sie braucht jetzt weniger davon, aber ohne das B-Licht wäre kein Baby-STAR möglich gewesen. Wir haben das Hervix-B-Licht auch für die Einnistung gebraucht. Nach einiger Zeit gab es aber vielleicht auch eine Abhängigkeit davon.«

»Könnt ihr es jetzt graduell reduzieren?«

»Wir haben das jetzt probiert, das scheint gut zu funktionieren. Wir könnten die Lichtnahrung sogar weiter absenken. Sie braucht natürlich auch die Erdnahrung, aber höhere Lichtnahrung wird immer noch benötigt.«

»Lasst uns zuerst einmal andere Optionen ausprobieren, die weniger riskant sind.«

»Ja, aber das andere Risiko ist, dass sie dann nicht auf der Erde landet. Wir bevorzugen die andere Option. Sollte sie die Geburt überleben, könnte eine Babyschwester von den höheren Ebenen kommen und ihr beistehen. Sobald sich eure Schwingung erhöht, könntet ihr sie auch sehen.«

»Ich habe an andere Optionen gedacht. Könnt ihr ihre Schwingung messen?«

»Wir messen vieles, aber das haben wir nicht gemerkt. Sie ist jetzt wohl irgendwo am Anfang der 4. Dimension, auf jeden Fall noch nicht in der 5.«

»Könnt ihr Veränderungen messen? Ich habe noch mehr Ideen.«

»Ja, wir haben eine Möglichkeit ihre Schwingung jeweils zu messen. Die 6. Dimension sollte sie nicht erreichen, dann könnte sie ganz verschwinden. Ihr seid aktuell in 3.0, aber in einem Erhöhungsprozess zu 3.4, 4.8., 5.6, es gibt verschiedenen Möglichkeiten auf unseren Ebenen, ganz verschiedene Frequenzen. Sie ist also irgendwo in 4.x im Moment, aber sie hat eine innewohnende Tendenz höher zu gehen.«

»Ab wann könnten wir sie sehen?«

»Das kann ich nicht voraussagen, ich habe jetzt schon so viele Fehler gemacht, dass ich keine weitere Vorhersage machen möchte. Vielleicht können wir 3.2 erreichen, dann könntet ihr sie wohl sehen. Wir glauben, dass wir sie irgendwo zu 3.x bringen könnten, aber wir wissen es nicht genau.«

Damit verabschiedet sich David, ich danke ihm. Letztlich hatten sie also keine Ahnung, was genau passiert war und wo genau sich Baby STAR aufhielt. Es war eine Gleichung mit vielen Unbekannten. Offensichtlich war das mit den Dimensionen auch nicht ganz so einfach, wie ich mir das vorstellte. Wir mussten eine Lösung finden und die gab es bestimmt! Wir mussten nur alle darauf hinarbeiten. »Der Glaube versetzt Berge«, kam mir in den Sinn. Auch Babys?

Esther hat lange für jeden Satz gebraucht. Das Device arbeitete noch, aber schleppend. Sie hält tapfer durch. Als nächstes bringt sie STAR rein, was ebenfalls einige Minuten dauert.

STAR: »Wirst du mich noch als deine geliebte Tochter sehen, auch wenn ich nicht sichtbar werde?«

Die Frage schlägt bei mir ein wie eine Bombe. Ich bin so stark auf Sichtbarkeit ausgerichtet, dass ich an der Existenz meiner geliebten Sternentochter gezweifelt habe, als wir sie nicht auf dem Ultraschall-Schirm gesehen hatten. Ich vertraute v.a. meinen Augen und nicht meinem Herzen oder ihren liebevollen und lustigen Worten der letzten Monate. »Seeing is believing« heißt es und in dieser Sichtweise bin ich total verfangen. Wir sagen beide sofort: »Ja!«, Esther mit einer ganz leisen Stimme.

STAR: »Tava und ich haben uns die ganze Nacht Gedanken gemacht. Wir sind zu hoch geschossen. Wir sehen eine Möglichkeit, wie wir weiter runterkommen könnten, aber wissen nicht, ob das ausreicht.«

Ich: »Wir werden euch beide unterstützen, ich liebe dich, aber würde dich auch gerne in meinen Armen halten, lasst es uns einfach probieren.« Ich fange an zu weinen. »Ich habe schon einige tolle Ideen.«

»Wir fangen bald mit einer schönen Arbeit an, Dad. Darf ich dich was fragen? Dürfen wir dir manchmal ein kleines Päckchen schicken? Es ist ein Päckchen voller Liebe. Das ist ein Geschenk an Dich.«

»Ja. Magst Du in die 3. Dimension kommen?« frage ich zurück. »Es kann hier ganz schön dicht sein.«

»Das war wirklich mein Wille. Ich denke, das könnte jetzt etwas schwieriger werden. Ich spüre, dass Tava sich absenken möchte. Aber es könnte etwas länger dauern.« Ein klares »Ja« ist das nicht.

»David hat eine Operation an euren Zellen vorgeschlagen, aber ich bin dagegen. Was haltet ihr davon?«

»Wir möchten einen normalen Geburtsprozess erleben und keinen Austausch der Zellen, die wir so sorgsam gemacht haben. Das könnte zu inneren Schädigungen führen, das Risiko möchten wir nicht eingehen.«

»Möchtest du meine Vorschläge hören?«

»Erlaubst du Tava und mir, dass wir zuerst einige Dinge ausprobieren? Dann kommen wir in ein, zwei Tagen auf deine Vorschläge zurück.«

»Ich habe David gebeten, das B-Licht zu reduzieren.«

»Ja, aber nicht in einem Schritt auf Null, das könnte uns schädigen, bitte in Schritten.«

»Was ist jetzt euer Plan?«

»Wir haben noch einige Nährstoffe bei uns gespeichert. Wenn wir diese tieferschwingende Nahrung jetzt nutzen, dann können wir uns damit runterbringen. Aber das wird nicht ausreichen. Unser zweiter Plan ist etwas komplexer: Wir haben eine kleine Einbuchtung auf der Rückseite unseres Kopfes, die wir nutzen könnten. Das ist ein Eingang zu unserer Feldumgebung. Wir fokussieren uns darauf und projizieren uns einige Stufen tiefer, das ist wie eine Rückwärtsrolle in andere Dimensionen.«

Das ist ja eine abgefahrene Idee, die mir gut gefällt, auch wenn ich nicht beurteilen kann, ob sowas funktioniert.

Ich: »Wir werden Liebe machen und uns mit euch verbinden. Auch die Ernährung: Fleisch, Schokolade, Alkohol: alles sehr erdend.«

»Das reicht nicht aus, um mich zu erden, wir müssen uns komplett erneuern und uns in einer neuen Dimension manifestieren.«

»Ok, lasst es uns einfach zusätzlich probieren, als ein Teil des Puzzles.«

Esther sagt: »Ich trinke keinen Alkohol. Würdest du das merken, STAR? Wo bist du momentan genau?«

»Hier ist meine Zeichnung: Es gibt die physische Ebene in deinem Uterus. Dann kommt die Lichtform von David, die meinen physischen Körper umschließt. Deshalb schweben wir sanft zwischen den beiden Reichen. Die

Lichtform könnten wir entfernen, das würde uns einen Schritt weiter auf die Erde bringen. Mein Körper spürt die physische Verbindung zu deinem Bauch, deshalb kann sie sich auch von deiner Placenta ernähren. Sobald ich weiter hoch gehe, werden wir das verlieren. Wir werden mit unserer Umgebung sprechen und ihr sagen, dass sie sich absenken soll.«

»Tolle Idee«

»Wie geht es Tava?« fragt Esther. »Dann müssen wir aufhören, mein Kopf wird jetzt zu empfindlich.«

»Tavas Herz ist gebrochen. Sie ist überwältigt von ihrer fehlenden Sichtbarkeit auf dem Bildschirm. Es hat ihr den Atem geraubt, als wir sie nicht gesehen haben. Sie ist wirklich in deinem Schoß. Wir werden jetzt nicht mehr höher gehen, wir stabilisieren uns oder kommen sogar runter, das wird auch unser Wachstum beschleunigen, wir wachsen gerade sehr schnell.«

»Vielleicht wollt ihr das Wachstum verlangsamen?«

»Mom, bitte kümmere dich jetzt gut um deinen Körper, da ist ein Wesen drin!«

»Soll ich weiter die Folsäure nehmen?«

»Ja, eine davon und das goldene Getränk drei Tassen, die anderen Zusätze auch, nicht mehr so viel Grünzeug. Fleisch ist zusätzlich in Ordnung, kein Alkohol, das schädigt dich auch.«

»Wir müssen jetzt Schluss machen, mein Kopf hält es nicht mehr aus.«

»Dir und Tava ganz viel Liebe!« ergänze ich noch, dann ist sie schon draußen.

Tava ist am Boden zerstört, natürlich, die Arme. Sie ist als Erdwesen nicht mehr da, wo sie eigentlich hingehört. Ob unseres eigenen Kummers hatten wir gar nicht bedacht, wie sie sich fühlen müssen. Aber die beiden arbeiteten gut zusammen und hatten Ideen entwickelt, wie sie sich runterholen könnten. Und sie wollen herunterkommen. Das ist eigentlich das Wichtigste. Das mit dem Relooping klingt genial. Ob das klappen könnte? Nahrungsumstellung ist sicherlich hilfreich und weniger Licht von Sirius-B auch. Die Operation ist erstmal vom Tisch, Davids Vorschlag fühlte sich für uns alle nicht gut an. Ich bin trotz der dramatischen Lage zufrieden mit unserem Gespräch und voller Liebe für unsere Tochter und ihren Körper. Sie schlagen sich wirklich wacker, die Beiden!

Nachdem sich der Kopf von Esther nach einigen Stunden wieder einigermaßen beruhigt hat, können wir auch Tava einladen.

»Hier spreche ich, es ist Tava.«

»Wie fühlst du dich, wie ist es dir heute ergangen, mein süßes Kind?«

»Ich habe heute nur kleine Worte zu sprechen, da ich hart an meiner Schwingung gearbeitet habe, ich brauche auch mal eine Pause. Wir haben noch ein paar Nährstoffe, die wir gespeichert haben, und die ich jetzt benutze. Damit können wir uns etwas runterbringen, aber nicht in 3D. Ich möchte aber vollkommen runterkommen. Wir werden hart arbeiten. Wir brauchen dafür aber Wochen, um das Projekt umzudrehen. Dürfen wir euch um eure Unterstützung bitten, uns im Hierbleiben zu spüren?«

»Natürlich, wir arbeiten auch hart daran und unterstützen euch, wir haben schon viele Ideen. Lass uns deine Vorschläge wissen, wir werden euch voll unterstützen. Mein Pendel sagt, dass ihr schon von 4.2. nach 3.5 gekommen seid.«

Esther ergänzt: »Ich bin so froh, dass ihr schon voll an der Arbeit seid.«

»Wir haben noch einen zweiten Plan, das Zurückschlaufen über die Einbuchtung. Wir glauben, dass uns das einen Neustart ermöglicht. Wir schaffen einen Bogen von dem Punkt am Kopf zum Brustbein, das ist wie eine Rückwärtsrolle, so wie eine Zeitreise zurück.«

»Kannst du das messen?«

»Es ist schwierig zu messen, so als ob du deine eigene Körpertemperatur messen möchtest, schwierig, aber ich denke, wir senken uns schon etwas ab.«

»Ja, das glaube ich auch.«

Esther: »Wie fühlst du dich Tava, du klingst optimistisch und stark.«

»Spüre mich, wenn ich jetzt spreche. Diese Schwingungserhöhung hat meine Selbstwahrnehmung reduziert. Gestern habe ich mich nach einigen Stunden wieder gefangen. Es war wie ein Schlag in mein Gesicht, mir ist der Atem weggeblieben. Dann habe ich mich schnell erholt, STAR hat mich gehalten. Darf ich vorschlagen, dass wir uns vertagen. Wir brauchen mehr Zeit. Es wachsen immer noch Zellen in mir.«

»Mehr Zeit ist eine gute Strategie, wir reduzieren das B-Licht, vielleicht eine 3D-Jacke, wir fragen sie.«

Esther: »Mein Device kann jeden Moment explodieren, ich muss jetzt aufhören.«

Damit bricht die Verbindung ab. Esther hat alles gegeben, ich bin sehr dankbar dafür. Tava hört sich auch nicht so schlimm an, wie es STAR gesagt hatte. Sie ist ganz engagiert und das freut mich. Aber auch sie braucht unsere Hilfe, das ist klar, auch wenn sie etwas sachlicher auftrat. Ich liebe sie beide! Es ist spät geworden, wir gehen bald ins Bett. Die ETs arbeiten noch an Esthers Device. Sie sind immer für uns da und kümmern sich ausgiebig, wann immer wir sie bitten (und wahrscheinlich auch sonst.) Trotz aller Probleme: Wir sind beide sehr dankbar für ihre ständige Unterstützung und damit schlafen wir ein. ✪

30 Die Botschaft von Ingeborg

*I*ngeborg hatte ich zwei Jahre vorher auf der US-Southwest-Tour von Jonette kennen und lieben gelernt. Ich stehe in der Hotelhalle in Sedona, in dem gerade unser Einstimmungs-Seminar mit Grandmother Pa'ri'sa (ausgesprochen: Perischa) stattfindet, eine Elder der Ureinwohner Amerikas und eine Lehrerin von Jonette. Grandmother Pa'ri'sa ist eine wundervolle recht bestimmte ältere Dame, mit einem riesigen Herzen. Und sie ist ganz in ihrer Macht. Am nächsten Tag wird unter Leitung von Jonette die Tour zu den heiligen Plätzen des Südwestens beginnen. Ich hatte mir im Foyer des Hotels einen Kaffee geholt und schaute zum Eingang: Durch diesen tritt eine wunderschöne, blonde Frau gefühlte Mitte 30 und kommt lächelnd auf mich zu. Mir kommt Hollywood in den Sinn. Der etwas linkische Held der Geschichte erblickt die Schönheit, die strahlend auf ihn zukommt und direkt an ihm vorbei in die Arme ihres Geliebten fliegt. Ich drehe mich also um … aber hinter mir steht niemand. Schon steht sie vor mir: »Du bist doch sicherlich auch bei der Tour dabei!?« Ja klar bin ich auch mit dabei. Was für eine schöne Überraschung von einer wunderbaren, aus diesem Leben bisher unbekannten Göttin derart begrüßt zu werden, das ist mir noch nie passiert. Mein Leben ist schon wieder MAGISCH! Ich bin hocherfreut! Und natürlich sofort verliebt. Das geht gar nicht anders. So viel Liebe und Freude und Schönheit, whow! Mit den Tagen dieser magischen Reise entwickelt sich eine wunderschöne Beziehung. Mit so viel Liebe und Vertrautheit. Ingeborg ist verheiratet und hat drei wunderbare Kinder, die sie alle sehr liebt, inklusive ihres coolen Mannes natürlich. Aber das hindert uns nicht daran, unsere Liebe in diesen zehn magischen Tagen – rein platonisch – fließen zu lassen.

Wenige Tage nach unserem Kennenlernen besuchen wir mit der ganzen Gruppe einen Ort der Anasazi. Es ist ein energiegeladener Ort in einem wunderschönen Tal. Am Ende des Tals hatten die Anasazi vor Jahrhunderten einen Ritual-Platz in einen Felsvorsprung gebaut, den man heute noch besuchen kann. Sie waren wohl im 13. Jahrhundert auf einmal von der Bildfläche verschwunden und niemand weiß so genau, wohin. Drunvalo Melchizedek schrieb einmal, dass sie die Dimension gewechselt hätten, sie seien in eine andere Ebene näher zur Erde hin gegangen. Der uns begleitende Native Chief Woableza bestätigte das in einer seiner Erzählungen. Er hatte die Geschichte von einem unterdessen verstorbenen Elder erfahren, der die Anasazi dort einmal selbst besucht und auch mit ihnen gesprochen hatte.

Als wir in ihrer alten Siedlung ankommen, spüren wir deutlich ihre Energie. Jonette macht eine Meditation mit uns, die Anasazi sprechen durch sie und bedanken sich, dass wir hier sind, ihnen unsere Ehrerbietung entgegenbringen. Es ist eine wunderbare Stunde dort oben auf dem Felsen. Wir machen ein paar lustige Fotos und lachen gemeinsam mit den anderen Teilnehmern. Nach der Meditation verlassen Ingeborg und ich den Platz. Ich habe ein Geschenk für sie. Wir klettern die langen Leitern hinunter, über die wir in die Felsensiedlung gelangt sind, und während alle anderen zurück zum Bus gehen, wenden wir uns nach rechts über eine Absperrung und schlagen uns durch den Wald, nicht ohne vorher die Anasazi um Erlaubnis gebeten zu haben. An einem magischen Platz abseits des offiziellen Touristenpfades setzen wir uns einander gegenüber auf einen riesigen umgestürzten Baumstamm. Es ist herrlich warm, ohne zu heiß zu sein. Wir sitzen im Schatten, um uns herum flattern Schmetterlinge, einige Vögel singen und die Luft ist erfüllt vom Duft der Blumen.

»So, was ist jetzt deine Überraschung?« Ingeborg ist neugierig.

Es ist eine Puja: Ich ehre Ingeborg. Wir sitzen einander gegenüber auf diesem wunderschönen Baumstamm – ganz allein in der Wildnis. Ich spüre meinen Herzschlag deutlich, aber ich folge meiner Intuition: Ich lege die Hände vor der Brust zusammen, schaue ihr in die Augen und spreche langsam einen Satz nach dem anderen. Nach jedem Satz mache ich eine Pause. Sie empfängt jeden Satz und lässt ihn auf sich wirken. Das Ganze dauert vielleicht fünf Minuten.

»Ich danke dir für deinen Humor.«

»Ich bewundere deine Schönheit.«

»Ich ehre die Mutter in dir.«

»Ich danke dir für deine Offenheit.«

»Ich achte deinen Mut.«

»Ich ehre deine Göttlichkeit.«

Danach verbeuge ich mich tief vor ihr. Es entsteht eine Pause.

Ohne dass ich damit rechne, antwortet sie nach einer Weile, indem sie mir tief in die Augen schaut:

»Ich danke dir für dieses wunderbare Geschenk.«

»Ich danke dir für deine Unterstützung.«

»Ich erfreue mich an deinem Humor.«

»Ich ehre deine Leichtigkeit.«

»Ich verneige mich vor dem Gott in dir.«

Danach verbeugt sie sich. Ich bin tief berührt, wir sind uns jetzt ganz bewusst auch auf der Seelenebene begegnet.

Wir umarmen uns und unsere beiden Herzen verbinden sich noch mehr zu einem riesigen Energiefeld, das über unsere Körper hinaus strahlt. Wir fühlen unsere Verbundenheit, die weit über diesen Moment hinausgeht. Beide spüren wir, dass wir uns schon aus vielen Leben kennen. Eine magische Stille umhüllt uns, wir sind eins miteinander, dem magischen Ort, Mutter Gaia und all den Tieren um uns herum. Mein Herz fliesst über vor Freude und Liebe, es ist pure Magie.

Ingeborg lacht: »Wir sollen uns lieben, rufen sie uns zu; nicht so schüchtern sein, dies sei der richtige Moment dafür«.

»Wer sagt das?«, will ich wissen.

»Na die Anasazi, sie stehen überall um uns herum und freuen sich so an unserer Herzverbindung. Du bist auch einer von ihnen gewesen«, sagen sie. »Nur nicht so schüchtern!«

Der Vorschlag gefällt mir sehr. Ein Blick auf die Uhr verrät mir allerdings, dass der Bus bald losfährt und wir müssen noch den ganzen Weg zurück, sicherlich 20 Minuten. Wir brechen auf und gehen zügig vorbei an all den verlassenen Behausungen und Höhlen der Anasazi. Unsere Seelen-Verbindung bleibt für mich stark spürbar bis wir schließlich die Gruppe erreichen. Ich bin erfüllt von dieser wunderbaren Liebe zu Ingeborg und unserer magischen Begegnung. Was für ein großes Geschenk! Auch in den nächsten Tagen bleibt trotz des vollgepackten Reiseplans immer wieder etwas Zeit, um uns zu sehen und auszutauschen. Wir genießen die gemeinsamen Momente. Uns verbindet eine innige Freundschaft, auch wenn wir keine konkreten Erinnerungen aus vergangenen Leben haben.

In den beiden Jahren nach dieser Tour hatten wir miteinander ab und zu Kontakt. Ich hatte sie und ihre Familie einmal in der Schweiz besucht, als sie dort Urlaub machten. Und einmal war ich auch bei ihnen zuhause in Holland gewesen als ich Esther besuchte. Esther und Ingeborg hatten sich auch kennengelernt und einander sofort ins Herz geschlossen. In den letzten Monaten hatten sich Esther und sie immer wieder über STAR und unsere Beziehung ausgetauscht. Zwischen ihnen war eine schöne Freundschaft entstanden. Als ich einmal in Utrecht war, hatte uns Ingeborg besucht. Als wir von STARs Verschwinden überrascht wurden, hatte ich sie sofort über das Desaster informiert. Sie setzte sich noch am gleichen Tag hin und schickte uns diese Audio-Aufnahme von ihrer Verbindung mit der Geistwelt.

Ich höre auf der Aufnahme sofort, dass Ingeborg sehr bewegt ist und schnell kommen ihr die ersten Tränen. Sie spricht sehr langsam und macht immer wieder längere Pausen.

»Mein Lieber, die Anasazi bitten dich, sie zu unterstützen. Sie möchten helfen. Geh in Gedanken zurück zu dem Platz im Wald, als wir auf dem Baumstamm saßen und sie um uns herum waren. Verbinde dich mit ihnen. Bitte sie dort um ihre Hilfe. Sie haben das Wissen. Sie waren die Einzigen auf der Erde, die bisher dieses Wissen erlangt haben. Sie haben mehr Wissen als alle ETs und Ärzte von Sirius, die in diesem Projekt involviert sind, denn die waren ja nie auf der Erde. Die Anasazi waren auf der Erde. Aber sie sind jetzt weit weg. Aus welchem Grund auch immer: Sie möchten, dass du dich mit ihnen verbindest und sie um Hilfe bittest. Du hast die Weisheit, das Wissen und die Ohren, ihnen zuzuhören, mit ihnen zu sprechen – vielleicht hilft das ja. Es gibt keine Garantien! Aber vielleicht hilft es ja.«

Es entsteht eine längere Pause und ich höre Ingeborg weinen: »Da kommen so viele Tränen in mir hoch. Vielleicht ist das ja ein Ausweg. Es fühlt sich weich an. Und sie sagen mir ... die Wesen, die an dem Projekt beteiligt sind und Jesus, ja er spricht jetzt auch, er ist also wohl auch Teil dieses großartigen Projektes, also sie sagen alle: Wenn wir es nicht schaffen, dann mach dir keine Vorwürfe. Sei nicht zu lange traurig. Ihr müsst euch einfach lieben und das feiern! Sie wird da sein. Das ist sicher. In dieser anderen Dimension. Und sie wird euer Kind sein! Und sie braucht euch. Das verlangt viel von euch. Es gibt euch auch viel Freiheit. Aber alle wissen, dass du in einem menschlichen Körper viel mehr Einfluss hast. STAR spürt das auch. Sie möchte wirklich in einem Körper sein. Und nicht nur für ihre Mission, sondern weil sie euch beide liebt und mit euch sein möchte. Und sie möchte euch beide physisch spüren, ganz verzweifelt. Sie möchte mit euch spielen, von Dad in die Luft geworfen werden, möchte euch anlachen, euch mit ihren Händen erspüren und euer Gesicht streicheln. Sie wünscht sich so sehr, dass es funktionieren wird, aber niemand weiß das. Das hat wirklich niemand erwartet. Sie sind alle erstaunt, es war nicht STARs Absicht, dass sie in einer anderen Dimension als ihr lebt. War überhaupt nicht ihre Absicht.

Es scheint so, als ob ihr Gewebe noch nicht bereit ist. Aber es gibt viel Hoffnung. Und sie sagt: Bleibt im Jetzt – fühlt was ist, haltet mich in Ehren. Verbindet euch täglich mit ihr. Euer beider Verbindung mit ihr verhindert, dass sie ihre Energien noch weiter erhöht. Es hilft ihr, nahe bei euch zu sein. Und das will sie! Sie möchte euch nahe sein! Es bringt sie nicht runter. Sie arbeiten dort oben wie verrückt an einer Lösung, ihre Energie zu verdichten. Aber Projekt STAR ist auch für sie neu und sie bitten euch beide um Unterstützung.«

Ingeborgs Stimme verändert sich, es ist so, als ob STAR durch sie spricht: Sie bittet Esther, für sie zu singen und sie zu lieben »singen von dem Herzen, alleine singen, zusammen singen mit der Sonne, mit dem Mond, mit dem Regenbogen, mit den Feen, mit den Bäumen, mit den Vögeln und den Menschen, die sie auch lieben so wie du. Singen aus dem Herzen. Wahrheit. Das wird dem Gewebe guttun. Und vielleicht werden die Anasazi in der Lage sein, dass du, Dad, sie verstehen kannst, was sie getan haben. Du bist clever, Dad, ich weiß das! Wenn es einen Menschen auf der Erde gibt, der herausfindet, wie ich zu dir zurückkommen kann, dann bist du es, Dad. Ich weiß, dass du es kannst. Ich bin mir nicht sicher, ob es dir die Anasazi klarmachen können. Ich hoffe es so, mit meinem ganzen Herzen! Ich weiß, dass sie es können. Sie lebten in einer anderen Dimension und gingen hin und her und ab einem bestimmten Zeitpunkt entschlossen sie sich, nicht mehr zurückzukommen. Oder sie konnten es nicht mehr, das weiß ich nicht. Du findest es heraus, Dad. Vielleicht können sie dir das Geheimnis verraten. Und in der Zwischenzeit halte mich bitte, lass mich nicht los! Denn ich möchte mit dir sein, so sehr! Ich liebe dich und ich bin so glücklich in deinen Armen zu sein.« Ingeborg muss jetzt wieder stärker weinen. Ich bin auch sehr berührt. Es entsteht eine Pause.

»Es macht mich traurig, dass das passiert ist und ich weiß, dass ich dich verletzt habe, Mom. Ich weiß das und wenn ich das sehe, dann tut es mir weh. Halte mich! Halte mich täglich! Nicht nur für einen Moment. Vielleicht ist da ja eine besondere lila Kugel, die du mir widmen kannst. (Esther nutzt manchmal energetisierte lila Kugeln für ihren Ausgleich). Sie ist ein Symbol für mich. Und kannst du die bitte an dein Herz drücken und in deinen beiden Händen halten, so dass wir zusammen sind. Es wird mir helfen, dir nahe zu sein. Und ich weiß, dass es momentan für mich der einzige Weg ist, dir und Dad nahe zu sein. Ich bin immer noch da, Mom! Einfach nicht mehr ganz in deinem Bauch, aber ich bin da. Und ich möchte weiter mit dir wachsen, hoffentlich zurück in deinen Bauch. Ich hoffe, dass wir das gemeinsam herausfinden. Und falls wir keinen Erfolg haben, dann finden wir einen anderen Weg. Aber ich weiß, dass ich noch nicht bereit bin, aufzugeben. Ich will es probieren, ich hoffe, du willst es auch. Seid tapfer und hört auf eure Herzen, Liebe und Vertrauen. Die anderen machen ihr Bestes. Aber Dad, du bist wirklich der Schlüssel, glaube ich. Ich hoffe, ich hoffe so, dass du Erfolg haben wirst. Aber mach dir keine Vorwürfe, wenn es am Ende doch nicht klappen sollte. Ich werde nicht böse sein. Ich werde dich immer lieben, Dad. Machst du das für mich, Dad? Bitte! Und machst du das für mich, Mom? Ich liebe euch. Und Ingeborg sieht jetzt ein Dreieck in dem wir drei uns gegenseitig halten. Und das sollten wir tun: Uns gegenseitig halten. Nicht zu eng, dass es weh tut. Nein, einfach entspannt und aus Liebe. Und ihr könnt auch eure Sachen machen und euer Leben leben. Aber vergesst nicht, mich zu halten. Haltet mich so, wie ihr euren Bauch haltet. Ich bin jetzt nicht mehr ganz im Bauch, aber um eure Herzen. Also wenn ihr die Hände um eure Herzen haltet, dann werde ich immer da sein. Ich hoffe, dass wir den Schlüssel finden. Danke euch! Ich segne euch!«

Ingeborg ist tief berührt und ich auch, als ich ihre Botschaft höre. Jetzt ist mir klar, dass ich einfach alles probieren muss, um sie herunterzuholen. Nicht nur für ihre Aufgabe, auch wenn die sehr wichtig ist. Nein, auch um sie zu halten, mit ihr zusammen zu sein, zu lachen, zu singen und ihr eine erfüllte, schöne Kindheit zu ermöglichen, die sie sich so oft selbst verweigert hat. Jetzt ist die Zeit dafür gekommen. Aber ob ich das schaffen kann? Ich muss es einfach probieren: Liebe und Vertrauen, darum geht es jetzt. Diese Botschaft, die mich über Ingeborg erreicht hat, geht mir in den kommenden Wochen nicht mehr aus dem Kopf.   ✪

31 Die Ancients schalten sich ein

m 18. Mai stehen wir spät auf und frühstücken. Ich habe nochmals über die Anasazi nachgedacht. Ingeborg hatte recht, der Gedanke war mir auch schon gekommen. Die Anasazi hatten sich in eine »tieferliegende« Dimension bewegt, wie möglicherweise auch andere Völker aus Amerika. Wenn sie also in der Lage waren, sich in eine andere »tieferliegende« Dimension zu bewegen, dann könnten sie vielleicht auch Baby STAR dabei helfen, sich »nach unten« zu bewegen. Ich wollte sie unbedingt um Hilfe bitten. Unsere anderen ET-Freunde schienen bis auf die Idee mit dem Zellaustausch, den wir ja alle nicht wollten, keine weiteren Ideen zu haben.

Esther macht sich bereit und ruft David herein. Aber sie spürt schnell, dass es ein anderes Wesen ist, das zu uns sprechen möchte.

»Mögen wir uns bitte in Liebe vereinigen, hier sind die Ancients«, sind ihre ersten Worte.

Jetzt kümmern sich sogar die Ancients um den Fall, das hatten wir nicht erwartet. Projekt STAR genießt also höchste Unterstützung! Die Ancients stehen in der kosmischen Hierarchie weit über den Nomos, hatte uns David einst erklärt. Sie sind für die zwölfdimensionalen Nomos fast nie erreichbar, selbst wenn sie von ihnen angerufen werden. Es ist für uns ein großer Segen, dass das Device von Esther all diese Wesenheiten direkt channeln kann. Ich bin gespannt zu hören, was uns diese hohen Wesen in der jetzigen Situation an Hilfe bringen können.

»Es heißt, da sei kein Baby STAR mehr, aber wir sehen sie noch sehr klar und deutlich. Es gab eine Verschiebung in den Sphären. Wir müssen jetzt Informationen sammeln, um ihre Schwingung zu reduzieren. Das ist unser Plan: Wir schlagen vor, die Lichtblase, die Baby STAR ernährt und die von vielen hohen Quellenwesen gespeist wird, zu reduzieren. Diese Lichtblase erhöht möglicherweise ihre Frequenz, die Reduktion wird hiermit gewährt.«

Jeder Schritt brauchte wohl einen Segen von den höheren Ebenen. Dieser war hiermit gewährt worden. Ich selbst bin ja kein Fan von diesen hierarchischen Strukturen, aber es fühlt sich gut an, ihre Unterstützung zu haben.

Die Nomos würden jetzt alles versuchen, diesen Plan umzusetzen.

Ich: »Ja, das war auch mein Vorschlag, sowie dichtere Nahrung.«

Esther fragt: »Gibt es ein Risiko, dass sie ohne die Blase nicht überleben wird?«

Das Device fällt wieder aus, es dauert einige Sekunden, ehe wir die Antwort erhalten:

»Das Licht ist eine wichtige Nahrungsquelle für sie, aber momentan viel zu stark. Es gibt ein Risiko, wir müssen jetzt das richtige Energieniveau finden. Es kann durchaus sein, dass kein physisches Baby geboren wird, so wie wir es ursprünglich erwartet hatten. Vielleicht wird sie in einer höheren Dimension geboren. Momentan gibt es aber keinen Grund zur Eile. Vielleicht kommen später Kinderschwestern aus den unterschiedlichen Bereichen des Multiversums, die sich dann um sie kümmern. Mögen wir vorschlagen, diese Blase jetzt abzubrechen, dann sehen wir unter konstanter Beobachtung, wie der Einfluss auf Baby STAR ist. Es gibt ein Kind in deinem Bauch, aber die Ärzte bei euch sehen sie nicht. Wir bitten euch höflichst, eure besten Wünsche deinem Bauch zu senden. Momentan ist er sensibel. Vielleicht wird es sogar Krämpfe oder Blutungen geben, wenn wir den Licht-Kokon entfernen, aber höchstens leichte Blutungen, glauben wir. Wir werden sehr vorsichtig und in kleinen Schritten arbeiten. Wir halten euch über Master David informiert. Vielleicht kommt auch noch eine übergeordnete Überwachungsperson dazu. Wir werden sie sanft in ihre neue Realität drücken. Mögen alle Wesen an diesem Projekt mitarbeiten. Wir haben das nicht erwartet.«

»Vielleicht macht es Sinn, ihr eine Jacke umzuhängen, wie damals die Lichtjacke, jetzt aber für die Reduktion ihrer Schwingung.« Vor einigen Wochen hatte STAR eine Lichtjacke erhalten, um ihre Schwingung zu erhöhen.

Und Esther ergänzt: »Und vielleicht sollten wir die Anasazi kontaktieren, die ihre Schwingungen damals auch reduzierten.«

»Es gibt in der Tat eine Chance für eine Jacke, wir müssen nur noch die richtigen Frequenzen dafür finden. Die Anasazi-Idee klingt auch sehr gut für uns, die schweben jetzt wegen Eurer Vorfahren-Verbindung vielleicht schon hier im Feld.«

»Gibt es noch etwas Wichtiges für mich zu tun?« fragte Esther

»Wir wünschen …« Dann bricht die Verbindung ab und Esther kann sie nicht wiederherstellen.

Also die Ancients sprechen zu uns, sicherlich auch um uns zu zeigen, dass Baby STAR bei uns ist und um uns zu motivieren. Aber auch, um die Wichtigkeit des Projektes STAR zu unterstreichen und den Nomos Rückendeckung zu geben. Die unerwartete Wendung in Projekt STAR hat weite Kreise gezogen. Ich bin beeindruckt und dankbar, auch wenn sie nicht viele neue Ideen oder Lösungen offerieren konnten. Erstaunlich, dass sie STARs Dimensionenverschiebung ebenfalls nicht bemerkt hatten und auch nicht hatten kommen sehen.   ✪

32 Anasazi

er Kanal von Esther funktioniert momentan überhaupt nicht mehr. Sie hat ihren Glauben an die Lichtwelt total verloren und damit ihr Device zum Erliegen gebracht. Also beschließe ich, STAR und Tava selbst zu channeln. Ich singe ihr Lied und verbinde mich darüber mit ihnen.

Ich begrüße sie: »Hallo STAR, hallo Tava. Danke, dass ihr hier seid. Moms Device ist jetzt total kaputt. Wir waren beide so von deiner Botschaft berührt, die uns über Ingeborg erreicht hat. Später werden wir noch die Anasazi reinrufen. Sie haben damals auch ihre Schwingung reduziert, sie leben nicht mehr in der 3. Dimension auf der Erde. Sie könnten also wissen, wie das geht. Wir haben das auch den Ancients erklärt, mit denen wir vorher noch sprechen konnten. Also wie geht es Euch, Ihr Lieben?«

Tava: »Hallo Dad, hallo Mom. Wir sind traurig.«

Ich spüre ihre Energie, mein Herz wird eng und ich fange an zu weinen.

Ich: »Es ist völlig in Ordnung, traurig zu sein, wir sind auch manchmal traurig. Habt ihr meine Geräusche gehört, die ich vorher an eurem Bauch gemacht habe?« Ich hatte tiefe Töne des Untertongesanges probiert, ein kehliges, tiefes Grunzgeräusch, das von vielen Schamanen des Ostens praktiziert wird.

»Wir mussten auch lachen, als ihr gelacht habt. Wir sind nicht sicher, ob das unsere Energien runterbringt, aber wir konnten wenigstens lachen. Bitte mach das einfach weiter, es ist lustig das zu hören. Wir schauen uns auch andere Möglichkeiten an, um unsere Schwingungen zu reduzieren, v.a. das Essen. Und ja, das Fleisch gestern hat mir wirklich gutgetan.«

Esther atmet stark: »Ich habe das Gefühl, dass Tava sprechen möchte. Ich bin mir nicht sicher, ich spüre ihre Anwesenheit. Aber ich möchte das momentan nicht über das Device machen. Es ist zu stark, ich möchte jetzt nicht channeln.«

»Ok, lass uns jetzt die Anasazi-Freunde reinrufen und mal sehen, was sie uns mitteilen werden«, sage ich.

Ich: »Liebe Anasazi-Freunde. Ihr kennt mich und ich war bei euch. Ich bin hier mit meiner kleinen Familie, Esther, meine wunderschöne Frau und STAR und Tava, die in ihrem Bauch sind und sich selbst auf eine höhere

Schwingungsebene gebracht haben. Ich bitte euch also um eure geschätzte Unterstützung, euer Wissen mit uns zu teilen, wie man seine Schwingung auf unsere Erdebenen reduzieren kann.«

Anasazi (von mir gechannelt):»Wir grüßen dich, lieber Freund. Du bist einer von uns. Wir sind einer von dir. Wir teilen gerne unser altes Wissen mit dir. Das Singen hat uns auf diese Ebene gebracht. Wir singen gemeinsam, wie die Aborigines und dann folgen wir unseren Songlines (Traumpfaden). Das hat uns auf diese Ebene gebracht, in der wir in Freiheit leben können. Von Zeit zu Zeit werfen wir einen verstohlenen Blick auf die wundervollen Besucher, die unsere heiligen Plätze besuchen, an denen wir gelebt haben.«

Esther atmet stärker ... »Sie sind wirklich hier, irgendetwas passiert!« Sie bewegt ihre Füße, stampft damit für einige Minuten. Dann geht sie auf den Boden auf alle Viere..

Ich: »Ja natürlich, es sind meine Freunde. Ich war wahrscheinlich mal einer von ihnen.«

Anasazi: »Alles was ich weiß, ist auch in dir, lieber Bruder. Und wir teilen dieses Wissen jetzt auch mit unser Erdfreundin (Tava), denn sie ist auch von unserer Erde, so wie wir.«

Esther atmet immer stärker: »Ziemlich faszinierend, was hier gerade passiert. Fühlt sich wie eine Geburt an.« Nach einigen Minuten von Auf- und Ab-Bewegungen ihres Beckens streckt sie mir ihre Hände entgegen: »Magst du sie nehmen? Was glaubst du?«

Ich nehme ein unsichtbares Etwas entgegen, spüre aber keine stärkeren Energien. Sie atmet jetzt immer stärker: »Ich frage mich wirklich, was hier gerade los ist.«

Ich: »Unsere Anasazi-Freunde sind für unsere Unterstützung hier und sie bringen STAR und Tava in eine tiefere Schwingung, meine ich«.

Anasazi: »Sie ist eine von uns. Wir werden euch unterstützen, ihren Körper in die richtige Dimension zu bringen. Wir sind dankbar, dass sie kommt. Sie wird Frieden zu unserer geliebten Mutter bringen. Wir sind sehr dankbar, dass sie kommt!«

Esther stöhnt unterdessen.

Anasazi: »Sie wird im richtigen Moment kommen. Wir werden euch unterstützen. Stellt sicher, dass dieses Kind immer Mutter Gaia heilen wird, denn wir können das nicht allein tun.« Esther gibt weiter Geräusche von sich, die an einen Geburtsprozess erinnern.

Ich: »Ich danke euch, geliebte Anasazi Freunde und Brüder. Ich bin sehr dankbar für eure Unterstützung. Bitte arbeitet weiter mit unserer kleinen Tochter und wir rufen euch vielleicht nochmals um Unterstützung an. Danke auch für das Teilen der Fußbewegungen (die Esther vorher ausgeführt hatte), wir werden diese machen.«

Esther stöhnt auf.

Ich:»Wir danken euch. Möchtet ihr uns noch etwas mitteilen?«

Anasazi:»Alles wird gut werden. Dieses Projekt ist ein Projekt von Mutter Gaia und Vater Himmel, macht euch keine Sorgen. Wir grüssen dich und deine geliebte Frau. Ahoo.«

Damit verabschieden sie sich.

Esther weiß nicht, was sie davon halten soll. Für mich ist es ganz klar: Meine Anasazi-Freunde haben ihren Körper übernommen, ihr Fußbewegungen gezeigt, die die Erdung von Tava unterstützen werden und uns in einem Geburtsritual gezeigt, dass sie im richtigen Moment geboren werden wird. Ich bin sehr dankbar für ihre Unterstützung und verspreche mir viel davon. Ich hoffe nur, dass Esther sich darauf einlässt. Wir müssen verschiedene Möglichkeiten ausprobieren, um STAR herunterzubekommen. Und die Lichtwesen können hier möglicherweise nur eingeschränkt helfen. Ich vertraue mehr auf GAIA und unsere Erdenfreunde.   ☻

33 Esther verliert ihr Vertrauen

*H*eute ist der 19. Mai und Esther versucht seit einigen Minuten sich mit STAR zu verbinden. Schließlich kommt STAR durch, aber nur um zu sagen, dass sie gerade wegen dringender Angelegenheiten nicht sprechen kann, aber Tava gerne sprechen möchte. Es dauert wieder einige tiefe Atemzüge, bis Tava schließlich sprechen kann: »Es gibt da ein kleines Teilchen in meinem Körper, das ich von meinem Meister-Führer erhalten habe, es hat eine ganz spezielle Funktion.« Esther atmet schwer und versucht die Verbindung wiederherzustellen, schließlich gibt sie auf: »Das funktioniert einfach nicht, wir sprechen später nochmals zu dir.«

Jetzt versucht sie es bei David, was nach einigen Minuten funktioniert.

David: »Da ist Trauer in Esthers Aura-Feld, spüre ich.«

»Ja, das ist wahr, ich weiß einfach nicht, was ich glauben soll. Und wie die Lichtwelt funktioniert«, gesteht Esther ein.

»Darf ich eine kleine Gegebenheit vorschlagen: Hier gibt es einen Raum voller Wesen. Die kümmern sich oft sehr gut um dich. Aber manchmal gibt es da eine fehlende innere Verbindung. Es ist so, als ob es noch ein visuelles Vertrauen braucht. Wir müssen in der Tat unser Bedauern ausdrücken, bezüglich der Schiffsreise von Master Asar. Es gab unsererseits einen nicht erfolgreichen Versuch, ihn zu dir zu bringen. Trotzdem gibt es ein Kind in deiner Gebärmutter. Können wir gemeinsam daran glauben, dass wir eine Chance haben, sie zurückzubringen?«

David spricht einen Vorfall von April an, in dem er versprach, mich zu Esther und STAR zu bringen, die in einer Notlage waren. David beteuerte im Laufe der Nacht immer wieder, dass der Transport gleich stattfinden würde, ich spürte auch Energiefelder um mich herum, aber es fand nie statt. Nach all den anderen Versprechen und Vorhersagen, die nicht eintraten, untermauerte diese Aktion nicht gerade unser Vertrauen in seine Arbeit. David spürt wohl, dass dies einer der Gründe ist, weshalb Esther seinen Aussagen nicht mehr traut.

Esther: »Ja, ich bin diesen Sachen gegenüber aufgeschlossen, aber ich glaube sie einfach nicht mehr. Ich habe wirklich mein Vertrauen etwas verloren, was sage ich ›etwas‹, wirklich ziemlich stark verloren. Das möchte ich nicht, aber ich möchte auch realistisch bleiben und nicht nur in einer multidimensionalen Phantasiewelt leben. Und ich möchte, dass sich die Dinge hier manifestieren. Wenn ich es nicht sehe, tja, was ist es dann wert?« Ja, da ist es wieder unser »Seeing is believing« (Sehen heißt glauben). Und wenn wir es nicht sehen können, dann halten wir es schnell für unglaubwürdig.

»Hier ist meine Antwort. Das war ein sehr sehr komplexes Verfahren, das wir hier durchlaufen haben. Viele, viele Wesen haben gemeinsam an Projekt STAR gearbeitet. Aber keiner von uns hat diese Erhöhung kommen sehen. Wir haben allerdings gestern einen bestimmten Zeitraum identifiziert. Wir haben vielleicht ihren sogenannten Fluchtpunkt gefunden. Da gab es eine sanfte Schwingungserhöhung, aber ein Moment stach heraus, in dem sie einen größeren Sprung machte. An diesem Punkt hätten wir sie runterholen müssen. Zu keinem anderen Zeitpunkt hätten wir das sehen können. Dürfen wir vorschlagen, ein kleines …«

Esther atmet einige Male tief ein und aus, ohne weitere Worte von David channeln zu können. Sie klingt jetzt leicht gereizt: »Was, ein kleines Stückchen? Ich weiß nicht, welches Wort du suchst.«

David: »Ein kleiner Projektionsschirm sollte zu deiner Gebärmutter kommen, damit wir alle …«

Esther: »Ich glaube, dass ich selbst schlecht verbunden bin, deshalb habe ich diese ganzen Probleme mit dem Channeln. Es ist fast so, als ob ich nicht mehr will. Jetzt kann ich mich dem nicht mehr ganz hingeben. Ich weiß nicht, ob die Worte, die ich spreche, überhaupt wahr sind. Ich bin nicht mehr offen, ganz zu empfangen.«

Ich: »Das kenne ich nur zu gut vom Channeln«, räume ich ein.

Esther: »Und ich weiß, dass ihr da seid, ich weiß, dass ihr existiert, wir machen gemeinsam wunderbare Heilungen. Ich möchte nichts davon über Bord werfen. Und das zu verarbeiten war einfach ein großer, großer Schock für mich und ich …«

»Das hast du noch nicht verarbeitet«, werfe ich ein.

»Ich weiß, ich bin mitten drin. Ich gehe rauf und runter, gestern ging es mir ganz ok und jetzt bin ich ziemlich depressiv und traurig und verloren, ich fühle mich einfach verloren, mein ganzer Lebenszweck …«

Ich versuche sie zu beruhigen: »Du bewegst dich im Kreis, Geliebte, warum tust du dir das an?«

»Ja, aber das fühlt sich jetzt wie ein Trick an, um mich da rauszuholen. Es fühlt sich auch wie etwas Großes an, durch das ich jetzt durchgehen muss.«

»Für mich fühlt es sich sehr mental an, wie die Geschichte vom Verlorensein.«

»Nein, ich fühle das. Ich fühle mich verloren. Ich gebe meinen Gefühlen Worte. Ich fühle mich verloren, mein Körper fühlt sich verloren. Es fühlt sich so an, als ob ich mich dem Fluss hingeben möchte und zum Ozean schweben möchte und einfach nichts tun. Einfach im tiefen Ozean des Nichts verschwinden. So fühlt es sich an, ich fühle mich verloren.«

»Aber du bist nicht nur dein Körper!« Was Besseres fällt mir in diesem Moment nicht ein.

»Ich fühle mich einfach verloren, ich fühle mich nicht nach Channeln. Ich steige da aus. Ich kontaktiere dich nach meinem Wochenende mit meinen Freundinnen wieder, David. Ich möchte keine Stückchen mehr, mir reichts. Ich hoffe, dass du das respektieren kannst. Und ich hoffe, dass du mein Device reparieren kannst, es arbeitet jetzt schon seit Tagen nicht mehr vernünftig. Das verstehe ich auch nicht. Bitte schicke jemanden zum Reparieren, das wäre toll.«

Ich: »Darf ich noch eine Frage bezüglich der Anasazi stellen?«

Esther: »Ja.«

»Was war ihre Wirkung, denn dann kann ich sie gegebenenfalls öfter reinbitten.«

Esther ist genervt: »Warst du gestern dabei, David? Hast du das Ritual mit den Anasazi gemerkt? Ich habe wie eine Art Geburt durchlebt, mein ganzer Körper hat sich geschüttelt, mein Becken war auch beteiligt. Waren die das, oder du oder irgendein anderes Wesen, das mir einen Streich gespielt hat? Bitte gib mir jetzt eine ehrliche Antwort, vielen Dank!«

»Da ist eine Liebenswürdigkeit, wie du das so sagst. Wir müssen dich, glaube ich, mal genauer innerlich untersuchen. Vielleicht müssen wir dir einen Krankenwagen schicken, der sich gut um dich kümmert.«

Esther lacht: »Danke, ich nehme das mal nicht wortwörtlich.«

»Hier kommt unser Vorschlag zu deinem momentanen Gesundheitszustand. Vielleicht kommt da mal ein Zeitpunkt, an dem du glaubst, dass das Baby-STAR-Projekt ein Traum war, aber das ist es nicht. Zu einem Zeitpunkt wird dir das klar werden. Dieser Moment kommt früher oder später und das hängt von deiner Verarbeitungsgeschwindigkeit ab. Daran können wir nichts ändern. Du brauchst einfach eine gewisse Zeit, in der du dich um dich selbst kümmern musst. Das wird wahre Wunder erbringen. Du brauchst dazu auch keine Heilsessions, derer sich Master Asar bedient. Es gibt verschiedene Varianten, um mit externen Ereignissen umzugehen. Die sind für menschliche Wesen alle gut. Vielleicht gibt es einen Moment, an dem du dich mehr ausruhen magst. Das ist gut. Vielleicht kommt der Moment, an dem du auch mehr Heilsitzungen geben willst. Das ist für uns auch gut. Und sobald du wieder bereit bist, über Projekt STAR mit uns zu sprechen, fangen wir wieder an. Alle anwesenden Wesen haben einen aufrichtigen Wunsch, dieses goldene Kind auf die Erde zu bringen. Vielleicht wird es kein sichtbares Kind geben, aber es kann immer noch ein Projekt STAR auf multidimensionaler Ebene geben. Das schauen wir uns gerade gemeinsam mit anderen Wesen an. Und es gibt einen aktuellen Status in Projekt STAR: Sie ist quicklebendig. Wir glauben, dass du jetzt einfach etwas Ruhe benötigst. Das ist völlig in Ordnung für uns. Es gibt keinerlei Eile für deinen Bauch. Das ist eine sanfte, sanfte Prozedur, in der wir die Lichtnahrung reduzieren und dann informieren wir dich nach dem Wochenende darüber. Mögen wir dir eine gute, gute Zeit mit Spaß und Gelächter gemeinsam mit deinen lieben Freunden wünschen. Die werden dich etwas aufmuntern. Das ist gut für deine Schwingungserweiterung. Es gibt in der Tat noch einen kleinen Wunsch, um den wir dich gerne bitten würden. Vielleicht kommt ein Moment, in dem du denkst, dass du nie in 3D schwanger warst, aber das ist der Fall. Anfänglich wurde ein kleines Mädchen-Baby in deinen Uterus gepflanzt. Mögen wir dich freundlich bitten, nochmals da hinein zu spüren? Dann kannst du selbst überlegen, was wahr ist oder nicht.«

Esther: »Ja, und die Worte die (mein Mentor) Dov gestern über das Gesetz gesprochen hat, dass ihr nicht direkt auf der physischen Ebene einwirken könnt? Dass dies nicht lichtvoll gewesen sein kann. Du weißt, dass es dort draußen viele Wesen gibt, die sich einfach einen Spaß erlauben. Wie schwingt das mit dir? Er hat seit über 17 Jahren mit ETs gearbeitet. Er ist mein Mentor und er hat mich euch vorgestellt. Was sagst du dazu?«

David: »Wir waren einige Male mit Master Dov in Kontakt. Er hat eine etwas andere Art, in der er arbeitet. Eines Tages magst du das auch wahrnehmen. Gewisse Informationen fehlen in seinem Blickwinkel. Es ist fast so, als ob er eine Art von Arbeit als gut und einen anderen Teil als schlecht wahrnimmt. Aber hier sind wir nicht zuhause. Wir wohnen nur in der Liebe. Dies ist unser hauptsächlicher Fokus unserer Arbeit. Aber Master Dov kommt von einer dualen Sichtweise. Es ist so, als ob er sagt: Hier ist gut – da ist schlecht. Es gibt kein schlecht. Es mag Kräfte geben, die weniger Licht sind, aber ›schlecht‹ als solches gibt es nicht im Universum. Dürfen wir dir vorschlagen, dass du dein fürsorgliches Spirit-Selbst dazu befragst. Alle Wesen, die du sahst, begegnen dir fürsorglich.«

»Ich sehe sie eben nicht.«

»Es existiert eine fürsorgliche Gemeinschaft um Baby STAR herum. Das spüren wir alle. Wir spüren kein Dunkel oder Mangel an Licht. Alle haben eine sehr hohe Schwingung inne. Von diesem Punkt aus arbeiten wir schon die ganze Zeit. Vielleicht wird dies auch Master Dov eines Tages realisieren.«

Was in der Tat etwas später auch geschah. »Er hatte kein Recht dazu, gestern so starke Worte zu gebrauchen. In seiner Stimme schwang mit, dass du etwas Falsches gemacht hast. Da war kein Richtig oder Falsch, das Vertrauen hat dich einfach machen lassen.«

»Ja«, erwidert Esther.

»Dürfen wir dir vorschlagen, dass du dein eigenes Schwingungsfeld klar behältst? Es ist wunderbar, dass dir Wesen aus deinem Umfeld Ratschläge erteilen. Wir geben dir auch Ratschläge. Aber du musst eine Ausrichtung in dir selbst finden, die dir Klarheit bringt und aus der du handeln kannst. Wir schlagen dir vor, dass diese Ausrichtung für dich am hilfreichsten ist. Dann können andere Wesen diese gerne ergänzen. Aber die innere Ausrichtung auf die Wahrheit sollte der Kernpunkt sein.«

»Ja, das stimmt und ich muss dahin zurückfinden. Ich weiß, dass ich sie habe. Aber stimmt es, dass ihr nicht auf der physischen Ebene eingreifen dürft, so wie wir das mit der Spermazelle und dem manipulierten Ei gemacht haben?«

»Wir haben diesen Punkt viele, viele Male oben verhandelt. Es gibt eine gewisse Regel, die allgemein gilt. Aber manchmal gibt es den Bedarf nach einer notwendigen Aktion. Deshalb wurde für Projekt STAR eine Art Ausnahme gemacht. Es gibt nicht viele Projekte STAR, wie du weißt. Es hat einen besonders außergewöhnlichen Status. Deshalb wurde uns erlaubt, neue Informationen für die Hilfe der Erde einzubringen. Dürfen wir dich bitten, auch hier einmal reinzuspüren, und zu sehen, ob sich diese Information für dein Herz wahr anfühlt. Was spürst du, wenn wir das sagen?«

»Ja, damit bin ich im Einklang. Und es fühlt sich nicht an, als ob es gegen meinen Willen geschah. Ich spüre, dass alles mit meiner Zustimmung auf einer bestimmten Ebene stattgefunden hat. Ich spüre mich damit überhaupt nicht unwohl. Ich habe volles Vertrauen, das hatte ich die ganze Zeit über.«

Esther atmet stark, um das Device wieder auszurichten. »Wir sollten es nicht zu lange machen. Kannst du noch was zu den Anasazi sagen?«

»Wir haben gestern das Ritual von euch gesehen. Wir glauben aber, dass es nicht ein Anasazi persönlich war, der in die physische Ebene gekommen ist, sondern ein Wesen, das ihnen hilft. Es gab kein richtiges Reinkommen in den Körper. Sie haben ein allgemeines Feld für die Schwingungsreduktion erschaffen. Es war noch nicht erfolgreich. Aber vielleicht wird es das eines Tages sein. In der Tat spüren wir, dass sie eine Verbindung zu Projekt STAR haben. Deshalb schlagen wir vor, dass du ihr Ritual täglich wiederholst, wenn du magst. Möglicherweise kommt ein Moment, an dem du gewisse Dinge in deinem Bauchwachstum wahrnimmst. Möglicherweise auch unangenehme Gefühle. Wir wissen momentan noch nicht, ob Baby STAR zu der augenblicklichen Dimension zurückfinden kann. Aber alle anwesenden Geschöpfe suchen nach einem Weg dafür. Dafür benötigen wir die kommenden Wochen.«

Ich: »Nafta* schlug vor, dass wir unsere Schwingung auch erhöhen könnten und dass dies Esther und Tava auf die gleiche Ebene bringt. Könntest du dazu bitte noch etwas sagen?«

»Das ist jetzt wirklich die letzte Frage. Kannst du bitte auch jemanden senden, der mein Device untersucht.« Esther atmet stark. »Ich spüre, dass wir aufhören müssen, es fühlt sich nicht gut an. Lass uns nach dem Wochenende sprechen oder vielleicht rufe ich dich auch zu meinen Freunden rein, ich weiß noch nicht. Lass uns einfach sehen. Danke dir sehr.«

Esther atmet wieder intensiv und der Channel fällt komplett raus: »Das zieht einfach zu viel Energie von mir.«

»Danke fürs Dranbleiben!« ergänze ich noch.

Esther hat sich mit ihren »Trinkfreundinnen« in den Bergen verabredet. Sie fährt mit der Bahn Richtung Genf und von dort aus mit dem Taxi zu ihren Freundinnen. Sie möchte sich mal so richtig von dem Schock erholen und braucht eine Auszeit. Die Gruppe kennt sich schon seit der Studienzeit und sie treffen sich zwei oder dreimal pro Jahr, um sich auszutauschen und eben – kräftig einen zu heben und zu lachen. »Ziemlich 3D«, erklärt Esther »Ich weiß gar nicht, was ich von meiner Geschichte überhaupt teilen kann.«

Ich bin nicht so glücklich über ihre Abfahrt, zumal wir mit Projekt STAR in einer schwierigen Phase sind. Gerne würde ich gemeinsam mit Esther unsere Tochter weiter unterstützen, nach Lösungsmöglichkeiten suchen und weiter mit den Anasazi arbeiten. Aber Esther besteht auf ihrer Auszeit und ich hoffe, dass STAR und Tava trotz der Kommunikationspause versuchen, ihre Schwingung abzusenken. Ab und zu schickt Esther mir ein Foto von der illustren Runde. Die Gruppe hat viel Spaß und einige hören auch gespannt ihrer Erzählung über STAR und ihr Verschwinden in die Multi-dimensionalität zu, ohne sie zu verurteilen oder zu belächeln. ⊙

* NAFTA ist eine gute Freundin von der Venus, mit der ich einst auf Sirius zusammengelebt habe.

34 Tavas Hilfe

m 23. Mai ist Esther wieder in Holland und wir haben die Chance, mit STAR zu sprechen. Für mich war es eine lange Zeit ohne direkten Kontakt zu STAR, was mir schwer fiel. Ich hoffe, dass Esther überhaupt noch zu STAR steht. Wir arbeiten alle energetisch an Esther, um ihre Schwingung zu erhöhen, aber jeder verfügt über den freien Willen und ihr Verstand könnte den Zugang zu den anderen Dimensionen komplett blockieren, wie wir es bereits erlebt haben. Ich bin dankbar, dass Esther wieder bereit ist, STAR nach ihrer Rückkehr zu channeln und hoffe, dass es den Mädchen in den letzten Tagen gut gegangen ist und sie Fortschritte in der Schwingungsreduktion machen konnten.

Nach einigen Minuten kann Esther den Kanal unter tiefen Atemzügen herstellen.

Esther: »Kannst du bitte vor allem den Schreibkanal nutzen, STAR? Ich bin wirklich gespannt zu hören, wie es euch geht.«

»Hier bin ich wieder, geliebte Mom und Dad.«

»Wie geht es euch?« will ich wissen.

»Es gibt da eine klitzekleine Pille, die ich für mein Wohlergehen bräuchte. Darf ich Mom bitten, mir diese täglich zu geben?«

»Welche Pille meinst du denn?«

Esther klingt verärgert: »Ich bin darauf allergisch, wenn du von Pillen sprichst. Wir haben uns fünf Tage nicht gesprochen und das erste, über das du sprichst, sind Pillen, das kann doch nicht wahr sein! Was meinst du genau? Ich traue meinem eigenen Channel einfach nicht mehr. Das Device arbeitet immer noch nicht richtig, ich spüre Druck in meinem Kopf. Es ist wirklich nicht gut.«

»Können wir vielleicht Tava fragen, zu sprechen, sie scheint sanfter mit deinem Device umgehen zu können«, schlage ich vor.

»Ist es ok für dich, STAR, dass wir zuerst mit Tava sprechen?« fragt Esther.

STAR verabschiedet sich ohne Worte und macht für Tava Platz.

»Hallo Tava, wie geht es dir?« will ich wissen.

»Hier spreche ich wieder, es ist der Tava-Körper. Ich hatte ein paar tolle Tage, muss ich sagen. Eine gigantische Welle von Energie ist durch mich geflossen. Das hat mich auch sehr erstaunt. Soviel Lachen und Freude!«

»Ja, ich war mit meinen Freundinnen zusammen. Das ist wirklich sehr schön, dass du das so gut gespürt hast, Tava.«

»Bitte bring mehr davon rein, Mom. Ich bewundere wirklich, wie gut du mit unserer Entdeckung letzte Woche umgegangen bist. Da gab es ja einen massiven Energieverlust bei dir. Deshalb bin ich erstaunt, wie gut du dich noch um mich kümmern konntest. Ich hatte da noch eine Menge Reste übrig, die mich für Tage gefüttert haben. Mein Hauptfokus lag auf meiner Körperstruktur, die mir sagte, dass ich noch weiter runterkommen sollte. Mein Gefühl ist, dass das nicht passiert, vor allem da ich bereits viel zu weit hochgeklettert bin. Es gibt da gewisse Brücken, die ich für meinen Abstieg überqueren muss. Ich weiß nicht, ob das noch möglich ist.«

»Sie ist also«, fängt Esther an und dann bricht unsere Bildschirm-Verbindung zusammen. Sie ist verärgert und atmet tief ein und aus, ich kann sie aber weiter hören.

Esther: »Ich muss mal schauen, ob ich Tava wieder reinholen kann, ich habe sie noch etwas gespürt, aber jetzt nicht mehr so gut. So nervig mit diesen Telefonen und Laptops, wenn sie nicht funktionieren.« – tiefes Atmen. »Ok Tava, kannst du wieder reinkommen?«

»Hier spreche ich wieder, es ist Tava, nicht STAR.«

Esther: »Sie braucht etwas mehr Zeit, um zurückzukommen.«

Tava: »Hier bin ich wieder, es war ein …« Esther atmet wieder tief, um die Verbindung zu halten.

Esther: »Wieder rausgefallen. Vielleicht reparieren sie mein Device nicht mehr, vielleicht ist David gar nicht mehr der Leiter und alles ist ein großes Durcheinander? Ich weiß nicht. Könnte sein … Ja, das stimmt.«

Es entsteht wieder eine lange Pause, ehe Esther weitersprechen kann. Der ganze Prozess ist sehr mühselig. Ich bin aber dankbar zu hören, dass Tava das Lachen und die Freude am letzten Wochenende so genossen hat. Unglaublich zu hören, dass Tava sich bei Esther noch für die gute Betreuung bedankt: Wir haben wirklich eine sehr erstaunliche Tochter!

Esther: »Mhm, ich mache all das, ich atme so tief und dann kann ich nicht wirklich sprechen. Ich denke du kannst sprechen, aber ich weiß nicht, was du sagen willst. Ich konzentriere mich einfach auf die Verbindung hier.« Es entsteht eine lange Pause.

Tava: »Hier bin ich wieder, es ist nochmal Tava. Meine Stimme fällt manchmal raus. Ich bin mir sicher, dass da bald ein besseres Device kommt. Meine neuen Begleiter arbeiten gerade gemeinsam daran. Es gibt einen

Wechsel im Team, wie meine Mom richtig bemerkt hat, um ...«

Esther: »Sie kommt nicht mehr durch. Also es gab einen Wechsel im Team.«

Nach einer weiteren Pause.

Tava: »Ja, da gibt es einen neuen Teamleiter, muss ich sagen. Ja, es gab einen Wechsel, mein geliebter Master David wurde zu einem Co-Leitungs-Meister. Es gibt keine Chance, dass er das Team verlässt, aber es gibt einen Co-Leiter, der ihm zur Seite steht, David wird aber noch im Hintergrund leiten. Also da gibt es einen neuen Kooperations-Leiter, der Brutus heißt.«

Ich: »Ja, wir kennen Brutus.« Ich bin froh, dass das Team jetzt von Brutus geleitet wird und erhoffe mir davon frischen Wind und vielleicht auch neue Ideen.

»Gestern hat Brutus einen Kontaktversuch unternommen, aber Mom wollte ihn nicht sehen, da gab es ein Zögern, ein neues Wesen wahrzunehmen.«

Esther bestätigt das.

Tava: »Aber Brutus hat ein sehr sanftes Wesen. Darf ich vorschlagen, Mom, dass du ihn bald sprechen lässt? Dann kann viel geklärt werden.«

»In Ordnung, ja« Esther entspannt sich etwas. »Ja, natürlich«. Es entsteht wieder eine lange Pause.

Tava: »Ich kümmere mich momentan weniger um neue Wesen, die mir erlauben, herunterzukommen. Ich vertraue auf meine eigene Vorstellung. Es ist so, als ob meine Augen mich schon in Moms Armen sehen. So versuche ich, mich wieder runterzubringen.«

Esther ist berührt: »Oh, das ist wirklich so süß ... oh ... oh«. Die Liebesenergie breitet sich wieder aus, ich bin sehr dankbar dafür. Esther spürt ihr Baby wieder für einen Moment.

Esther: »Oh, mein Kopf, puuhh.« Sie atmet intensiv: »Tava, bitte nicht so stark, sei bitte etwas sanfter mit dem Device. Kannst du vielleicht jemanden bitten, mir mit dem Device zu helfen, da es immer noch nicht richtig funktioniert?«

Sie atmet stärker. Später spricht David davon, dass dies die Zeit war, in der Esther ihr Device erschossen hat. Ihr Kopf hatte weitgehend die Kontrolle übernommen und wollte einfach nicht mehr kommunizieren.

Tava: »Darf ich dir noch eine Atemübung empfehlen, Mom? Manchmal ist es so, als ob du ausatmest und dann nicht mehr einatmest. Das ist eine schöne Entspannung, aber es kommt dann zu wenig Sauerstoff rein. Darf ich dich bitten, mehr einzuatmen?«

»Oh ja, ich verstehe. Ich spüre, dass sich mein Nacken wieder zusammen-zieht, da mein Kopf jetzt zu angespannt ist. Mhm, das ist wirklich das Device, das ist kaputt.« Sie atmet wieder stark. »Ich weiß nicht, ich denke, es wird jetzt immer stärker, ich muss dich jetzt loslassen, Tava. Wir sprechen später wieder.« Zu mir am Telefon: »Ich lege dich jetzt auch auf, mein Schatz, oder ich lege dich ab.« Sie atmet tief und seufzt. Dann fängt sie an zu weinen. Mein Herz zieht sich zusammen, ich habe keine Ahnung, wie es weitergehen kann. Esther ist in ihrem persönlichen Drama verfangen, alle Wesen, selbst Tava, die um ihre eigene Existenz bangt, unterstützen Esther, aber ihr Verstand blockiert alles. Vielleicht helfen ihr die Tränen, wieder mehr in ihr Herz zu kommen? Ich bin frustriert und schicke ihr Energie, damit sie wieder zu sich findet. Ich hoffe, dass sich Tava noch lange genug halten kann, bis wir eine Lösung gefunden haben. Doch nun kommt ein weiteres Problem auf uns zu. ✿

35 Tava in Nöten

sther hat in ihrem Unglauben von Baby STAR in ihrem Bauch wieder mit ihren Yogaübungen begonnen, auf die sie so lange hat verzichten müssen. Eine der Übungen hat dazu geführt, dass die Fruchtblase von unserem Sternenkind so abgeklemmt wurde, dass sie wie abgeschnürt ist. Dies lässt sich nicht einfach beheben, obwohl sich alle darum bemühen. Tava fällt in einen »Schlaf«, wie uns gesagt wird. Sie ist jetzt wohl ohnmächtig. Ich habe keine Ahnung, ob sie je wieder aufwachen wird. Die Lage wird immer schwieriger. STAR ist wieder mehr im Lichtgitter unterwegs. Wie es passieren kann, dass Körperbewegungen in der 3. Dimension die Fruchtblase in der 5. Dimension abklemmen, verstehen wir auch nicht so genau, aber die Energien bedingen wohl einander und dies hat ganz konkrete physische Auswirkungen auf ihren kleinen Körper.

Erst drei Tage später, am 26. Mai, versucht Esther wieder, sich mit David, in dem sonst üblichen Morgengespräch zu verbinden. Chris ist auch dabei. Es dauert lange, bis David sprechen kann. »Wir haben leichte Änderungen an deinem Device vorgenommen als du geschlafen hast. Wir arbeiten auch jetzt noch an dir. Es sieht jetzt eigentlich gut aus. In deiner Gebärmutter gab es eine größere Veränderung.«
  Esther: »Ist das eine gute oder schlechte Neuigkeit? Und wie geht es dir? Ich brauchte wirklich eine Pause von allem. Deshalb habe ich mich nicht gemeldet. Aber das hast du wahrscheinlich schon verstanden. Ich war durcheinander und geschockt und das Device hat auch nicht richtig gearbeitet. Es war irgendwie in Ordnung, dass ich in 3D gegangen bin, alles angehalten habe, und ich glaube, dass du das auch respektierst und etwas an mir gearbeitet hast. Wie war das für dich und wie geht es dir jetzt? Und wie geht's Baby STAR?«
  David: »Es gab diese kleine Veränderung in deinem Bauch, nachdem du dich hin und her bewegt hattest. Das war nicht gut, aber es ist nicht sehr dringend. Darf ich vorschlagen, dass du dich etwas ausruhst, nachdem wir gesprochen haben, dann können wir in deinem Bauch Korrekturen vornehmen. Dürfen wir vorschlagen, dass du dann deinen Bauch hältst? Da ist ein Kind in deinem Bauch, obwohl wir sie nicht auf dem Bildschirm

deines Doktors sehen. Das war auch für uns schockierend, weißt du? Wir glaubten, da war ein Baby, das für uns alle sichtbar ist. Es gibt eine Chance, dass wir sie herunterbringen. Aber wir müssen zugeben, dafür gibt es keine Garantie. Ganz allgemein hat sich ihre Schwingung erhöht. Sie ist also z.B. in der 7. Dimension und ihr in der 3. Es ist nicht exakt die siebte, aber der Unterschied zu euch ist sehr groß. Das ist ein Riesen-Problem für Projekt STAR. Das war überhaupt nicht beabsichtigt. Wir wollten sie einfach nur gut ernähren und nicht so hochbringen. Wir haben jetzt schon die Lichtzufuhr reduziert, v.a. in der rechten Leiste. Wir geben nur noch die halbe Dosis. Sie nimmt jetzt weniger Licht auf, aber es gibt auch eine Verzögerung. Dürfen wir vorschlagen, dass wir jetzt noch weiter reduzieren?«

»Ja, lass uns das versuchen, wenn das nicht für ihre gesamte Gesundheit schädlich ist. Bekommt sie wirklich genug Nahrung durch mich? Ist das überhaupt möglich? Sie ist ja nicht wirklich physisch hier, wie kann das gehen? Mhm, jetzt spüre ich, dass die Verbindung wieder weg ist, wie von innen her. Er versucht wirklich bei mir durchzukommen, das spüre ich.«

Esther versucht es noch einige Minuten, aber David kann nicht mehr durch sie sprechen. Sie beschließt, es auf später zu verschieben. An diesem Tag schafft sie es allerdings nicht mehr.

Auch in der folgenden Woche gibt es keinen neuen Kontakt, auch wenn Esther es ein paarmal probiert. Ihr Channel ist ausgeschaltet. Ich bin frustriert: STAR und Tava sind in einer ernsten Notlage und Esther ist in ihrem Prozess der Trauer verfangen. Sie brauchen sicherlich unsere Hilfe und wir helfen ihnen nicht. Wenn sie in Holland ist, sinkt ihr Energieniveau und sie ist mehr in ihrer 3D-Welt. Das weiß ich, seitdem wir uns kennen, aber dass sie den Faden jetzt abreißen lässt, kann ich überhaupt nicht verstehen. Ihre Trauer ist sicherlich tief. Sie hat in vorigen Leben bereits Kinder verloren, das wissen wir von David, aber auch durch Bilder aus vergangenen Leben, die Esther gehabt hat. Vielleicht sogar Kinder, die wir gemeinsam gezeugt haben. Esthers Verhalten ist der sicherste Weg, das nächste Kind zu verlieren. Ich fühle mich hilflos und weiß nicht, wie es weitergehen soll. Es gibt auf jeden Fall einen Weg, STAR auf die Erde zu holen, das ist mir klar, auch wenn ich momentan nicht weiß, wie er aussieht. Aber dazu muss sie unsere Liebe spüren. Diese heilige Liebe hat sie auf die Erde gerufen und diese Liebe muss sie spüren, um auf der Erde zu bleiben. Esther fühlt die Verbindung zu STAR nicht, ist sich unsicher, ob sie überhaupt existiert und ich kann nicht mit STAR sprechen, um sie zu beruhigen. STAR und Tava scheinen einigermaßen gefasst zu sein, aber wie es in ihnen aussieht, kann ich nur ahnen. Ich bin frustriert und ziemlich verzweifelt, muss aber auf der anderen Seite noch Esther energetisch unterstützen, damit sie den Faden nicht ganz abreißen lässt. Ich weiß nicht, wie es weitergehen soll. ⊙

36 Die Entschuldigung

m 3.6. unternehmen wir gemeinsam den nächsten Versuch, mit David zu sprechen. Esther ist tags zuvor wieder in Zürich angekommen und total verspannt. Ich muss sie leicht massieren. Wir sitzen – wie fast immer – im Wohnzimmer. Draußen ist herrlichstes Sommerwetter, aber mein Fokus liegt ganz auf Projekt STAR und ich frage mich, wie wir sie jetzt am besten herunterholen können. Esther konzentriert sich auf ihren Kanal und atmet tief. Insgesamt dauert es knapp 20 Minuten, bis David die ersten Worte durch sie sprechen kann. So lange hat es noch nie gedauert, wir sind beide etwas angespannt.

David: »Hier bin ich wieder, David.«

Ich: »Wie geht es Dir, David?«

»Ich habe jetzt ein Wort für euch beide. Ich halte es in meinen Händen. Darf ich es euch überreichen?«

Er nimmt meine Hände.

»Mein Wort ist: Entschuldigung.«

Esther fängt an zu weinen. Ich bin auch tief berührt: So viel Größe in der jetzigen Situation!

Ich: »Oh, David! Du hast dein Bestes probiert, wie wir alle. Sei nicht traurig. Wir lieben dich.«

Esther: »Ich fühle mich auch so schlecht für ihn, er hat so viel gearbeitet.« Esther hustet. »Ich hoffe, wir können weitermachen, mein Kanal ist wirklich verstaubt.«

David: »Darf ich euch mein Wort überreichen?«

»Ja«, sagen wir beide.

David: »Es ist kein anderes Wort mehr übrig als ›Entschuldigung‹. Es kommt tief aus meiner Seele.«

»Danke dir, ich denke, dass wir alle traurig sind«, sagt Esther.

Ich: »Oh, David, ich bin mir sicher, dass da Schönheit und Perfektion in allem liegt. Wir haben diesen Teil vielleicht noch nicht gefunden, aber wir werden ihn entdecken. Es gibt keine Fehler.«

Es entsteht eine Stille, in der wir gemeinsam ruhen. Ich weiß nicht, wieso ich diese Worte eben gesagt habe, denn ich bin frustriert. Aber ich weiß, dass eine Perfektion in all dem liegt. Ich bin mir einfach sicher. Vielleicht ist es diese Sicherheit, von der KUAN YIN damals gesprochen hat, die ich als kleiner Junge schon hatte.

David: »Ich möchte gerne ein paar kleine Worte über Baby STAR teilen. Sie residiert hier oben bei uns in einer hohen Schwingung. Aber es gibt immer noch eine Verbindung zu deinem Bauch, die wir hiermit adressieren möchten. STAR bewegt sich sehr langsam nach oben. Darüber sprechen wir gleich, sobald ich zu deinem Bauch gesprochen habe. Hier lebt ein kleines Kind. Es ist quicklebendig. Tava hat durch dein Trinken und Rumspielen keinen Schaden genommen. Aber sie hat nur noch ein sehr beschränktes Wachstumspotential. Dürfen wir dir vorschlagen, wieder viel Grünfutter für ihre Gesundheit zu essen. Baby STAR wird sich langsam immer stärker bemerkbar machen, d.h. du wirst mehr Druck in der Gebärmutter verspüren. Das kann sich wie Blähungen anfühlen. Wir glauben, dass es in der Tat eine Geburt geben wird. Dürfen wir Baby STAR weiterhin kontinuierlich überwachen zu deinem eigenen Besten?«

»Ja natürlich«, sagen wir beide.

Ich: »Wir möchten später noch mit ihr sprechen, aber wie geht es ihr? Ich merke, dass sie in ihrer Schwingung rauf und runter geht.«

»Hier bin ich wieder.«

Esther hustet: »Immer noch sehr rostig mein Kanal, ich hoffe, es stimmt, was sie bzw. ich sage.«

David: »Wir haben Baby STAR überwacht. Ihre Ätherkörper haben gute Fortschritte gemacht. Wir glauben jedoch, dass es keine Chance mehr gibt, dass sie in eure Dimension kommt. Vielleicht gab es diese Möglichkeit, aber jetzt ist kein Schlupfloch mehr übrig, sie herunterzubringen. Wir haben es in den letzten Tagen probiert. Ihr müsst euch jetzt an diesen Gedanken gewöhnen, es wird wohl kein 3D-Kind kommen. Es gibt jedoch eine große Chance, dass sie in unseren Ebenen wohnen wird und trotzdem eure Aufmerksamkeit braucht. Deshalb schlagen wir euch vor, dass ihr Baby STAR täglich deinen Song singt. Sie braucht das Singen für etwas Freude in ihrem Leben. Wir spüren, dass Tava traurig ist. Sie hat sich in den letzten Wochen verloren und allein gelassen gefühlt. Vielleicht kommt ein Moment, an dem sie entscheidet, das Projekt nicht mehr fortzuführen. Wir spüren, dass das sehr gut möglich ist. Deshalb müssen wir jetzt die Verbindung zu ihr stärken. Wir möchten STAR so lassen, wie sie ist. Es gibt keine Möglichkeit, den Prozess zu wiederholen. Können wir dabei auf eure Hilfe zählen?«

Ich: »Ja natürlich, ich habe mich täglich mit ihr verbunden und wir werden für sie singen und dann mit ihr sprechen und sie etwas aufmuntern.

Mhm, wir haben jetzt noch fünfeinhalb Monate Zeit, woher kommt dein Pessimismus? Wieso glaubst du, dass wir ihre Schwingung nicht gemeinsam mit den Anasazi und anderen Menschen werden absenken können?«

»Es gibt in der Tat eine ganz kleine Möglichkeit dafür. Es gibt einen Kanal, über den wir sie füttern könnten, aber die Chance ist sehr groß, dass sie das nicht überleben würde. Sie würde sich dann von diesen dichten Ebenen wieder verabschieden, deshalb ist es für ihr Überleben besser, sie auf der jetzigen Ebene zu belassen.«

»Wo befindet sie sich gerade? Könnt ihr das messen?«

»Das ist schwierig zu erklären, denn wir messen nicht so einfach auf einer Skala von 1 bis 12.«

Er zeigt uns mit den Händen, wo sie sich befinden, auf welcher Ebene STAR ist und wir.

»Wenn wir sie jetzt auf eure Ebene bringen, würde das ihr Organwachstum schädigen und ihre Überlebenschance würde sinken. Deshalb möchten wir sie eher noch weiter anheben, dann wird sie als gesundes Kind heranwachsen. Auf unserer Ebene gibt es einen tollen Kindergarten, der Babys ganz verschiedener Herkunft und Ebenen Möglichkeiten bietet. Wenn STAR mag, kann sie dort aufwachsen. Wir sprechen jetzt im Namen von KUAN YIN, wenn wir sagen, dass sie dieses Angebot angenommen hat, sobald sie aus dem ätherischen Mutterleib kommt.«

Das ist wieder eines der sicherlich gut gemeinten Versprechen von David, das er nicht wird einhalten können. Vielleicht möchte er uns einfach nur beruhigen.

Ich: »Ok, also lass uns mal schauen. Gibt es einen Zeitdruck, David? Können wir nicht die vollen fünfeinhalb Monate abwarten?« Ich möchte einfach nicht so schnell aufgeben, da ich mir auch nicht sicher bin, ob von den Nomos alle Möglichkeiten ausgeschöpft wurden.

»Oder ist immer noch an Ende August gedacht«, fragt Esther.

»KUAN YIN hat ja damals gesagt, dass wir jetzt die vollen neun Monate abwarten«, ergänze ich.

David: »Momentan gibt es keinen genauen Zeitplan. Im Moment scheint die Zeit stillzustehen, sie befindet sich in einer Art Schlaufe. Dürfen wir um eine Freigabe für eine Verschiebung der Zeitzone bitten? Das würden wir gerne anwenden, damit sie weiter wachsen kann.«

Ich: »Ok, lass uns das in Ruhe überlegen, können wir das entscheiden, nachdem wir mit Baby STAR gesprochen haben?«

Esther: »Also dann ist Zeit wahrscheinlich nicht mehr existent und es ist nur mehr eine Frage, wann sie ist. Und dann ist sie nicht mehr in meinem Bauch. Aber du sagtest, dass mein Bauch gebläht sein könnte. Ich glaube, ich verstehe das nicht, David. Ich denke, wir sollten das machen, was für STAR und Tava am gesündesten ist.«

David: »Im Moment gibt es keine Eile. Ihr könnt das mit so vielen Wesen und so oft wie ihr wollt besprechen. Dürfen wir vorschlagen, dass ihr euer geliebtes STAR-Kind später noch reinholt; sie brennt darauf, mit euch zu sprechen. Esther, du benutzt bitte dein Device nur zum Teil, denn es ist seit Wochen stellenweise von innen her blockiert. Wir müssen es erst reinigen. Wir haben in den letzten Wochen kaum an dir gearbeitet, da du um keine Störung gebeten hattest. Das haben wir vollkommen respektiert, denn du hast Zeit für die Verarbeitung deines Schocks benötigt. Dürfen wir dir wieder helfen, sofern du das willst?«

»Ja, bitte. Vielen Dank! Ich habe mich etwas schlecht gefühlt, dass ich den Stecker gezogen habe, aber ich musste wirklich wieder zu mir selbst finden. Und ich hatte eine schwere Zeit zu glauben oder zu wissen, was passiert ist. Aber jetzt spüre ich, dass STAR in einer anderen Dimension ist. Das ist wirklich verrückt.«

»Ich möchte jetzt nicht aufgeben und natürlich möchte ich sie nicht töten, aber lass es uns mit ihr besprechen. Wenn sie wirklich in einer anderen Dimension geboren würde, könnten wir sie dann auf dem Schiff sehen oder wie könnten wir sie dann kontaktieren?« frage ich.

»Auf dem Schiff habt ihr keinen Zugang zum Kindergarten. Es ist so, als ob du fragst, ob du zur Marine darfst, wenn du kein Training dafür hast. Das geht also nicht. Aber wenn sie älter ist, dann ist das Risiko natürlich viel kleiner. Mögen wir sie mit mehr Energie füttern, damit sie schnell und gut gedeiht. Dann kommt eine Zeit, in der ihr euch mit ihr verbinden könnt. Es kommt eine Zeit, in der ihr uns werdet sehen können, vielleicht sogar schon bald. Die Wesen auf der Erde werden ihre Frequenz erhöhen und das könnte euch auch Zugang zu Baby STAR geben.«

Esther: »Also das könnte passieren, aber nicht bei der Geburt? Es gibt also keinerlei Garantie für irgendwas!«

Ich: »Natürlich nicht, aber wir versuchen jetzt zu verstehen, welche Optionen es überhaupt gibt. Ich bin mir nicht sicher bezüglich der Schwingungserhöhung und ihrem Wachstumsprozess. Mein Plan war ja, die Anasazi reinzuholen und ihre Frequenz zu reduzieren. Jetzt wollt ihr also ihre Schwingung erhöhen, verstehe ich das richtig?«

»Es gibt …« David kommt nicht weiter durch.

»Ich sollte wirklich selbst nicht sprechen, das bringt alles durcheinander, merke ich«, sagt Esther.

David: »Wie kann es sein, dass wir ihre Schwingung erhöhen sollen, wenn sie doch eigentlich runterkommen sollte? Eine wirklich gute Frage. In Baby STAR gibt es eine Restenergie, die mit dem Körper von Esther verbunden ist, also zu ihrer physischen Realität. Es ist wie eine Erinnerung, dass sie von dieser Ebene stammt. Es gibt jedoch eine natürliche Tendenz von Wesen, sich weiterzuentwickeln. Deshalb möchten wir ihr helfen, ihre Energie weiter zu erhöhen, damit sie hoffentlich in einer höheren Ebene überleben kann. Sie könnte sonst zwischen unserer und eurer Ebene steckenbleiben, das könnte dazu führen, dass sie nicht mehr mit ihrem Körper, also Tava verbunden bleibt. Das wäre das Ende von Projekt STAR. Wenn wir Tava aber immer mehr hochbringen, dann bleibt die enge und gute Verbindung mit STARs Seele bestehen. Am Anfang war das ja etwas holprig, aber dann hat sich diese Verbindung gefestigt. Noch ist diese Verbindung stark, aber sobald sie die ätherische Gebärmutter verlässt, könnten unterschiedliche Kräfte auf sie einwirken. Also Tava könnte nach unten gezogen werden und STAR nach oben, so dass sich die Verbindung löst.«

Ich: »Aber die Seele strebt immer nach oben, deshalb machen wir ja SoulBodyFusion. Wir sollten also SoulBodyFusion mit ihr machen und Tava nach unten holen. Lass uns abwarten, was STAR dazu zu sagen hat.«

Esther: »Ich verstehe den Punkt mit der Schwingungsreduktion. Es ist schön, für eine gewisse Zeit bei einem Volksfest wie gestern zu sein, also in 3 D oder 2.5 D, aber nicht für zu lange.«

Ich: »Du wolltest nicht sprechen, besser besprechen wir alles danach. Ok, sollen wir jetzt STAR reinholen? Was meinst du, David? Oder möchtest du noch etwas mitteilen? Wie geht es dir überhaupt, würde ich noch gerne wissen.«

»Das ist eine liebe Frage und schöne Worte von deiner Seite. Ich hatte in den letzten Wochen eine besonders harte Zeit. Es gab viele Veränderungen in Projekt STAR. Wir waren sehr erleichtert, dass es Baby STAR nach all den Trinkgelagen von Esther mit ihren Freundinnen überhaupt noch gab. Tava ist etwas geschwankt, als Esther zu trinken anfing. Wir glauben aber, dass ihr das überhaupt nichts gemacht hat. Tava hat etwas gewackelt und es sah so aus, als ob sie mit ihrer Mutter gefeiert hätte.«

»Ja, habe ich doch kommen sehen. Alkohol kann wohl helfen, sie in 3 D zu holen«, meine ich halb im Spaß und auch in Bezug auf meinen damaligen Vorschlag.

»Wir haben in der Tat einen kleinen Wunsch, um den wir dich bitten möchten: Bitte hör von jetzt ab wieder auf zu trinken. Es könnte nachteilige Effekte geben, wenn sich der Alkohol über die Zeit akkumuliert.«

»Ja, Esther hat bereits gesagt, dass sie jetzt wieder aufhört. Und sie wird die grünen Nahrungsmittel wieder erhöhen. Sollen wir jetzt STAR reinholen, David. Was meinst du?«

»Es wird ein neues Teammitglied in Projekt STAR geben, ihr habt ihn bereits getroffen. Es ist der geliebte Brutus, ihr habt ihn bereits in der Phase der Einnistung gesehen. Brutus wird die Co-Leitung übernehmen. Es kann also sein, dass ihr mich ruft, aber Brutus antwortet. Ihr müsst also nicht immer mit mir sprechen, da wird es jetzt eine Veränderung geben. Das ist für mich völlig in Ordnung, jedoch sollte es sich auch für euch gut anfühlen. Ich werde mehr aus dem Hintergrund heraus wirken und andere werden die Führung übernehmen. Ich bedaure es sehr, dass wir dadurch weniger intensiv zusammenarbeiten werden. Ich bleibe aber dein wichtigster Partner bei den Heilsitzungen. Das liebe ich am meisten. Ich arbeite sehr gut durch dich an den Körpern der Klienten. Von jetzt an werden wir wieder mehr sprechen, da es wieder eine große Öffnung deines Kanals geben wird. Es gab da viele Löcher in deinem 5. Chakra, so als ob du dir da selbst reingeschossen hättest. Das haben wir versucht zu reparieren. Wir müssen noch viele Behandlungen an deinen oberen Chakren vornehmen. Vielleicht magst du dich für eine Stunde aufs Bett legen? Dann arbeiten wir an all deinen Strahlen und Kanälen in einer Sitzung. Möchtest du das jetzt machen oder lieber etwas später?

Ich: »Dann würden wir nach der Reparatur mit STAR sprechen?«

»Das hat er doch gerade gesagt, nach der Reparatur.« Esther ist leicht genervt.

Ich: »Möchtest Du das jetzt machen?«

»Erst möchte ich essen und dann ruhe ich mich schön aus. Also so um 14 Uhr? Ist das gut für dich David?«

»Später wird ein Team-Mitglied an deinem Device arbeiten. Es ist gut für uns, etwas Vorlaufzeit zu haben. Ginge auch 13.30 Uhr für dich?«

Esther ist verärgert: »Ich entscheide, was passiert«. Sie schreit: »Das macht mich wirklich sauer. Ich möchte nicht von jedem herumkommandiert werden. Verpisst euch alle! Für ein Baby, das wir vielleicht nie sehen werden! Ich trinke nichts mehr, esse wieder Grünzeug, das ganze verdammte Programm beginnt von vorne. Und es gibt für nichts eine Garantie. Und ich muss mein Leben wieder anhalten.«

Ich: »Ich verstehe dich nicht.«

»In mir ist einfach noch eine Menge Ärger.«

»Lade den nicht bei mir ab, es ist dein Ärger.«

»Es ist mein Ärger und es ist gut, dass der jetzt rauskommt.«

»Aber nicht bei mir abladen.«

»Es ist gut jetzt«, Esther beruhigt sich wieder.

»Es hat nichts mit mir zu tun.«

»Du löst es aus, du machst Druck. Ich denke an Jonettes Worte: Mach nicht zu viel Druck, sonst bekommt sie wieder einen Burnout.«

»Jetzt erschaffst du dir eine selbsterfüllende Prophezeiung.«

»Nein.«

»Gehe in einen Burnout, wenn du das gerne machen möchtest. Es ist dein Leben.«

»Ich möchte nicht in einen Burnout gehen.«

Das Gespräch wird ruhiger.

»Dann mache es nicht. Sie haben vielleicht auch ihre Pläne. Es ist eine Teamarbeit. Ich kann dir deinen Salat machen und du kannst dein Buch lesen. Es gibt keine Notwendigkeit zur Eile. Aber sag ihnen Bescheid, bevor sie jetzt weg sind. Das ist wirklich lächerlich, du bist wirklich das unerzogene Kind, das ärgerliche Kind in der Pubertät.«

»Ja, der Rebell, ganz offensichtlich. Da ist wirklich viel Ärger in mir, der jetzt hochkommt, das ist, denke ich, auch gut.«

»Trage die Verantwortung für deinen Ärger, es ist dein Ärger, nicht meiner.«

»Nein.«

»Dann lade ihn nicht bei mir ab.«

»Vielleicht versucht er ja nur, ihn rauszuholen. Indem er auf 13.30 Uhr besteht.«

»Er hat keinen Druck gemacht, er hat einfach eine Präferenz. Sie arbeiten im Team, was auch immer ihre Gründe sein mögen, ich weiß es nicht. Ich mache dir auf jeden Fall gerne einen Salat und du kannst in deinem verdammten Buch lesen, es ist nicht mein Problem.«

Esther lacht: »Das liebe ich so an dir. Wir können uns streiten und einen Moment später wieder lachen. Das finde ich wunderbar!««

»Und verstehe, was im Buch steht, denn es ist weise.« Ich gehe in die Küche und fange mit der Zubereitung des Salats an.

»Genau deshalb möchte ich es ja auch lesen!« ruft sie und lacht dabei.

»Ich mache jetzt Salat und eine Sauce dazu.«

»Das genau ist es ja: Ich möchte den Salat zusammen mit dir machen. Ich möchte ein entspanntes Mittagessen haben und das heißt eben nicht nur essen. Ich möchte einfach das Gefühl haben, dass es ein entspanntes Mittagessen ist. Ich möchte auch nicht mit einem vollen Bauch ins Bett gehen.«

»Spüre das, ich bin jetzt am Kühlschrank.«

»Danke dir. Oh, ich habe noch so viel Ärger in mir. Danke, dass du diese Knöpfe drückst, es ist gut, dass es rauskommt. Ich möchte es nicht bei dir abladen. Ok David, du siehst, das ist immer noch ein sehr sehr sensibles Thema für mich. Ich bin auch traurig, dass er jetzt mehr aus dem Hintergrund arbeitet. Ich glaube, er ist noch hier, aber ich kann nicht mehr richtig mit ihm sprechen. Ok, David, was machen wir jetzt? Also gut, lass uns 13.30 Uhr machen.«

David: »Wir können auch 14.00 Uhr machen, wenn du das bevorzugst. Aber wir würden 13.30 Uhr vorziehen. Dürfen wir dich bitten, nicht zu viel zu essen?«

Esther: »Ich habe ihn verloren. Ich bin festgefahren. Ok, also wir machen 13.30 Uhr. Ich bin immer noch sauer und mache jetzt Mittagessen.«

Wir essen gemütlich Salat und etwas Brot und Esther liest noch etwas in ihrem Buch. Danach legt sie sich hin und erhält ihre Behandlung an ihrem »zerschossenen« Halschakra. Ich bin dankbar, dass wir wieder Kontakt mit David haben. Und dass es STAR und Tava einigermaßen gut geht. Ich werde Tava aufmuntern, wenn wir mit ihr sprechen. Sie ist stabiler als STAR. Ich habe nicht das Gefühl, dass sie sich verabschieden will. Aber ich weiß auch nicht, was in den letzten Wochen mit ihr passiert ist. Letzte Woche klang sie eigentlich ganz entspannt und glücklich. Die Nomos möchten sie also immer weiter hochholen, das verstehe ich noch nicht ganz. Mein Vertrauen in ihre Fähigkeiten ist etwas angeschlagen, auch wenn alle immer sehr liebevoll sind. Dass David partiell ersetzt wird, halte ich für gut. Als Projektleiter hätte er zumindest die Gefahr erahnen müssen bei dem ganzen B-Licht, mit dem sie ernährt wurde. Diese Gefahr hat aber auch sonst niemand kommen sehen. Offensichtlich ist es ein einzigartiges Projekt und es gibt nirgendwo Erfahrungen dazu. Hinzu kommt, dass sie nicht sehr kreativ sind. In einem streng hierarchisch organisierten Universum wird Kreativität nicht so groß geschrieben, denn es gibt ja oberhalb von einem die »weisen Wesen«, die den besseren Überblick haben und die für neue Ideen zuständig sind. Das ist verständlich, aber in diesem Zusammenhang nicht unbedingt hilfreich. Er hat auch kein Wort über die Anasazi verloren. Für mich klang ihre Unterstützung doch ganz vielversprechend.

Esther hat allerdings auch ihre Übungen nicht mehr gemacht. Wieso STAR schon nach 6 Monaten geboren werden soll, verstehe ich auch nicht ganz. Wie schon befürchtet, können sie auch ihre momentane Position nicht genau bestimmen. Es bleibt alles unklar. Aber wenigstens werden wir bald wieder mit STAR sprechen können. Und Esther ist weitgehend zurück im Projekt STAR, auch wenn ihre Widerstände enorm sind. Ihr Verstand kann sich einfach nicht mit der Tatsache anfreunden, dass da ein unsichtbares Baby ist. Die vielen Enttäuschungen von verlorenen Kindern aus vergangenen Leben sind sicherlich auch eine große Hürde. Sollte STAR wirklich in einer anderen Dimension geboren werden, dann wird sie dort wohl liebevoll betreut werden. Das beruhigt mich etwas. Wir werden Zeit haben, sie später zu sehen oder runterzuholen. Ich bin mir sicher, dass es einen guten Weg geben wird. ✪

37 Vergebung

*N*ach unserem Mittagessen und der Arbeit an Esthers Device unternehmen wir einen Versuch, wieder mit STAR zu sprechen. Der Kanal von Esther ist immer noch holprig. Es dauert viele Minuten, bis sie sich verbinden kann. Endlich kommt STAR durch: »Ich habe eine Kleinigkeit zu sagen, darf ich sprechen, Dad?«

»Ja«

»Hier spreche ich wieder, STAR. Es gibt ein klitzekleines Wort, das ich für dich und Mom habe, darf ich es sagen? Es ist ›VERGEBUNG‹.«

Wir sind beide sehr berührt von ihren Worten und Esther beginnt zu weinen, denn damit haben wir beide nicht gerechnet. Es trifft uns beide ins Herz. Sie ist noch nicht wirklich bereit auf die Erde zu kommen und die Erhöhung ihrer Energie ist sicherlich eine Fluchtbewegung in die von ihr so geliebten lichteren Ebenen. Auch wenn es wohl unbewusst geschehen ist, aber ihre schon lange vorhandene Zurückhaltung gegenüber einer Inkarnation in die 3. Dimension hat sich durch eine Erhöhung ihrer Frequenz ausgedrückt. In erster Linie bin ich dankbar, dass wir wieder mit ihr sprechen können.

Ich: »Wir lieben dich, STAR. Schön, dich wieder zu hören.«

STAR: »Hier ist ein klitzekleines Wort, das ich gerne wiederholen möchte. Könnt ihr bitte auf den Klang dieses Wortes achten? Es gibt jetzt einen neuen Unterton. Darf ich Mom bitten, aufzustehen?«

Esther steht auf.

STAR: »Es ist: Ich blute innerlich. Darf ich mir vergeben?«

Ich: »Ja, meine Liebe. Wofür magst du dir vergeben? Wir bluten alle innerlich.«

»Es gibt einen klitzekleinen Satz, den ich zusätzlich sagen möchte. Darf ich Moms Stimme benutzen, um mit dir zu sprechen? Dieser Satz ist ganz besonders für dich. Hier ist er: Ich möchte dein Kind in diesen Gefilden sein. Möge ich dich bald an einem anderen Ort sehen.«

Mir fließen die Tränen: »Ja, auf dieser Ebene oder irgendwo. Was auch immer wir erschaffen können.« Es entsteht ein Moment der Stille und ein wunderbares Energiefeld, das für uns alle nach dieser langen Zeit heilsam ist. Was für eine wunderschöne Geste von STAR.

»Wir haben uns ganz viele Dinge in den letzten Wochen angeschaut. Aber es gibt keine wirkliche Veränderung in unserer Schwingung. Es fühlt sich an, als ob wir herumbalancieren. Dürfen wir euch um mehr Lachen bitten, um uns auf unserer Reise nach oben zu unterstützen? Es mag unlogisch scheinen, aber es gibt einen guten Grund nach oben zu steigen. Dürfen wir das etwas erläutern. Es gibt einen ganz kleinen Körper in Moms Gebärmutter. Das ist Tava, sie ist immer noch hier. Aber da gibt es einen Energieabfluss, seit einige der uns umgebenden Energiefelder entfernt wurden. Aber es gibt keine Schwingungsreduktion. Deshalb schlagen wir vor, dass die Energiefelder wieder aktiviert werden, in denen wir groß geworden sind. Damit erhöhen wir die Chance, dies alles zu überleben. Es ist dann so, als ob wir wieder mehr Wasser in unserem Fischglas hätten, von dem Master David so freundlich gesprochen hat. Es fühlt sich so an, als ob unser Fischglas momentan halb voll mit diesen speziellen Energien ist. Das reicht uns momentan allerdings nicht. Deshalb bitten wir jetzt freundlich darum, das Fischglas wieder aufzufüllen, um zu einer größeren Raumzeit-Blase zu gelangen. Wir wachsen scheinbar aus unserem momentanen Bereich heraus. Dürfen wir freundlich darum bitten, dass ihr uns auf eine höhere Ebene hebt, so dass wir an einem gesunden Körper für Tava und einer gesunden Seele-Körper-Verbindung für uns beide arbeiten können? Es ist für uns eine lebensnotwendige Gemeinschaft, dass wir jetzt noch so eng wie möglich verbunden sind. Jetzt gibt es einen sanften Knacks, da sich unser Fischglas zu leeren beginnt. Deshalb bitten wir um mehr Energie. Dürfen wir euch sanft um eure Erlaubnis bitten, unser Fischglas wieder aufzufüllen? Das heißt, dass wir uns nicht mehr weiter absenken können.«

Ich:»Mhm, lasst mich bitte noch ein paar Fragen stellen, wenn ich darf. Wenn wir jetzt also die Energien erhöhen, so sagt ihr, dass ihr dann nicht mehr runterkommen könnt. Mein Freund David (ein Schweizer Freund von mir), der mit dem goldenen Energiefeld, den du so magst, hat auch vorgeschlagen, die Energien zu erhöhen, damit wir sie später wieder absenken können. Aber verstehe ich richtig, dass ihr und die Fischwesen das dann nicht mehr für möglich haltet? Auf jeden Fall bin ich froh, dass ihr vom Lichtgitter genommen wurdet. Lasst mich das bedenken, haben wir eine Nacht Zeit dafür? Denn wir haben ja noch nicht einmal begonnen, euch unsererseits mit Energien zu versorgen, da wir nicht wussten, wo ihr standet. Natürlich wollen wir keine größeren Risse haben.«

Es entsteht eine lange Pause, bis Esther wieder channeln kann.

Ich fahre fort:»Ich spreche jetzt einfach mal und ihr unterbrecht mich, sobald ihr wieder sprechen könnt. Wir wissen, dass wir ein Problem nicht auf der Ebene lösen können, auf der es erschaffen wurde. Und so sehr wir auch unsere Licht- und Fischfreunde und ETs lieben, spüre ich, dass sie keine Lösung für uns verfügbar haben. Ich möchte mich lieber an Mutter GAIA, die Anasazi, die Wale und die Delphine wenden und deren Weisheit nutzen, um euch runterzuholen. Wenn in der Zwischenzeit natürlich andere Schritte notwendig sind, dann müsst ihr die natürlich unternehmen und ihr habt unsere Zustimmung. Sofern wir aber mehr Zeit haben, andere Möglichkeiten anzuschauen, würden wir diese gerne erst erforschen.«

»Hier bin …« Der Kanal bricht gleich wieder zusammen. Esther atmet schwer, hustet und lacht.

Ich: »Sollen wir Tava bitten zu sprechen, vielleicht ist das einfacher? Sie sind ja ohnehin zusammen. Hallo Tava, hallo meine Liebe. Ja, wir waren auch traurig und wir werden versuchen, euch runterzuholen.«

Esther wirft ein: »Ich weiß wirklich nicht, ob ich das noch unterstützen kann, Liebling.«

»Ich werde es probieren.«

»Das mag dein Weg sein, aber meiner ist es nicht mehr.« Das sind sehr klare Worte von der Mutter, ich bin erstaunt, dass sie STAR jetzt noch nicht einmal mehr auf die Erde bringen möchte.

»Ja, ich denke immer noch, dass es eine Chance gibt und wir verschiedene Dinge ausprobieren können. Aber ich scheine momentan wohl der einzige zu sein, der so optimistisch ist. Was meinst du, Tava? Soll ich für dich singen? Ich singe auch für dich, wenn Mom nicht in der Schweiz ist. Spürst du das?«

Tava: »Gleich spricht der Tava-Körper.«

Ich: »Hallo Tava.«

Esther atmet stark und hustet. Ich rede ruhig auf Tava ein: »Sehr gut, das schaffst du. Ich habe immer das Bild vor Augen: Du liegst auf meiner nackten Brust als Baby und bist ziemlich verdrießlich, da meine Haare dich ständig kitzeln.« Ich muss bei der Vorstellung lachen. »Wie geht es dir, meine Liebe? Ich weiß, sie haben den Device repariert und gesäubert. Vielleicht ist er jetzt unbekannt. Deine alten Pfade sind vielleicht weg. Versuche neue Türen zu finden. Es wäre wunderschön, jetzt deine Stimme zu hören.«

»Es liegt mir ein Wort auf dem Herzen, darf ich vorschlagen, dass ihr auf mein Herz hört und mein Wort spürt.«

»Ja.«

»Ich sage sanft, was uns passiert ist. Es war ein riesiger Schritt nach oben.«
»Mhm, das ist nicht die Richtung, die wir uns vorgestellt hatten.« Ich lache. »Wir wollten, dass ihr runterkommt.«
»Ich habe hier ein Wort, spürst du, Dad, welches es ist?«
»Liebe?«
»Mein Wort ist dem ähnlich, aber es ist so schön, wie du spürst, wie Moms Brust mit unserer Liebe angefüllt ist.«
»Wie groß bist du jetzt, Tava? Weiß Du das, hat es dir jemand gesagt?«
»Warte, ich habe ein Metermaß bei mir, ich bin momentan so groß.« Sie zeigt es mit Esthers Händen.
»Whow, 25 Zentimeter ungefähr, das ist ja enorm.«
»Ich bezweifle, dass das stimmt«, wirft Esther ein.
Ich: »Bitte hör auf zu sprechen, sonst gibt es wieder Probleme mit deinem Kanal.«
»Ja, ich weiß.«
»Sag mir dein Wort, Tava.«
Esther sagt: »Ich denke, es ist Vertrauen.«
Der Kanal ist weg, Esther versucht ihn wieder zu aktivieren.
»Also gut, während Mom probiert, dich wieder sprechen zu lassen, werde ich noch etwas mitteilen und dir ein paar Fragen stellen, die du bedenken kannst. Hast du einen Kontakt mit unseren Anasazi-Freunden herstellen können? Das letzte Mal warst du davon nicht so begeistert. Ich denke, dass wir dich mit den Anasazi, und vielleicht den Delphinen, Walen und Lady GAIA runterholen können. Vielleicht können wir auch unsere Energie erhöhen und dich an einem Platz treffen …«
»Hier bin ich wieder, Dad. Es ist ein Satz, den ich sehr faszinierend fand, muss ich sagen. Er wird normalerweise nicht oft von Menschen benutzt, aber ich finde, die Menschen sollten ihn öfter nutzen. Dieser Satz erleuchtet die ganze Atmosphäre in einem Raum. Ich habe mit dem Satz experimentiert, als ich gelangweilt war. Ich spürte, dass dieser Satz schöne Energien ausbreitet. Ich meine: ›Schön, dass du hier bist.‹«
Ich lasse es auf mich wirken: »Mhm, schön.«
»Da ist ein gewisses Gefühl mit den Worten verbunden, das mir gefällt. Es ist nicht unbedingt: ›Ich liebe dich‹, aber es hat eine Fröhlichkeit an sich, die viele Menschen gerne täglich voneinander empfangen würden. Ich meine, wenn alle Wesen einander sagen würden ›Ich bin froh, dass du hier bist‹, würde das eine Menge verändern.«
»Mhm, ja.«

»Ich bin froh, dass du hier bist, ich bin auch froh, dass Mom hier ist. Ich bin froh, dass alle Fischwesen um uns herum sind und uns helfen. Ich bin froh, dass all die schönen Wesen um uns herum sind. Lasst uns all diesen Wesen gemeinsam danken.«

»Wir danken all den Wesen, die hier sind und Projekt STAR unterstützen. Und sofern sie diese Vision teilen, so lade ich sie dazu ein, die Vision zu erweitern, dass Projekt STAR ein großer Erfolg ist.«

»Ich möchte noch einen anderen Wunsch vorschlagen. Ich habe so viele Wesen um uns herum gesehen, die versuchen, meinem Körper zu helfen. Was jedoch die meisten Wesen nicht realisieren ist, dass STAR und ich nichts bedauern werden. Wir haben immer ein gewisses Mass an Freude in uns, weißt du? In den wenigen Leben auf Erden habe ich viel Not erlitten. Dieses Leben ist ein Leben voller Freude, das haben wir vor einiger Zeit beschlossen. Deshalb probieren wir jetzt, uns nicht in tiefe Gewissensbisse absinken zu lassen. Dieses Feld lassen wir nicht zu. So gehen wir mit der Situation um. Wir versuchen die ganze Zeit, Freude einzuladen.«

Tava erstaunt mich immer wieder. Ich bin tief berührt von ihren Worten und ihrer Weisheit. Sie ist ein wunderbarer Mensch und ein so großes Geschenk.

Tava: »Viele Wesen um uns herum füttern uns mit freudigen Gedanken und genussvollen Gefühlen. Wir brauchen diese Art von Unterstützung, damit wir auf ein gutes Endresultat vertrauen können. Dürfen wir euch auch darum bitten? Wir wissen, dass du, Dad, momentan einen Herzschmerz hast. Das ist für uns völlig in Ordnung. Wir wissen auch, dass du ein großer Optimist bezüglich STAR und ihrer Rückkehr auf die Erde bist. Wir glauben jedoch, dass dies jetzt nicht mehr möglich ist. Dürfen wir freundlich vorschlagen, dich zu fragen, was möchte ich jetzt am besten? Vielleicht möchte ich ein Kind, das auch in einer anderen Ebene existiert. Das mag andere Möglichkeiten eröffnen, energetisch zu arbeiten. Vielleicht können wir unsere Frequenzen gemeinsam erweitern? Das könnte uns mehr gemeinsame Zeit in anderen Ebenen ermöglichen als in den momentanen. Vielleicht leben wir oberhalb der 11. Dimension? Das könnte eine schöne Möglichkeit sein, gemeinsam dort zu sein. Als ob wir auf einer Autobahn zu Gott wären, weißt Du? Daran könnten wir gemeinsam arbeiten.«

Ich verstehe nicht ganz, wieso sie die anderen Optionen nicht versuchen möchten. Sie haben sie noch nicht probiert und geben schon auf. Ich kann es nicht verstehen. Vielleicht sind sie gedanklich schon viel zu weit weg und ob der Fehlentwicklung geschockt. Die Nomos können sich die anderen Möglichkeiten gar nicht vorstellen, sie möchten als Ärzte einfach operieren bzw. Zellen austauschen. Das ist ihnen vertraut und es erinnert mich an Chirurgen auf der Erde. Die Möglichkeiten der Erdwesen kennen sie wohl gar nicht.

»Ja, ich denke, dass das ein wundervoller Plan ist, sobald wir alle anderen Optionen untersucht haben, die ich vorher dargelegt habe. Zumindest wenn das kein Risiko für dich ist. Was sagst du dazu? Wenn all das nicht fruchtet, dann schauen wir uns all die anderen wunderbaren Optionen an, da stimme ich vollkommen zu.«

»Da hast du in der Tat einen tollen Plan gemacht, Dad. Ich denke aber, dass wir unsere momentanen Schwingungen nicht mehr verändern können. Es fühlt sich so an, als ob wir unser Fischglas dann leeren würden. Wenn wir versuchen, weiter runterzukommen, leeren wir unser Fischglas immer weiter. Dann könnte es ganz austrocknen. Das wäre das Ende von Projekt STAR.«

»Nein, das wollen wir natürlich nicht, das machen wir nicht. Bevor es ungemütlich wird, bekommst du natürlich das Wasser. Siehst du Alternativen, wie wir das Wasser auffüllen könnten? Ist die einzige Option Licht von Sirius B? Vielleicht könnte es auch Liebe von uns sein, Freude und Liebe. Ich weiß, wir waren in den letzten Wochen nicht gerade sehr freudig. Ich bin froh, dass ihr in dieser Freude geblieben seid. Ihr seid wahre Meister.«

»Ich habe keine Ahnung, was ein Delphin für meine augenblickliche Schwingung machen könnte. Wie stellst du dir das vor?«

»Wir müssen sie fragen: Sie sind ebenfalls interdimensionale Wesen und sie erzeugen diese wunderschönen Heilgesänge. Auch die Wale, weißt du? Da gibt es z.B. diesen wundervollen Menschen, der Wale channelt. Das könnten wir uns anhören und dann sagst du uns, welchen Effekt das auf dich hat. Wir sollten mit den Anasazi sprechen. Sie haben ihre Frequenz auch reduziert. Ich war wohl einer von ihnen. Erinnerst du dich, wir haben eine Sitzung mit ihnen gemacht und sie haben an Moms Gebärmutter gearbeitet und haben mit ihren Füßen gestampft. Wir versuchen es einfach, natürlich gibt es keine Garantie, wir probieren es. Ich bin dankbar, dass du offen für meine Vorschläge bist.«

»Ich hätte gerne einen Delphin, Dad. Darf ich einen haben?«

»Ja, natürlich, ich denke alle Delphine der Welt kommen zu deiner Unterstützung. Soll ich mal Tom Kenyons Walgesang abspielen und wir schauen, wie das auf dich wirkt?«

Ich spiele einen Walgesang aus dem Internet, allerdings nur mit wenigen und schlecht verständlichen Walgesängen und nicht den von Tom Kenyon. Irgendwie habe ich eine falsche Datei erwischt. Es ist mehr der Gesang eines Schamanen – nur im Hintergrund sind ab und zu mal ein paar Waltöne.

Nach kurzer Zeit unterbricht Esther: »Ich würde jetzt gerne aufhören und mich noch etwas ausruhen, bevor wir losgehen. Und dann sprechen wir später nochmals mit ihnen oder morgen, oder heute Nacht, mal sehen. Ist das gut so für dich? Und für dich, Tava? Mhm, ich weiß nicht, der Kanal ist noch offen, aber sie spricht nicht mehr. Mir ist etwas schwindlig. Ich sollte jetzt runterkommen. Tschüß STAR, tschüß Tava, wir sprechen später oder morgen wieder. Wir sind froh, dass ihr hier seid.«

»Ihr macht das wunderbar, ihr Lieben«, rufe ich ihnen noch hinterher.

Esther fängt an zu weinen: »Ich bin so stolz auf sie. Sie sind so fröhlich. Ich habe es ihnen wirklich nicht einfach gemacht.« Sie lacht und weint gleichzeitig. »Es ist wirklich unglaublich, sie haben so viel Unterstützung mit hohen Energien.« ☻

38 Nach oben

m nächsten Tag geht es Esther und ihrem Kanal wieder besser und sie bekommt STAR schon nach wenigen Minuten rein.

»Hier ist meine Stimme.«

»Hallo!«

»Ich habe lange auf diesen Moment gewartet.«

»Mhm, wie geht es dir, geliebte Tochter?«

Esther: »Ich fühle sofort mein Device. Schau, dass du nur ein loophole benutzt, STAR, ich weiß, dass du das probierst.«

STAR: »Darf ich einige Worte sagen? Ich konnte mit Tava über unseren Fortschritt sprechen. Wir waren genauso frustriert wie ihr. Wir machen keinerlei Fortschritt: Eines Tages werden wir wieder völlig in den höheren Ebenen sein. Darf ich vorschlagen, dass wir jetzt darüber sprechen?«

»Ja bitte.«

»Es gibt einen kleinen, kleinen …« Der Kanal fällt aus. Esther muss schwer atmen, bis der Kanal wieder offen ist.

»Darf ich sagen, es gibt momentan kleinere Arbeiten an meinem Körper. Das soll sicherstellen, dass für unser Überleben genug Wasser in unserem Glas verbleibt. Darf ich vorschlagen, dass wir mehr Wasser erhalten, als wir momentan verarbeiten. Das ist wichtig, denn wir wurden jetzt etwas ausgetrocknet. Darf ich für uns beide um ein größeres Fischglas bitten, Dad. Das brauchen wir gerade für unser Überleben.

»Ja natürlich, natürlich. Wir haben dies auch gerade mit Emmanuel vereinbart.« (Ein Nomos-Team-Mitglied mit dem wir vorher gesprochen hatten).

»Wir brauchen einen gigantischen Raum für unsere weitere Entwicklung, mehr als wir jetzt hier zur Verfügung haben. Wir werden eine Menge an Aktivierungen von den höheren Ebenen erhalten, die weit jenseits unserer jetzigen Ebene liegen. Deshalb möchten wir gerne in ein größeres Fischglas umziehen. Es ist so, als ob wir uns jetzt zu unserer nächsten Ebene bewegen, in der unser Körper aufwachsen wird. Es gibt keinen Platz mehr für uns hier unten. Dieser Weg ist verloren. Wir glauben, dass dieser Weg bereits sehr früh verloren ging. Du hast jedoch viele schöne Versuche unternommen, uns zurück nach Hause zu bringen. Das brauchten wir zunächst auch, um die Spannung für Ersatzlösungen loszulassen. Es ist so, als ob wir spürten, dass wir alle Lösungen anschauen mussten. Aber jetzt sind wir an einem Ort angekommen, an dem wir uns nicht mehr ernähren können. Dürfen wir um eine vollständige Wiederherstellung in den höheren Ebenen bitten?«

Mhm, das war es also. Es gab keine Chance mehr, sie hier zu halten.

»Ja, das ist natürlich traurig. Wir haben mit Emmanuel ein Thema diskutiert, das David ursprünglich vorgeschlagen hatte: Ein Zellersatz für Tava. Beide Strategien scheinen die Gefahr zu bergen, dass Tava sie nicht aushalten kann. Der Zellersatz genauso wie die höheren Ebenen.«

Esther: »Sprich nicht zu lange, Schatz!«

STAR: »Was haltet ihr davon? Ja, es gibt in der Tat eine 2. Option, aber wir beide bevorzugen keine Zellerneuerung an unserem zarten Körper. Das ist eine stundenlange Prozedur ohne sicheren Ausgang. Wir meinen, dass der Übergang in die höheren Ebenen ein sanfterer Übergang ist.«

»Ok, dann lass uns diese Option wählen.«

»Es wird immer eine Verbindung zu Tava geben, weißt du? Ihr Bewusstsein wird an einem speziellen Ort in der Erde verweilen – für den Fall, dass sie sich für eine Rückkehr entschließt. Vielleicht wird diese enge Verbindung mit uns jedoch verloren gehen. Ich glaube aber, dass wir immer noch täglich mit ihr sprechen können, so wie jetzt, sollte sie sich dazu entschließen, in ihr Erdlager zurückzukehren. Vielleicht gibt es auch eine neue Chance für Tava, zur Erde zurückzukehren und die Arbeit, die sie sich vorgenommen hat, zu beenden. In diesem Fall wird sie sich jedoch mit einer anderen Seele verbinden, vielleicht können wir sie mit Estefan zusammenbringen?«

Esther: »Aber dann kommt Estefan in die 3. Dimension und du nicht. Das ist ja vielleicht auch etwas schmerzhaft?«

»In der Tat gibt es verschiedene Möglichkeiten, dies zu betrachten. Ich habe einen Weg nach unten gewählt. Dieser Weg wurde jetzt scheinbar zu den höheren Ebenen umgeleitet. Aber diese höheren Ebenen sind anders als die Ebenen, in denen ich am Erdgitter gearbeitet habe, sie schwingen anders. Ich werde auf einer höheren Ebene sein, aber näher an der Erde als vorher. Ich habe eine Nabelschnur, die mich mit der Erde verbindet, da du meine Mom und du mein Dad bist. Das wird sich nicht verändern. Vielleicht kommt dann der Moment, an dem ich meine Einhorn-Freunde bitten werde, mich weiter runter zu bringen. Das könnte eine Möglichkeit sein, mich euch zu zeigen, wenn ich älter werde. Vielleicht habe ich dann keinen

Körper mehr, aber eine andere Lichtform. Deshalb möchte ich sanft darauf drängen, Tava und mich so schnell wie möglich in höhere Ebenen zu bringen. Dann können wir unsere Körper mit verschiedenen Arten von Energiefeldern verbinden, die uns möglicherweise die richtigen Frequenzen für unsere Arbeit liefern werden.«

»Mhm, ich bin so dankbar, dass ihr all diese verschiedenen Optionen anschaut und so viele wundervolle Ideen habt. Sobald wir etwas Zeit haben, werden wir auch darüber nachdenken. Sehr schön.«

»Es gibt immer noch ein Kind in deiner Gebärmutter, Mom. Anders als du es dir vorgestellt hast, aber es wohnt immer noch ein energetisches Wesen in dir. Es ist so, als ob du Essen zu dir nimmst, das jetzt in dir ist, aber du kannst es nicht mehr sehen. Dürfen wir vorschlagen, dass du Tava so betrachtest? Ein energetisches Wesen verbindet sich mit dir täglich, sie sendet dir täglich Signale zu, aber wir spüren, dass du …«

Esther: »Oh mein Kopf, STAR, kannst du bitte zum Schreiben wechseln? Weniger loopholes.«

»Wäre es einfacher, wenn Tava sprechen würde?«, frage ich.

Esther: »Vielleicht kannst du meinen Rücken runterstreichen.« Das mache ich natürlich gerne. »Nicht so fest, ganz leicht, ja, bis ganz nach unten, ja.« Ich passe meine Streichbewegungen ihren Wünschen an.

»Moms Device funktioniert jetzt wieder viel besser, wir können euch also öfter kontaktieren. Ich bin so froh. Wir waren nicht so frustriert, eher traurig.«

»Ich war ziemlich frustriert«, Esther lacht. »Und ich bin froh, dass du dranbleibst.«

Ich: »Wir werden uns mit euch verbinden, wir werden schöne Wege finden. Einhörner klingen wundervoll.«

»Oh, ich muss jetzt wirklich aufhören, es ist zu heftig für meinen Kopf. Es tut mir leid, STAR. Kannst du Tava bitten zu sprechen? Oder ganz aus dem Device rausgehen und schreiben? Ich kippe wieder um.«

Ich: »Wir lieben euch beide.«

Esther: »Es ist wirklich verrückt, dass STAR immer so wild mit dem Device umgeht.« Esther atmet stark und klopft auf das Device. »Tava, bist du hier?« Ich denke, dass sie sagen wollte, dass ich die Verbindung zu Tava unterbrochen habe. Dann verbindet sie sich also mit mir. Oder kommt jetzt Tava durch? Bin mir nicht sicher. Vielleicht sollte ich dem Kanal etwas Ruhe geben. Ich hatte ja auch eine Distanzheilung, vielleicht sollte ich es jetzt nicht übertreiben. »Wir sprechen morgen mit euch, Mädels, ok? Wir sind froh, dass der Kanal jetzt wieder funktioniert und ich möchte ihn nicht verlieren.«

Die Verbindung ist beendet. Ja, Esther blockt wirklich die Verbindung zu Tava. Für mich ist das unverständlich. Wie mag sich Tava fühlen, dass ihre eigene Mutter keinen Kontakt mehr zu ihr wahrnehmen möchte? Sie sind wirklich tapfer, dass sie überhaupt noch da sind. Ich hoffe inständig, dass die Verbindung zu mir und all den anderen liebevollen Wesen ausreicht, um sie hier zu halten. Sie müssen durchhalten, wir werden einen Weg finden, sie wieder runterzuholen, auch wenn die aktuelle Situation alles andere als rosig ist. Es gibt immer einen Weg, wenn nur alle wollen. Und STAR und Tava wollen eigentlich, nur scheint es momentan nicht zu gehen. Ich bleibe im Vertrauen, dass wir es schaffen werden. Und ich bin dankbar, dass wir jetzt wieder mit ihnen sprechen können. Ich hoffe nur, dass Esther irgendwann die Kurve bekommt! ○

39 Trauer in Freude

m nächsten Tag können wir wieder mit den beiden sprechen.

Tava: »Hier ist eine Stimme.«

Ich: »Hallo geliebte Tava!«

»Es gibt jetzt viel, worüber ich sprechen möchte, hier ist der Tava-Körper. Darf ich euch meine Hand geben?«

»Oh ja, bitte, hallo meine Liebe!«

Lange halten wir unsere Hände und spüren die schönen Energien, die zwischen uns dreien fließen. Was für ein schöner inniger Kontakt!

»Wir haben über ganz viele Dinge gesprochen, STAR und ich. Ich frage mich, wie viele Stunden wir damit verbracht haben, es war eine umfassende Kommunikation auf all den Ebenen unseres Seins. Es war wie eine riesige Party ohne Grund. Wir glauben, dass damals viel zu viel gleichzeitig passiert ist, so dass die Wesen es einfach nicht bemerkt haben, da es zu viel zu beobachten gab. Die Basisfrequenz-Kurve wurde übersehen. Wir glauben, dass dies nicht ohne Grund stattgefunden hat. Es gibt ein spezielles verwobenes Netz, das wir jetzt sehen. Ich wurde sozusagen vergrößert und kann dadurch mehr Wesen erreichen. Darf ich das erklären: Es gibt für mich eine Beschränkung, wenn ich dort bin, wo eure physische Ebene ist. Dadurch kann ich nur eine eingeschränkte Anzahl an Menschen erreichen. Von unserem größeren Fischglas werden wir einen besseren Überblick haben. Wir werden dadurch Wesen schneller identifizieren können, die unsere Unterstützung benötigen. So werden wir uns in Ebenen bewegen können, in denen wir mehr helfen können, in Ebenen, wo wir mehr gebraucht werden. Das könnten Holz-, See- oder Landgebiete sein, von denen wir nichts wüssten, wenn wir bei euch leben würden. Wir können uns schneller dorthin bewegen und unser Licht und unsere Botschaften auf andere Weise verbreiten. Darin sehe ich einen Vorteil, jedoch werden wir mehr Kanäle so wie Mom benötigen, um unsere Bedürfnisse für die Erde auszudrücken. Das können wir uns gemeinsam anschauen. Deshalb benötigen wir deine Erlaubnis, Dad, um an deinem Device zu arbeiten. Du bist unser zweiter Versuchsballon. Damit können wir unsere Informationen in verschiedene Ebenen bringen. Dürfen wir an deinem Device arbeiten? An dir wurde ja schon schön gearbeitet, aber da können wir gemeinsam noch mehr machen, deshalb würden wir jetzt gerne ein paar Energien hereinbringen, mit denen wir unlängst gearbeitet haben. Diese Energien kommen vom Herzen. Weißt du, wir haben viel an unseren kleinen Herzen gearbeitet. Es hat bei dieser Neuigkeit wie verrückt geschlagen. Dann hatte es eine enorme Geschwindigkeit, als wir verstanden, was passierte. Jetzt haben wir herausgefunden, dass wir dieses Wissen auch noch anderweitig einsetzen können. Wir können Schock in Glanz verwandeln. Das möchten wir gerne an dir ausprobieren, wenn du gestattest.«

Das ist ja eine sehr interessante Theorie. Ich bin gespannt, was die beiden herausgefunden haben. Ich weiß noch nicht genau, wie ich diese Information einzuordnen habe, aber es macht durchaus Sinn. Und ich bin vor allem gespannt, was genau sie ausprobieren möchte: »Natürlich, das würde ich gerne erleben.«

»Jeden Tag fließt eine bestimmte Menge an Energie durch das physische Herz. Diese Energien schwingen manchmal hoch und dann wieder tief. Meist gibt es eine innere Balance. Aber wenn eine Schockwelle das Herz erreicht, dann gibt es eine Art Wechseleffekt. Wir versuchen diesen Effekt aus dem Herzen zu extrahieren und mit einem speziellen Webmuster zu vereinen, das wir dann wieder in das Herz zurückführen. Wir senden dem ganzen Körper quasi die Information, dass der Schock gar kein Schock, sondern ein großartiges Erlebnis war. Das werden wir versuchen, deinem physischen Körper zu senden, wenn du uns das erlaubst.«

WAAS? Das ist unser ungeborenes Baby, das um seine Existenz bangen muss und jetzt versucht, mich stimmungsmäßig wieder aufzubauen? Das kann ich kaum fassen! Ich bin gespannt, wie das klappen soll. In der Tat bin ich von den ganzen Ereignissen noch einigermaßen geschockt.

»Ja klar, natürlich«, sage ich.

»Noch eine Frage, bevor wir anfangen: Erlaubst du mir, deine Stimmung etwas runterzuholen? Das ist wichtig für unsere Technik!«

Ich muss mich vor Lachen schütteln: »Klar, das habt ihr schon ganz gut in den letzten zwei Wochen geschafft.«

Tava lässt sich nicht so leicht aus dem Konzept bringen: »Das ist ein brillianter Effekt von Stimmungsabsenkung, Dad. Wenn die Stimmung absinken kann, dann kann sie auch wieder erhöht werden. Also stell dir jetzt bitte vor, wie du mit Mom bei der Ärztin sitzt. Da ist kein sichtbares Baby. Was spürst du jetzt in deinem Herzen?«

»Ich denke es heißt Leugnung. Ich konnte überhaupt nicht erfassen, was da gerade passierte. Erst später kam die Trauer.«

»Da war also eine Art Trauer, als du Moms Gesicht sahst.«

»Ja, das stimmt.«

»Hier ist eine kleine Schockwelle, die ich wahrnehme. Darf ich dich bitten, in dieses Gefühl der Trauer hineinzuspüren?«

»Ja.«

»Dies ist mein Vorschlag: Ich fange jetzt an, diese Trauer aus deinem Herzen herauszuziehen.« Es entsteht eine kleine Pause.

»Wunderbar, das hat funktioniert. Jetzt kommt ein Wendepunkt: Ich werde die Trauer in Freude umwandeln und sie in deinen ganzen Körper senden.«

Esther wird von Tava geführt und macht mit ihren Händen Bewegungen vor meinem Körper, vor allem in der Herzgegend.

Ich fange schallend an zu lachen, während sie diese Bewegungen vollführt und an mir herumklopft. Ich bin total erstaunt, denn mir war die letzten Wochen wirklich nicht zum Lachen zu Mute.

»Scheint zu funktionieren«, sagt sie sachlich.

Mein Lachen wird lauter: »Ja wirklich, es funktioniert wirklich. Du musst meine Tochter sein, ich bin erstaunt.« Ich kann nicht aufhören zu lachen. »Ich fühle mich wirklich sehr freudvoll.«

Es entsteht eine kleine Pause ehe ich ergänze: »Wirklich genial, Tava!«

»Wir haben wirklich viel Spaß mit diesem Prozess gehabt, so als ob wir bestimmte Dinge in uns wiederentdeckt hätten. Wir denken, es ist sinnvoll, diese Informationen weiterzugeben. Darf ich vorschlagen, dass du Freude in deinem Herzen spürst, wann auch immer du mit Lady Nafta an deinem Device arbeitest? Es ist dafür keine harte Arbeit nötig. Die Sprache steigt einfach irgendwann in dir auf, so wie bei Mom. Es ist keine Anstrengung nötig, wenn alles offen und fließend ist.«

»Danke Tava, du bist wirklich eine wunderbare Lehrerin. Danke für deinen Unterricht.«

Esther atmet schwer.

Ich: »Hast du den Kanal verloren?«

Esther muss lachen: »Ja, sie hat gerade gesagt, wie einfach das alles ist, ha ha ha. Aber ich glaube, sie kommt gleich wieder durch. Sie klingt gut. Ja, Mädels, ihr macht das hervorragend.«

»Hier bin ich wieder, Tava. Das war doch eine tolle Zusammenarbeit eben, Dad, nicht wahr? Ich liebe es, dass du dich allen unseren Vorschlägen so öffnest, und da kommt noch mehr. Dürfen wir vorschlagen, dass STAR bald durch dich übers Schreiben spricht. Es kommt da immer zu Störungen im Device, wenn sie durch dich spricht. Es scheint so, als ob sie noch nicht so ganz rausgefunden hat, wie man damit am besten umgeht. Das wundert mich etwas, denn sie ist eine sehr weise Meisterin, aber sie muss jetzt dringend mit euch sprechen, deshalb schlage ich Schreiben vor, ist das gut für dich, Mom?«

»Kannst du es uns nicht sagen? Wir lieben es natürlich, mit STAR zu sprechen, aber da gibt es scheinbar ein kleines Ungleichgewicht, kannst du nicht übersetzen?«

»Momentan lebe ich gut in meiner Umgebung. Das wird Lady STAR mit euch teilen. Es geht um die Größe des Fischglases. Möglicherweise kommt da eine Anfrage von unseren geliebten ET-Freunden nach einem größeren Fischglas, wie ihr wisst, zusammen mit meinem geliebten STAR-Teil. Das wird eine aufregende Reise, denn es mag einen Moment geben, an dem wir uns verlieren. Das möchten wir natürlich nicht, aber das Risiko besteht. Das möchte mein geliebter STAR-Teil mit euch besprechen, was sollen wir ihr sagen? Wird sie mit euch die Entscheidung treffen oder sollen wir warten, bis das Fischglas zu klein wird? Das mag noch ein paar Tage oder sogar länger dauern. Das ist momentan noch gut für uns, nachdem der Kokon gestern erneuert wurde.«

»Ja, lass uns solange wie möglich warten, aber ohne euch Schaden zuzufügen. Ihr solltet euch wohl fühlen. Lustigerweise war das, was du gerade sagtest, eine Idee unseres Freundes David, dass wir eure Energien erhöhen, um euch danach herunter zu holen. Jetzt hast du meine Energie abgesenkt um mich anzuheben. Aber wir haben von den ETs gehört, dass das nicht möglich ist. Ich bin so traurig über das, was passiert ist und ich bin so froh, dass ihr die Schönheit darin entdeckt habt.«

»Hier spreche ich nochmals, Tava-Körper. Ich habe das Wichtigste gesagt. Jetzt kommt STAR über Schreiben durch. Ich habe keine Präferenz, ob kleines Fischglas oder sofort zu einem größeren Fischglas überzugehen. Früher oder später kommt das größere Glas, vielleicht möchten wir das bald machen, solange Mom noch bei dir ist, Dad. Das könnte man bedenken. Ich mache jetzt Platz für meinen geliebten STAR-ANTEIL.« Damit verlässt sie den Kanal.

Ich: »Hallo meine Liebe, so schön dich zu sehen, ich meine hören.«

»Hallo STAR!« Esther klopft auf ihr Device.

STAR: »Hier bin ich wieder. Da gab es eine ganz kleine Frage von meinem geliebten Tava-Körper. War es nicht genial, wie sie mit euch Trauer in Freude umgewandelt hat? Ich liebe meinen Körper wirklich, sie ist ein brillantes Kunstwerk. Ich hatte schon so viele Leben, aber ich hatte noch nie die Möglichkeit, mit einem so großartigen Wesen zusammenzuarbeiten. Ich bin so dankbar, dass ich meinen Körper schon in diesem Leben kennenlernen durfte. Ganz viele Dinge wären lieber anders verlaufen, aber wir glauben, dass noch wunderbare Dinge vor uns liegen. Es wird Zeiten geben, in denen wir immer offener mit euch kommunizieren können, vielleicht sogar schon ganz bald. Wir können vielleicht schon bald ganz regelmäßig gemeinsam sprechen, dann müssen wir uns nicht mehr so getrennt fühlen. So dass wir immer mit euch sein können. Darf ich ab und zu kleine Pausen vorschlagen, das tut Moms Device gut.«

Esther atmet tief.

»Darf ich die Zeit nutzen um zu sprechen? Oder bringt dich das durcheinander?« frage ich Esther.

Sie nickt.

Ich: »Wann immer du sprechen magst, STAR, unterbrichst du mich einfach. So süß, und ich bin so froh, dass ihr in einer derartig guten Laune seid. Ich habe auch danach gesucht und konnte sie einfach nicht finden. Jetzt sehe ich das Ende des Tunnels. Ich hatte mich schon gefragt, welche Schönheit wir hierin gemeinsam entdecken könnten. Und ihr seid immer herzlich willkommen in mir, sprecht durch mich, heilt durch mich. Ich bin sehr dankbar, euer Kanal zu sein.«

STAR: »Ich muss Mom auch einzeln treffen. Es wird eine Zeit kommen, in der wir täglich sprechen werden. Wir müssen Wege finden, wie wir alle gut mit dem Device arbeiten können. Mit mir ist das momentan noch nicht so flüssig. Da brauche ich mehr Unterstützung. Darf ich nochmals zum Fischglas zurückkommen. Wir sind jetzt in diesem kleinen Fischglas, das noch für ein paar Tage oder sogar Wochen ausreicht. Da kommt jedoch die Zeit, in der wir in einen größeren Raum umziehen müssen. Der ist dann nicht mehr in Moms Gebärmutter, sondern in einer anderen Sphäre – aber verbunden mit ihrem Bauch. Wir fragen euch höflich: Werdet ihr uns in ein paar Tagen oder Wochen bei diesem Sprung unterstützen? Wir brauchen eure klare Zustimmung, sonst wird es nicht vom ganzen Team unterstützt werden. Momentan ist das die einzige Option, die wir sehen, um unser Überleben zu sichern. Dürfen wir euch um Erlaubnis bitten, unser Fischglas zu vergrössern, damit uns auch andere Wesen ernähren und schnell wachsen helfen können.«

»Ja natürlich, die Erlaubnis haben wir schon gestern einem der Nomos gegeben. Wenn ihr damit noch warten könnt ohne euch ungemütlich zu fühlen oder ein Risiko einzugehen, dann wartet so lange wie möglich. Aber sobald die Zeit gekommen ist, macht es einfach mit der Unterstützung aller ET-Freunde.«

Esther: »Ich finde interessant, was Tava gesagt hat, dass wir es vielleicht machen, während ich noch hier bin. Was hältst du davon? Sonst passiert es, wenn ich in Holland bin oder vielleicht wieder Ende Juni, wenn ich zurück bin, das ist vielleicht auch möglich.«

»Ja, es ist besser, je länger sie in unserer Nähe sein können.«

»Vielleicht bleiben sie dann klein.«

»Nein, meine Intuition sagt warten.«

»Ok«, meint Esther.

»Aber sobald es sein muss, ist hiermit die Erlaubnis gewährt.«

Ich verstehe immer noch nicht, woher dieser Zeitdruck kommt. Auf einmal soll alles ganz schnell gehen und ohne ersichtlichen Grund. Wir haben noch keine Alternativen angeschaut, wenig probiert, wir haben noch nicht einmal richtig angefangen. Ich kann das nicht nachvollziehen. Jetzt warten wir erstmal, zumindest solange es keinen zwingenden Grund gibt.

Esther: »Ich brauche mehr Erdung, STAR, kannst du bitte etwas Druck vom Device nehmen?«

»Hier spreche ich wieder. Ich habe keine Ahnung, ob es ein größeres Risiko gibt, noch etwas hier zu bleiben, ich glaube aber nicht. Sollte ein Risiko erscheinen, dann geben wir einfach unseren Freunden die Erlaubnis, uns in eine andere Ebene zu bringen. Das wird in einem Wimpernschlag erfolgen. Es wird immer eine Verbindung zu Moms Gebärmutter geben. Es wird einen Moment geben, in dem wir uns physisch in eine neue Realität begeben werden und die Nabelschnur durchschneiden werden. Das werden wir dann mitteilen.«

Esther: »Das ist jetzt zu intensiv für meinen Kopf, STAR, bitte lass es ruhiger angehen. Kannst du mir bitte die Wirbelsäule runterstreichen?« Ich streiche Esther sanft den Rücken entlang, um sie mehr zu erden. »Ja, danke, das ist sehr gut.«

Ich: »Ja, so machen wir es.«

»Was leuchtet da so?«

»Blitze.«

»Ah, das ist nicht mein Gehirn, das gerade durchbrennt.«

»Wer weiß«, entgegne ich.

»Ah, ein Gewitter. Es ist gut eine kleine Pause zu haben.«

»Wie geht es dir denn, STAR? Und was sagt deine große Schwester?«

»Ja, wir würden gerne bald mal wieder mit ihr sprechen«, sagt Esther.

STAR: »Ich bedauere nichts, das sagte ich schon einmal, erinnert ihr euch? Ich bedauere nichts, was auch immer passiert. Es gibt einen Grund, dass das alles passiert, es muss einen Grund dafür geben. Es gibt einen Grund für alles, was passiert. Auch hierfür! Manchmal wird es erst nach einiger Zeit klar. Das werden wir gemeinsam herausfinden. Es braucht kein Bedauern. Mein Gefühl von Freude ist immer noch hier. Darauf schaue ich sehr und auch mein geliebter Körper. Ich habe so viele Wesen, die uns umgeben und uns liebevoll bekümmern. Es wärmt unser Herz, diese wundervolle Unterstützung zu spüren. Die Unterbrechung in unserer Kommunikation hat mich sehr traurig gemacht. Ich habe aber versucht, ruhig zu bleiben und unseren Fortschritt zu verfolgen. Wir haben gesehen, wie ihr auf der Erde gekämpft habt. Wir konnten nichts anderes tun als euch zuzuschauen und beten, dass ihr den Weg zu uns zurückfinden würdet. Da sind wir also. Das erfreut unser Herz sehr.«

Ich: »Ich war euch immer in Liebe verbunden und vielleicht habt ihr das ja gespürt. Und da war auch viel Trauer. Habt ihr meine Verbindung zu euch gespürt? Wenn ich an euch beide in Liebe denke«, frage ich. Ich bin mir immer unsicher, wie stark sie mich spüren.

Draußen donnert es, Esther atmet wieder schwer.

Esther: »Ich glaube, sie möchte deine beiden Knie haben, kannst du bitte so sitzen?« fragt mich Esther. »Ich frage mich, ob sie ihre große Schwester reinholt. Es fühlt sich so an, als ob STAR sehr stark auf meinen Kopf drückt, kannst du dich bitte etwas beruhigen, STAR, bitte! Vielen Dank.«

»Eines Tages werden wir einfacher sprechen können, aber im Moment ist das wichtig: Ich fühle eine so große Liebe für dich, dass sie keine Grenzen kennt. Diese Liebe wird täglich durch mich ausgestrahlt. Du brauchst nur eine Sache zu machen, um sie zu finden: Öffne dein Herz für meine Präsenz. Ich spüre, dass Dad das sehr gut macht. Er weiß, wie er sich mit mir verbinden kann. Mom ist zögerlicher, denn sie glaubt, dass da kein Kind ist. Aber da ist immer ein Kind bei dir. Darf ich dich bitten, Mom, ganz sanft dein Herz wieder zu öffnen. Ohne dem Schmerz des Schleiers unserer Präsenz auszuweichen. Da sind so viel Liebe und Freude, die wir teilen können.«

Esther wirkt nachdenklich. »Ja, du hast recht STAR. Das werde ich tun. Darf ich dich bitten, das Device zu verlassen, da es mir jetzt zu schwer wird, ich verkrampfe. Können wir morgen wieder sprechen?«

Ich: »Ja, was für eine wunderbare Liebesgeschichte.«

Esther ergänzt. »Wir können euch auch ohne Worte anrufen und dann einfach unsere gegenseitige Präsenz genießen, lass uns zusammen singen.«
STAR verlässt den Channel, ich bin beruhigt und beeindruckt. Bei allem Schmerz: Die Mädchen haben diese kritische Phase sogar gestärkt überstanden. Ich bin dankbar und froh, dass der Kontakt wieder hergestellt ist.
Und ich würde mich natürlich freuen, wenn sie auch meinen Kanal für Gespräche nutzen könnten, denn dann kann ich auch unabhängig von Esther den notwendigen Kontakt zu ihnen halten. ⊙

40 Tartazan

igentlich ist die Session vorüber, aber auf einmal fängt Esther wieder zu channeln an.

Neues Wesen: »Da gibt es eine Stimme in jedem Menschen, darf ich mich vorstellen? Ich habe ein Ziel vor Augen.«

Ich: »Ja«

»Ich habe ein Ziel für die Erde vor Augen. Mein Name ist Tar-Ta-Zan.«

Ich: »Willkommen Tartazan.«

Tartazan: »Ich sehe klar ein Ziel für die Erde. Als ich auf der Erde war, habe ich nicht immer gerecht gehandelt. Ich habe viele Fehler begangen. Mein Wesen war eines von grenzenlosen Bemühungen, die Erde zu erleuchten. Ich sah keinen Grund für die Dunkelheit hier. Dann habe ich geschlussfolgert, dass es kein Licht ohne Dunkel gibt. Mein Hauptziel ist es, Lichtwesen wachsen zu lassen, die die Erde unterstützen. Darf ich höflich darum bitten, das Licht des geliebten STAR-Babys zu überwachen? Es mag eine Zeit kommen, in der sie für ihre Erdprojekte mehr Wesen um sich braucht. Darf ich sie dabei anleiten?«

»Warum bist du dafür qualifiziert, Tartazan?« möchte ich wissen. Ich freue mich natürlich über jegliche Unterstützung in der jetzigen Phase. Aber da wir ihn noch nicht kennen, möchte ich schon gerne wissen, ob er einen positiven Beitrag leisten kann. Ich bin gespannt!

»Dies ist meine Geschichte: Ich war einmal auf der Erde. Es gab viele Leben, die ich als Mensch in diesen Erdebenen verbracht habe. Nach einer Weile hatte ich genug Leben gehabt, es reichte mir. Dann entschied ich mich, dass andere Gefilde meinem Fortschritt besser passten. Dort habe ich auch viele Fehler gemacht, auf der Erde wie in anderen Gefilden. Alle diese Fehler hatten aber etwas gemeinsam. Was glaubst du war das?«

Ich: »Sie haben dir geholfen, zu verstehen.«

»Sie hatten alle eines gemeinsam: Es war ein Grund zu glauben, dass es getan werden konnte. Ich musste Fehler machen, um mich ganz von diesem Endziel zu erholen. Alle meine Fehler haben mich dabei unterstützt zu verstehen, dass alles was ich tun konnte auch gemacht werden konnte. Fehler haben den Weg für die Ergebnisse frei gemacht. So wurde ich Meister für fehlerhaftes Wachstum. So durfte ich anderen Wesen beibringen, aus ihren Fehlern einen Vorteil zu ziehen. So sind Fehler keine Fehler mehr, sondern Sprungbretter für Erfolg. Deshalb glaube ich, dass meine Führung von Lady STAR ihrem Dienst an der Erde helfen kann. Es wurden viele Fehler in Projekt STAR gemacht. Diese können auch Sprungbretter für weiteren Erfolg genannt werden. Deshalb würde ich das Projekt gerne begleiten, um zu sehen, ob wir diese Fehler nicht in etwas verwandeln können, von dem alle später einen Vorteil haben. Mein Wunsch ist es, Fehler in Sprungbretter für ein blühendes Endresultat umzuwandeln.«

»Wunderbar, deine Unterstützung ist sehr willkommen, Tartazan. Sind wir uns bereits begegnet?«

Es entsteht eine kleine Pause bis er wieder spricht, er prüft wohl, ob wir uns schon einmal begegnet sind.

»Soweit ich sehen kann, sind wir uns nicht begegnet, aber ich habe nicht Einblick in alle unsere Leben erhalten. Es scheint, als ob ich nur hier und da einen Blick auf die letzten Lebenslinien erhalte und da hatten wir keine Begegnungen. Ich überprüfe jetzt mal meine Verbindung zum geliebten Esther-Kanal ... Auch mit ihr habe ich keine momentanen Begegnungen. Das braucht es aber auch nicht, es gibt viele helle Wesen um dich herum, die keine Verbindung zu dir in anderen Leben hatten, man begegnet ständig neuen Wesen, die den Weg kreuzen.«

»Ja, ich war nur neugierig, das passt so. Also deine Unterstützung ist sehr willkommen. Und halte uns bitte über deine Ergebnisse auf dem Laufenden. Wir wissen ja, dass alles perfekt ist, Tava hat es gerade auch nochmals gesagt, insofern habe ich mich auch schon gefragt, wohin das alles führt. Hast du schon irgendwelche Ideen?«

»Ich habe in der Tat schon einen kleinen Hinweis, wenn ich mir vorstelle, wohin sich Projekt STAR entwickeln könnte. Ich bin mir nicht sicher, ob ich das teilen kann, denn es ist nur eine sehr vage Idee, wenn ich die Felder um sie herum wahrnehme. Ich glaube, dass es eine sanfte Welle von Wesen gibt, die jetzt auf die Erde kommen. Diese Wesen haben eine spezielle Bedeutung für die Erde, so als ob die Erde Wesen mit speziellem Licht einlädt. Es scheint, dass sie diese Wesen für ihren letzten Sprung benötigt. Der letzte Sprung kommt von dieser Ebene, aber es kann auch ein Sog von höheren Ebenen benötigt werden. Dieser Sog kann nur von ganz bestimmten Wesen kommen. Es gibt ganz weit oben Lichtwesen, die ihre Liebe und ihr Licht senden, aber sie haben keine Sogwirkung. Auf der Zwischenebene kann es für diese Sogwirkung ganz spezielle Wesen geben. So wird die Erde nicht nur geschoben sondern auch gezogen, eine gemeinsame Aktion sozusagen. Auf diesen Ebenen könnte Baby STAR zunächst residieren, so dass sie eine Sogwirkung ausüben kann.«

»Wird die Erde auf diesen Ebenen enden, dort wo sie lebt?«

»Möglicherweise, es gibt ganz viele mögliche Pfade, die vorhergesagt werden, deshalb ist es auch für alle Wesen sehr schwierig zu sagen: Ah, hierhin wird sich die Erde bewegen und hier wird sie am Ende sein. Es gibt keinen Referenzpunkt, es ist ein ganz einmaliger Sprung, den die Erde machen wird. Die meisten Wesen, denen ich begegne, meinen, dass es gewisse Zeitzonen gibt, die sich zu überlappen beginnen. Das heißt, dass sich alle Wesen auf der Erde besser gegenseitig sehen werden. Also nicht nur für euch physische Erdwesen, sondern auch für die Wesen um die Erde herum wird sich die Sichtbarkeit erhöhen. Das wird wohl geschehen, glauben wir alle, aber wir wissen nicht, wann es genau passiert und wie es aussieht. Aber es gibt eine gute Chance für euch, dass ihr euer geliebtes STAR-Kind zukünftig werdet sehen können, vielleicht sogar ihre Energiekörper sanft berühren könnt. Es mag eine Zeit geben, in der die verschiedenen Daseinsbereiche sich leichter vermischen. So als ob ihr sagen könntet: Ich bewege mich jetzt mehr nach oben, dann wieder nach unten, dann noch weiter nach unten, dann wieder etwas mehr nach oben. Es wird für eure Schwingungsebene mehr Wahlfreiheit geben.«

»Vielen Dank für diese Informationen und für deine Unterstützung.«

»Ich muss jetzt glaube ich aufhören, es war genug, danke dir sehr Tartazan«, beendet Esther unsere Begegnung. »Und danke dir auch für deine Unterstützung von STAR. Es ist so schön, dass sie ein Team um sich hat. Wir sprechen uns bald wieder, hoffe ich.«

Damit endete diese spannende Übermittlung von Tartazan. Es ist schön, weitere Verbündete zu haben, die STAR und Tava helfen möchten, an ihren perfekten Ort zu kommen. Die Art von Tartazan und seine offene Weise, seine Erfahrungen mit uns zu teilen, gefällt mir sehr. Ich bin dankbar für seine Unterstützung. ✪

41 Gaia

*I*ch wollte gerne direkt Kontakt mit GAIA aufnehmen, um herauszufinden, wie sie die Situation einschätzt. Schließlich war Tava ein direkter Teil von ihr und für sie war Projekt STAR vor allem konzipiert worden. Vor ein paar Monaten hatte ich Francesca aus Zürich kennengelernt. Sie ist u.a. Tierkommunikatorin und hat einen sehr klaren Kanal. Wir hatten in einer kleinen Gruppe den Zoo in Zürich besucht. Francesca hatte für uns den Kanal geöffnet und wir konnten mit einigen Tieren sprechen. Das war für alle von uns sehr eindrücklich und wir waren über die Weisheit der Tiere erstaunt. Da sich Esther ihrer eigenen Channelings nicht sicher war und sie sich auch nicht zutraute Gaia zu channeln, suchte ich nach einem anderen Channel für die Botschaften von Gaia. Ich fragte Francesca an und sie war von der Idee angetan. An einem der nächsten Tage offerierte sie uns einen freien Termin. Ich hatte ihr die Umstände kurz erklärt und sie meinte, dass sie Gaia auf jeden Fall für uns channeln könne. Auch Esther war der Idee gegenüber aufgeschlossen. Als wir bei Francesca in der Praxis ankamen und mit ihr die ersten Worte gewechselt hatten, war Esther noch offener. Francesca ist eine sachliche Frau, die wenig Aufhebens um ihre Fähigkeiten macht. Ihr Praxisraum ist geschmackvoll eingerichtet, ohne in irgendeiner Form überladen zu sein. Nachdem wir kurz den Ablauf besprochen hatten, braucht sie nur wenige Minuten um sich einzustimmen.

Dann spricht Gaia durch sie:

»Meine geliebten Erdenkinder, ich grüße Euch, eure Mutter, Gaia.

Ich bin mir bewusst darüber, dass dies euch nun in eine Welt, eine Gesetzmäßigkeit meinerseits und auch meines physischen Körpers einführen darf – ja muss –, den ich als euren Planeten belebe und beeigenschafte. Denn hier ist etwas geschehen, dass sich dem menschlichen Verstand entzieht. Denn es sieht so aus, als wäre hier etwas, nun ja, schiefgelaufen, was nicht schiefgelaufen ist. Doch es bedarf sehr viel Klarheit und Erkenntnis darüber, was Materie zur Zeit tatsächlich tut, oder eben nicht tut. So möchte ich als allererstes hier beruhigende und vor allem umhüllende Worte in diesen Raum einfließen lassen, denn wie ich wahrnehme und weiß, ist die Art und Weise wie Menschen, speziell Frau, oder weibliches

Sein in einer solchen Situation agiert und reagiert und sich fühlt meistens mit dem Gefühl etwas Falsches oder eine Unterlassenheit geschehen gelassen zu haben. Ich drücke das etwas kompliziert aus, aber es ist die Befindlichkeit. Und hier mag ich ganz bewusst und mit viel liebevollem Nachdruck in diesen Raum einfließen lassen: Nichts, das hier geschieht, ist geschehen, weil ihr beide in irgendeiner Form, auf irgendeine Art und Weise falsch gehandelt, oder etwas nicht getan habt. Was hier geschehen ist, hat sehr viel mit den materiellen Transformationsenergien zu tun. Was ist damit gemeint? Wir steigen nun in meinen Körper. So mag ich euch bitten, einmal eure beiden Fußsohlen bewusst auf den Boden zu stellen, eure Hände mit den Handflächen nach unten auf eure Oberschenkel zu legen und einfach für einen ganz kurzen Augenblick die Aufmerksamkeit ganz bewusst auf eure Wirbelsäule zu richten. Das ist der dichteste Bereich eures Körpers, was meinem dichtesten Bereich im Zentrum meines planetaren Seins entspricht. Ihr kennt das als den sogenannten Eisenkern. Nun, meine geliebten Kinder, wisset, dieser sogenannte Eisenkern ist nicht fest. Dieser Eisenkern ist mein lebendes Herz. Und dieser Eisenkern schlägt. Wenn ihr mir also folgt, und euren Fokus auf eure Wirbelsäule legt, werdet ihr spüren, dass eure Wirbelsäule sowohl sehr dicht als auch mit einem Strom verbunden ist: eurem sogenannten Nervensystem. In mir, als eine planetare Form, ist dieser Nervensystembereich der Nord- und Südpol, dieser Durchgang. Auch ich bestehe aus diversen Schichten. Und wenn ihr nun eine Seelenkraft empfangt, macht der weibliche Körper genau das, was ihr kennt mit dem Bild von Nord- und Südpol, diese beiden etwas apfelartigen Magnetfelder am Nord- und Südpol, und das eingehüllt in eure Aura. Bei mir nennt sich das dann die Erdatmosphäre. Und was nun geschieht ist Folgendes: Ihr habt mit all euren geistigen und halbmateriellen, sprich kristallinen Freunden gemeinsam euer Jawort gegeben einem geistigen Kontext, einem Seelenkontext, einen physischen Raum zu gewähren in einer enorm hohen Schwingung. Dies bedarf in der Atmosphäre im irdischen Körper meinerseits ein Zusammenführen von Materie, von Schwingungen, die aus meinem Eisenkern verdichtet wurden. Fühlt dies einmal in eurem physischen Körper.«

Sie bestätigt damit die Beschreibung, die uns Tava über ihre Herkunft gegeben hat. GAIA fährt fort:

»Aus dem Eisenkern, aus dem dichtesten Kernbereich, jenem Bereich, den wir auch mein sogenanntes Wurzelchakra nennen könnten, wurden Kräfte zusammengeführt, damit die Balance zwischen dieser hohen Frequenz und dieser irdischen Frequenz gehalten werden konnte. Das hat genau bis zu dem Punkt funktioniert, in welchem der geistige Aspekt sich mit der Materie verbinden musste, also nicht der mütterliche Leib, sondern der geistige Aspekt musste sich, das ist zwingend notwendig, geistig mit diesem dichten Bereich verbinden, sonst fällt das ganze Gefüge aus seinem Equilibrium.

Die höchste Schwingung muss einen Aspekt von Dichte annehmen, denn sonst – ich kann es nicht anders beschreiben - explodiert der ganze andere molekulare Aspekt. Das Genom, das ganze genetische Gefüge hätte nicht standhalten können. Was hier geschehen ist, meine Geliebten, ist nichts anderes als ein Augenblick, in welchem dieser geistige Teil über die Dichte, die zwangsläufig ein Halten, ein Verankern des Geistes ermöglicht hätte, erschrocken ist.

Das führte dazu, dass im weiblichen Leib das körperliche, was die Mutter zur Verfügung stellt – oder, ich nenne es mal das Gemeinschaftliche, was wir beiden Mütter zur Verfügung gestellt haben, nicht beseelt wurde. Es ist also nicht die Seele, die nicht wollte, es ist der Geist, der ob der Dichte, die auch in diesem Körper sein muss, um die geistig höchsten Schwingungen überhaupt halten zu können, das Gegengewicht verneinte.

Nun gibt es eine Möglichkeit, diesem geistigen Aspekt klar und willentlich, bildlich, emotional klar zu machen, dass dieser Dichtepunkt von Nöten ist für das Gleichgewicht. Bis anhin konnte dieser Energie das nicht wirklich liebevoll erkenntlich gemacht werden. Und hier sind wir nun mit dieser komplexen, immer noch möglichen, aber sehr komplexen Geschichte. Und ich weiß, dass ihr Fragen mitgebracht habt. Und so bitte ich euch, meine Lieben, mit diesen Erklärungen, die ich jetzt vorab einmal gegeben habe, was mein Körper zur Verfügung gestellt hat und was die weibliche Mutter zur Verfügung gestellt hat und was geschehen ist, eure Fragen zu stellen, so dass wir tiefergehen.«

Ich: »Was wir wahrgenommen haben, ist STAR als die Seele und Tava als Körper- und Erdbewusstsein. Wer oder was ist jetzt dieser Geist, ist das was Verschiedenes von den beiden, die wir Tava und STAR nennen?«

Gaia: »Nun mein geliebter Sohn, Tava ist gewissermaßen eine Verdichtungsschwingung, um in einem materiellen Gefüge überhaupt inkarnieren zu können. Sei dir immer bewusst, eure Lichtebene ist gewissermaßen eine sieben-, manchmal auch höherdimensionierte Ebene. Wenn sich diese Lichtebene inkarnieren, also inkorporieren möchte, kann sie das nur in diesem einen solaren System, in welchem das unsrige wiederum ein solares System ist der Zentralsonne. Es gibt verschiedene Inkorporierungsschwingungsebenen. Tava möchte sich in dieser Ebene, also in diesem Sonnensystem auf meiner Schwingung inkarnieren, mit einer hohen Lichtenergie. Das, was ich Geist nenne – jener Teil, der sich gerade verweigert – ist der dynamische, der aktive Teil dieser hohen Schwingungsebene. Lass es uns den Macher nennen. Tava ist das Aufnehmende und die Lichtebene ist gewissermaßen das Ganze. Du nennst es STAR und in diesem ›STAR‹ ist eben dieser Macherbereich, der sich nun komplett verschlossen hat. Der Angst hat, sich in der Materie zu verlieren, der Angst hat zu vergessen, wer er ist. Und dieser Teil ist abgespalten.«

Ich: »Aha. Kannst du mit ihr sprechen?«

»Nun mein Guter, dies tun im Augenblick alle Ebenen, die mit diesem Aspekt verbunden sind. Meinerseits tue ich es in der Form, dass ich immer wieder offenbare, dass nichts vergessen geht, auch wenn diese Ebene unserer Schwingung gewissermaßen bedeutet, dass ich in die Erfahrungsebene komme. Dass STAR, wie ihr sie nennt, das Universalbewusstsein, STAR als eine Wesenheit, inkorporieren möchte, die keinerlei Erfahrung mit Inkorporation hat, ist es gewissermaßen so, dass wir nun ganz sanft und sehr sorgsam daran sind, aufzuzeigen, dass Erfahrung nicht damit verbunden ist, sich selbst zu vergessen. Die größte Angst unseres Bewusstseins hier ist die Angst davor, auf eine ganz lange Reise gehen zu müssen, die mit unsagbar vielen schmerzlichen Erfahrungen verbunden ist. Und wir sind jetzt hier in einem Rat gerade beisammen, dieser Wesenheit aufzuzeigen, dass nicht alle Inkorporationen darin enden, dass man unsagbar lange unterwegs ist, was aus der Perspektive dieses Lichtbewusstseins tatsächlich so aussieht.

»Ja, sie hat gesagt, dass sie schon viele schmerzliche Erfahrungen auf der Erde hatte.«

»Und hier haben wir die Krux, wie ihr das so wundervoll nennt, der Geschichte. Es geht hier nicht um das Leiden, es geht hier nicht darum, dass wieder und wieder etwas wiederholt wird, sondern es geht hier darum, und das ist nun mein Anteil, den ich hier in diesen Rat einbringe, es geht hier um Heilung und nicht um Leiden. Und genau das ist, was in euren beider Körper noch drin ist: Es ist hier die Emotion des Verlustes, der in euch beiden jetzt geheilt wird. So ist dieses Bewusstsein stets mit euch verbunden, hat durch diesen abrupten sich entziehenden Prozess genau jene Emotion in euch beiden ausgelöst, die euch beide mit diesem Prozess in Heilung bringt. So, was wir hier nun tun als Teil dieses großen Rates, der nun beisammen ist, bei euch beiden geht es nun darum, in eurem Zellbewusstsein, also nicht in eurem Körper, sondern in eurem Zellbewusstsein, diese uralte Erfahrung des Verlustes zu heilen.«

»Mmm.. wie schön.«

»Das heißt, was wir nun tun, ist, dass wir drei uns in diesem Raum wie eine Eins vereinen, und wir sind der eine Teil des Rates, der auf das Lichtfeld einwirkt, währenddessen wir drei hier Heilung vollziehen von der uralten Emotion des Verlustes. Jeder von euch beiden hat in seinen Inkorporationen auch Kinder verloren. In euren alten Inkarnationen habt ihr dies getan und erlebt als Väter sowohl auch als Mütter. So hat unsere Mutter hier in diesem Leben schon als Vater Kinder verloren. So hast du mein Sohn als Mutter schon Kinder verloren, oder eben nicht gebären können. Beide kennt ihr Inkarnationen mit dieser Form des Verlustes. So agieren heute eure beiden Körper auch in Verlust der anderen Geschlechtlichkeit. So fühlt ihr euch eben nicht nur als Mann oder als Frau, hier im Verlust, sondern auch in der Andersgeschlechtlichkeit. So reagiert der weibliche Körper unserer Tochter hier auch als Vater und dein Körper auch als Mutter. Und dies geht nun in Heilung. So, was wir hier nun tun, meine Geliebten, ist Folgendes: Ich mag euch bitten, euch auf euer Becken zu konzentrieren, den ganzen Fokus nun nach innen zu legen und gewissermaßen in euren Körper nach unten in euer Becken zu blicken, währenddessen ich in eure Körper über euren linken Fuß meine rote transformative Heilenergie aufsteigen lasse.

Wir spüren nun für einige Minuten in Stille in diese Energien hinein.

»Es sieht also in eurem Körper nun für euch aus, als würde über euren linken Fuß, euer linkes Bein eine lavarote, sanfte, liebevolle Energie aufsteigen und sich in euer Becken ergießen und ausbreiten. Ich steige nicht höher als bis zu eurem Nabel und fließe über euer rechtes Bein wieder hinunter. Ihr habt also jetzt eine in eurem linken Bein aufsteigende, in eurem Becken ausdehnende und über euer rechtes Bein abfließende, dunkelrote Kraft. Aufsteigen tut eine lebendige, etwas hellere, rote Kraft und aus eurem rechten Bein fließt eine dunkelrote, vielleicht fast schwarze Kraft. Seid nicht erschrocken, das ist normal.«

In der Tat kann ich spüren, wie sich ein Kribbeln in meinem linken Bein ausbreitet. Nach einer Weile geht dieses Kribbeln auch über meinen Beckenbereich in mein rechtes Bein über und beginnt sich nach unten zu bewegen. Auch wenn ich keine Farbe wahrnehmen kann, so spüre ich einen sanften Energiefluss, so wie ihn Mutter GAIA beschreibt. Das fühlt sich angenehm erdend an und ich genieße diesen Energiefluss. Ich öffne für einen kurzen Moment die Augen und kann sehen, dass Esther auch sehr konzentriert bei der Sache ist.

Mutter GAIA fährt durch Francesca fort:
»Nun beginne ich, während dieser Kreislauf immer läuft, und du, meine Tochter, verspürst, dass du mehr Boden unter den Füßn hast, du dich wieder in deinem ganzen Körper wahrnimmst und auch spürst, dass du eine gewisse Schwere in deinen Beinen hast. Genieße dieses Wieder-im-Körper-Ankommen und lass ihn schwitzen, wenn er beginnt zu schwitzen. Das ist seine Art, diesen Schock zu verarbeiten. Während dies nun geschieht, dehne ich mich in eurem Körper aus, gehe in die Dichte eurer Zellen – das kann ein Kribbeln auslösen, ein ganz feines Vibrieren vielleicht auch, je nachdem wie euer Körper sich dem öffnet. Ich gehe nun in eure Zellkerne mit meiner Kernenergie, was ein ganz feines sanftes Wiegen im Körper auslöst. Im ganzen Körper bis in eure Hirnregionen. Es ist also ein ganz normales Vibrieren – ein Wiegen. Es entsteht kein Schwindel, es ist ein Wiegen. Eure Zellen beginnen in meinem Rhythmus zu pulsieren.«

Mein Körper bewegt sich nicht, aber ich kann deutlich wahrnehmen, wie sich dieses feine Kribbeln jetzt auch in meinem Rumpf breitmacht. Es fühlt sich lebendig und wunderschön an. Ich genieße diesen bewussten Energiefluss durch meinen Körper.

»Nun gehe ich in eure genetischen Strukturen, ich gehe in jene Strukturen mit euren alten karmischen Inkarnationen, die erbeten haben, genau zu diesem Zeitpunkt nun geheilt zu werden, und zwar von eurer Mutter Erde.
Dieses Wiegen ist meine Kraft. Und wie ihr nun spürt, beginnt dieses Wiegen. Es ist ein feines, zärtliches, warmes Gefühl von innen nach außen. Das ist die Bewegung. Es kommt also aus dem Genom, geht in euren Zellkern, geht in eure Zellflüssigkeit, geht vom Zellkern in die ganze Zelle – beginnt pulsierend die Zellwand zu verändern, dann alle eure Zellbereiche und Zwischenräume. Die ganzen Flüssigkeiten in ihren Molekularstrukturen

beginnen sich nun zu verändern, gehen in eine lichtvollere Schwingung. Eure Organe beginnen, diese lichtvolle Schwingung von innen nach außen zu übernehmen. Nun beginnt der ganze Körper in seinen gesamten Molekularstrukturen neu zu leuchten – ich bin immer noch in eurem Genom. Ihr beginnt zu fühlen, wie sich von innen nach außen eine sehr neue Ruhe einschwingt. Also ihr beginnt in einer neuen Schwingungsrate zu schwingen, von innen nach außen. Nun beginnt sich der gesamte Körper in sein feinstoffliches Feld einzuschwingen. Und was ihr nun tun könnt: Nehmt einmal die Farbfrequenz wahr, in welcher ihr nun schwingt, von innen nach außen, jeder für sich. Jeder für sich hat nun eine Schwingungserhöhung erfahren, ein Heilwerden erfahren, das eine neue Leuchtfrequenz bekommen hat.«

Ich befinde mich in einer leichten Trance: Mein ganzer Körper kribbelt, alle Zellen scheinen in einem neuen Ton zu surren. Ich genieße den Zustand, mein Körper fühlt sich wunderbar wohlig an.

»Und während diese Leuchtfrequenz nun alle Aspekte eures gesamten Seins einnimmt, werdet ihr wahrnehmen, dass diese meine rote Energie, die von links über eurer Becken nach rechts geflossen ist, nun eine gleichmäßige Farbe hat. Es ist immer noch rot, denn das ist meine Schwingung. Es ist rot, das gleiche Rot im linken Bein, genauso wie im rechten Bein. Ihr seid nun ausgeglichen. Und in jedem von euch beiden beginnt in diesem Rot diese neue Frequenz mitzuschwingen. Also wenn eine Frequenz von euch gelb ist, bekommt das Rot einen Gelbstich. Wenn die Frequenz blau ist, bekommt das Rot einen Blauton. Eure Schwingungsfrequenz beginnt sich nun auf meine Frequenz einzuschwingen. Und in eurem Kronenchakra beginnt eine Schwingung nach oben zu schwingen, nämlich genau der Farbton, die Schwingungsrate eurer Schwingungsrate mit meinem Rot. Also dieses blautonige Rot schwingt nun auch oben, oder das gelbtonige, je nachdem welche Grundfrequenz eure eigene ist.

Nun beginnt ihr wie ein Nord- und Südpol zu schwingen, das ist ein bisschen ein absurdes Gefühl für euch, weil ihr normalerweise eure Pole – Basis und Krone – nicht so fühlt. Was nun geschieht ist, wir sind eins, und diese Einheit von uns dreien sitzt an diesem Ratstisch und schwingt sich mit Tava und STAR ein.«

Die Verbindung zu Esther und Francesca ist für mich sehr gut wahrnehmbar.

Es ist so als ob wir in einer großen Energieglocke sitzen, die den ganzen Raum mit ihrer Präsenz erfüllt. Ich kann die Energie als heilig und heilend wahrnehmen. Einzelne Farben kann ich aber immer noch nicht sehen.

GAIA fährt fort: »Wir verbinden nun also Tava und STAR und lassen diese Einheit, diese Lichteinheit, fühlen, dass diese sogenannte materielle Schwingung, diese Inkarnation auf diesem Planeten diese Resonanz hat. Wir schwingen nun also als eins, jeder in seiner Frequenz, verbunden mit mir auf der höchsten Schwingungsebene der Erde und lassen STAR und ihre irdische Verbindung nun eins werden. Nun lassen wir das für einen Augenblick so schwingen und sind in unserer Einheit, in unserer Triade eins an einem Platz und schwingen mit dem ganzen Rat aller beteiligten Wesen und Schwingungseinheiten für diese Lichtebene, die sich inkarnieren möchte. Und lasst dies geschehen – in eurer Art: Ihr seid in meiner Schwingung. Ihr seid umgeben von allen geistigen und irdischen und Zwischenschwingungs-kristallinen Feldern aller Beteiligten für dieses Wesen.

Doch seid euch bewusst, meine Geliebten, seid euch dessen immer bewusst, diese Lichtwesenheit hat dennoch ihren omnipräsenten freien Willen.

Wir tun hier Brücken-Schwingungsarbeit. Doch ist es eine Liebesebene, die wir zur Verfügung stellen. So stellt ihr diese Brücke zu Verfügung und wir begleiten euch – in allen möglichen Formen. Die Entscheidung ist im freien Willen dieser Lichterebene dieses Wesens.«

Ich spüre, wie sich der Energiefluss ausweitet, größer und reicher wird. Ich stelle mir vor, wie wir alle Anwesenden inklusive aller Lichtwesen und Geistführer die Energien von Tava und STAR in dieses Feld integrieren und die beiden an unserem Licht teilhaben lassen. Ich vertraue darauf, dass das Richtige passieren kann. Das Energiefeld verdichtet sich mehr und mehr, die Energieglocke fühlt sich immer heiliger an. Der Raum scheint zeitlos zu sein. Nach ein paar Minuten spricht GAIA weiter:

»Nun ist dies geschehen. Ich mag euch jetzt beide bitten, wieder den Fokus auf eure Becken zu richten. Ich werde nun wieder eure Energiefelder für euch stabilisieren. So seid einfach mit der Aufmerksamkeit in eurem Becken. Ihr werdet sehen, dass eure Individualfarbe sehr stark mit meinem Rot verbunden ist. Und nun füge ich eure Energiefelder wieder zusammen. Ihr werdet spüren, dass ihr wieder ihr selbst in einer etwas höheren Schwingung seid. Und du, meine geliebte Tochter, wirst spüren, dass du deine Fußsohlen wieder wahrnimmst. Du wirst auch deine Blessuren deines physischen Körpers etwas mehr verspüren.« (Esther hatte Verbrennungen an ihren beiden Beinen, die durch eine heiße Teetasse entstanden waren, die Esther gestern umgefallen war und deren Inhalt sich auf ihre Oberschenkel ergossen hatte.)

»Nach meinem Hiersein wird noch mit meinem Medium Heilarbeit anstehen. Eine Blessur ist etwas gravierender als du sie wahrnimmst. Und hier wird dir noch eine Heilarbeit zuteilwerden. So nimm einfach wahr, dass du wieder deine ganze Körpergröße wahrnimmst, sowie ein sehr warmes Gefühl an deinen Fußsohlen, das nicht gefährlich, aber sehr deutlich spürbar ist. Und du, mein Sohn, spürst, dass dieser alte Druck auf deiner Brust nun weg ist, mit dem du dich seit einigen Wochen etwas herumgeplagt hast. Nun seid ihr wieder in eurer Kraft. Ich ziehe mich über euer rechtes Bein wieder aus eurem physischen Sein zurück und bin für weitere Fragen ganz offen.«

Ich spüre immer noch ein angenehmes Kribbeln im ganzen Körper und ja: Mein Herzraum fühlt sich erleichtert und viel weiter an. Ihre Energie hat mir sehr gutgetan. Ich befinde mich in diesem wunderbaren Feld, bin jetzt allerdings wieder mehr »gelandet«.

Ich: »Vielen Dank. Schön, dich so zu spüren. Esther, hast du Fragen?«

Esther hat im Moment keine Fragen, ich fahre also mit meiner Frage fort:

»Was können wir jetzt in den folgenden Tagen und Wochen tun. Mein Impuls ist, noch mal das Gespräch mit STAR aufzunehmen. Ich weiß, dass sie hier und da Befürchtungen hatte bezüglich ihres kommenden Lebens auf der Erde. Gibt es noch andere Dinge, die wir tun können, außer uns liebevoll mit ihr zu verbinden, wie wir das eben in dieser Energie getan haben?«

»Nun meine Geliebten, ihr könnt das Gespräch mit ihr aufnehmen, ja. Was im Moment jedoch von großer Wichtigkeit ist, dass ihr euch euch selbst zuwendet. Denn dieser Prozess, die eigenen seelischen Verlustthemen aus euren eigenen Inkarnationen anzunehmen und in euch als eine, nennen wir es liebevoll »Historie«, zu betrachten, bedeutet auch, eurem Körper eine gewisse Reinigungsphase zuteilwerden zu lassen. Das muss nicht –

und das betone ich hier ganz bewusst – anstrengend und sehr ruppig sein, sondern es sollte lieber mit Ölen und mit Stoffen, die Heilung und Reinigung in sich tragen, vonstatten gehen.

So mag ich euch hier bitten, dass ihr euch in körperlicher und sehr feiner Art gegenseitig zuwendet, dass ihr eure Körper gegenseitig durch Berührung mit diesen Ölen und diesen sehr reinigenden und heilenden Stoffen berührt. Ihr müsst – ich nenne das jetzt mal mit Verlaub ›müssen‹ – euren Körpern sehr liebevoll und sehr achtsam deutlich machen, dass es keine Schuld gibt. Eure Körper, meine Geliebten, tragen bei einem solchen Verlust die Information in sich, dass sie etwas versäumt haben. Eure Seelen sind nun durch diese Erkenntnis in den Prozess gelangt, dass alles in Ordnung ist, doch eure Körper noch nicht.

Ihr beginnt, euren Körper mit Ölen und hohen Schwingungen der ätherischen Ebene bewusst mit Hand, mit Berührung, vielleicht mit Musik, mit Summen an Zuwendung, Heilung, Vergebung, Anerkennung, Respekt, Achtung und Sorgfalt zu übertragen. Derjenige von euch, der dies empfängt, ist in seinem Innersten mit allen irdischen Inkorporationen im Bewussten verbunden, die eben diesen Verlust als Körper erfahren haben – oder erlebt haben, dass Geburt nicht vonstatten gehen konnte. Der Mann hat die Nachricht erfahren. Der männliche Körper hört das ebenso, dass die Geburt nicht vollzogen werden konnte, dass es nicht geschehen wird, oder geschehen konnte.

Alle diese körperlichen und auch emotionalen Filter sind noch in euch, in euren Zellen. Denn dies kann und darf ich nicht lösen, weil ich nicht diejenige bin, die diese Erfahrung machen wollte. Ich habe im Genom die Information nun gelöscht, doch eure Seelen haben ja, wie ihr wisst, um eine solche Erfahrung gebeten. Also ist es die Seele, die nun auch das ›Ja‹ spricht, das ›So soll es sein‹ spricht, dass diese Erfahrung aus dem Zellularbewusstsein ausgelöscht werden kann. Wenn ihr dies in einer Massage oder Ölung tut, so verfahrt wie folgt: Derjenige, der die Massage empfängt, geht in einer sanften und innigen Art mit sich und allen Inkarnationen in Verbindung und vergibt, dass diese Erfahrung auf körperlicher Ebene gemacht werden wollte, und dass der Körper, die Materie, dieses manifestieren musste. So dankt während dieser Ölung allen Körpern, die ihr jemals hattet und diese Erfahrung Euch zu Teil haben werden lassen und dies auf sich genommen haben, dass sie es getan haben. Der letzte Teil eurer inneren Heilarbeit ist die Dankbarkeit euch selbst gegenüber, dass ihr den Mut hattet, das zu tun. Und erst dann ist die Ölung vollendet.

Derjenige, der die Ölung gibt, ölt so lange und streicht so lange den Körper des Empfangenden, bis dieser mit einem klaren Signal, das ihr vorher abgemacht habt, kundtut, dass die Vergebung, das ›Ich bedanke mich bei mir selbst, dass ich mir diese Erfahrung auf seelischer Ebene ermöglicht habe und sie durch das körperliche Sein vollendet ist‹. Die letzte Geste desjenigen, der die Ölung vollzieht, ist, beide Hände in einer V-förmigen Stellung so auf den Schambereich zu legen: Die Handwurzeln sind auf dem Schambereich und die Finger zeigen zum Beckenkamm nach außen. Das ist eine V-Stellung. Ihr würdigt damit die Materie, das Weibliche, den Schoß, und den Teil, der aufnimmt. Auch wenn du mein Sohn, in einem männlichen Körper bist, so wird deine Gefährtin beide Hände mit den Handwurzeln auf deinen Schambereich legen und beide Finger schauen V-förmig auf deinen Beckenkamm. Du, mein Sohn, wirst diese Geste sehr genießen, denn eure männlichen Körper kommen mit dieser Geste oft viel zu kurz. Und du, meine geliebte Tochter, wirst es deshalb genießen, weil es die Versöhnung deines weiblichen Körpers mit der weiblichsten Geste eines männlichen Inkorporierten ist. So heilt ihr die Wunde der Frau, die du trägst, weil der weibliche Körper noch sehr viel Angst und Verletzung vom Männlichen als Bewusstsein in sich trägt. Was ihr hier beide, meine Geliebten, vollzieht, ist, dass ihr es gewissermaßen auf euch nehmt, dass der männliche Körper sich beim Weiblichen wieder entschuldigen kann, und der weibliche Körper nimmt die Entschuldigung des Männlichen an. Umgekehrt entschuldigt sich das Weibliche beim Mann durch das Gefühl ›Ich habe versagt‹ und das Männliche kann dem Weiblichen sagen, dass es kein Versagen gibt.«

Es ist wunderbar, wie GAIA unseren »Verlust« in einen viel größeren Zusammenhang von Männlichem und Weiblichem und der Heilung der beiden dualen Erscheinungsformen stellt und uns ganz praktische Anleitungen dafür gibt, diesen Schock sowohl karmisch als auch ganz konkret körperlich zu heilen.

Sie führt weiter aus:
»Also ihr seht, meine Lieben, dass sich der Geist von STAR gewissermaßen blockiert hat, hat noch damit zu tun, dass im Männlichen und Weiblichen als Körper sehr viele Ängste und Versagensängste, Verwundungen, Verlustenergien gesteckt haben, die nun mit diesem Prozess in euch geheilt werden konnten. Ich weiß, dass in einigen Aussagen das Gefühl war ›damit

haben wir nicht gerechnet‹. Es ist etwas Unvorhergesehenes geschehen. Es ist nur deshalb ›unvorhergesehen‹ geschehen, weil diese Verletzung des Männlichen und Weiblichen nicht ein Problem von Menschen ist, sondern es ist die Spaltung der Pole, was in einem materiellen Universum gewissermaßen eine Gesetzmäßigkeit ist. So kennen auch Kristalline in Zivilisationen diese Verwundung. Nur ist ein Kristalliner nicht so offensichtlich in seiner Verwundbarkeit. Nun wird Einigen im Rat diese Erkenntnis kommen, denn auch die Kristallinen, die halbmateriellen Zivilisationen der materiellen Welt, sind ebenfalls der Trennung des Männlichen und Weiblichen unterstellt. Nicht nur ihr Menschen, oder die Wesen auf meiner Schwingung, sondern auch die Wesen z.B. der Arkturier: Auch sie kennen eine gewisse Spaltung des Männlichen und des Weiblichen. Nur ist es nicht so offensichtlich. Und auch diese Teilnehmer des Rates heilen nun gerade diese Erkenntnis und fühlen auch einen Schwingungsanstieg ihrer selbst.«

Das hätte ich nicht erwartet, dass an »unserem Rat« auch viele andere Zivilisationen teilnehmen und auch ihnen eine Heilung zuteil wird. Dass die Polarität von Männlich und Weiblich in vielen Zivilisationen des Universums vorhanden ist – wenn auch nicht so ausgeprägt wie auf der Erde – ist mir schon bewusst, aber dass durch unser Ritual auch diese Wesen eine Heilung erfahren dürfen, hätte ich nicht gedacht. Wir sind beide von der Fülle der Informationen überwältigt und ich möchte langsam zum Abschluss kommen.

Ich: »Mmmm. Vielen Dank, geliebte Gaia.«
(zu Esther): »Hast du noch Fragen?« Esther schüttelt den Kopf.
»Möchtest du noch etwas ergänzen, liebe Gaia, bevor wir dann noch etwas Zeit für die Heilung an Esthers Beinen haben?«

»Nun, meine Geliebten, was mir sehr wichtig erscheint, ist, gerade auch in diesem wundervollen Beisammensein, dass euch bewusst ist, meine geliebten Kinder, ihr seid hier an einem – ich möchte es eben nicht Projekt nennen, ich möchte es eine Herzensanrufung nennen –, die es mir als eurer Mutter ermöglicht, meinen gesamten Kindern einen Heilungsschub ins Kollektiv zu senden, dass nun der Mut in vielen meiner Kinder erwachen kann, sich höheren Lichtfeldern zu öffnen, um die Kooperation zu ermöglichen. Es gibt einige unter euch, deren Herzen danach streben, höchsten Lichtenergien die Möglichkeit der Inkorporation zu geben. Sie haben aber

Angst, dass sie vielleicht nicht genügen, dass ihr Körper nicht rein genug ist, dass sie die Kraft nicht haben, einer solchen Wesenheit auch nachher als Eltern beizukommen. Genau dies haben wir geheilt.

Was wir hier nun getan haben, meine Geliebten, ist tatsächlich ein Schub an Lichtenergie ins Kollektivfeld von Vätern und Müttern zu lenken, oder Frauen und Männern, die gerne Vater und Mutter einer solchen Schwingung sein möchten, oder dies zur Verfügung stellen, um dann eine Schwingungserhöhung zu ermöglichen, die es dann Vielen vereinfacht. Und so durfte ich eure Genome von dieser Information befreien, oder eben transformieren oder belichten oder erhöhen – oder wie auch immer wir dies nennen möchten. Im selben Augenblick habe ich dies im Kollektiv, gewissermaßen in der Matrix von werdenden Vätern und Müttern gleichzeitig tun können. Und so ist es an mir, euch, meinen geliebten Kindern, zu danken, dass mir dies ermöglicht wurde. Und ich löse mich nun aus dem Feld mit einem ganz herzlichen, mütterlichen Schwall von Freude und Begeisterung darüber, was hier getan werden durfte, und über Euer Vertrauen, das ihr in mich, in uns, in eure Begleiter und in eure Seelen- und Lichtfamilie hegt und pflegt und immer wieder kundtut. Ich lasse euch noch ein wenig teilhaben an meiner Energie, währenddessen ich nun im Hintergrund weilend unserer gemeinsamen Tochter noch eine Heilung zuteil kommen lasse.

So wird mein Medium etwas präsenter sein, sich noch etwas sonderbar fühlen, denn das ist das erste Mal, dass wir das in dieser Art tun. Sie kennt es, aber sie kennt es nicht von mir, sondern von ihrem Meister Jeshua, der dies schon des Öfteren getan hat. Doch fühlt sich das etwas anders an, also wird es einen Moment benötigen, bis sie merkt, dass sie noch nicht ganz da ist. Und in der Zwischenzeit, meine Geliebten, seid von Eurer euch innig liebenden Mutter in Euren Herzen mit meiner Liebe berührt. Ich bin Eure Mutter Gaia.«

Ich: »Danke dir, geliebte Gaia, für die wunderschönen Energien, für die schönen Worte ... Danke dir!«

Ich bin berührt von ihren Worten und ihrer Heilenergie. Esther befindet sich auch noch ganz in dem wunderschönen Energiefeld. Francesca taucht langsam daraus auf und meldet sich nach zwei, drei Minuten wieder zu Wort:

Francesca: »Hm Hm. Sie ist noch drin, aber nicht mehr ganz. Ok.«

Esther erhält noch eine Heilung durch Francesca, während sich GAIA langsam entfernt. Ich führe Esther dafür auf die bereitstehende Heilliege und Francesca beginnt, energetisch an ihren Beinen und später auch am ganzen Körper zu arbeiten. Das dauert ungefähr zehn Minuten, während ich die Energien und Eindrücke noch auf mich wirken lasse. Wir sind beide stark in das gemeinsame Energiefeld eingetaucht und so dankbar für diese wunderschöne Heilarbeit von Mutter GAIA durch Francesca. Langsam wird mir klarer, dass durch die Verschiebung von Baby STAR nichts falsch gelaufen ist, sondern eine viel tiefergehende Bewegung stattfindet, deren ganze Tragweite wir noch nicht erfassen können. Wir können Teile aus unserer Vergangenheit in die Heilung bringen, wir haben mit dem Ritual auch einen Beitrag für den Ausgleich zwischen den Geschlechtern leisten dürfen, wir bereiten auch einen Weg für andere Paare, die ein Lichtkind inkarnieren lassen möchten. Die Heilenergien unterstützen andere Zivilisationen in unserer Galaxis, die an Projekt STAR beteiligt sind, das Feld von Männlich und Weiblich in den Ausgleich zu bringen.

Wir sind beide energetisch stark berührt. Nach dieser Sitzung bedanken wir uns herzlich bei Francesca und umarmen sie innig. Auch sie ist erstaunt über die Vielfalt an Energien und Informationen, obwohl sie sich kaum an alle Details erinnert. Esther ist sichtlich von den Informationen und den Energien berührt. Wir gehen zurück zum Auto und fahren schweigend nach Hause. Die ganze Sitzung hat nur 90 Minuten gedauert, aber es kam mir viel länger vor. Zuhause sprechen wir über den einen oder anderen Punkt. Wir sind beide so froh, dass wir diese Sitzung bei Francesca gebucht haben. Sie lässt unsere Situation in einem ganz anderen Licht erscheinen. Wir erkennen immer besser den größeren Zusammenhang von Projekt STAR und dem »Fehler«, der passiert ist. Mit der Zeit werden wir noch mehr Zusammenhänge erkennen und es wird uns bewusst, dass hier nichts »falsch« gelaufen ist. Während sich mehr und mehr von dem großen Plan offenbart, sind wir alle – STAR eingeschlossen – immer erstaunter über die Möglichkeiten, die sich dadurch ergeben. Doch das wird uns erst in den nächsten Monaten und Jahren bewusst.

Am nächsten Abend führen wir das von GAIA vorgeschlagene Heil-Ritual durch. Wir haben unseren Heilraum mit Kerzen erleuchtet und lassen sanfte, meditative Musik laufen. Wir haben uns viel Öl besorgt und die Heizung auf Maximum gestellt. Zunächst empfängt Esther das Ritual. Ich lasse mir viel Zeit, ihren Körper zu ölen, sanft auszustreichen und zu massieren. Esther kann meine Berührungen ganz empfangen. Innerhalb weniger Minuten entsteht ein »heiliger Raum«. Auch wenn wir keine Wesen sehen und niemand durch Esthers Kanal spricht, ist uns klar, dass jetzt viele unserer Geistwesen und Freunde ebenfalls anwesend sind.

Nach einer kurzen Pause tauschen wir die Rollen und ich darf mich auf die Massageliege legen. Esther berührt und massiert mich sanft vor allem an Rumpf und Beinen. Sie wird dabei ganz geführt. Ich empfinde die Berührungen als sehr heilend, ein Balsam für meinen Körper und meine Seele. Nach kurzer Zeit schon befinde ich mich in einer anderen Dimension – während ich weiterhin ganz klar ihre Hände auf mir spüre. Als Mann sind wir oft in einer Täterrolle, haben kollektiv oder auch individuell – bewusst oder auch unbewusst – das Weibliche unterdrückt und misshandelt. Das Weibliche hat auf seine Art darauf reagiert. Dieses »Spiel« zwischen den Geschlechtern darf in dieser Zeit in eine Heilung kommen. Dieses einfache und doch so kraftvolle Ritual hilft uns beiden, unsere eigenen Verstrickungen mit diesem Ungleichgewicht wieder in den Ausgleich zu bringen.

Wir nehmen beide das Ritual als kraftvoll wahr und sind dankbar für GAIAs Anregung. Es bringt uns mehr zu uns und in unsere Mitte. ❂

42 Master KUAN YINs Song

wei Tage später sprechen wir wieder zu Master KUAN YIN. Wir beginnen an diesem Tag mit der Aufnahme für ihren Song. Der Produzent und ein weiterer Musiker sind anwesend, sowie eine liebe Freundin, die eine 2. Stimme einsingen wird. Wir bilden einen Kreis auf unserem Sofa und Esther ruft Master KUAN YIN an. Ich spiele und singe zunächst ihren Song für sie. Sie liebt ihn.«

»Hier bin ich, Master KUAN YIN.«

»Willkommen Geliebte.«

»Es mag für mich sehr viele Gründe geben, wieder die Erde zu besuchen. Darf ich vorschlagen, dass dies ein sehr guter ist? Ich habe viele Leben auf der Erde gelebt. Ich habe viele Lieder gehört, sehr viele Lieder habe ich selbst gespielt. Aber dieser Song liegt mir besonders am Herzen. Darf ich das erklären? Es gab einmal einen ganz kleinen Teil von mir. Er hatte nur einen Wunsch. Mein Wunsch war es, Licht auf die Erde zu bringen. Aber es gab ein Problem. Ich hatte keinen Platz mehr, um mich hineinzubringen. Aber ein kleiner Teil von mir, mein geliebtes STAR-Kind, wollte auf keinen Fall zur Erde gehen. Sie hatte viel Arbeit im Lichtgitter. Es gab keine Möglichkeit, dass sie runterkommen wollte. Dann habe ich einige geliebte Schutzengel angewiesen, dem geliebten Meister Asar beim Komponieren dieses Songs zu helfen. Ich wusste, sobald das Lied fertig ist, wird ihn mein STAR-Anteil erkennen. Sobald sie ihren geliebten Asar diese Noten für uns spielen hört, wird sie in Resonanz gehen. Genau das ist passiert. Es war ein magischer Film, als er in den himmlischen Gefilden gespielt wurde. Da war er, dieser Song, der von vielen Helfern komponiert worden war. Da war dieses wunderschöne, süße Lied, das aus dem Herzen geschrieben war. Darf ich darauf hinweisen, dass mein geliebter STAR-Anteil, nachdem sie diese Töne gehört hatte, auf jeden Fall herunterkommen wollte. Da gab es ihren Wunsch, das Licht herunterzubringen. In der Zwischenzeit ist ganz viel passiert, wie wir gelernt haben. Das füllt mein Herz mit Trauer und tiefem Bedauern. Wir möchten immer noch Licht herunterbringen. Es werden neue Erdwesen ankommen. Wir werden neue Schwingungen hier auf die Erde bringen. Es kommt eine Zeit, in der dieses geliebte Licht von hier oben die Erde aufsuchen wird. Vielleicht sucht es sich jetzt andere Wurzeln. Andere Wesen treten an die Stelle, um es herunterzubringen. Jedoch wird unser geliebtes STAR-Kind immer noch eine Rolle spielen. Weniger Arbeit für sie hier, vielleicht mehr von den höheren Ebenen, die nicht zu weit oben sind. Wir werden darüber noch sprechen. Es gibt jetzt genügend Unterstützung in den oberen Ebenen, um mehr Licht für euch beide herunterzubringen.

Darf ich vorschlagen, dass ihr den Song mit allem was ihr habt, singt. Ich sehe so viel Licht in euren Herzen. Für Menschen ist es besonders wichtig, dies zu spüren, wenn sie dein Lied hören. Er ist ansteckend, sobald er viel Licht enthält. Wenn in einem Lied viel Licht ist, dann werden Wesen, die ihn anhören, auch zu Lichtwesen. Deshalb werde ich für die Aufnahmen ganz sanft mehr von eurer Lichtumgebung hereinbringen. Darf ich vorschlagen, dass ihr eure Hände zum Herzen bringt? Ein sanftes Massieren dieser Gegend wird jetzt gebraucht. Ich schlage vor, dass wir diese Technik immer benutzen, wenn wir vor größeren Gruppen auftreten, um uns mit ihnen zu verbinden. Alle Wesen verbinden sich einfacher, wenn ihr Herz so geöffnet wird. Das Klopfen des Herzens ist nicht nötig, wie es meine geliebte STAR vorher gezeigt hat. Sanftes Reiben reicht schon aus, ich mag das, auch wenn Klopfen ebenfalls in Ordnung ist. Ich möchte gerne noch etwas vorschlagen, bevor ihr anfangt euch einzustimmen. Darf ich vorschlagen, dass ihr ein oder zwei eurer beliebtesten Licht-Freunde hereinbringt. Vielleicht müsst ihr nach ihnen suchen, denn sie reisen vielleicht ganz weit draußen. Vielleicht sind sie aber auch ganz nah. Hier ist mein Vorschlag, wenn ihr die beiden besonderen Wesen an eurer Seite anschaut: Ein Wesen sollte ein ganz besonderer Engel sein, mit dem ihr euch gut versteht. Das andere Wesen kann von einer anderen Art sein, irgendeine Art von Wesen, das ihr mögt. Ein lustiger Kobold oder ein sich erhebender Riese für Saiten. Ein Wasserwesen, das leicht fließende Energien erzeugt, irgendeine Art von Wesen könnt ihr hereinrufen. Darf ich vorschlagen, dass ihr zwei davon an eure Seite ruft.«

Ich: »Darf ich auch eine Frage stellen?«

»Hier ist meine Antwort zu deiner Frage.«

Esther: »Das ist glaube ich ein Ja«, erläutert Esther diese Aussage.

Wir müssen über die ungewöhnliche Formulierung von Master KUAN YIN lachen.

Ich: »Lady Gaia sagte gestern, dass STAR sich über die Dichte auf Erden Sorgen macht und darüber, dass sie ihre Erinnerung verliert, wenn sie näher zur Erde kommt. Was können wir tun, um deiner kleinen Schwester zu helfen, diese Ängste loszulassen?«

»Wenn wir hier oben wohnen, müssen wir oftmals sehr sorgsam sein. Aber wenn man zur Erde kommt, ist das noch extrapoliert. Alle Sorgen, die wir haben, werden verzehnfacht, wenn wir auf der Erde ankommen. Meine Schwester sehe ich schon in einer dichten Energie. Sie hatte gewisse Sorgen mit sich herumgetragen. Sobald sie nur an ihr Kommen auf die Erde gedacht hat, wurden diese Sorgen noch erhöht. Ich muss sagen, dass ich das etwas spät realisiert habe. Es gibt aber etwas, das besonders gut bei meiner geliebten STAR-Tochter funktioniert: Sobald sie sich mit Singen verbinden kann, verblassen ihre Sorgen. Singen ist eine heilende Medizin für sie. Sobald sie gewisse Klänge hört, versickern ihre Ängste. Deshalb empfehle ich Wesen auf dem Erdball, oft für ihre Lieben zu singen. In gesungenen Noten, die von hoch oben auf die Erde kommen, ist eine Heilkraft eingewoben. Um STAR in Frieden zu bringen, gibt es eine andere Möglichkeit, etwas das sie besonders liebt, habe ich gelernt. Es ist eine gewisse Art auf die Erde zu klopfen. Es ist so, als ob das Klopfen auf die Erde selbst sie ganz in ihr innerstes Wesen bringt. Das ist etwas anderes als die Erddichte zu spüren. Sie ist dann ganz mit sich selbst verbunden. Darf ich also vorschlagen, dass du physische Erde berührst, sobald du versuchst, dich mit dem geliebten STAR-Kind zu verbinden. Das erhöht wohl ihr innere Verbindung.«

»Vielen Dank für diese beiden Ratschläge. Lady GAIA hat vorgeschlagen, Tava zu stärken, sie mehr in ihre Kraft zu bringen. Sobald sie also verbunden sind, kann sie wie ein Gegengewicht zu den hohen Energien von STAR sein. Ist das auch etwas und falls ja, wie könnten wir das tun?«

»Es gibt sehr viele Wesen, die sich mit STAR verbinden. Sie ist wie ein attraktiver Magnet. Es gibt sehr viele Wesen aus unterschiedlichsten Ebenen, die mit STAR zu sprechen versuchen und sich befreunden. Momentan gibt es jedoch ein ganz nahes Wesen, und das ist der geliebte Tava-Körper. Sie haben schon eine sehr enge Verbindung. Ich schlage deshalb nicht vor, diese Verbindung noch mehr zu erweitern, dann würde sie zu eng. Momentan gibt es eine enge Verbindung, da würde ich mich eher nicht einmischen. Sie sind weise, beide. Sie wissen genau, wie sie sich gemeinsam verbinden.«

»Wir müssen Tava also nicht bestärken?«

»Momentan sehe ich keinen Bedarf, irgendeine von den beiden zu stärken. Manchmal spüren sie vielleicht eine Art Energieabfall, aber sie sind überwiegend fröhlich trotz der Situation. Momentan gibt es keinen Bedarf irgendeine von den beiden zu stärken, sie arbeiten gut zusammen, glaube ich.«

»Wie kannst Du STAR beim Herunterkommen unterstützen? Ich weiß, dass sie gut auf dich hört.«

»Darüber könnte vieles gesagt werden. Mein wichtigster Vorschlag ist, sich so viel wie möglich mit der physischen Erde zu verbinden. Das bringt sie zu sich selbst, was bedeutet, dass sie viel mehr Bewusstheit von sich selbst haben wird. Wenn sie so bewusst wie möglich ist, wird sie auch nicht ausflippen.«

Damit verlässt uns Master KUAN YIN. GAIA schätzt also die Situation anders ein als Master KUAN YIN. Es freut mich, dass sie bei den beiden ein gutes Gefühl hat, denn wenn STAR und Tava mit uns sprechen, bekommen wir nicht unbedingt immer alle Informationen von ihnen, habe ich das Gefühl. Wir arbeiten den ganzen Tag an dem Song und erzielen erste schöne Ergebnisse. Leider können die Arbeiten an dem Song auch am nächsten Tag nicht abgeschlossen werden, so dass der Song bis heute (Ende 2022) in keiner fertigen Aufnahme existiert. Vielleicht ergibt sich einmal eine Möglichkeit, ihn in einer neuen Konstellation aufzunehmen. Dafür nehmen wir eine Jam-Session vom Tava-Song auf, der überhaupt nicht perfekt ist, aber uns allen viel Spaß macht. ✪

43 David und die dunkle Nacht der Seele

nde Juni verschwindet David, unser lieber Nomos-Begleiter, total aus dem Projekt. Wir sind alle erstaunt. »Er brauche eine Ruhepause« hören wir. Es stellt sich heraus, dass er für keinen mehr ansprechbar ist, auch nicht für seine Kollegen. Ihm geht es richtig schlecht, er hat sich bei allen abgemeldet, erfahren wir zwischen den Zeilen von unseren anderen Nomos-Freunden. Ich bin jetzt wohl der Einzige, der noch an Projekt STAR in ihrer 3D-Form glaubt. Wir wissen nicht, welcher Druck auf ihm lastet. Als Projektleiter hat er sich sicherlich viele Vorwürfe gemacht. Die Leitung musste er abgeben. Ich bin dankbar für den Wechsel. Unterdessen hat ein Wesen mit Namen Watson »Projekt STAR« übernommen. Watson scheint mir klarer zu sein und zielgerichteter. Esther und ich lieben David und haben ihn sehr in unser Herz geschlossen, aber die unvorhergesehenen Entwicklungen und auch sein Umgang mit der Wahrheit in verschiedenen Fällen haben in mir Zweifel aufkommen lassen, ob er das Projekt von der ET-Seite zu Ende führen kann. Trotzdem sind wir beide traurig zu hören, dass es ihm schlecht geht. Wir senden ihm immer wieder unsere Liebe. Am 13. Juli ist David wieder zurück. Esther ist in Holland, wir sprechen über ZOOM miteinander, als er für uns überraschend durchkommt:

»Hier spreche ich wieder, David. Es ist eine so große Freude, euch beide wiederzusehen. Ich bin zutiefst dankbar für unsere erneute Kommunikation.«

Ich: »Oh so schön, du bist zurück, David! Wie geht es dir?«

»So viele Wesen haben versucht meine Seele zu besänftigen, aber ich konnte es kaum empfangen. Es war so als ob ein riesiger Steinblock auf meinem Kopf und meiner Brust lag und mein ganzes Wesen gefüllt hat. So als ob ich am Ende der Welt angelangt war und umgefallen bin. So habe ich mich die letzten Wochen über gefühlt. Es war eine wirklich sehr erbärmliche Zeit in meinem Leben, muss ich sagen.«

Das klingt wirklich nicht gut. Ich bin für seine Offenheit dankbar, denn er versucht nichts schön zu reden. In diesen tiefen, schmerzhaften Erfahrungen liegt auch immer ein Geschenk verborgen und ich bin neugierig, ob er das schon gefunden hat und deshalb frage ich ihn:

»Was ist das Geschenk dieser starken Erfahrung?«

»Ich habe immer wieder versucht, diesen schweren Steinblock wegzuheben. Scheinbar konnte ich ihn etwas anheben, aber dann fiel er zurück auf meine Brust. Ich hob ihn etwas an, er fiel zurück. Ich versuchte ihn nach links abzuwälzen, dann nach rechts, aber der Druck auf meiner Brust ließ nicht nach. Ich war wie atemlos; um mich herum war kein Licht. Ich muss zugeben, dass ich eine sehr schwere Zeit hatte. Ich bin beinahe gestorben. Eine Lichtkugel hat mich umgeben und ich fühlte, dass sich immer mehr Wesen um mich versammelten, um mich zu heilen. Das hat mich enorm beruhigt. Aber der riesige Steinblock war zwischen mir und den wunderbaren Wesen, die mich mit ihren guten Absichten versuchten zu erreichen, so als ob ich blockiert wurde, all diese wundervollen Gedanken und Wünsche zu empfangen. Mein Herz war vollkommen von diesem Stein abgedeckt. Das war wirklich eine grässliche Erfahrung für mich. An einem Punkt bin ich, glaube ich, gestorben. So als ob ich gestorben bin und wiedergeboren wurde. So hat es sich für mich angefühlt. So als ob da ein erneuerter David hervorgekommen ist. Ich konnte die Vorhänge meines Lebens wieder öffnen und all die Schönheit sehen, die da ist. Das habe ich gemacht: Ich bin durch meine eigenen Vorhänge hindurchgetreten, erneuert und erfrischt. So fühle ich mich gerade.«

»Mhm, so wunderschön! Ja, wir nennen es die dunkle Nacht der Seele.«

»Ich habe eure guten Intentionen auch empfangen, auch die vom geliebten Meister Chris mit seiner Schreibkraft. Ihr alle habt ein sehr sanftes Feld für mich erschaffen. Es war eine wahre Freude, meine Vorhänge zu öffnen und all diese liebevolle Unterstützung und Führung um mich herum zu finden. Das war das wahre Geschenk. Da gab es Wesen, die an mich geglaubt haben, obwohl ich mich verschlossen habe.«

»Wie wunderbar!«

»In dieser Zeit habe ich noch viel mehr gespürt. Meine Schwanzflosse hat mich dabei unterstützt, mich mehr zurücklehnen zu können. Diese Unterstützung habe ich am meisten gebraucht. Das hat mein Körper für mich gemacht, habe ich gespürt. Es war so als ob mein Körper meine Seele besänftigt hat. Es gibt einen Unterschied zwischen Körper- und Seelenanteilen, wisst ihr? Der Seele ist es gestattet, in ein Gefährt zu steigen, aber dieses Gefährt wird manchmal weniger geehrt. Als ob der Körper nur ein Körper zu sein scheint. Er wird jeden Tag erneuert und wenn wir dann eine Rolle machen (er meint: sterben) tauschen wir ihn gegen einen neuen ein. In meiner Dunkelheit erkannte ich aber, dass etwas sehr Gütiges im Körper ist. Es schien, als ob mir mein Körper dabei half, mich von meiner Dunkelheit zu erheben. So als ob mein Körper mich daran erinnerte, wer ich wirklich war. Mein Körper gab mir laufend ein Signal: Ich bin am Leben, weißt du? Stirb mir nicht weg, wir sind noch hier! Das hat mir mein Körper ständig gesagt. Trillionen meiner Zellen haben gemeinsam in einem Schwingungspuls gesagt: Lebe, lebe, lebe!«

»Oh, das ist so wunderschön.«

»Seit ein paar Tagen habe ich mein neues Selbst manifestiert. Ich versuche in Babyschritten wieder in meine neue Karriere zu treten. Ich habe mich entschlossen, gewisse Dinge anders zu machen. Es wird mehr Heilungen mit meiner geliebten Esther geben, glaube ich. Sie scheint bereit für mehr Pferdestärken zu sein. Mehr und mehr Licht wird durch ihre Hände strömen. Sie wird durch meine erneuerten Möglichkeiten auch vorankommen, so als ob wir gemeinsam als Team erneuert werden. So fühlt es sich für mich an: mehr Pferdestärken werden durchkommen.«

Esther: »Whow! Das klingt sehr vielversprechend! Lass es uns machen, David! Gib mir Fünf!« Esther lacht.

»Auch in meinem Rückgrat habe ich viele verschiedene Dinge gespürt. Mein Rücken hat mich die ganze Zeit über unterstützt. Ich habe wieder die Bedeutung meiner Rückenwirbel erkannt. Wir können sie sofort erneuern, wenn wir mit unserem geistigen Auge daran denken. Wir können sagen: 'Mach es Rückgrat!' und alles ist sofort erneuert. Ich konnte mich in mein Rückgrat hineindrehen, ihm Erlaubnis geben zu wachsen und zu heilen, und dann wurden die Lichter wieder angeschaltet. Die ganze Kraft kam von meinem geistigen Auge in mein Rückgrat. Das hat den Schalter für mich umgelegt.«

»Mhm, so schön!«

»Wie habt ihr die vergangene Zeit erlebt? Wir waren wie abgetrennt, dennoch habe ich um mich herum eure Präsenz gespürt. Wie habt ihr unser geliebtes STAR-Projekt wahrgenommen?«

Esther beginnt: »Danke fürs Nachfragen. Ich habe mich einer emotionalen Achterbahnfahrt hingegeben. Es gab viel Trauer und Schock und ich habe mich sehr über die Lichtwelt geärgert, denn ich glaubte, sie hätten uns einen Streich gespielt, obwohl ich wusste, dass das nicht so war. Es gab viel Trauer in Wellen, ja und jetzt bin ich an einem Punkt mit mehr Frieden und umarme alles, was ist. Ich meine, du bist immer noch hier, ich bin so froh, dass mein Kanal wieder offen ist, und ich bin sehr dankbar für STAR und

Tava. Die Mädchen sind noch da und ich lasse einfach zu, umarme was jetzt da ist. Das ist alles wunderschön und ich erkenne das auch. Es war eine intensive Erfahrung, wir sind ein großartiges Team alle zusammen und wir gehen da alle gemeinsam durch, weißt Du? Und wir können auch noch darüber lachen. Ich fühle mich also stabiler im Moment. Das ist wirklich meine Lektion, dass ich die Verantwortung für mein eigenes Leben übernehmen sollte. Und es fühlt sich so an, als ob ich mehr und mehr in meine Kraft komme. Ich fühle mich momentan ziemlich gut, voller Energie und glücklich. Das ist es von mir. Und ich habe letzte Woche in Zürich so viele schöne Heilsitzungen empfangen, das war wirklich wunderbar.«

Ich: »Ja, Esther hat starke Heilsitzungen (u.a. von den Drachen) empfangen. Tava und STAR haben das sehr gut gespürt und waren sehr glücklich darüber. Für mich hat es sich so angefühlt, als ob ich der Einzige war, der die Energien des STAR-Projekts gehalten hat, v.a. ihr Herunterkommen auf die 3D-Erde. Natürlich gab es viele Wesen, aber der Kanal von Esther war lange blockiert und wir wussten nichts, bis sich ihr Kanal vor circa zwei Wochen wieder geöffnet hat. Und ich bin froh, dass es jetzt mehr Wesen gibt, die glauben, dass STAR in welcher Form auch immer runterkommen sollte. STAR ist auch zurück, sie hatte ebenfalls eine harte Zeit. Tava war für eine Weile in einer Art Verpuppung, nachdem Esther einige Yoga-Übungen gemacht hatte. Aber jetzt scheinen wieder alle an Deck zu sein und das fühlt sich gut für mich an. Von Esther bekam ich eine sehr schöne Heilsitzung mit meinem Höheren Selbst, das hat mir viel gebracht. Ich kann es schwer beschreiben, aber es war einfach wunderbar. Jetzt sind wir also wieder auf dem Weg, scheint es, was auch immer passiert. STAR und ich scheinen recht optimistisch zu sein, dass wir sie runterbringen können. Esther ist noch etwas skeptisch, aber wir wissen: Das Perfekte wird passieren. Du bist jetzt auch wieder im Team. Ich muss sagen, dass ich auch die Gegenwart von Watson im Team sehr schätze. Wir hatten nicht so viel Zeit mit ihm zu sprechen, da Esthers Leben recht ausgelastet ist. Aber er bringt viel Licht ins Team und ich denke, dass wir etwas Wundervolles daraus erschaffen können. Was es genau sein wird, werden wir sehen.«

»Ich habe gerade viele schöne Dinge aus euren Worten entnommen. Ihr seid durch harte Zeiten gegangen, aber in allem was passiert, ist immer ein scheinender Diamant. So versuche ich es auch zu sehen. Ich habe mehrfach mit meinen Teammitgliedern gesprochen, aber Watson ist nicht mehr im Team. Er schien sich woandershin gerufen zu fühlen. Aber mein Bauchgefühl sagt mir, dass er bald zu Projekt STAR zurückkommt. Ihm gefällt Baby STAR.

Ich spüre eine sehr spezielle Verbindung zwischen den beiden. Er scheint sich wie ein Großvater zu fühlen. Deshalb glaube ich, dass er bald zurückkommt, um hier und da auszuhelfen. Ich werde mich wieder um viele Aufgaben kümmern müssen. Ich werde das Projekt zusammen mit meinem geliebten Brutus leiten. Er schien wie auf meine Rückkehr gewartet zu haben. Da sind sehr viele Wesen, die hinter den Kulissen ihr Bestes geben, um die Stabilität von Baby STAR und Tava zu halten. Sie versuchen Möglichkeiten zu finden, ihre momentane Ebene zu stabilisieren. Das soll nicht heissen, dass sie nicht auch absteigen kann. Es gibt eine kleine Möglichkeit, dass sie das in Zukunft schaffen kann. Aber ich erwarte das nicht zu bald während ihrer Zeit im Bauch. Das gäbe auch zu viel Druck auf Esthers Bauch, so als ob es die Möglichkeit von innerlichen Rissen gäbe. Das möchten wir natürlich nicht. Deshalb schlage ich vor, dass wir eine gewisse Menge an Schmiermittel nutzen, um Tava in eine suboptimale Position zu drehen. Dann kann sie dort für den Rest der Schwangerschaft ausruhen. Sollten wir sie zu stark drehen, dann könnten sich die Frequenzen wieder verändern, was wir lieber nicht haben möchten. Sie scheint manchmal wie zwischen den Reichen zu hausen. Wir möchten sie nicht jenseits eines gewissen Punktes drehen, denn dann könnten wir sie verlieren. Deshalb versuchen wir sie in der momentanen Schwingung zu stabilisieren. Das heißt nicht, dass ihr nie ein Baby sehen werdet. Es gibt für sie die Option, nach der Geburt vielleicht Schritt für Schritt herunterzukommen. Aber das müssen wir uns mit einem Spezial-Team nach der Geburt ansehen. Bis zur Geburt sehen wir keine Möglichkeit dafür. Am Ende könnte das passieren, aber wir können momentan nichts garantieren.«

Ich muss lachen: »Das klingt doch vielversprechend. Was STAR über die Zeitrolle rückwärts gesagt hat, weißt du sicher. Und wenn es nach der Geburt passiert, ist es auch gut! Ich bin froh, dass du diese Möglichkeit zumindest nicht ganz ausschließt. Denn wir sind alle Bewusstsein und Energie und damit kann man viele Dinge in einer materiellen Welt erschaffen. Lass uns also einfach sehen. Sie während der Schwangerschaft herunterzubringen haben wir gar nicht mehr besprochen, STAR schlägt bei der Geburt vor. Wie können wir den Dreh-Prozess unterstützen? Können wir unsererseits etwas tun?«

»Sie braucht mehr Bewegung, wie eine sanfte runde Massagebewegung. Sie ist noch nicht in ihre neue Villa umgezogen. Wir brauchen immer noch sanfte Massagebewegungen, damit sie am momentanen Ort bleibt. Deshalb schlagen wir vor, dass du diese Bewegung so oft wie möglich machst.

Nicht 24/7, aber es ist eine Art, ihre Präsenz zu bestätigen. Das ist alles was du tun kannst, um sie im Drehen zu unterstützen.«

»Wunderbar. Esther muss gleich weiter, gibt es noch etwas Wichtiges, das du uns mitteilen möchtest?«

»Es gibt noch viele verschiedene Dinge, die ich gerne ansprechen würde, aber da die Zeit begrenzt ist, möchte ich mich momentan auf eine Sache beschränken: Es ist etwas sehr Wichtiges, an das ich mich zu erinnern versuchte, als ich unter meinem Steinblock lag. Es kam immer und immer wieder zurück in meine Gedanken, so als ob ich es auf keinen Fall vergessen dürfte. Es war wohl die wichtigste Botschaft, die ich in diesem dunklen Ereignis erinnern durfte. Dies war die Botschaft: Es gibt Liebe zu geben, es gibt Liebe zu geben, es gibt Liebe zu geben. Sie spielte sich immer wieder ab, wie bei einem Kassettenrekorder, der die ganze Zeit in meinem Kopf spielte. Das hat mich verrückt gemacht, da ich keine Liebe geben konnte. Es lag ein Stein auf meiner Brust. Aber es war ganz klar, dass dies hier meine Hauptaufgabe ist. Ich darf freimütig Liebe geben. Die würde ich euch jetzt gerne geben. Lasst uns einen Moment in Stille zusammen sitzen, dann können wir unsere Liebe spüren.«

Wir sitzen schweigend zusammen und es entsteht ein wunderbares Liebesfeld.

»In meinem Herzen ist große Dankbarkeit für eure Anwesenheit in meinem Leben. Ich grüße euch liebevoll. Mögen wir uns bald wieder sprechen.«

»Mhm, so wunderschön. Vielen Dank, David.«

Esther ergänzt:»Ich danke dir so sehr. Das war wunderschön. Ich bin so berührt. Ich spüre deine Liebe, danke dir!«

»Es gibt noch ein Geschenk in der dunklen Nacht der Seele, das du an einem Punkt entdecken wirst. Es gibt ein immer noch größeres Geschenk«, sage ich, ohne zu wissen woher die Worte kommen.

»Da gibt es augenblicklich schon so viele wunderschöne Geschenke in meinem Leben. Das spüre ich in meinem ganzen Wesen. Ich bin wieder eine pulsierende, erneuerte Person. So fühlt es sich für mich an. Das ist ein großes Geschenk. Vielleicht kommen noch mehr Geschenke im Laufe der Zeit, aber das größte Geschenk ist, dass ich euch meine Liebe gebe.«

Esther bedankt sich. Wir spüren seine Liebe deutlich und sind dafür sehr dankbar.

»Jetzt rufen mich viele andere Wesen. Ich lasse euch beide jetzt allein. Bald haben wir mehr zu bereden.«

David verlässt uns.

»Das Team ist wieder zurück«, sage ich froh.

»Ja, er ist so süß, ich liebe ihn wirklich. So schön, wie er das mit dem Stein beschrieben hat.«

Ja, seine Offenheit hat mich auch berührt und es ist gut, dass er wieder zurück im Team ist. ✺

44 Das Ende der Schwangerschaft naht

nde Juli fahren wir für zwei Wochen nach Korfu zum Gayatri-Festival von Deva Premal & Miten. Wir genießen das gemeinsame Singen und die schönen Erlebnisse in der Gruppe. Wir dürfen auch zwei Nachmittage anbieten, in denen wir unser Galactic Earth Peace Projekt[3] mit einer Gruppenmeditation zur Unterstützung von GAIA vorstellen. Lady NAFTA, meine liebe Freundin von der Venus, arbeitet mit vielen Wesen an einem Projekt, um ein Lichtgitter von der Venus auf die Erde zu bringen. Wir bieten unsere Unterstützung an, die sie gerne annimmt. Es wird eine wunderschöne Meditation mit einem Dutzend Menschen und einer Gruppe von Lichtwesen. Gemeinsam verankern wir das Lichtgitter bei uns auf der Erde. Wir genießen den gemeinsamen Urlaub sehr und treffen viele wunderbare Menschen.

Danach ist Esther wieder für drei Wochen in Holland.

Wie immer hole ich Esther bei ihrer Rückkehr Ende August am Flughafen ab. Der Flug ist leicht verspätet. Maximale Parkzeit vor dem Flughafen ist neu fünf Minuten, ich stelle mich also rechts vor die Einfahrt an eine mit Meeting-Point gekennzeichnete Stelle und warte einige Minuten. Esther muss gleich rauskommen, sie kauft noch schnell unsere Lieblingsschokolade ein. Schlendernd kommt ein ungepflegt aussehendes Pärchen auf mich zu, er mit einer Kippe in der Hand. Hier geht es doch nirgendwo hin, denke ich! Auf meiner Höhe bleiben sie stehen, er greift sich an die Brust und holt eine Plakette heraus, auf der groß »Polizei« steht. WAAS??? Ich lasse die rechte Fensterscheibe herunter.

Er sagt: »Das kostet 120 Franken, wenn Sie hier parkieren.« Mhm, das ist jetzt gar nicht nach meinem Geschmack.

»Also darauf verzichte ich dann doch lieber«, entgegne ich.

»Na ja, Sie müssen verstehen, wenn Sie hier stehen bleiben, dann macht das bald jeder …«, meint er etwas konzilianter. Ja, das kann ich verstehen und es ist mir eigentlich auch egal, aber 120 Franken sind mir wirklich zu viel. Ich lasse also den Motor an und fahre in den Drop-off Bereich und springe aus dem Wagen. Ich weiß ja, wo Esther ist. Da schnelle Entscheidungen nicht ihre Stärke sind, wird der Schokoladenkauf etwas dauern. Vielleicht kann ich ihren Entscheidungsprozess ja beschleunigen? Sie sieht mich und lacht, wir umarmen uns kurz und ich erkläre ihr die Situation. Sie amüsiert sich über mich, spürt meine Eile und dass ich mich nicht so mit ihr verbinden kann, wie es eigentlich nach drei Wochen Trennung schön wäre. Sie beeilt sich und wir sitzen kurz darauf im Auto. Wir schaffen es rechtzeitig aus dem Kurzpark-Bereich, ich entspanne mich etwas, sie strahlt mich an, wie (fast) immer. Ich weiß, dass sie sich über meine Hektik wundert, aber unterdessen auch darüber lachen kann. Sie liebt mich und versteht meine kleinen Macken, und es fühlt sich gut an … so geliebt zu werden.

Es ist schön, dass sie da ist. Eigentlich wollte sie gar nicht kommen, da sie immer viel um die Ohren hat und hoffte, dass ich zu ihr nach Holland fliege. Aber in Zürich ist die Zeit einfach entspannter für uns beide.

Und ich bin natürlich in froher Erwartung auf die mögliche Geburt von STAR, die uns für sechs Monate nach der Empfängnis (7. Februar) ange-kündigt worden war. Aber wer weiß, ob alles klappt und ob es überhaupt eine Geburt gibt? Und wenn ja, was passiert danach? Es ist doch alles ziemlich verrückt, was können wir glauben, was spüren? Kann ich meinem Herzen trauen? Und all den Wesenheiten, die uns informieren? Bekommen wir STAR irgendwann einmal auf die Erde? Werden wir sie zumindest sehen können, und sei es nur schemenhaft? Die Trauer ist verflogen, die Zweifel bleiben. Mir ist es eigentlich egal, ob ich mich anderen gegenüber zum Narren mache. Meine Liebe zu STAR und Tava ist einfach zu groß und der folge ich.

Der erste Abend ist nicht einfach, ich bin nicht sofort mit Esther verbun-den, wir hatten einfach zu lange keinen, beziehungsweise zu wenig Kontakt. Ich habe mich damit abgefunden, trauere dem auch nicht mehr nach, aber nach so vielen Tagen mit kaum Verbindung brauche ich erst wieder eine Anlaufzeit. Ich habe guten Lachs bekommen und wir genießen das Essen. Zwischendurch wird sie ärgerlich, das hilft mir auch nicht beim Ver-binden: Ich ziehe mich zurück. Wir sind beide traurig und schlafen so ein. Sonntag früh finden wir wieder zueinander, wir lieben uns innig und finden zu unserer Nähe. Wir genießen den faulen Tag und gehen nicht raus. Das Wetter ist auch nicht sehr einladend. Wir sind gespannt, immer noch unsi-cher, was bezüglich der Geburt passieren wird. Ich bin dankbar, dass sie nicht schon letzte Woche geboren wurde, als Esther eine Woche lang einen Atemworkshop in Holland besucht hat. Ich hatte die Befürchtung, dass die starken Atemübungen die Wehen auslösen könnten. Die Spannung steigt weiter an. Esther hat auch kein Gefühl, wann die Geburt stattfinden wird und was da überhaupt passiert, ob STAR und Tava das ganze Prozedere überhaupt als Einheit überstehen werden oder ob STAR direkt wieder zu ihrem Lichtgitter fliegt.

Nach dem Frühstück, es ist der 26.8., nehmen wir Kontakt mit STAR auf. Es ist lange her, dass wir sie das letzte Mal gesprochen haben und ich freue mich auf unser Wiedersehen, na ja eher »Wiederhören« und »Wiederspüren«. Wie mag es ihnen in den letzten Tagen ergangen sein? Verläuft alles nach Plan? Ich bin dankbar, dass sie mit der Geburt noch etwas warten konnte, die jetzt hoffentlich hier in der Schweiz stattfindet. Nach den üblichen Vorbereitungen sitzen wir endlich auf dem Sofa und es kann losgehen. Der Kanal von Esther öffnet sich recht schnell:

STAR: »Es gibt eine Stimme, die in Mom wohnt, ich bin es, STAVA. Von jetzt an sprechen wir gemeinsam, so als ob wir uns als ein schönes Wesen vorstellen möchten, das bald in die Welt eintritt. Das heißt nicht, dass das jetzt passiert, aber in ein paar Tagen vielleicht. Der Moment wird sich anfühlen, als ob eine sanfte Brise durch dich weht. Dann legst du dich aufs Bett oder den Boden und lässt uns unseren wundervollen unübertrefflichen Weg nehmen – so als ob wir uns durch dich hindurchatmen. Das ist unser sanfter Weg, um ins hier zu finden.«

Ich: »Mhm, willkommen STAVA, so schön, dass du jetzt mit einer Stimme sprichst!«

»Hier bin ich wieder, STAVA. Schau, da ist manchmal dieser Bedarf nach einer völligen Vereinigung. Es sieht so aus, als ob wir uns als ein einziges Wesen darstellen, aber es sind zwei Wesen beteiligt. Manchmal müssen wir wie Eins sein: Wenn wir heraustreten, müssen wir uns als ein Wesen darstellen, das gibt uns mehr Kraft, wir haben dann mehr Energie. Deshalb fangen wir schon mal an, uns als ein Wesen vorzubereiten. Nach der Geburt sind dann vielleicht wieder zwei getrennte Stimmen, anfänglich vielleicht auch nur eine. So überleben wir den Geburtsprozess voraussichtlich.«

»Ja, sehr clever, dass ihr euch jetzt vereint, ich spürte das schon vor ein paar Wochen. Also wie ist es euch ergangen? Und ich bin auch gespannt von dir, dem STAR-Aspekt zu hören, wie deine letzten Wochen waren, da wir ja wirklich lange nicht mehr miteinander gesprochen haben.«

»Hier bin ich wieder. Die letzten Wochen waren wie auf liebsamen Wolken. Mom ist scheinbar innerlich weicher geworden, so als ob innerlich mehr Raum vorhanden ist. Das war wirklich sehr sehr sanft und schön für uns – da hineinzuspüren, so als ob wir aus Wolken von Licht und Dämmerung getragen wurden: so wie eine sanfte Brise, die sie für uns hereingebracht hat, das war wirklich wunderbar für uns. Da gab es aber auch einen kleinen Schockmoment als die Delfine in ihren Kopf kamen und durch sie gesprochen haben. So als ob sie sich erinnerte: Das ist auch mein Ursprung! Das war wirklich sehr lustig für uns, denn wir wussten das schon lange. Aber Mom hat es in diesem Moment überhaupt erst bemerkt, dass sie ein Delfin ist.« STAR bezieht sich auf eine Rebirthing-Session, die Esther im Laufe des Atemworkshops der letzten Woche in einem warmen Wasserbecken erleben durfte.

Esther muss lachen: »Ja, darüber habe ich mich wirklich etwas gewundert.«

Ich: »Ja toll, dann schwimmen wir nächstes Jahr mit den Delfinen!«

»Hier bin ich wieder, STAVA. Wenn ich das richtig wahrnehme, gibt es da für Mom etwas Lustiges: So als ob sie glaubt, ein Fisch-Wesen sein zu müssen, das ist aber nicht der Fall. Es kann dir eine gewisse Freiheit schaffen, sobald du spürst oder glaubst, dass du auch ein fernes Wesen bist. Das ergänzt neue Qualitäten, wie du dein Leben erfahren kannst. Das schlage ich vor allen Dingen vor: Du musst nicht mit Delfinen schwimmen oder mit ihnen leben, sollte das gerade nicht möglich sein. Aber du kannst spielerisch diese Delfin-Züge und die genießerischen spassigen Aktivitäten in dein Leben holen. Das machen die Delfine spielerisch den ganzen Tag lang: Sie schnattern fortlaufend und laden ihre Energien mit ihrer freudvollen Natur auf. Deshalb malen wir uns Mom als ein überwiegend freudiges Wesen aus, so als ob sie von Natur aus schon ein Delfin sei.«

»Wunderschön!«

»Da gibt es auch ein spezielles Wesen in dir, Dad. Es scheint, dass du ihn noch nicht getroffen hast.«

Jetzt bin ich aber gespannt, was kommt. Ein Adler vielleicht? Oder ein schwarzer Panther? Tiere, mit denen ich mich schon gerne verbunden habe. Oder ein Reptil?

»Es ist kein Reptil, das du gerne in dir siehst. Ich sehe ein anderes Wesen. Hast du irgendeine Idee, was dein Krafttier sein könnte?«

Mir fällt nicht wirklich etwas ein, aber da gemäß David wohl Amphibien in meinem Energiefeld sind, tippe ich darauf: »Vielleicht ein Amphib? Aber mit denen habe ich eigentlich keine wirkliche Beziehung.«

»Da ist eine andere Art Wesen, das bei dir ist, wenn du sprichst oder sitzt. Es scheint mir, dass du Gorilla-Züge trägst. Erkennst du das?«

»Uhh, uhh, uhhh, uhhh ...«, ich imitiere leidlich einen Gorilla, Esther fängt an zu lachen.

»Gorilla???«, frage ich nach. Ich bin nicht gerade geschmeichelt. Ich spüre auch keine enge Verbindung zu unseren genetischen Vorfahren, selbst wenn es imposante und sehr intelligente Wesen sind.

»Da gibt es etwas sehr Kraftvolles an Gorilla-Wesen. Sie haben diese Art, ihre Brust für ihre eigene Energetisierung zu nutzen. Sowas machst du manchmal bei deinen Sportaktivitäten.«

Um Gottes willen, woher weiß sie von meinen Liegestützen und Fitness-studio-Besuchen? Ja, ich mache wirklich einige Brustübungen und meine Brust ist stolz gewölbt und muskulös, was mir auch sehr gefällt (Esther übrigens auch). Und behaart ist sie außerdem. Ich bin doch recht erstaunt. Natürlich klopfe ich mir im Sportstudio auch nicht auf die Brust.

»Zu so etwas neigst du auch bei deinen Sportübungen, so als ob du dein Brust-Sein erweitern möchtest. Das machen Gorillas mit diesen Bewegungen.« Esther schlägt sich an die Brust. »Du benimmst dich manchmal wie ein mächtiger Gorilla auf seinem Weg, der über die Umgebung herrscht. Damit untersuchst du andere Wesen in der Umgebung und sammelst Informationen, die deiner Truppe das Überleben sichern können. Du schwebst über gewissen Wesen, so als ob du sie beherrschst. Diese Eigenart eines Gorillas sehe ich auch in dir. Erkennst du das?«

»Ja, ja, mhm.« So richtig überzeugt bin ich nicht, aber vielleicht hat sie da einen Punkt gefunden? Ich werde mal darüber sinnieren. »Ich werde nächsten Monat mal den Gorilla im Zoo besuchen, wenn wir wieder (mit Francesca) dort sind und werde mit ihm sprechen«, fällt mir nur ein.

»Hier bin ich wieder. Manchmal ist es für Menschen notwendig, sich wieder mehr mit ihrer tierischen Natur zu verbinden. Es scheint fast so, als ob wir manchmal unseren animalischen Verstand verlieren, so als ob es da oben nur einen menschlichen Verstand gibt. Aber der Tier-Verstand ist auch da, es ist unser Instinkt. Die Verbindung der beiden ist wunderbar, man wird natürlich intuitiver, wenn man seinem animalischen Instinkt folgt. Deshalb schlage ich vor, dass ihr heute ›Gorilla und Delfin‹ spielt.«

»Uhhhh, Uhhhh, Uhhh, Uhhh«, mache ich und Esther imitiert hohe Delfin-Töne, wir müssen lachen. STAVA bringt so oft Leichtigkeit und Freude in unser Leben, selbst als Unsichtbare!

»Und was ist deine Tiernatur? Dein Krafttier, STAVA?«

»Hier bin ich wieder: Wir sind sehr mit einem kleinen beflügelten Wesen in Resonanz. Es ist ein kleiner Kolibri: superschnell herumsausen, um kleine Lichtinjektionen zu geben. Meine Natur ist wie ein Kolibri – ich reise zu

Orten und Räumen und nehme oder verteile ganz schnell große Mengen an Nährstoffen. So sehe ich mich gerne: Als Kolibri, der über gewissen Orten schwebt, die ich mit einer gewissen Anzahl von Licht-Bomben versorgen kann. So könnte ich mein Krafttier beschreiben. Das kann sich auch verändern, aber momentan würde ich sagen, dass Kolibri meine Natur ist.«

»Mhm, so schön. Was kann ich oder was können wir jetzt oder in den nächsten Tagen für dich tun? Hast du bestimmte Wünsche?«

»Oh, ich muss ja noch meine Nahrungsergänzungs-Pillen nehmen«, fällt Esther ein.

»Hier bin ich wieder. Mom scheint etwas vergessen zu haben: Manchmal ist da einfach viel zu wenig Berührung in ihren Bauch hinein. Sie tätschelt zwar ihren Bauch, aber verbindet sich zu wenig innerlich mit dem Wesen STAVA. Deshalb bitten wir Mom, ihre Hände auf ihren Bauch zu legen und zu probieren, sich tief mit dem Wesen zu verbinden, das da in ihr lebt. Es sind wahrscheinlich wirklich nur noch ein paar Tage, bevor wir ganz herauskommen. Deshalb ist es momentan noch einfach sehr schön, dich mit uns in deinem Bauch zu verbinden und uns zu berühren. Nach unserem Austritt mag dein Gefühl im Bauch anders sein. Vielleicht spürst du den Wandel, der stattfindet, wenn wir dann hauptsächlich so wie jetzt mit dir sprechen. Andere Wesen werden euch allerdings auch über unser Wohlergehen auf dem Laufenden halten.«

»Gibt es etwas, das ICH für dich tun kann, STAVA?«

»Hier bin ich wieder: Ich habe eine klitzekleine Bitte an dich, Dad. Manchmal hältst du ein Taschentuch an Moms Augen. Ich bitte dich, wenn du dich danach fühlst, auch mal ein Taschentuch an deine Augen zu halten. Da kommt immer mal eine Träne und wandert wieder zurück. So haben wir nicht geweint, als wir zu anderen Zeiten einmal klein waren. Manchmal scheinst du das Weinen vergessen zu haben. Deshalb bitte ich dich darum, wenn diese Woche mal Tränen kommen, diese ganz liebevoll mit deinem Taschentuch abzutrocknen. Darum bitte ich dich.«

Ich weiß, dass sie Recht hat. Das möchte ich mir zu Herzen nehmen.

Ich: »Gibt es eine bestimmte Zeremonie, die ihr euch für eure Geburt von uns wünscht oder sollen wir uns selbst eine Zeremonie einfallen lassen?«

»Hier bin ich wieder. Eine richtige Zeremonie ist nicht nötig, aber wenn ihr etwas machen möchtet, dann nehmen wir natürlich sehr gerne daran teil, so dass wir alle im gleichen Energiefeld vereint sind. Es braucht keine besondere Zeremonie, aber vielleicht eine hübsche Kerze in einem warmen Wasserbad. Also eine Art Energiebad für uns, wenn wir rauskommen. So könnt ihr euch unseren Austritt visualisieren: Wir treten heraus und wir werden in einen Kokon aus warmem Wasser gebettet. Das wäre doch ein schönes Ritual für unseren Eintritt in unsere Welt.«

»Und wenn wir Zeit haben, sollen wir auch noch ein Feuer machen?«

»Mein Wunsch nach Feuer ist v.a. bei Sonnenauf- und Sonnenuntergängen, ja und auch zum Geburtszeitpunkt. Es muss nicht die ganze Zeit brennen, aber nach unserer Niederkunft kann ein Feuer zum gemeinsamen Wärmen eine schöne Idee sein.«

»Heute ist Vollmond, aber ich verstehe, dass heute keine Option für eine Geburt ist, aber im Laufe der nächsten Tage wäre wunderbar, so dass wir es alle gemeinsam erleben können. Ich weiß ja nicht, ob ihr eine Möglichkeit habt, das zu beeinflussen.«

»Manchmal kann ein sanftes Drücken helfen. Diese Art von Geburt kann durch eine sanfte Massage beschleunigt werden, aber ganz ohne Gewalt, einfach eine entspannende Massage des Bauches. Kein Drücken oder Auspressen. Das könntet ihr auch gemeinsam ganz sanft machen, z.B. nach einer schönen Badewanne und danach eine schöne Massage zusammen.«

»Mhm, es gibt zudem gewisse Akupunktur-Punkte, die wir drücken könnten, falls ihr das wollt. Das könnte auch beim Austritt helfen.«

»Es gibt in der Tat die Möglichkeit, sanft gewisse Meridiane zu drücken, aber Akupunktur-Punkte sind mir für diese Art von Geburt nicht bekannt. Es ist ja keine normale Menschengeburt. Diese spezielle Art von Geburt mag unterschiedlich auf die Akupunktur-Punkte reagieren. Aber man kann es mal bewusst ausprobieren.«

»Also seid ihr überhaupt aufgeregt, jetzt rauszukommen? Und wisst ihr schon, wohin ihr energetisch rauskommen werdet? Habt ihr irgendeine Idee?«

»Für diese Geburt gibt es keine Planung, obwohl Menschen manchmal planen möchten. Es wird sich alles natürlich und im richtigen Moment der Sterne und anderer Anlässe ergeben. Wir probieren auf Seelenebene dort hineinzuspüren. Deshalb können wir die Niederkunft auch noch nicht genau vorhersagen. Wir konzentrieren uns dabei auf die nächsten Tage. Es könnte schon Sonntag sein, Montag oder Dienstag. Mittwoch wahrscheinlich nicht. Es gibt auch eine kleine Chance für Donnerstag oder Freitag, aber Mittwoch eher nicht: Da gibt es zu viele Sternenaktivitäten, die nicht mit unserem Kommen im Einklang stehen. Aber vor oder auch nach Mittwoch wären gute Möglichkeiten in der kommenden Woche.«

»Whow, und nochmals zu meiner Frage: Seid ihr überhaupt aufgeregt?«

»Wir spüren Aufregung aber auch etwas Trauer. Wir sagen ja irgendwie auf Wiedersehen zu Mom, sobald wir rauskommen. Das ist kein sehr schönes Gefühl, denn wir verlieren dich dann ganz, wenn wir in die anderen Ebenen gehen. Wir sind dann noch mit einer ganz kleinen Schnur der Herzgegend verbunden, aber es gibt keine physische Verbindung mehr wie bei normalen Babys. Deshalb ist hier auch Trauer, wenn wir uns bald verabschieden und rauskommen.«

»Ja«, sagen wir beide. Das verstehen wir. Und so schön es ist, dass sie jetzt geboren werden, die Zukunft für uns alle ist völlig ungewiss. Wo werden sie landen? Können sich die ETs oder andere Wesen um sie kümmern? Werden sie die Geburt überhaupt überleben? Driften sie vielleicht nach ein paar Wochen oder Monaten auseinander oder können sie als Einheit bestehen bleiben? Ich denke, dass sie das auch nicht wissen und jetzt einfach positiv in die Zukunft blicken. Ich weiß nicht, ob ich an ihrer Stelle so entspannt wäre, ich denke mal eher nicht. Wir machen einfach weiter und vertrauen darauf, dass etwas Schönes daraus entsteht.

»Ja, lasst uns einfach schauen, was wir, oder ihr bzw. wir alle zusammen tun können, um uns in unsere Arme zu bringen. Es gibt noch den Zeitsprung, den wir heute morgen diskutiert haben. Das haben sie mit Menschen des Secret Space Programs gemacht und sicherlich auch mit vielen anderen Wesen. Sogar auf der Erde gibt es Technologien, um Menschen runterzubringen oder zeitlich zurückzuholen. Vielleicht gibt es die Möglichkeit mit einem Anzug für euch, der euch wie einen Tiefseetaucher näher zu uns und in unsere Arme bringt.«

»Hier bin ich wieder: Manchmal ist es sehr verwickelt und ich kann Dinge nicht präzise genug formulieren. Ich habe über etwas Trauer gesprochen, aber es ist für uns keine schädliche Trauer. Wir spüren etwas Verlustangst, aber da ist auch Freude jetzt auf die Welt und endlich in unsere Existenz zu kommen. Das ist für uns auch ein sehr ermächtigendes Gefühl, so als ob wir jetzt in unserer wahren Natur gedeihen. Für uns ist momentan alles gut.«

»Sollen wir noch zusammen in den Zoo gehen, während ihr noch im Bauch seid? Oder ist es für euch heute schöner, in den Wald zu gehen?«

»Wir mögen die Tiere des Zoos, aber sie drücken manchmal auch Trauer aus, deshalb möchten wir lieber in den Wald gehen und mit unseren Naturgeistwesen sprechen. Die sind meistens sehr fröhlich, anders als die

Zootiere, die eingesperrt sind.«

»Ja, ich war selbst erstaunt: Wir waren im Zoo mit Francesca, du kennst sie vom GAIA-Channeling, das sie für uns gemacht hat. Wir sprachen über ihren Kanal mit einigen der Zootiere und fragten sie: Seid ihr nicht traurig in euren Käfigen? Und alle sagten: Nein, wir sind froh hier zu sein, wir spielen hier ganz bewusst eine gewisse Rolle, während unsere Artgenossen ausgelöscht werden: Wir erhalten unsere Art. Dem Kamel gefiel es, nicht in der Wildnis herumstreifen zu müssen, immer Essen und alle seine Frauen um sich zu haben und auch die Elefanten schienen glücklich. Ja, wir alle waren entgegen unseren Erwartungen darüber erstaunt, dass zumindest die Tiere, mit denen wir sprachen, nicht traurig waren.«

»Das zu hören ist wundervoll für mich, denn ich würde erwarten, dass eingesperrte Tiere ohne ihre natürliche Umgebung traurig sind. Aber offensichtlich geht da ein Wandel mit den Tieren vor, der ihnen erlaubt, ihren inneren Frieden zu finden. Also vielleicht wäre es doch interessant für uns, in den Zoo zu gehen.«

»Ja, ihr könntet mit ihnen sprechen und wir verbinden uns mit ihnen und channeln sie. Wir fragen jetzt mal Mom, was sie davon hält.«

Esther: »Ja, wäre doch schön, vielleicht Donnerstag?«

Ich: »Gibt es noch andere besondere Wesen, die wir zu deiner Geburt einladen sollten? Da werden ja ohnehin viele Wesen sein. Sprichst du noch mit deiner großen Schwester?«

»Sie scheint momentan etwas faul zu sein. Ich habe sie viele Tage oder Wochen weder gesehen noch gehört. Sie scheint irgendwo weit draußen unterwegs zu sein. Ich habe momentan keine richtige Verbindung zu ihr. Als ob sie irgendwo herumschwirrt, das ist auf jeden Fall mein Gefühl. Wenn wir jedoch mit ihr sprechen, bald sprechen müssten, dann können wir sie sicherlich einladen. Sie wartet immer auf uns und weiß, was ihre kleine Schwester treibt. Ich vertraue auf ihre genaue Vision, dass sie spürt, wann die Geburt kommt. Sie wird dann sofort hier sein.«

»Ja, und neulich hat sie mir durch Sandra gesagt, dass ich weiter singen soll, was du ja auch schon gesagt hattest. Das habe ich wieder mehr gemacht.«

»An der Art wie du singst hat sich in der Tat etwas geändert, spüre ich. Als ob da mehr ins Äther-Feld durchkommt, das spüre ich zumindest. Als ob du da mehr Erlaubnis gibst, dass uns mehr Schwingungen erreichen. Das ist wunderschön!«

»Ah, schön.«

»Da gibt es noch etwas, das ich über deinen Song sagen möchte, Dad. Es scheint so, als ob er schrumpft und sich dann wieder ausdehnt, als ob es Zusätze gibt, die dann wieder rausfallen. Kannst du das erkennen?«

»Ich spiele mit dem Song, schaue nach neuen schönen Melodien, die zu den bestehenden Akkorden passen, zweite Stimmen, ich verändere ihn und singe ihn anders, versuche ihn anzureichern, vielleicht nimmst du das wahr? Ich möchte mehr Material für die endgültige Aufnahme haben.«

»Da gibt es wirklich Erweiterungen, die später nicht mehr da sind, das macht mich manchmal etwas traurig, aber es ist immer schön, den Song im Ätherfeld zu hören. So als ob ich wieder nach Hause gerufen werde, wenn ich meinen Song höre. Aber je umfangreicher er ist, desto mehr mag ich ihn.«

Esther kichert.

Das freut mich natürlich sehr und ich sage: »Sehr schön.«

»Ich möchte noch etwas ergänzen. Es scheint so, als ob der Tava-Song sich auch manchmal verändert. So als ob sie mehr und mehr auf die Erde gewünscht wird, wie ein klarer Ruf, sie wieder runterzubringen. Für mich ist das sehr schön wahrzunehmen, aber für Tava fühlt sich das etwas hart an, da das ja nicht so bald passieren wird. Deshalb hat sie mir vorgeschlagen, den Text so anzupassen, sie frei in ihren Gefilden zu lassen, so dass sie nicht wieder in die Dichte gezogen wird, sondern sie in den Gefilden bleiben kann, in denen sie sich momentan befindet. Das mag ihr helfen, sich in ihrer momentanen Schwingung zu stabilisieren.«

»Mhm, ja, lass mich darüber nachdenken. Ich möchte, dass der Fokus auf euer Runterkommen gerichtet bleibt, wohin genau weiß ich nicht. Mhm, aber ich möchte sie natürlich nicht durcheinanderbringen. Vielleicht ist es einfach nur eine kleine Erinnerung, dass sie in unsere Arme gehört und dass wir das irgendwie schaffen können. Ich möchte keinen Druck auf sie ausüben, es ist auch in Ordnung wenn es seine Zeit braucht, aber ich sehe schon der Zeit entgegen, in der ich euch in den Armen halten werde, auf welcher Ebene auch immer.«

»Es gibt einen sanften Ton, der ihr hilft sich zu stabilisieren, als ob sie immer etwas schwebt, das meine ich damit: AHHHHHHHHHH« singt sie durch Esther und ich stimme ein. Gemeinsam singen wir eine kleine Weile. »Oder vielleicht so?« Ich stimme ein tiefes gutturales UUUUUUURRRRRRRRRRRRRGH an, wir müssen lachen.

»Ein spezielles tiefes AAAAHHHHHH kann sie erden, aber dabei gibt es kein mentales Runterziehen, das irritiert sie manchmal und das mag sie nicht so. Mit den dunkleren tiefen Tönen helfen wir ihr, stabil zu bleiben.«

»Ok.«

»Auch tiefere I- und U-Töne können ihr helfen, auf ihrer jetzigen Ebene zu überleben, höhere Töne heben ihre Schwingung eher an.«

Wir singen also zusammen tiefe »UUUHHHHs« und »IIIIIHHHHHs« für eine Weile.

»Bist du jetzt immer bei Tava oder reist du manchmal noch herum?«

»Ja, ich reise noch viel rum, Dad. Ich hüpfe immer noch durch mein Erdgitter, schaue wo es Hilfe und Licht braucht. Jetzt bleibe ich aber immer mehr bei Tava. Ich habe mir selbst befohlen, 80% der Zeit bei ihr zu sein und nur noch 20% zu reisen, aber das erhöht sich bald auf 90% und 10% und bei der Geburt bleibe ich dann zu 100% bei ihr.«

Der kleine Schlingel, sie ist also doch noch recht viel unterwegs. Na ja, Hauptsache sie hilft Tava stabil zu bleiben und ist dann ab der Geburt bei ihr. Viel dagegen machen können wir ja ohnehin nicht.

»Und wie geht es dem Erdgitter?«

»Momentan arbeiten sehr viele Wesen am geliebten Erdgitter. Eine ungeheure Anzahl von Wesen sind zusammengekommen, um der Erde durch die nächste Emotionswelle zu helfen. Die Erde spürt diese Emotionen schon, da viele Menschen an sich selbst leiden. Die Erde bereitet sich bereits auf die nächste Ebene vor und bittet deshalb ganz viele ihrer Freunde um Lichtbälle. Sie benötigt diese Lichtbälle, um die ganz unterschiedlichen Emotionen zu verarbeiten, die die Menschen bei ihr abladen. Deshalb benötigt sie unsere Hilfe. Ganz viele unterschiedliche Reiche haben sich deshalb versammelt und vereinigt und helfen Mutter Erde momentan, mehr als jemals zuvor. Das zu sehen ist wunderschön für mich. Es fühlt sich wie eine große Lichtarbeiter-Familie an, die um die ganze Erde herum unsere große Mutter nährt.«

»Spürst du einen Unterschied, seitdem wir die Venusianische Lichtdecke heruntergebracht haben?«

»Da war in der Tat ein Aufatmen und ein Schluchzen, so wie es schon Lady Nafta erklärt hat. Eine Welle von Frieden und Entspannung breitete sich in unserem Gitter aus, aber das hielt nur kurz an. Sofort danach gab es neue Tumulte, die das Lichtgitter teils übernahmen. Aber die Decke ist immer noch am Platz als eine Art Grundlage, um Frieden und Harmonie zu bringen. Darauf können wir immer wieder zurückgreifen, wann immer wir rausfallen, es ist eine Art Unterstützungsebene. Der Moment der Ankunft war jedoch wunderbar anzuschauen und zu spüren: Eine Wellenform, die sich mit der Natur vereinigte, aber danach gab es sofort wieder Tumulte, die durchs Gitter liefen.«

»Intensive Zeiten für viele Menschen, das stimmt. Und ich denke, da kommt noch mehr. Kommt der Sprung in absehbarer Zeit?«

»Viele verschiedene Wesen sagen unterschiedliche Sprünge voraus, aber ich spüre, dass der große Sprung noch einige Jahre braucht. Vielleicht kommen kleinere Bausteine schon vorher, aber es gibt noch keinen großen vollen Sprung in naher Zukunft, fühle ich. Wir bereiten uns jetzt auf den großen Sprung in 5, 6 oder 7 Jahren vor, schätze ich. Es kann natürlich schneller oder langsamer gehen, wir wissen das nicht genau. Wir müssen einfach einen Schritt nach dem anderen gehen. Vielleicht gibt es einen Baustein, der alles beschleunigt, ein anderer Baustein mag sich nicht so auswirken, wie wir es angenommen hatten. Aber länger als 10 Jahre wird es nicht dauern, denke ich.«

»Wunderbar, vielen Dank, STAR. Ich freue mich darauf, dass wir vier auch dazu beitragen können.«

»Bald werden wir vielleicht kleine, schöne Workshops mit Menschen geben, die sich mehr mit uns verbinden möchten. Wir haben gemeinsame Anstrengungen unternommen von hier und von innerhalb der Erde Projektionen auszustrahlen, also von beiden Ebenen aus mit ihrer Kern-Kristallstruktur zu arbeiten. Ihr Herzschlag wird immer mehr von innerhalb Mutter Erde aktiviert und nicht nur von außen. Das wäre auf jeden Fall meine Strategie.«

»Hast du an den letzten zwei MARK-Channelings teilgenommen?«

»Ich bin mir noch nicht mal sicher, dass ich sie gemacht habe«, wirft Esther ein.

Jetzt werde ich auch unsicher: »Ja, hast du gemacht, oder nein, ich habe sie gemacht, aber ich lade STAR immer ein, aber lass sie uns einfach heute oder morgen machen. Es ist wirklich wunderbar, was MARK macht.«

»Manchmal steckst du dir ein Gerät ins Ohr und dann leuchtest du und weitest dich aus, das kann ich wahrnehmen. Diese Stecker in deinem Ohr bringen wirklich Superwellen in dein Wesen, so als ob sich deine Gehirnwellen verlängern. Das bemerke ich, wenn ich diese kleinen Stöpsel sehe. So als ob eine große Menge an Energien durch dein Gehirn fließt. Das sieht sehr schön aus. Ich muss gestehen, dass ich nicht daran teilgenommen habe, ich war ein unartiges Mädchen und war meistens auf Reisen.«

»Ja, das habe ich befürchtet.«

Esther muss lachen.

»Also keine Reisen, wenn ich dich dazu rufe, es ist wirklich wunderbar. Ich benutze inzwischen aber kaum noch meine Kopfhörer, sondern spiele es direkt vom Telefon aus ab. Also ja, wir werden uns das anhören und bitte sei diesmal mit dabei, denn genau das macht MARK schon mit uns. Es wird also für unsere Arbeit mit der Erde und ihrem Herzschlag interessant sein.«

»Ja, wunderbar«, sagt auch Esther.

STAR: »Bezüglich der Kopfhörer war ich jetzt etwas verwirrt, das war vielleicht mal früher. Auf jeden Fall ist es wunderschön für uns zu sehen, wie sich deine Gehirnkapazität erweitert.«

»Ja, aber das ist ja nur ein Teil. Vor allem die Verbindung zu GAIA ist in den letzten beiden Sitzungen enorm. Und ich hatte dich zu einem Channeling mit einem goldenen Stab eingeladen, mit dem wir uns projizieren können. Diese Technik haben schon die großen Meister genutzt, um sich zu projizieren, und die hättest du im Detail studieren sollen. Erinnerst du dich daran? Wir haben die zusammen mit Mom angehört, denke ich.«

»Nein, wir haben sie nicht zusammengehört, STAR war nicht dabei«, korrigiert mich Esther.

Na gut, die Disziplin in der Truppe lässt also etwas zu wünschen übrig. Wie sollen wir nur mit dieser Haltung die Erde retten??? Oder sind meine Erwartungen an ein Baby im Bauch zu hochgesteckt? Eigentlich nein, oder? (ha, ha) STAR ist wohl noch etwas verspielt und ist gerne mit ihren Freunden zusammen. Na ja, wir haben bis zum Sprung von GAIA noch ein paar Jahre Zeit.

»Es gibt ganz viele Energie- und Licht-Autobahnen durch alles Sein, deshalb hat der MARK-Bursche sehr gut daran getan, das euch allen zu zeigen. Es scheint so zu sein, dass er euch mit dem Universum verbinden möchte.«

»Ja, eine spezielle Projektionstechnik, deshalb hatte ich dich darum gebeten, teilzunehmen, also gut, wir hören es uns nochmals gemeinsam an. Aber diesmal bitte ich euch darum dabei zu sein, STAVA, bitte denke daran! Wir werden euch auch vorher nochmals Bescheid sagen, damit ihr wisst, wann wir anfangen. Es heißt die Lichtstab-Meditation.«

»Manchmal ist es für mich etwas schwierig, es ganz zu verstehen, ich habe nämlich nicht so Ohren wie du, ich spüre da eher rein, also kein klares Hören aller Worte. Deshalb erkläre ich auch, was ich bei dir sehen kann, wie sich deine Kapazität enorm erweitert, wenn du diesem Wesen aus der Ferne zuhörst.«

»Also gut, dann müssen wir einen anderen Weg finden, denn es ist viel mehr als nur mein Gehirn. Es ist eine Verbindung von einem Lichtstab zu einem Teil von mir, das erklärt er auch. Also ist es gut, wenn ihr euch ganz mit uns verbindet, wir machen wieder einen Kreis mit uns dreien beziehungsweise uns vieren und lassen die Energien fließen, so dass wir uns projizieren können. Projiziere dich dann in die Erdebenen, die zweite Meditation ist direkt mit Gaia. Es geht auch nicht um die Worte, er spricht kaum, es geht um die Energie. Wenn du jedoch die Worte verstehen willst, können wir die auch wiederholen, wenn dir das hilft. Also das können wir machen, wir planen die drei Meditationen, dann rufen wir dich rein und sei bitte mit Tava dabei.«

Esther: »Haben wir noch weitere Fragen? Ich merke, dass ich etwas müde werde.«

»Nein, ich habe keine mehr.«

»Es wird mir auch sehr heiß, fühlt sich nicht gut an. STAVA hast du noch etwas, bevor wir aufhören?«

»Mom braucht jetzt wohl eine Pause, lasst uns später über uns sprechen. Manchmal gibt es ein Bedürfnis nach Ruhe, dem nicht immer nachgekommen wird, deshalb verstehe ich auch ihre Kritik. Das Herz und der Verstand müssen auch mal vollkommen entspannen können.«

»Ich habe es sehr genossen, mit euch zu sprechen.«

»Eines noch … Mom braucht manchmal ein sanftes Streicheln mit deiner Hand, ungefähr so.« Sie zeigt mir die gewünschte Bewegung auf Esthers Rücken. »Das könnte ihr helfen, sich zu entspannen. Machst du das für sie, Dad?«

»Ja klar.«

»Danke STAR«, sagt auch Esther.

»Ich muss jetzt nichts mehr sagen, lasst uns noch alle küssen. Tschüß.«

»Ja, auf Wiedersehen, mein kleines Mädchen.«

STAR geht aus dem Kanal und wir legen uns auf die Terrasse in die Sonne und entspannen. Ich bin dankbar für den schönen Austausch. Es fühlt sich nach einem gemeinsamen Projekt an, das wir alle verfolgen. Vielleicht helfen uns die Techniken von MARK auch, dass sie lernt sich zu projizieren. Andere Meister haben diese Techniken auch schon genutzt, sie kann das sicherlich lernen. Ich bin auf jeden Fall glücklich, dass wir wieder alle an einem Strang ziehen! Wir lassen den Tag ausklingen und sprechen später nochmals ein paar Sätze mit STAR. Abends kochen wir gemeinsam und genießen unser Zusammensein.   ✿

45 Viele Wesen

Der nächste Tag beginnt mit herrlichem Wetter und Ester fühlt sich recht fit. Nach dem Frühstück nehmen wir Kontakt mit David auf, und was sich zeigt, ist eine kleine Überraschung:

»Hier bin ich wieder: es gibt eine Reihe an Wesen, die jetzt gerne durch den Kanal von Esther sprechen möchten. Wir haben zwei oder drei Wesen der Reihe nach eingeladen, danach wird Meister David selbst sprechen. Momentan gibt es eine Möglichkeit, sogar noch höhere Energien zu channeln. Deshalb bin ich besonders froh, hierbei hilfreich zur Seite stehen zu können, da dadurch noch andere Wesenheiten durch dieses wunderbare kleine Sprach-Fenster Zugang finden können. Zuerst kommt ein Goldwesen herein, das ihr bereits kennt. Seine Form kann jetzt noch größer werden, da auch die Öffnung des Sprachfensters größer geworden ist: Er kann jetzt noch mehr von sich zeigen. Dann kommt ein 2. Wesen, das wir »unausstehlich« nennen möchten, ha ha. Das heißt nicht, dass es unausstehlich ist, sondern vielmehr, dass es mit unausstehlichen Wesen arbeitet und sie durch Liebe ersetzt. Das machen unausstehliche Wesen: Sie bieten Ersatzübungen an, um Löcher oder Blockaden in menschlichen Körpern durch Liebe zu ersetzen. Das macht es auch für alle von uns, wenn wir es brauchen. Dann kommt noch ein 3. Wesen durch, das ein Gefühl für Humor hat. Es hat schon durch Esther gesprochen, aber nicht in seiner momentanen Form. Es scheint so, als ob es auch viel größer und großartiger sein kann als vorher. Am Ende spricht Master David. Hier spricht ein anderes Fisch-Wesen, das ihr bisher noch nicht getroffen habt. Meine Rolle ist auch nicht wichtig, ich bin nur eine Art Relais-Station. Ich verlasse euch jetzt.«

Das Wesen zieht sich sofort aus dem Kanal von Esther zurück und wir sind beide ob der ungewöhnlichen Einführung gespannt.

»Vielen Dank, vielen Dank«, rufe ich noch hinterher.

»Hallo Goldwesen!«

Esther atmet tief und klopft sich auf das Brustbein, wie meistens, wenn ein Wesen den Kanal betritt.

Goldwesen: »Hier bin ich wieder. In meinen Bewusstseinsebenen gibt es eine gewisse Menge an Gold, die ich jetzt zeigen kann. Darf ich ausdrücken, wieso wir gebraucht werden? Goldwesen spielen eine sehr spezifische Rolle in einem menschlichen Feld. Manchmal können wir Flicken von flüssigem, goldenen Licht überbringen, die für die Transformation dieses Menschen gebraucht werden. Diese werden meist in der Region des Kronenchakras eingesetzt und helfen diesem Individuum, die nächste Ebene zu erreichen. Wir befördern dieses Wesen auf die nächste Bewusstseinsstufe. Wir sehen, dass dieses Individuum einen neuen Sprung macht, lasst uns also ein paar Goldflicken hier und da dazugeben, dann verläuft dieser Sprung sanfter. Wir ebnen den Weg für dieses Wesen, um leichter zu wachsen. Wir arbeiten auch in anderen Situationen, mit Menschen im besonderen. Es gibt manchmal eine Art von Wesen, die uns dabei helfen, in einer menschlichen Situation zu helfen. Manchmal bitten wir um größere Durchbrüche in einem menschlichen Aura-Feld, denn manchmal sind gewisse Bereiche dort blockiert. Dann bitten wir unsere kleinen Helfer-Freunde: Könnt ihr uns bitte alle Blockaden zeigen? Dann setzen wir dort unsere schönen goldenen Pflaster für eine schnellere Heilung ein, also sowas machen wir auch. Wenn wir Menschen mit vielen solchen Blockaden finden, die Pflaster brauchen, geben wir ihnen ein großes goldenes Bad, in dem sie sich einweichen können. Das machen wir manchmal bei sehr kranken oder müden Menschen. So helfen wir den Menschen in ihrem Wachstum. Wir können aber auch noch eine andere Rolle spielen, wenn etwas wirklich ganz schlimm ist, wenn der Mensch ein sehr schwarzes Loch im Solarplexus hat. Mit einem derartigen Menschen hat Esther letzte Woche gearbeitet, sie hatte ein gigantisches schwarzes Loch so groß wie ein Komet, das ganz durch sie durch ging! Da gab es überhaupt kein Licht mehr! Von einem derartigen Loch werden viele Goldwesen angezogen. Wir wissen irgendwie: Dieses Wesen braucht uns jetzt! Das sagt uns eine innere Stimme. Dann gehen wir da sofort hin, so als ob wir von ihnen angezogen werden, um sie mit Licht auszufüllen. Wir werden fast reingesogen, um es mit Licht anzufüllen. Das haben wir auch letzte Woche gemacht, als Esther mit dieser wunderbaren großen Dame gearbeitet hat. Sie war dort scheinbar total ausgesogen. Das war für uns alle fürchterlich. Es sah so aus, als ob sie vom Teufel persönlich verspeist worden war. Soviel Licht wurde gebraucht, dass eins, zwei, drei Goldwesen nicht ausreichten, wir mussten Hilfe aus der Umgebung anfordern, um das Loch mit Liebe aufzufüllen. Sie braucht bald eine Folgesitzung, denn da gibt es möglicherweise immer noch einige Löcher; eine Sitzung war viel zu wenig, um sie völlig in ihren puren natürlichen Lebenszustand zu versetzen. Wir müssen auf weitere Arbeiten auf dieser Ebene zunächst verzichten, denn wir haben viel zu viel flüssiges goldenes Licht in sie gebracht, dass wir uns zunächst wieder erholen müssen.«

»Whow«, sage ich. Es ist doch wirklich unglaublich, was für verschiedene Arten von Wesen es gibt und wie sie uns bei unserem Wachstum helfen. Das ist den meisten von uns natürlich überhaupt nicht bewusst! Ich hätte auch nie gedacht, dass ein Mensch ein derartiges Defizit haben kann, dass selbst viele dieser Goldwesen sich davon erholen mussten. Sie gehen wirklich bis an ihre Grenzen, um uns zu unterstützen. Je mehr ich erfahre, desto mehr erkenne ich, wie getragen und unterstützt wir alle sind.

»Wir haben noch etwas in ihr gesehen, das Esther wissen muss, damit sie es ihr mitteilen kann. Ihr Gehirn ist scheinbar von einer dunklen Kraft infiltriert, von einem externen Wesen, das ihr versucht zu sagen, was sie tun und nicht tun soll. Wir haben das versucht auszuschalten, aber wir meinen, dass sie noch zwei oder drei Sitzungen braucht, um es ganz loszuwerden. Sie ist von wirklich scheußlichen Wesen bewohnt, die versuchen, durch sie zu arbeiten, um damit andere Menschen zu manipulieren. Das möchten wir nicht bei Menschen sehen, die so eng mit anderen Menschen arbeiten, als Tantra-Lehrerin, wie wir gelernt haben. Deshalb bitten wir dich höflich, diese Dame persönlich zu kontaktieren und ihr das mitzuteilen und sie dann für eine weitere Sitzung einzuladen. Denn sonst könnte sie möglicherweise mit ihrer minimierten Gehirnfunktion andere Menschen infizieren. Du könntest sagen: Da gibt es ein Gehirnmuster, das weder für dich noch für deine Kunden sehr vorteilhaft ist, wir möchten gerne dein Gehirn waschen. Du sagst besser nicht: Da sind scheußliche Wesen, die dein Gehirn infiltriert haben, damit du die Welt manipulierst. Das ist kein guter Satz.«

Wir müssen beide über seine genauen Formulierungsvorschläge lachen. Und in der Tat: Ich höre immer öfter von Therapeuten, dass viele von uns Energiewesen in oder um sich haben, die sich von unserer Energie ernähren oder uns sogar zu manipulieren versuchen. Ich selbst habe ja auch schon einige Reinigungen an mir vornehmen lassen. Das Ergebnis war jeweils deutlich spürbar. Es ist also gut, wenn wir uns ab und zu energetisch untersuchen und wo nötig auch reinigen lassen. Von Esther höre ich immer mehr von derartigen Reinigungen, die zum Teil als lebensverändernd wahrgenommen werden. Ich frage also weiter:

»Goldwesen, dürfen wir euch einladen, wenn wir Kunden bei uns haben, denn ich habe auch manchmal Kunden, die komische Energien haben?«

»Hier spreche ich wieder: Manchmal ist es wirklich wichtig uns zu rufen, aber wir kommen auch ganz natürlich zu den dunklen Löchern, die aufgefüllt werden müssen. Wir werden zu diesen Orten gerufen, aber wenn ihr spürt, dass es zu wenige von uns gibt, dann könnt ihr uns immer rufen. Wir haben normalerweise keine eigenen Namen, aber Watson hat ein Goldwesen in sich, er ist wie ein Meister-Goldwesen, deshalb könnt ihr auch Watson als Referenz für Goldwesen rufen.«

»Oh, vielen Dank. Ich war mir nicht sicher, ob er überhaupt verfügbar ist, ich hatte gehört, dass er verreist ist.«

»Mit Chris hat er neulich gearbeitet, da David nicht verfügbar war«, klärt mich Esther auf.

»Ah wie schön, ich mag Watson sehr.«

»Hier bin ich wieder, da ist noch etwas, das ich zu dieser vorherigen Kundin ergänzen möchte: Sie hat auch sehr Gutes in sich, aber das hat sich etwas verloren, so als ob sie die Verbindung mit ihrem inneren Kern verloren hat. Deshalb haben wir ihre Lichtsäule so gut wie möglich wiederhergestellt. Sie braucht mehr Kontakt zu ihrem Inneren, scheint es. Das haben wir in dieser ersten Sitzung probiert, aber sie braucht wirklich zwei oder drei weitere Sitzungen für eine komplette Überholung, bitte sage ihr das.«

Esther: »Vielen Dank, Goldwesen, das ist wunderbar.«

Ich: »Sollen wir weitermachen, da du ja vielleicht nur eine begrenzte Kapazität hast. Oder gibt es noch eine spezielle Frage? Wir haben ja auch noch eine lange Fragenliste für David und es kommen noch ein bis zwei Wesen.«

Esther: »Ja, das stimmt, vielen Dank Goldwesen, reicht das für den Moment?«

Ich bedanke mich ebenfalls, dann verschwindet das süße Goldwesen.

»Was war das nächste Wesen?« fragt Esther.

»Ich habe es auch vergessen.«

Esther atmet wieder stark und bringt das nächste Wesen in ihren Kanal.

»Hier spreche ich. Ich finde mich wie in einem neu gestimmten Körper, das zu spüren ist wunderbar für mich. Es scheint so, als ob alle deine Körperzellen umfänglich gereinigt wurden. Ich finde mich kaum mehr zurecht, ich habe so viel Platz, um mich zu erschaffen. Meist gibt es in einem Menschen einen Platz, den ich einzunehmen versuche, wenn ich seinen Körper betrete, aber momentan habe ich Schwierigkeiten, mich in eine stabile Position zu bringen. Deshalb brauche ich noch ein paar Minuten, um mich stabil in dein Feld zu begeben.«

»Willkommen, wer spricht denn da, wir haben es vergessen.«

Esther channelt jetzt Töne und sagt: »Vielleicht ein Einhorn?«

Ich: »Ja, sieht so aus.«

»Erstaunlich, was diese Atemarbeit bewirkt hat«, meint Esther und bezieht sich auf den Atemworkshop der letzten Woche.

»Hier spreche ich wieder. Es fühlt sich so an, als ob ich jetzt ganz nach Hause komme, deshalb muss ich eine kleine Pause machen.« Kurze Pause. »Manchmal braucht es einen kleinen Ausgleich, bevor die Sprache ganz Platz hat. Deshalb kann ich jetzt wieder sprechen. Es ist so, als ob ich ganz nach Hause gekommen bin. Ich möchte auf eine große Geste hinweisen: Ich bin scheinbar ganz zu mir nach Hause gekommen und habe mich auch in einem anderen Wesen gefunden. Das ist ein sehr, sehr raffiniertes Spüren von nach Hause kommen. Das meinte ich, es ist so, als ob ich durch ein anderes Portal gehe und dieses Portal fühlt sich wie Zuhause an, wie kann das sein? Das erkläre ich euch: Dieses Portal ist wie ein allgemeines Portal, das momentan nicht für Abfall oder schmutziges Material offen ist, sondern frei und weit und sauber, in dem sich jeder Mensch oder andere sofort wohlfühlen, wie eine große gesäuberte Region, in der man frische Luft atmet, und das ist sehr willkommenheißend für alle Wesen, die hereinkommen möchten. Deshalb denke ich, wirst du viele Besucher in den nächsten Tagen haben, denn sie lieben klare und gesunde Channels.«

So schön diese allgemeine Botschaft ist, so werde ich doch immer unruhiger: Wir haben viele wichtige Fragen an David und auch wenn der Kanal von Esther momentan sehr gut funktioniert, weiß ich nicht, wie lange er hält. Ich würde also gerne zum Punkt kommen und frage nochmals: »Wer spricht denn?«

»Hier bin ich wieder, manchmal gibt es da eine Neugierde von dir, die nicht einfach gefüttert werden kann, da du neugieriger bist als wir momentan bewältigen können. Deshalb werde ich mich am Ende vorstellen und erst ein paar Dinge erklären. Später wirst du lachen oder schmunzeln.«

Esther lacht schon jetzt, ich bin aber nicht so belustigt.

»Eine bestimmte Sache möchte ich heute erwähnen, an die man euch als Menschen manchmal erinnern muss. Deshalb werde ich euch eine kleine Auswahl-Aufgabe stellen: Ich male etwas auf eine Platte und ihr ratet, was ich damit meine, magst du mitspielen?«

»Mhm, ich bin mir nicht so sicher, lass es uns versuchen«, antwortete ich, nicht genau wissend, wohin die Reise geht und ob wir momentan nicht Wichtigeres zu tun haben, als Ratespiele mit einem Unbekannten zu spielen.

»Ich schreibe also etwas ganz Kleines auf diese Karte, einen Buchstaben oder einen Satz und dann beendest du es. Magst du dieses Spiel?«

»Nein«, antworte ich, aber das beeindruckt unseren Besucher offensichtlich überhaupt nicht.

»Also ein Wort kommt zuerst, ich schreibe es jetzt auf: Porträt. Was heißt das?«

»Porträt? Ja, jemand wird gemalt. Ich bin heute wirklich nicht so in Spiellaune, wie du wahrscheinlich schon gemerkt hast, wenn nicht, dann sage ich es jetzt: Ich bin nicht an einem Spiel interessiert.«

Esther meint: »Ich mag es.«

»Wir haben nicht so viel Zeit und Esthers Kanal ist vielleicht schon bald müde.«

Esther: »Ich fühle mich gut, ich mag es.«

»Also mir ist nicht so zum Spielen zumute, vielleicht spielst du mit Esther. Ich weiß nicht was du mit Porträt meinst bzw. was du darstellen magst.«

»Manchmal muss etwas für Menschen als Visualisierung dargestellt werden, um zu sehen und zu spüren, was wir meinen, deshalb versuche ich es jetzt so zu beschreiben: Manchmal müssen Menschen in ihre eigene Menschlichkeit eintreten, so als ob sie sich entscheiden können: Verhalte ich mich als Mensch oder werde ich mich als ein mehr erleuchteter Mensch verhalten. Das ist mein Vorschlag: Als Mensch darfst du dich immer als Mensch verhalten, das heißt nicht, dass du andere verletzt oder tötest, so wie das Menschen oft tun. Jedoch gibt es menschliche Züge, die typisch menschlich sind, deshalb können sie alle frei dargestellt werden: Menschen können Angst haben, Menschen können ärgerlich sein oder gegenseitig voller Liebe, sie können töricht sein, können Spiele spielen oder eher nicht, das sind alles menschliche Verhaltensweisen, aus denen sie auswählen können. Dann gibt es jedoch das erleuchtete Menschenwesen. Das sehen und spüren wir, wenn Wesen in der Kopfregion offener sind. Das ist momentan bei Esthers Kronenchakra der Fall, da scheinen in den letzten Tagen einige Portale geöffnet worden zu sein, die ihr erlauben, ein erleuchteterer Mensch zu werden. Was heißt das für dich? Das heißt, dass du dich manchmal erleuchteter benehmen solltest als töricht. Deshalb bitten wir dich von jetzt an, dich erleuchteter zu verhalten. Manchmal kommt von oben ein Bedürfnis nach konkreter Aktion, das du durch dich fließen lässt, so als ob sich immer mehr von dir gewissen Quellen von oben öffnet, die du empfängst und auf die Erde bringst. Darum werden wir dich manchmal bitten. So als ob du dich in eine Linie mit Himmel und Erde bringst und diese wundervollen Energien in eine Erdform bringst. Darum bitten wir dich jetzt. Wirst du uns erlauben, uns mit dir als großes klares Liebesgefäß zu erden?«

»Ja, deshalb bin ich hier, danke dir«, erwidert Esther.

»Manchmal müssen sich Menschen erleuchtet verhalten, auch wenn sie noch nicht ganz da sind. Dadurch können sie sich selbst helfen, ihre oberen Kanäle zu öffnen. Deshalb laden wir euch beide dazu ein, euch vorzustellen, dass ihr bereits erleuchtete Wesen seid. Dann wirbeln da große Mengen an Energie um euer Kronenchakra, so als ob euch diese Visualisierung eures Verstandes helfen würde, euer Kronenchakra noch mehr zu öffnen. Darum bitten wir euch beide, ob ihr euch hier oben bereits als erleuchtet sehen könnt. Dann kommt eine anziehende Kraft ins Spiel, die diese wunderschönen Energien herunterbringt. Da gibt es noch etwas, das erleuchtete Menschen tun können, aber das kommt das nächste Mal. Wir verlassen euch gleich, aber erst sage ich noch, wer spricht: Es spricht ein Meister, der einige Zeit nicht sprechen konnte. So als ob ich den Namen nicht schnell aussprechen kann, deshalb sage ich ihn sehr sanft und einfach. Hier ... ist ... mein ... Name: STAR!«

Wir müssen beide laut lachen, damit hatten wir nicht gerechnet!

»Ja, etwas hörte sich bekannt an.«

»Ich habe mich auch gewundert, hallo STAR«, sagt Esther.

»Hier bin ich nochmal: Menschen haben immer einen Bedarf, sich wie erleuchtete Wesen zu verhalten, deshalb habe ich euch das dargelegt: Seht euch als erleuchtet, dann kommen alle Erleuchteten zu Besuch und bringen noch mehr Licht in euer Kronenchakra. Das ist meine heutige Botschaft, ihr Lieben. Ich verlasse euch jetzt.« Damit verschwindet sie.

Esther atmet wieder tief und fängt nach einiger Zeit an, schöne einfache Töne zu singen. »Vielleicht sind es die ›Toning-Wesen‹«, meint Esther.

Langsam spricht das neue Wesen, Wort für Wort: »Hier spreche ich, mein Name ist Glückseliges Wesen.«

Ich: »Und ich dachte, wir haben jetzt die ›fiesen Wesen‹, willkommen Glückseliges Wesen!«

»Mein Name ist Ohki, also mein Name ganz ausgeschrieben ist Ohkiv. Jetzt sage ich meinen ganzen Namen. Ohrki.«

»Ich bin noch nicht ganz da«, sagt Esther bezüglich des Namens. Neue Namen zu channeln ist für Esther immer eine gewisse Herausforderung und oftmals braucht es einige Anläufe, bis der gesprochene Name für das Wesen auch passt.

»Das ist mein ganzer Name: Ohrkidesra, für Freunde Ohrki. Manchmal spiele ich eine spezielle Rolle. Ich habe nicht viel Kontakt mit Menschen, aber dafür mit anderen Lebensformen auf der Erde und in anderen Ebenen. Glückselige Wesen können zaubern. Wir benutzen einen kleinen Zauberstab und ›zauber, zauber, zauber‹ bringen wir gewisse Lichtfrequenzen rein, die das ganze Feld erhellen. Wir sind den Goldwesen nicht so ähnlich, wir arbeiten etwas anders, wir sind mehr in den höheren Frequenzen tätig und erleuchten diese noch mehr. Wesen brauchen unsere Unterstützung für Wachstum und magische Auftritte. Wir arbeiten dabei mit einer Waschschale, die wir über die Erscheinung eines Wesens ausleeren und dann gibt es einen funkensprühenden Effekt in seinem gesamten Aurafeld, so als ob eine Kugel flüssigen Lichts über den Menschen ausgeleert wird. Mit anderen Wesen arbeiten wir mit anderen Techniken, aber das ist jetzt nicht so wichtig. Manchmal braucht es uns einfach und dann rufst du uns während deiner Heilarbeit rein. Jemand betritt z.B. deinen Praxisraum mit einer ganz tiefen Freude-Schwingung im Herzen; dann kommen wir ins Spiel: Wir machen uns dann ganz groß, um die Person als Ganzes einzuhüllen. Dann haben sie wieder das Gefühl von Leichtigkeit. Manchmal ist das nur ein vorübergehender Effekt, aber manchmal hält es viel länger an oder es verändert etwas in der Maschinerie des menschlichen Feldes und dann bemerken sie, wie einfach es doch sein kann fröhlich zu sein. Das hoffen wir natürlich immer, dass unsere umhüllende Arbeit eine Resonanz mit der Zeit ihrer Kindheit erzeugt, als sie noch fröhlich herumgespielt haben. Deshalb könnt ihr immer uns Glückselige Wesen anrufen, um etwas mehr Glückseligkeit und Freude hier runterzubringen. Das ist unsere Hauptaufgabe.«

»Vielen Dank, wir werden euch von jetzt an bei unseren Sessions anrufen.«

»Vielen Dank«, ergänzt Esther, »manchmal höre ich sagen: Wir legen jetzt einen Ball von Freude in deinen Bauch, seid ihr das dann?«

»Da gibt es in der Tat einen Gleichklang, aber wenn ein Ball in den Bauch gelegt wird, ist das eine etwas dichtere Art zu arbeiten, im Vergleich zu einer großen Kugel, die den ganzen Körper umschließt, aber ja, es ist ähnlich zu unserer Arbeit.«

»In Ordnung«, sagt Esther, »vielen lieben Dank Glückseliges Wesen, vielleicht fühle ich mich deshalb immer so einfach glückselig, da ihr mich umgebt.«

»Dem gibt es nichts mehr hinzuzufügen, ich werde jetzt Master David hereinlassen.« Damit verlässt dieses wunderbare Wesen den Kanal von Esther.

»Hallo David«, begrüsse ich ihn.

Esther klopft auf ihr Brustbein und atmet stark. »Ich muss meine Beine wiederbeleben und mich aufs Sofa setzen.« Nachdem sie es sich auf dem Sofa bequem gemacht hat, fängt David an zu sprechen:

»Da kommt als nächstes eine großartige Begegnung, aber jetzt spreche ich erstmal mit euch, ist ja schon eine Weile her. Deshalb möchte ich erstmal hören, wie es euch persönlich geht.«

»Ich merke, dass ich etwas verärgert bin und keine gute Laune habe, danke fürs Nachfragen«, antworte ich.

»Ja, das merke ich auch, Liebling, was ist los?« erkundigt sich Esther.

»Ich weiß es nicht. Ich bin in diesen Tagen schneller ärgerlich, bin insgesamt etwas frustriert. Ich weiß auch nicht genau, kann es nicht festmachen, aber vielen Dank fürs Nachfragen.«

»Manchmal braucht es eine Hand, darf ich sie dir reichen?« fragt David mitfühlend.

»Ja, gerne.« Wir sitzen einige Minuten in Stille und er hält meine Hand (durch Esther). Das tut mir gut und ich kann mich entspannen. Ich kann seine Präsenz durch Esthers Hände gut wahrnehmen und bin dankbar für seine liebevolle Unterstützung.

»Manchmal muss man einfach eine Hand für einige Zeit halten. Das kann den ganzen Körper umfassen, so als ob Ruhe in das ganze Feld zurückströmt, das dich umgibt. So fühlt es sich für mich jetzt an, als ob du mehr zur Ruhe kommst. Spürst du das auch?«

»Ja, ich merke das, vielen Dank, David. Ich muss mal schnell pinkeln gehen und habe dann viele Fragen, aber vielleicht magst du uns erst etwas sagen? Esther wundert sich über die Änderungen in ihrem Körper und STAR hat davon schon ein bisschen beantwortet. Esther will auch mehr über die Verbindung zu den Blue Avians und ihre Verbindung zu den Delfinen und den Nomos erfahren, auch wie sie verbunden sind.«

»Da scheint eine große Veränderung in deinem Körpersystem stattgefunden zu haben. Wir sehen eine brandneue Ansicht von dir. Es ist wirklich erstaunlich, woran du letzte Woche gearbeitet hast, so als ob ein transparenter Glasdeckel auf dich gelegt wurde. Mehr Licht scheint durch dich durch und bringt mehr Sichtbarkeit, mehr Farbe, mehr unterschiedliche Farben, mehr unterschiedliche funkelnde Farbpunkte, mehr auf und abströmende Energieströme, weniger Dunst in deinem Solarplexus-Feld: Mir* scheint eine erleuchtete Meisterin gegenüber zu sitzen.«

»Whow«, entfährt es mir, damit hätte ich nicht gerechnet, obwohl STAR von Esthers Energiefeld auch schon total begeistert war.

»Es ist mir noch etwas anderes aufgefallen, was zwar weniger wichtig ist, das ich aber auch sagen möchte. Scheinbar haben sich deine Arme und Hände darauf vorbereitet, mehr Lichtkraft durchzubringen. Das ist einerseits sehr wichtig, aber andererseits auch nicht. Das ist der natürliche Weg, in dein Meisterwerk von Lichtkörpern zu wachsen. Deshalb scheint es nicht so wichtig, denn wir haben es schon vorher erwartet. Aber jetzt, da es passiert, ist es wunderbar zu sehen und zu spüren, so als ob du 10 oder 12 Pferdestärken in deinen Armen und Händen hältst. Deshalb meinen wir, dass deine jetzigen Heilsitzungen prächtige Wirkung entfalten werden.«

»Wunderschön, whow, also ist die Atemarbeit wirklich gut, um sich mehr zu öffnen.«

»Es gab in der Tat größere Effekte deiner Atemübungen, aber die größten Ergebnisse gab es, als du in dem kleinen Schwimmbecken warst. Diese Sessions haben dich wieder erneuert, so als ob du neu geboren wurdest. Das haben wir gesehen, als du die Delfin-Klänge gemacht hast. So als ob du dich zu deinen geliebten Anfängen bewegt hast und plötzlich bemerkt hast, woher du gekommen bist. Das war wirklich sehr schön für uns zu sehen und zu spüren. Als ob du realisiert hast: Hier war schon immer mein Zuhause. Das ist ein Weg, deine Erden-Trauer umzudeuten, so als ob du immer mit deinen Gefühlen und Gedanken zu dem Platz deiner Herkunft zurückkehren kannst. Du hast dir eine Rückwärtsschleife jenseits deiner Geburt hier auf Erden zu einem anderen Sternensystem gewährt. Das hast du dir diese Woche gestattet, sehen und spüren wir. Es gibt dir jetzt mehr Möglichkeiten, dich mit uns auf verschiedenen Ebenen zu verbinden. Es gibt jetzt auch Delfinen, Walen und anderen Tieren, die auf höheren Ebenen residieren, die Möglichkeit, sich mit dir zu verbinden. Andere Fischwesen werden dich auch öfter kontaktieren, um mit dir zu arbeiten. Es scheint so, als ob du diese Rückwärtsschleife machen musstest. Es gibt da zwar immer eine Blockade, soweit in der Zeit zurückzugehen, aber das ist dir jetzt in deiner Badewannenübung gelungen.«

Esther: »Wunderbar, genauso fühlt es sich an. Also sind die Nomos auch mit den Delfinen und Walen verbunden? Als Wasserwesen, oder wie kann ich diese Verbindungen sehen?«

»Es gibt in der Tat eine Ähnlichkeit von uns mit den Walen und Delfinen, aber es gibt keine gleiche Herkunft. Wir kommen von unserem eigenen

Hintergrund, aber es gibt starke Überlappungen und Ähnlichkeiten, wie wir mit Klängen und Lichtformen arbeiten. Aber wir haben keine gemeinsame Genetik. Wir haben uns von unserem eigenen Ursprung entfremdet, aber es gibt ein gewisses Wiedererkennen unserer Arbeit. So als ob wir Brüder und Schwestern sind, die aber nicht genetisch verwandt sind. So kann man das sehen. Es gibt eine Art Ähnlichkeit und Resonanz, aber keine volle genetische Überschneidung. So könnten wir das wohl am einfachsten beschreiben. Aber Wesen dieser verschiedenen Arten können sich untereinander verbinden, wenn sie zusammenarbeiten. Wir können Gedankenwellen und andere Schwingungen aussenden, um uns gegenseitig zu finden, um unsere wechselseitigen Effekte auf der Erde zu verstärken. Wir wissen, dass wir gemeinsam eine größere Wirkung haben. Deshalb arbeiten wir auch gerne gemeinsam mit Delfinen in deinen Sitzungen, wie dir schon aufgefallen ist. Die Walenergie ist jedoch ganz anders. Sie ist manchmal lichtvoller und zerbrechlicher. Deshalb arbeiten wir lieber mit Delfinen als mit Walen. Aber die Walenergie ist in sich auch wunderbar. Wir könnten ja mehr mit der Walenergie arbeiten, wenn du das ab und zu mal probieren möchtest.«

»Ja, ich bin offen für alle neuen Dinge«, antwortet Esther.

Esther hatte mir vorher eine Reihe von Fragen genannt, die sie gerne von David beantwortet haben würde und ich versuche, diese Fragen zu platzieren: »Wunderbar. Und wie ist die Verbindung von Esther zu den Blue Avians? Sie fühlt sich sehr von ihnen angezogen, nachdem sie das Video gesehen hat.«

»Ja, hast du die Videos gesehen, David?« möchte Esther noch wissen.

»Es gibt in der Tat eine gewisse Ähnlichkeit zwischen dir und den Avian-Schönheiten. Die Avian-Schönheiten waren schon lange auf der Erde, haben dich aber noch nicht persönlich kontaktiert. Wir könnten das aber einmal in Erwägung ziehen, wenn du möchtest. Die Avian-Schönheiten haben eine spezielle Rolle auf der Erde, aber das kann man nicht in einem kleinen Video darstellen. Sie sind wie die Wächter unseres Universums. So nehmen wir sie aus der Entfernung wahr. Sie haben scheinbar die Rolle, uns alle zu verbinden, das ist eine ihrer größten Stärken. Sie kommen in Räume reingeflogen, wenn sie eine Verbindung machen müssen und fliegen dann wieder raus. Dabei können sie sehr hilfreich sein. Sie haben einen Weg, sich in verschiedene Schwingungen hineinzuspüren, dann die Überlappungen zu nehmen und sie zusammenzufügen. Sie weben Fäden zusammen, die am Ende einen großen Teppich an Aura-Feldern ausmachen. So als ob sie eher verbinden als trennen. Das ist ihre natürliche Art zu arbeiten, als großes Gruppenfeld. So als ob sie immer mehr Wesen mit ihren Energiefeldern verbinden. Deshalb können wir jetzt mal sehen, ob sie auch mit dir persönlich arbeiten möchten. Du wirst einen nächsten Schritt unternehmen, wenn du dich regelmäßig mit ihnen verbindest. So als ob du noch mehr Energien verteilen und zusammenfügen kannst, wenn du mit diesen Schönheiten in Kontakt bist. Ja, so nennen wir sie. Manchmal stehen Avians an deinem Tisch, aber sie haben dich noch nicht persönlich über die Sprache kontaktiert. Sie scheinen manchmal vorsichtig damit zu sein, da sie immer Angst haben, von dem menschlichen Verstand falsch interpretiert zu werden. Deshalb ziehen sie vor, Arme und Hände deiner geliebten Kunden zu streicheln. Wenn du also Kunden hast, die ein Streicheln auf Armen oder Händen wahrnehmen, dann könnte das ein Kontakt der Avian-Schönheiten sein. Es wird jedoch von ihnen kein Klopfen geben oder Vorschläge, jetzt präsent zu sein. Sie sind bei ihrer Arbeit besonders sanft und zeigen ihr Leichtigkeitsgefühl in einem Raum. So mögen sie es. Sie möchten gerne zerbrechlich bleiben, sind dabei jedoch ständig aktiv. Sie streicheln einfach die Arme und Hände von deinen Klienten und dann gehen sie wieder. Sie müssen gar nicht besonders aktiv oder sichtbar bei einer Heilung auftreten. Sie müssen einfach den Raum halten und ihre liebende Natur hereinbringen. So arbeiten sie: einfach mit dem was sie sind, präsent sein. Manchmal besuchen dich Avians, nicht so viele, aber wenn du willst, können wir sie öfter einladen.«

Esther: »Ja, in dem Video haben wir gehört, dass sie normalerweise nicht sprechen, aber es gibt ein Zeichen, so dass man weiß, dass man eine Avian-Kontaktperson ist. Weißt du etwas darüber? Was wäre die beste Art sie zu kontaktieren? Einfach telepathisch?«

»Ja, es gibt in der Tat ein gewisses Zeichen, das sie nutzen, wenn sie einen Menschen innerlich kontaktieren. Es liegt aber nicht an mir, das zu entschlüsseln. Wir haben das so gesehen, aber da gibt es einen Schweige-Kodex, dem wir alle folgen, bis sich die Avian-Schönheit entschlossen hat, es dir selber mitzuteilen. Vielleicht kommt da ein Augenblick, an dem sie sich offenbaren, und dann wird dir das Zeichen ganz klar und offensichtlich sein, aber dieser Moment ist noch nicht gekommen.«

Esther: »Ok, da gab es einen Moment in meiner Badewannensitzung, als ich wiedergeboren wurde und anfing, diese ›Ih, Ihhh, Ihhh‹-Klänge zu machen, die wie ein Vogel klangen. Hast du irgendeine Ahnung, was das bedeutete? Warst du dabei?«

»Da gab es in der Tat einen Moment des Loslassens, aber es war kein bestimmtes Wesen, das durch dich gesprochen hat, zumindest soweit wir das feststellen konnten. Du hast diese Klänge vielleicht einfach wahrgenommen und sie stellten sich dar, waren dem Moment angepasst. Es war nicht so, dass du dich als Vogel wiedergeboren hast.«

»Ok«, sagt Esther.

Ich: »Wir haben noch mehr Fragen bezüglich STAVA. Wir haben vorher zu ihr gesprochen. Was ist deine Sicht über das Geburtsdatum, hast du noch Vorschläge diesbezüglich?«

»Scheinbar ist STAVA momentan etwas schläfrig, als ob sie sich auf die Geburt vorbereitet. Sie scheint sich zu entspannen, es ist wie die Ruhe vor dem Sturm. Sie döst manchmal, merken wir, aber das ist normal für Babys, die sich auf den Austritt vorbereiten. Als ob sie spürt: Jetzt steht etwas Intensives bevor, ich ruhe mich jetzt mal aus, solange das noch möglich ist. Deshalb ist sie vielleicht auch etwas sprechfaul momentan, da sie sich mehr auf ihr Inneres einstimmt. Deshalb bitten wir euch, sie momentan nicht so oft zu kontaktieren. Es sieht so aus, als ob sie momentan innere Zeit zum Verarbeiten benötigen. Vielleicht kommt gegen Ende der Woche wieder eine Zeit, in der sie wacher sind, dann gibt es wieder mehr Zeit zum Austausch. Aber in den nächsten paar Tagen sollte es mehr Bauchzeit geben und dann schauen wir, was passiert.«

Dass sie besonders sprechfaul ist, konnte ich eigentlich nicht bestätigen, denn eben hatte sie ja noch ein kleines Spielchen mit uns gespielt. David nahm das offensichtlich anders wahr. Wie auch immer, es war schön zu vernehmen, dass sie sich auf den Austritt vorzubereiten scheint.

»Wir haben da noch eine kleine Frage zu Zeeta, ist sie eine Zeta-Retanguli? So wie wir sie im Video gesehen haben, oder ist der Name einfach Zufall?« Ich beziehe mich auf eine meiner neuen Guides.

»Da ist in der Tat eine Ähnlichkeit der Namen, aber Zeeta ist keine Zeta-Retanguli mit großem Kopf und Augen, es scheint, als ob sie das gerne wäre, aber sie ist ein einfaches Fisch-Wesen so wie wir.«

»Ah, ok.« Diese Erläuterung macht Sinn für mich.

Esther fragt: »Gibt es noch andere Rassen? Denn wir haben in diesen schönen Videos die »Großen Weißen« gesehen und die Reptiloiden, das war wirklich gruselig, die haben mir wirklich Angst eingejagt. Aber so gewöhnen wir uns auch daran, wie sie aussehen. Sind da noch andere Rassen bei den Heilungen anwesend? Und können wir sie einfach kontaktieren? Oh, da sind so viele Fragen! Hilft es unser 3. Auge zu öffnen, wenn wir uns diese Videos anschauen? So dass wir euch endlich sehen können und nicht von dem Anblick verängstigt sind? Ich habe zu viele Fragen gestellt.«

Esther bezieht sich auf »Star Races« von Piperon, einem Animationsfilm auf YouTube, der in kurzen Sequenzen viele verschiedene außerirdische Rassen vorstellt, die wohl mit der Erde arbeiten. Wir möchten gerne wissen, ob David die dort gegebenen Informationen bestätigen kann.

»Manchmal braucht es einen frischen Blick auf die Aussenwelt. Ich möchte vorschlagen, wir schauen mit einem frischen Blick auf diese Wesen, so als ob sie ganz neu für uns sind. Und dann solltet ihr auch so mit ihnen interagieren. Das sieht wunderschön für uns aus. Wir geben ihnen eine neue Möglichkeit, gemeinsam mit euch zu arbeiten. Das schlage ich dir bezüglich der Blue Avian-Schönheiten vor. Als ob ihr sie ganz bewusst das erste Mal in eure Leben einladet, obwohl sie vielleicht schon im Umfeld waren. So als ob ihr sie mehr ins Zentrum eures Lebens einladet. Wenn ihr euch auch von anderen Rassen angezogen fühlt, könnt ihr das Gleiche tun. Aber ich würde euch bitten, nicht die unartigen Reptiloiden einzuladen, das sind manchmal sehr furchterregende Wesen, obwohl es auch wirklich freundliche gibt, wie es Master Asar schon erwähnte. Aber unsere Vorliebe liegt bei den fröhlichen Wesen wie den Avian-Schönheiten und auch Zeta-Wesen. Sie sind sehr sehr liebenswert von Natur aus, auch wenn sie mit ihren großen Köpfen lustig aussehen. Es gibt auch noch andere Wesen, denen ihr vielleicht gerne ein erstes Mal begegnen würdet, das sind die Wesen von den Plejaden. Mit denen habt ihr noch nicht viel gearbeitet, aber es gibt da draußen viele Helfer von den Plejaden. Vielleicht mögt ihr euch das Video nochmals anschauen, um herauszufinden, wie ihr euch fühlt, wenn ihr die Plejadier spürt. Sie arbeiten mit den Sirianern und den Fisch-Wesen zusammen. Deshalb laden wir sie gerne ein, wenn auch nicht so oft. Da mag eine Zeit kommen, in der sich die Plejadier mehr an der Behandlungsliege zeigen werden, wenn ihr sie einladet. Aber sie kommen nicht ohne Einladung, denn ihr arbeitet schon mit unserer Anwesenheit. Deshalb spüren sie, dass sie momentan nicht gebraucht werden. Aber Plejadier haben eine besondere Rolle bei der Öffnung von Herzen zu spielen. Deshalb mag es lohnend sein, bei gewissen Kunden, die ein sehr festgefahrenes oder schweres Herz haben, Plejadier hereinzurufen, um ihnen diese Gegend zu öffnen. Das ist unsere wichtigste Empfehlung bezüglich der Plejadier. Sie haben einen sehr offenen Herzbereich, deshalb kommen Klienten direkt in Resonanz mit ihnen. Man muss sich ihnen nicht erst anpassen. Es fühlt sich natürlich sehr gut, warm und offen in dieser Gegend an. Manchmal helfen Plejadier auch in anderen Körperbereichen, aber Herzarbeit ist ihre Kernkompetenz. Deshalb schlage ich vor, dass ihr sie bei schwierigen Kunden hereinruft, die sehr viele traumatische Erfahrungen in ihren Leben hatten. Es gibt auch die Möglichkeit, Zeta-Wesen für solche Aufgaben einzuladen, denn sie sind weiser als sie aussehen. Zeta-Wesen haben tonnenweise Weisheit in ihren großen Köpfen. Deshalb kannst du sie bei schwierigen Fragestellungen einladen, sie haben möglicherweise einfache aber sehr fundierte Antworten für eure Klienten.«

Ich bin begeistert von all diesen neuen Möglichkeiten: »Wunderbar, vielen Dank!«

»Und bezüglich Kontakten: Hilft es euch, unser Drittes Auge zu öffnen, wenn wir mehr Kontakt zu euch haben? Dass wir bereit sind, euch wirklich zu treffen?« will Esther wissen.

»Scheinbar lest ihr unsere Gedanken. Es ist in der Tat so, dass wir ganz langsam diese Gegend immer mehr mit unseren Feldern öffnen werden. Wir können uns ganz sanft hineinwinden, während wir sprechen. Wir werden versuchen, euch mit der Zeit Zugang zu unserer Welt zu verschaffen. Da ist scheinbar ein Zugangspunkt, der überschritten werden muss, bevor ihr uns mehr sehen und spüren könnt. Aber im Moment passiert das noch nicht. Wir wachsen auf diesen Moment hin, aber es könnte noch einige Zeit dauern. Es gibt viele kleine Videos über verschiedenartige Wesen in eurem Internet und wir schlagen euch deshalb vor, dass ihr sie immer wieder sorgfältig anschaut, so dass es für euch normal wird, diese Art Wesen da draußen zu sehen. Das ist in der Tat eine sehr gute Übung.«

»Ja, genau dazu: Welche Fortschritte machen wir mit unserem Dritten Auge und besonders mit meiner letzten Schiffsreise, ich habe mich wirklich an nichts erinnert. Habt ihr mich überhaupt geholt und was habt ihr gemacht?«

»Die Schiffsreise musste etwas verschoben werden. Wir hatten für diese Nacht wirklich eine Schiffsreise geplant, es gab eine Zeit, als du reinkamst, aber es gab nur eine ganz kurze Sitzung, dann haben wir dich wieder zurückgebracht. Du warst nur ca. 15 Minuten oben, deshalb kannst du dich wohl an nichts erinnern. Vielleicht arbeiten wir nochmals Ende der Woche an dir, sofern du willst. Vielleicht wird STAVA geboren und dann nehmen wir euch beide hoch, das wäre unser freundlicher Vorschlag.«

»Ja, und bitte mit Sichtbarkeit und Bildschirm-Zeit, das haben wir schon lange nicht mehr verfolgt. Nach der Geburt wäre das wunderbar, vor allem wenn wir sie dann auch sehen könnten.«

David: »An der Öffnung sind viele Wesen beteiligt, aber es gibt wohl auch Blockaden für uns, als ob wir keine Erlaubnis hätten, weiter zu gehen. Wir könnten mal untersuchen, woher die Blockaden stammen. Vielleicht spürt das Höhere Selbst, dass es noch verfrüht ist. Deshalb bitte ich euch höflich, diese Videos anzuschauen und euch uns vorzustellen, was euch mehr und mehr an uns und unsere Nähe gewöhnt. Dann wird der Moment kommen, an dem ihr mehr sehen werdet. Sofern es da aber eine Blockade gibt, haben wir keine Möglichkeit, diese gewaltsam zu öffnen. Wir können nur sanft arbeiten.«

Ich: »Ja, wir können mal mein Höheres Selbst fragen, ob es eine Blockade gibt. Das wären jetzt alle Fragen von unserer Liste. Wie geht es dir und deiner Gesundheit? Wie ist es mit dem schweren Stein?«

»Mein Stein ist geschrumpft auf Faustgröße, er ist nicht mehr so groß. Ich trage ihn mit mir in der Tasche herum, manchmal nehme ich ihn raus und wenn es sich gut anfühlt stecke ich ihn wieder ein. Es gibt also keinen großen Stein mehr, auf dem ich sitzen oder unter dem ich mit meiner Trauer liegen könnte. Mein Stein ist jetzt viel kleiner, aber er ist fester geworden. Das fühlt sich sehr schön für mich an. STAVA scheint innerlich noch immer etwas zu weinen, da sie nicht in eure Dimension kommt, aber sie ist auch etwas aufgeregt, was jetzt als Nächstes kommt. Aber darüber sprechen wir später in der Woche, sobald sie geboren ist. Vielleicht müssen wir noch ein paar Tage darauf warten, aber wir glauben, dass es noch vor Esthers Rückkehr passiert.«

»Möchtest du noch etwas anderes mitteilen oder müssten wir noch etwas als Vorbereitung auf die Geburt wissen?«

»Es braucht im Moment keine Vorbereitung, außer Massage und Klopfen auf deinen Bauch, so als ob du den Bauch ständig sanft reibst. Das macht den Austritt leichter, würde ich sagen. Es gibt aber keine spezielle Diät. Das bisschen Alkohol letzte Nacht war kein Problem, aber wir weisen darauf hin, am besten keinen Alkohol zu trinken. Die restliche Ernährung ist in perfekter Balance, kann ich sehen.«

»Esther, hast Du noch Fragen an David? Vielleicht bezüglich des Buches?«

»Vielleicht eine Beschreibung, wie er denn wirklich aussieht. Die Nomos im letzten Video sahen wirklich ganz anders aus als die Fisch-Wesen, die wir vor einigen Monaten gesehen haben. Ich bin etwas verwirrt, wie er denn wirklich aussieht. Ich denke, dass wir diese Beschreibung auch für das Buch brauchen.«

»Die Beschreibung im ersten Video ist uns am ähnlichsten, aber im zweiten Video gibt es auch Züge, die uns ähnlich sind. Unsere Haut schimmert und ist weich, aber nicht so weiß wie im letzten Video, wir sind eher dunkelgräulich. Wir haben aber noch kleine Flossen oben am Körper, die im letzten Video nicht gezeigt wurden. Wir sind wie große Fische, die aufrecht stehen. Unsere Augen schauen nach vorne, nicht zur Seite, ähnlich wie Menschen, die keine Rundumsicht haben. Deshalb drehen wir wie Menschen auch unsere Köpfe, um mehr zu sehen. Wir brauchen manchmal einen Schutz für unsere Herzgegend, da diese Gegend sehr weich, zart und anfällig für Angriffe von anderen Wesen ist, die uns nicht wohlgesonnen sind. Deshalb schützen wir diese Region mit einem großen Schild, das wir schon einmal beschrieben haben. Wir tragen deshalb eine Art Halsketten-Schutz wie ein Schmuckstück, aber es dient auch als Schutz, nicht nur als Schmuck. Wir haben kleine Beine, die in einen großen Schwanz eingewickelt sind. Diese internen Beine helfen uns, sicherer zu stehen. Wir haben keine Arme wie ihr, aber eine Art Flossen, die wir etwas bewegen können. Wir haben keine Pfoten oder Klauen oder wie ihr Menschen Finger, aber wir können kleine Bewegungen mit diesen Flossen machen. Wir haben kleine Flossen, mit denen wir arbeiten und streicheln können, die sehr gut für uns funktionieren.«

»Ah, so wie Seelöwen!« sagt Esther.

»Wundervoll, David, vielen vielen Dank!«

»Um 16.30 Uhr haben wir noch eine Heilsitzung, wirst du auch dort sein?« will Esther wissen.

»Ja, da kommt ein großes Team, wir wissen ja, wer kommt. Deshalb haben wir jetzt schon mehr Wesen eingeladen. Sie braucht wirklich unsere Hilfe. Es kommen auch Goldwesen, denn da sind vielleicht ein paar Löcher hier und da, die ein paar schöne Flicken brauchen, aber das kommt alles später. Auf die Dame wartet ein schönes Team.«

»Ich habe eine nette Distanz-Sitzung um 16.00 Uhr und werde Zeeta und vielleicht auch die Goldwesen zur Unterstützung anrufen, aber sie ist schon recht scheinend. Irgendwelche Tipps für die Sitzung?«

»Du scheinst ja über dich selbst zu sprechen, wenn du sie erwähnst, als ob du spürst, dass sie manchmal unbeschwerter als du bist. Sie kann noch mehr Licht gebrauchen, so als ob da in ihr eine Lichtblume ist, die darauf wartet, ganz zu erblühen.«

»Ja, sie ist ein großes Licht, ich denke, es geht darum, sie mehr in Mutter Gaia zu verankern und ihren Weg mehr in diese Erdzeit zu bringen.«

»Ja, ich glaube ich erinnere mich an sie, vielleicht habe ich schon mal mit ihr gearbeitet. Wenn du darum bittest, werden Helfer kommen, aber ich bin vor allem hier beschäftigt.«

»Ja, sicher. Wir hatten schon zwei Sitzungen mit ihr und Wesen haben schon damals mit ihr gearbeitet, als sie hier war. Sie hat gespürt, dass sie in einen Operationsraum auf ein Schiff gebracht wurde. Also vielen Dank für eure Hilfe.«

»Ich habe noch eine letzte Bitte, darf ich die aussprechen?«

»Ja bitte, David.«

»Ich habe noch einen kleinen Vorschlag: Ihr könnt etwas mehr gemeinsame Zeit verbringen. Deshalb schlage ich vor, dass ihr eure Hände zusammenbringt und damit das Herz des Gegenübers haltet. Das ist eine sehr schöne Übung, sich wieder zu verbinden, Herz zu Herz.

»Du legst deine Hand auf meine, wie bei der Himalaya-Herzaktivierung«, sagt Esther.

Wir verbinden uns einige Minuten in dieser wunderschönen Übung.

»Eure Herzverbindung stellt sich mehr und mehr ein, das sieht und fühlt sich wunderbar für mich an. Mit euch spüre ich immer diese prachtvolle Herzverbindung.«

»Vielen Dank, David!«

»Ich verlasse euch jetzt, wir sprechen uns später in der Woche.«

Damit verlässt er den Kanal von Esther. Wir sitzen noch eine Weile in dieser schönen Verbindung und sind sehr dankbar für die vielen Informationen, die wir von allen Wesen erhalten haben. Es ist wirklich unglaublich, wie wir von allen umsorgt und unterstützt werden. Was für wunderbare Wesen, diese Goldwesen. Sie dienen uns Menschen mit ihrem Licht, selbst wenn es ihnen dabei schlecht geht. Was für ein Geschenk! Es ist so schön, dass es David wieder besser geht. Er ist in seiner Liebe zu uns unerschütterlich. Und auch dass es STAR so gut geht und sie zu kleinen Spielchen mit uns aufgelegt ist, ist wunderschön. Ja, sie zeigt nicht immer ihre Trauer und ihre Sorgen, dazu fühlt sie sich wohl zu »meisterlich«, denn auch für sie und Tava ist die Situation nicht ganz so einfach. Dafür hält sie sich wirklich sehr tapfer. Wir wissen auch, dass viele Wesen die Geburt von STAVA beobachten und sie energetisch unterstützen werden, schließlich hängt ja viel davon ab! Auch wenn die Geburt in einer anderen Dimension erfolgen wird, besteht immer noch die Chance, dass wir sie eines Tages auf die Erde bringen können und sie die ihr zugedachte Aufgabe noch übernehmen kann. Letztlich sind Geist und Energien fähig, die Materie zu formen und wir wissen ja, wie viele Wesen dieses Projekt unterstützen.

Wir sind gespannt, was sich in den nächsten Tagen alles ergeben wird. Wird sie bald geboren werden? Wie wird die Geburt sein? Werden wir überhaupt etwas merken? Wird sie in der Lage sein, als Einheit weiterzubestehen, oder wird sich die Seele vom Körper trennen? Kann Tava überhaupt auf einer Babystation im Raum überleben oder wird sie nicht frustriert zurück zu Mutter Erde zurückkehren? Also sterben? Sie hat einen starken Willen, das wissen wir, aber wie belastbar ist sie wirklich? Letztlich weiß es niemand. Es ist schön zu spüren, dass alle ihr Bestes geben und die Stimmung positiv ist. Das hilft sicherlich bei dem ganzen Prozess. Ich vertraue darauf, dass im Leben wie immer das Perfekte passieren wird. Mehr kann ich im Moment auch nicht tun. Der Fluss des Lebens übernimmt, wir schauen gespannt und mit möglichst offenem Herzen zu! ✪

46 Geburt

bends um 21.00 Uhr gibt es wieder eine Interdimensionale MARK Gruppe, die Esther und ich organisieren. Es nehmen eine Handvoll Menschen teil. Wir hören das letzte MARK-Channeling, in dem MARK uns mit Mutter GAIA verbindet. Bereits nach wenigen Minuten fängt Esther an zu zucken. Das macht sie öfter, wenn mächtige Energien bei ihr ankommen. Sie atmet stark und ihr Unterleib bewegt sich nach vorne und hinten, während sie neben mir auf dem Sofa liegt. Wir schauen uns an, das ist anders als sonst! »Ich glaube, es geht los«, meint sie. Wenige Minuten später kommen die Bewegungen stärker zurück. Ich muss auf Wunsch von Esther zunächst die Lautstärke des Channelings reduzieren … dann ganz ausschalten …, um es kurz darauf wieder anzuschalten und leise weiterlaufen zu lassen. Jetzt kommen die »Wehen« in kürzeren Abständen und werden stärker. Sie hat keine Schmerzen, es ist mit keiner normalen Geburt vergleichbar, aber es sind deutlich Wellen von Energie, die durch sie durchfließen, in zu- und abnehmenden Rhythmen. Langsam wird es ernst. Ich versuche sie zu unterstützen, kann es aber kaum recht machen. Das kenne ich von den Geburten meiner Söhne, die waren auch nicht einfach. »Vielleicht magst du dich hinstellen? Das hilft bei normalen Geburten«, schlage ich vor.

»Nein.«

Na ja, es war einen Versuch wert. Irgendwann stellt sie den Kontakt zu David her.

»Ja, wir können den Kopf schon fast sehen, bald ist es soweit, du machst alles perfekt. Es wird nicht mehr lange dauern, glauben wir.«

Nach kurzer Zeit steht sie auf und kniet sich auf den Boden. Es ist unterdessen 22.00 Uhr. Die Bewegungen werden stärker, die Abstände kürzer. Esther kniet noch immer am Boden und stützt sich mit den Händen auf dem Boden ab. Ihr Körper bewegt sich auf und ab. Sie hat nach wie vor ihre Kleider an und sie ist ganz in ihrem Prozess. Immer noch keine Schmerzen, aber alles sehr intensiv. Vielleicht ist eine Stunde vergangen, als sich ihre Hände automatisch bewegen, um etwas für uns nicht Sichtbares vom Boden aufzunehmen. Esther ist erstaunt, hat keine Gefühle von Freude oder Trauer. Es ist 22.34 Uhr: »A STAR is BORN«. Sie nimmt sie auf und übergibt sie mir. Ich halte sie in meinen Armen und drücke sie. Wir können es noch nicht so richtig einordnen. Esther braucht eine Weile, um wieder zu sich zu kommen. Sie legt sich hin, um sich auszuruhen.

Nach einer kurzen Pause rufen wir David herein. Die Stimmung ist heilig. Wir sind beide entspannt und genießen den Raum.

»Hier spreche ich wieder, Master David. Es ist so, als schaute ich auf mein eigenes Kind. Sie hat fast etwas spitze Fisch-Ohren. Für uns ist das so süß und liebenswert zu sehen und zu spüren. Ich sehe auch alle Zutaten, die für ein menschliches Kind benötigt werden. Sie benimmt sich auch schon wie ein Mensch, freches Weinen schon am Anfang, so wie sich ein kleines Baby-Mädchen eben verhält. Das sehen und spüren wir. Sie strahlt ein schönes Licht aus, fühlt sich gemütlich und am richtigen Platz an. Sie geht gut mit sich um. Sie kam wie in einem Schub heraus. Es gab keine Behinderungen im Geburtskanal. Sie ist ohne Hindernisse durch den Kanal geglitten. Da hängt aber noch etwas bei Esther, das wir säubern sollten. Das wird Team B gleich erledigen, wenn du möchtest. Du könntest dich also nochmals entspannt auf den Rücken legen, dann wird sich das Reinigungsteam dem widmen. Du wirst davon nichts sehen, das findet in einer anderen Dimension statt. Vielleicht spürst du etwas in deinem Unterbauch, das ist gut möglich. Vielleicht gibt es auch noch etwas Blutverlust in deiner Dimension, was allerdings nicht sicher ist.«

Das ist sicherlich eine Art Nachgeburt, die noch entsorgt werden muss. Dass Stava weint, ist nur zu verständlich. Denn obwohl ich sie in meinen Armen halte, hat sie ja doch keinen Körperkontakt in ihrer Dimension und fühlt sicherlich auch die Trennung von der Mutter.

David: »Tava wird später in andere Dimensionen transportiert werden, aber für die Nacht bleibt sie zunächst noch bei euch. Morgen schauen wir dann, was als Nächstes passiert. Wir halten euch auf jeden Fall informiert. Es wird morgen eine spezielle Kinderschwester kommen, die sich um Tava in eurem Schlafzimmer kümmern wird, so als ob sich da eine Säuglingsstation mit eurem Schlafzimmer überlappt. So haben wir das organisiert. Wir denken, dass dies eine gute Form der Zusammenarbeit ist. Eine Kinderschwester wird sich um das geliebte Tava-Baby kümmern. Andere Wesen werden sich um euch kümmern, sobald ihr euch ausruht. Das ist ein komplexer Prozess für den Anfang unseres Kümmerns um das geliebte Stava-Baby. Das ist neu für uns. Im Laufe der nächsten Tage können sich neue Fragen ergeben. Aber für den Moment sieht alles wunderbar und gut aus. Sie weint schön und benimmt sich wie ein normales menschliches Kind.«

Ich: »Wie wird sie jetzt gefüttert? Braucht sie nicht etwas zu essen?«

»Es gibt ein eigenes Schwestern-Team mit speziellen Milchprodukten. Sie haben von Esthers Brust gewisse Mengen an Substanzen entnommen, die dort vorhanden waren. So als ob da eine bestimmte Art von Frequenz war, die wir der besonderen Milch hinzugeben, die wir in unserem Labor erzeugen. Wir füttern sie mit interdimensionaler Muttermilch sozusagen. So haben wir es vorbereitet, aber jetzt kommt die Zeit, es auszuprobieren. Bald kommt der Moment, an dem wir herausfinden, ob sie unsere besondere Milch mag. Aber jetzt gibt es noch keine Milch.«

Esther: »Vielleicht waren deshalb meine Brüste in der letzten Woche so empfindlich!« Esther muss kichern. »Spürst du immer noch ihre Gegenwart?«

Ich: »Ich spüre eine Energie, ja. Ich denke, ja!«

Esther: »Liegt sie immer noch in Asars Armen? Oder habt ihr sie schon ins Babyzimmer bringen müssen?«

David: »Baby Tava ist immer noch hier, aber bald kann der Moment kommen, an dem wir sie in den speziell vorbereiteten Ort in eurem Schlafzimmer bringen müssen. Deshalb bitten wir dich freundlich darum, dass du sie loslässt, sobald sich deine Hände zu öffnen beginnen.«

Ich: »Ja, natürlich.«

Esther: »Und was machen wir Ende der Woche? Bleibt sie dann in unserem Schlafzimmer in ihrem Säuglingsbereich? Sie wird wohl momentan nicht nach Holland gebracht werden: Oder ist der Säuglingsbereich einfach zu transportieren?«

»Es gibt in der Tat die Möglichkeit, den Säuglingsbereich zu transportieren, aber wir lassen Baby Tava für die nächsten Wochen vorzugsweise hier vor Ort. Dann kann sie sich im Zimmer nebenan in einer schönen Landhaus-Krippe erstmal stabilisieren. Sie kann sich auf diese Dimension und sich selbst gemütlich einstimmen. Sie wird in ihrer speziellen Art in der Lage sein, mit euch beiden zu kommunizieren. Das wird mit der Zeit klarer. Die nächsten Wochen wird vor allem Dad anwesend sein. Deshalb bitten wir dich, besonders sanft mit ihr zu sein und auch die weiblichen Energien der Mutter zu zeigen.«

»Das mache ich natürlich gerne. In ein paar Wochen muss ich dann verreisen, wie ihr vielleicht wisst.«

»In der Tat müsst ihr beide reisen, aber das ist überhaupt kein Problem. Das haben wir alles vorhergesehen. Da gibt es immer Wesen, die sich gut um eure geliebte Baby-Tochter kümmern werden. Das ist für uns überhaupt kein Problem. Und über Esthers Device können wir auch immer sprechen. Tava braucht auch Ruhezeiten, es wäre gut, wenn ihr euch daran halten könntet. So kann sie sich an ihre neue Umgebung gewöhnen. Das wird sie vielleicht als erstes sagen: ›Wir haben keine Zeit zu verlieren, Mom und Dad!‹ Ich bin bald wieder zurück.«

Damit verabschiedet sich David.

Ich summe das Lied für Stava.

Esther: »Ich lege mich jetzt hin, damit sie mich säubern können.«

Esther legt sich in Rückenlage auf den Boden. Tava wird unterdessen zu ihrer neuen Krippe gebracht.

Esther: »Eine Umarmung wäre jetzt schön!«

»Oder zwei oder drei?«

»Ich glaube, die Geburt ist jetzt vorbei.«

»Ja klar, oder was meinst du? Zwillinge? Oh nein! Da kommt ja noch ein Baby!«, witzele ich. Wir müssen lachen.

»Wie wars denn für dich? Wirklich erstaunlich! Mein Körper wusste genau, was er zu tun hatte. Hast du das gesehen?«

»Ja, klar.« Wir kichern.

»Ich denke, ich habe mir etwas Wein und Schokolade verdient!« Esther lacht.

»In Ordnung. Im Krankenhaus gäbe es das jetzt aber nicht! Aber gut.«

»Ich bin ja auch nicht im Krankenhaus!«

Ich hole Wein und Schokolade für die frisch gebackene Mama.

Wir lachen beide und sind dankbar, dass alles so gut verlaufen ist. Was für eine verrückte Geschichte!

Später wird uns Tava sagen, wie lustig sie das fand. »Da hast du mich angeschaut und doch nicht gesehen … und ich bin mit dem Kopf auf den Boden geknallt, ha ha ha.« 3D ist wohl nicht so schmerzhaft für ein 6D-Kind und sie konnte darüber lachen. Offensichtlich war Nanny Melanie nicht ganz so schnell am rechten Ort. Oder Tava hat sich einfach einen Scherz erlaubt.

Wir schlafen beide gut, nachdem wir unserem kleinen Baby noch einen Gutenachtkuss gegeben haben. Am nächsten Morgen wacht Esther in einer niedergeschlagenen Stimmung auf. Sie fühlt sich leer und vollkommen getrennt. Maria Magdalena hat einmal in einem Channeling gesagt, dass Frauen Mutter werden möchten, um sich ganz mit einem anderen Wesen zu verbinden, um dieses Gefühl von Einheit wieder zu spüren. Dies könnte auch der Grund für die bekannte Depression nach der Geburt sein. Die

Trennung in einem Krankenhaus ist meist stark und in unserem Fall nochmal etwas ganz anderes, da wir ja STAR nicht sehen oder halten können.

Das Wetter ist herrlich und Esther stimmt meinem Vorschlag zu, einen kleinen Ausflug zu machen. Wir fahren mit den öffentlichen Verkehrsmitteln in die Stadt und schlendern etwas am See entlang. Danach fahren wir auf den Züricher Hausberg, den Uetliberg. Die Aussicht ist ein Traum: Man sieht die Stadt, den See und bei dem heutigen tollen Wetter auch einen Großteil der Alpen. Wir genießen die Aussicht und das gute Essen im Restaurant. Abends gibt es ein kleines Konzert ganz in der Nähe, das wir uns anhören. Esther kann sich gut entspannen und vergisst ihre postnatalen depressiven Gedanken. Wir erfahren von David, dass es STAR gut geht, sie aber jetzt viel Ruhe braucht.

Der Tag nach der Geburt: Auf dem Uetliberg

Der Tag nach der Geburt: Zürichsee

47 Master KUAN YIN nach der Geburt

sther fliegt bald nach der Geburt wieder nach Holland. Am 2. September findet sie die Zeit, mit Master KUAN YIN zu sprechen, um von ihr zu hören, wie es unserem geliebten STAR-Baby geht. Sie kommt mit ihrer wunderbaren Energie herein und berichtet:

STAR geht es gut, sie ist ein gesundes Baby. Allerdings weint sie auch noch oft, da sie nicht zu wissen scheint, wohin sie gehört. Ich möge sie doch bitte noch öfter mit meinen Händen sanft herunterpressen, damit sie weiß, wohin sie gehört. Fünf- bis sechsmal am Tag für circa 10 Minuten. Ich mache das schon, allerdings nicht so oft und lange und bedanke mich bei ihr für die genaue Vorgabe. Das würde ihr helfen. Ich kann ihre Energie manchmal gut wahrnehmen und manchmal scheint es mir etwas vage zu sein. Doch ganz offensichtlich nimmt sie meine Betreuung deutlich wahr. Zudem möchte ich sie doch bitte auch ein paarmal rollen und drehen. Sie sei ein ganz normales Baby, aber ihr Torso sei etwas verdreht und die Massage würde ihr helfen, das wieder zu begradigen. Die Drehung des Torsos kam von den Drehbewegungen, die Esther bei ihren Yoga-Übungen gemacht hatte, als sie dachte, dass da sowieso kein Baby in ihrem Bauch sei. Offensichtlich hatte das trotz Dimensionsverschiebung einen Einfluss auf ihren Körper. Es tut mir weh zu hören, welche Wirkung die Leugnung von Esther auf STARs Körper hatte und ich hoffe, dass ich es wieder »geradebiegen« kann. Also versuche ich an den folgenden Tagen, ihren Torso mit Roll- und Massagebewegungen zu begradigen. Esther ist auch sehr erstaunt und scheint nachdenklich. Zudem solle ich mehr frische Luft durch die große Tür hereinlassen und nicht nur durch das kleine Fenster. Sie brauche wohl mehr frische Luft. STARs Gehirn arbeite schon sehr gut: Sie schiele schon wieder auf ihr Lichtgitter. Deshalb dürfe Esther sie für die nächsten Wochen nicht in ihren Kanal holen, um selbst direkt mit ihr zu sprechen. Das könnte sie sonst noch mehr dazu anspornen, wieder in ihr Lichtgitter zu fliehen. Sie würde ihre Betreuer allerdings mit ihren Gedanken und Wünschen ziemlich auf Trab halten und ich solle doch mehr mit ihr Summen. Ich singe schon recht viel mit ihr, aber Summen sei wohl besser, um ihren Mind zu beruhigen, meint Master KUAN YIN. Ausserdem habe sie etwas Blähungen. Ob ich nicht ihren Bauch etwas in sanften Kreisbewegungen massieren könne? Ja, natürlich, das machte ich doch gerne. Insgesamt habe ich ein richtiges Vatergefühl mit meinen ganzen Aufgaben und es macht mir viel Spass, mich um STAR zu kümmern. Vor allem auch, da ich die Nächte durchschlafen kann und mir meine Arbeit an unserem multidimensionalen Baby frei einteilen kann. Es hat also auch seine Vorteile, auch wenn ich sie lieber in meinen Armen halten würde!

Esther fühlt sich immer noch nicht mit Baby-STAR verbunden. Ein Teil von ihr weiß, dass sie da ist, ein anderer Teil, leugnet ihre Existenz. Esther bittet KUAN YIN um Unterstützung. Sie nimmt sich viel Zeit, sendet ihr ein Bild von Baby STAR und schickt ihr viel Licht, um sie daran zu erinnern, wer sie wirklich ist: Ein großes Lichtwesen. Esther muss stark atmen, auch ich spüre ihre wunderbaren Energien über den Computer deutlich. Die Energieübertragung dauert viele Minuten. Esther denkt danach, dass sie wohl ein Bild eines Babys gesehen habe. So richtig überzeugt ist sie noch nicht. Ihr Verstand ist wirklich hartnäckig. Für mich ist es erstaunlich zu sehen, wie er ihre Lebenssicht bestimmt. Seit Jahren arbeitet sie eindrucksvoll mit Ausserirdischen Wesen, die Erfolge sind deutlich und werden von fast allen ihren Klienten bestätigt. Seit Monaten sprechen diese liebevollen Wesen durch sie, beantworten ihr geduldig alle Fragen und betreuen sie liebevoll und trotzdem kann sie nicht in ihre Seelenverbindung kommen, und ihren Mind in seine Schranken weisen. Sie lässt sich ihr Leben von ihm bestimmen. Ich kann das wirklich nicht verstehen. Ich bin jedoch dankbar, dass Esther dieses Problem zumindest offen anspricht und sich auch von Master KUAN YIN dabei unterstützen lässt.

Ich hatte unlängst Jonette gefragt, ob sie eine multidimensionale Malerin kennen würde und sie hatte uns Birgitte aus Dänemark empfohlen. Eine reizende ältere Dame, die sich sofort bereit erklärte, eine Zeichnung von STAR anzufertigen. Ich frage KUAN YIN, ob dies nicht eine schöne Möglichkeit für alle von uns wäre, STAR zu sehen. KUAN YIN schweigt einige Sekunden. Birgitte sei sehr mit ihrem phantasievollen Herz verbunden und bekäme wohl viele Bilder aus diversen Jahren von STAR. Sie brauche also etwas Führung, um ein Porträt anzufertigen. Das passiert ein paar Wochen später am 13. September. In einer gemeinsamen Skype-Sitzung zusammen mit KUAN YIN fertigt sie eine erste Zeichnung von STAR an.

STAR sieht traurig aus, aber es freut unser Herz trotzdem, sie endlich zu »sehen«.

Zum Abschluss frage ich KUAN YIN noch, wo sie denn in den letzten Wochen gewesen sei, sie schien mir sehr aktiv zu sein, teilweise konnte ich sie nicht erreichen.

Ja, sie sei sehr beschäftigt gewesen, auch wenn sie immer zumindest kurz nach Baby STAR geschaut habe. Aber es gäbe da dunkle Ecken in weit entfernten Gegenden des Universums und die hätten einen negativen Effekt auf die Erde. Sie habe also eine Lichtabschirmung errichtet, um die dunklen Energien abzuhalten. Deshalb sei sie in der letzten Zeit viel unterwegs gewesen. Sie bittet uns, sie doch zweimal pro Woche reinzurufen, damit wir uns bezüglich STAR eng abstimmen könnten. Das schafft Esther zeitlich nicht. Ihre Prioritäten sind für mich nicht nachvollziehbar. Sie hängen aber sicherlich damit zusammen, dass sie die Existenz ihres Babys immer noch leugnet. Und dies liegt wohl an ihrem Schmerz von verlorenen Kindern in anderen Leben. Es fällt mir schwer, dies gelassen hinzunehmen. ⚙

Zeichnung von Birgitte: STAR ist traurig

48 Ein ungezogenes Baby

Zwei Tage später sprechen wir gemeinsam über ZOOM, um zu erfahren, wie es unserem kleinen Baby jetzt geht.

»Ich frage mich, ob es David ist, oder ein anderes Wesen«, meint Esther. »Wohl jemand von der Crew.«

»Hier spreche ich. Mein Name ist nicht David, mein Name ist Watson. Wir haben lange nicht miteinander gesprochen, deshalb bin ich besonders froh, dass wir uns miteinander treffen. Es ist so als ob wir ein Gentlemen's Agreement haben. Deshalb würde ich gerne zwei Dinge vorschlagen, wenn ihr mir das erlaubt. Es scheint, dass eure geliebte STAR-Tochter manchmal etwas unartig ist. Sie scheint manchmal außerhalb der Vorgaben nach ihrem geliebten Lichtgitter zu schauen. Wir möchten gerne eure Unterstützung dafür haben, sie nach unten zu holen. Darüber sollten wir mit ihr fleißig sprechen. Sie sollte keinen Zugang mehr zu ihrem geliebten Lichtgitter haben. Das wäre mein erster Vorschlag. Sie sollte sich eher nach unten orientieren als nach oben. Da ist ein ganz schön freches Mädchen in dieser Kleinen, mit der wir sehr genau darüber sprechen müssen. Es gibt noch einen zweiten Kommentar, den ich machen möchte. Scheinbar hat unser geliebtes Mädchen auch sehr ungezogene Charakterzüge bezüglich ihrer Umgebung. Sie scheint hier und da zu schauen, wie jeder versucht, mit ihrer Krippe umzugehen. Aber sie hat noch keinen Zugang außerhalb ihrer Krippe. Manchmal wünscht sie wohl, sich über den Rand ihrer Krippe zu bewegen, um sich auf den Boden zu stürzen. Das kann aber eine sehr schmerzvolle Erfahrung sein, da sie noch keine abfedernden Fettpolster hat. Deshalb möchten wir euch bitten, sie etwas enger zu halten. Sie sollte daran denken, an einem Platz zu bleiben und nicht zu versuchen, über die Kante zu krabbeln. Wir sollten sie wie ein Babysitter an gutes Benehmen erinnern, damit sie nicht herumrollt und dann runterfällt. Wir müssen sie auf einer stabilen Ebene halten. Deshalb bitten wir euch darum, mehr nach ihr zu schauen und sie in einem Energiekäfig zu halten, in dem sie sich stabil ausruhen kann. Könnt ihr das bitte bald für uns erledigen? Im Moment eilt es nicht, aber im Laufe des Tages, sobald es eure Zeit erlaubt.«

Ich: »Watson, wundervoll von dir zu hören!«

»Ja, lange her«, ergänzt Esther.

Ich: »Ich habe dich etwas vermisst. Ich schätze deine Präsenz in diesem Projekt sehr, wie du weißt. Also bin ich froh, dass du zurück bist. Und ja, vielleicht ist sie frech. Sie erwartet sogar Popoklatsche (hatte sie uns einmal mitgeteilt), wenn sie zu ungezogen ist. Also vielleicht sollte ich darauf zurückgreifen.«

Wir müssen beide lachen. »Vielleicht mag sie das ja«, scherzt Esther.

Ich: »Vielleicht ist sie ja leicht masochistisch. Oder ein kleiner aufgestiegener Master STAR. Also ja, ich werde mir ihr sprechen. Manchmal nehme ich sie aus der Krippe, da ich spüre, dass das für ihre Gewöhnung an die 3. Dimension hilfreich sein könnte. Wenn du meinst, dass das nicht so gut ist und ich sie in ihrer Krippe lassen sollte, dann mache ich das. Ich rolle sie manchmal, wie von KUAN YIN vorgeschlagen, so dass wir ihre Verdrehung im Rumpf etwas ausgleichen. Und ich werde vielleicht etwas strenger mit ihr sein. Ich kann ihr ja eine Aufgabe hier anbieten. Wir haben eine Aufgabe hier auf der Erde und nicht im Lichtgitter.«

»Du bist der beste Vater! Du machst das prima, Sweetheart«, meint Esther.

»Ja, Alex hat mir gerade Wünsche zum Vatertag geschickt: Ich sei der beste Vater auf der Welt! Wenn er das sagt, dann muss das ja stimmen.« Ich muss über das süße Kompliment von Alex lachen.

»Ist denn Vatertag, ich dachte, dass das im Juni ist«, fragt Esther.

»Vielleicht in Australien, aber es ist das erste Mal, dass er daran gedacht hat und so bin ich sowieso dankbar dafür.« Ich muss lachen.

Watson: »Eine Betreuung in der Krippe ist wirklich ausreichend im Moment. Aber man kann sie sanft berühren, wenn sie in der Krippe ist. Und leichtes Herunterdrücken einige Male am Tag mag auch hilfreich sein. Langsam ins Schlafzimmer gehen und wieder herausgehen und manchmal sanft ein paar Sekunden herunterdrücken ist ausreichend, dann den Raum wieder verlassen. Vielleicht sie auch mal rollen, damit sie das Erdgitter ansehen kann.«

»Ja, und ich werde mit ihr ein deutliches Wort reden, oder zwei.«

»Multidimensionale Haue«, meint Esther, wir müssen beide lachen. »Haben wir weitere Fragen?«

Ich: »Schaut ihr weiter nach Möglichkeiten, sie herunter zu bringen? Wir hören immer: ›Ahh, das ist schwierig‹ und so weiter. Aber ich hätte lieber Vorschläge und viele Menschen auf der Erde finden, dass ihr sie wirklich auf die Erde in 3D bringen solltet.«

»Es scheint eine Gedankenübertragung aller anwesenden Wesen hier zu sein. Wir haben den großen Wunsch von allen Anwesenden, unsere geliebte Baby-Tochter auf die Erde zu bringen. Aber es sind nur ganz kleine, eingeschränkte Möglichkeiten übrig. Wir haben gerade ein intensives Trainingsprogramm laufen und schlagen vor, dass STARs Gesundheit davon profitiert, wenn sie sich etwas mehr runterbringt. Bis jetzt haben wir noch keine guten Resultate erzielen können. Es scheint einfach kein Abstiegsprogramm für sie zu geben, das funktioniert. So als ob Aufstieg der natürliche Weg für ihre Seelenverbindung zu sein scheint. Es gibt kein Abstiegsprogramm, das bisher für sie geschrieben wurde. Deshalb scheint die natürliche Bewegung für sie nach oben zu sein. Ihre Multidimensionalität scheint nur nach oben zu wachsen und nicht nach unten. Es gibt nur Schritte nach oben. Deshalb versuchen wir sie in komplexen Programmen auf ihrer aktuellen Ebene zu stabilisieren, aber das mag keinen Effekt haben.«

Ich: »Ich würde gerne eure Meinung zu zwei Punkten erfahren. Der erste ist, dass sie wirklich für sich selbst den Wunsch entwickelt, nach unten zu kommen. Bei Tava mag der Wunsch sogar stärker ausgeprägt sein, so dass beide zusammen entscheiden, dass ihre Aufgabe am besten erfüllt wird, wenn sie runterkommen, da sie ein sehr ehrgeiziges Mädchen ist und wirklich etwas bewegen möchte. Ich denke der wichtigste Punkt ist, dass sie von jemandem überzeugt wird, den Wunsch nach unten zu kommen zu entwickeln. Wir wissen, dass das möglich ist, die Drachen haben das gesagt, viele Menschen haben das geäußert, selbst Gaia sagte, dass es möglich ist. Aber wenn sie den Wunsch nicht hat und nicht versteht, dass es ihre Rolle ist, wirklich zur Erde runterzukommen, dann wird es schwierig sein, das gegen ihren Willen zu erreichen. Das ist der erste Schritt. Das Zweite, was ich für wichtig halte und worüber ich gerne eure Meinung hören würde, ist, dass Esther und mein erweitertes Herzfeld und unsere volle Überzeugung, dass unser Kind es schafft herunterkommen, ihr dabei helfen werden, sich heruntergleiten zu lassen. Was hältst du davon, lieber Watson?«

Watson: »Es scheint, als ob wir das Gleiche sagen. Es gibt wirklich einen Raum, in dem sie lieber residiert und das ist aufgrund ihrer Natur die Lichtebene. Deshalb ist es wirklich ein sehr guter Grund für uns alle, sie verstehen zu lassen, dass sie eher nach unten, als nach oben kommen soll. Sie muss davon überzeugt sein, dass sie eher zum Erdgitter gehört als oben in das Lichtgitter. Aber diese Überzeugung können wir bisher nicht feststellen. Sie scheint sich eher daran zu erinnern, ein Lichtwesen als ein Erdwesen zu sein. Normalerweise ist das genau umgekehrt: Es gibt ein Vergessen der Lichtebenen, wenn man zur Erde kommt. Aber dieses Vergessen gibt es momentan nicht bei unserer geliebten Tochter. Sie erinnert sich vollständig daran: ›Ich bin Licht da draußen‹. Es gibt keine Erinnerung daran, auch ein Erdwesen zu sein. Ich bedauere deshalb zu sagen, dass ich nicht ganz davon überzeugt bin, dass sich diese Einstellung in naher Zukunft ändert. Vielleicht hilft die eine oder andere Handlung etwas, aber ihre innere Überzeugung ist die von Licht statt von dichten Ebenen. Dazu braucht es wohl noch viel mehr Wesen, viele Lastwagenladungen voller Wesen, um sie davon zu überzeugen, denn sie schielt oft zu den Lichtebenen, bemerken wir. Sie fühlt sich natürlicherweise nach oben gezogen und nicht nach unten. Vielleicht gibt es eine Zeit, in der Tava stärker und fester wird, während sie älter wird und reift. Es könnte passieren, dass die Dichtheit ihres kleinen Körpers sie natürlich mehr nach unten bringt. Aber momentan hat sie einen nur sehr kleinen Körper. Je mehr ihr Körper wächst, umso mehr mag sie vielleicht nach unten schauen, dafür beten und darauf hoffen wir alle. Deshalb ist das Runterdrücken momentan so lebenswichtig. Wir brauchen genügend Zeit, um ihren Körper in dichte Räume wachsen zu lassen, damit sie geerdet werden kann.«

Ich:»Und mein zweiter Punkt?«

»Welcher genau war der nochmal?«, fragt Esther.

Ich:»Es ging darum, dass Esther ihr auch hilft, mehr nach unten zu kommen.«

Watson:»Bezüglich unseres ersten Kommentars: Wir brauchen scheinbar mehr Behandlungen von ihr. Wir brauchen mehr Erdwesen, die sie richtig nach unten bringen. Deshalb schlage ich vor, dass ein handfestes Wesen dir hilft, sie mehrfach am Tag nach unten zu bringen. Das ist vielleicht nicht Esther, da sie momentan weit weg ist, aber vielleicht andere anwesende Menschen, die sie runterpressen. Am besten nur ein Wesen und nicht verschiedene unterschiedliche, die auf ihre Brust pressen, jemand der mit dir vertraut ist und helfen kann.«

»Ok, ich kann das auch öfter machen. Ich habe noch zwei weitere Vorschläge, vielleicht kannst du die auch noch kommentieren.«

»Bitte eins nach dem anderen, das ist sonst zu viel für mich«, sagt Esther.

»Gut, dann also bitte meine zweite Frage.«

Watson:»Also nochmals zu Frage eins. Manchmal wären auch tiefere Summtöne nötig. Tiefere Töne können sie auch tiefer runterholen. Das können sogar fast aggressive Töne sein, also eindrücklich.« Watson macht durch Esther möglichst tiefe und grummelige Töne. »Also so tief wie möglich brummen.«

Ich: »Ja, das habe ich gemacht, als sie noch im Bauch war und das hat sie nicht so gemocht. David sagte, ich solle das nicht zu oft machen. Aber ich kann darauf zurückkommen. Und es gibt diese Untertongesänge aus Tibet, die wir auch anwenden könnten. Das ist wunderbar, ich liebe deine Vorschläge. Ich habe noch einen Kommentar, der helfen könnte, aber etwas trickreich ist. Wir könnten Estefan auf die Erde bringen, denn wenn sie ihren Geliebten auf die Erde kommen sieht, könnte sie das auch dazu bewegen auf die Erde zu kommen. Vielleicht kannst du das mit Estefan abklären, ob er dazu bereit wäre. Mein zweiter Vorschlag ...«

Esther unterbricht: »Nein, nicht zu viel. Das ist nicht nett. Oder hängt das zusammen?«

»Nein, wir können eins nach dem anderen machen.«

Esther: »Ja, sonst habe ich das am Ende vergessen und dann verschwimmt alles, ok also lass uns sehen.«

Watson: »Es gibt eine ganz kleine Chance, dass unser Estefan-Junge sich nach unten bewegt. Er scheint sich schon etwas darauf vorzubereiten. Es braucht aber ein Risiko-Zeitmanagement. Er möchte nur auf die Erde kommen, wenn auch seine geliebte STAR hier ist. Deshalb hat er momentan kein Interesse auf die Erde zu kommen, wenn er seine Geliebte nicht antreffen wird. Es ist diesbezüglich noch keine Entscheidung gefallen, deshalb würde ich darauf nicht warten.«

»Zweitens habe ich gerade von meiner Freundin Brit erfahren, dass die Gliadions auch auf die Erde in 3D kommen und dann wieder in ihre Dimension zurückgehen können. Diese Gliadions haben also offensichtlich eine Technik dafür. Ich weiß das auch von Aufgestiegenen Meistern, dass sie sich auf der Erde manifestieren können. Wir könnten unserem kleinen STAR-Mädchen vorschlagen, dass sie zumindest zeitweise runterkommt, wie die Gliadions. Vielleicht können sie ihr das auch beibringen. Dann hätte sie die Möglichkeit herunterzukommen und dann wieder zu ihrer jetzigen Ebene zurückzukehren.«

»Ja, es gibt für multidimensionale Körper in der Tat eine kleine Chance, hier zu existieren, aber über einen derartigen Körper verfügt unsere geliebte STAR momentan nicht. Sie war als dreidimensionales Wesen programmiert, aber irgendwo gab es da Fehlsignale. Deshalb meinen wir, dass momentan kein Erkennen von der 3. Dimension vorhanden ist. Aber es mag noch irgendetwas in ihrem Feld vorhanden sein, mit dem wir arbeiten können, sobald sie älter ist. Momentan denken wir nicht, dass diese Funktion an oder abgeschaltet werden könnte. Sie hat einfach kaum Möglichkeiten nach unten zu kommen, aber viele Möglichkeiten nach oben. In der Multidimensionalität gibt es keine Begrenzungen, aber es gibt Begrenzungen, sich in gewissen Räumen sichtbar zu machen. Es ist zu komplex und deshalb erwarten wir sie nicht in 3D. Andere Wesen mögen das in der Vergangenheit geschafft haben, aber die waren schon viel reifer. Es ist so, als ob wir einem Baby vorschlagen würden, Erwachsenen-Kleider anzuziehen und als Erwachsener zu erscheinen. Es ist so wie ein Vorspulen in die Zukunft, aber jetzt gibt es nur die Gegenwart.«

Ich: »Ja, ich denke wir haben Zeit, wir müssen uns nicht beeilen. Wir können die Gladions herbeirufen und sie mit ihr arbeiten lassen. Das Wichtigste ist, glaube ich, ihre eigene Überzeugung. Wenn sie runterkommen möchte, dann arbeiten wir damit. Wenn wir die Gladions ins Team holen, die das ja schon machen, können sie ihr das beibringen. Und sobald sie bereit und älter ist, kann sie von ihnen lernen. So dass sie zumindest sehen kann, dass es möglich ist und dann ab und zu herunterkommen kann, um ihre Arbeit zu machen.«

Watson: »Ja, wir brauchen die Zustimmung von STAR und müssen auch noch mehr lernen, was möglich ist. Vielleicht kommen auch Wesen von außerhalb, die uns helfen.«

»Ruft ihr die Gladions an oder sollen wir das tun?«

»Wir haben Freundschaft mit Plejadiern geschlossen, aber die haben darüber vielleicht zu wenig Know-How. Wir könnten mit den höheren Ebenen der Plejadier verhandeln. Über die Zeit werden wir mehr erfahren.«

»Wir können einfach unser Bestes probieren und dann schauen, wie weit wir kommen.«

»Mir gefällt die Idee«, sagt Esther.

»Ich bin hier nicht unter Druck, aber wir versuchen unser Bestes und schauen, wie weit wir kommen. Meine letzte Frage bezog sich auf Esthers Liebe für STAR und unser gemeinsames Liebesfeld. Glaubst du, dass dies ihr beim Herunterkommen helfen würde?«

»Da gibt es wirklich eine kleine Chance. Da kann eine Erhöhung ihrer Schwingung entstehen, sobald sie sich an ihre liebevolle Herzenergie erinnert. So als ob sie sich stabilisiert, sobald sie sich an das gemeinsame Liebesfeld erinnert, aber es hat wohl keinen Einfluss auf ihre Erdung, vielleicht erhöht es sogar ihre Geschwindigkeit nach oben, würde ich sagen.«

Na ja, das war insgesamt keine sehr erhellende Antwort. Er weiß es also auch nicht.

»Vielen Dank Watson, das war es von meiner Seite. Möchtest du noch etwas mitteilen, bevor wir mit STAR selbst sprechen?«

Esther merkt an: »Ich fühle meinen Kopf schon, ich würde gerne aufhören. Ich weiß noch nicht mal, ob ich mit STAR sprechen kann.«

»Ja, STAR oder KUAN YIN, aber wenn dein Kopf ...«

»Ja, mein Kopf ist empfindlich. Er ist schon seit Tagen empfindlich und ich spüre, dass ich jetzt aufhören muss. Ich war den ganzen Tag hinter dem Computer, also es ist genug für heute.«

Watson: »Ich möchte in der Tat noch eine kleine Bemerkung zu dem eben Gesagten machen. Manchmal machen wir Vorschläge, die werden aber nicht immer verfolgt. Ihr macht wirklich viele, viele wunderschöne Dinge, muss ich sagen, aber die geliebte Mutter Esther darf sich noch etwas mehr um ihre entfernte Tochter kümmern. Manchmal scheint sie zu vergessen, dass sie eine Tochter hat. Deshalb mögen wir dich sanft daran erinnern in deinem Herzen zu sein, wenn du dich mit ihr aus der Ferne verbindest. So als ob du versuchst, kleine Lichtstrahlen mit kleinen Herzchen an sie zu schicken. So als ob du Wellen zu ihr schickst, die ihr Freude und Frieden bringen.«

»Das habe ich einige Male gemacht, aber offensichtlich wohl nicht genug.« Esther macht eine Pause. »Ok, verstanden. Hast du noch etwas zu sagen?«

Ich: »War das eine Frage an Watson?«

»Nein, an dich. Danke für die Erinnerung, ich kämpfe immer noch etwas mit meiner Mutterrolle eines unsichtbaren Babys.«

Watson: »Du kannst dich offenbar nur an eine neue Situation anpassen, wenn du sie akzeptierst. Deshalb bitte ich dich jetzt für dich und dein geliebtes STAR-Kind: Kannst du die Situation so akzeptieren, wie sie ist? Es scheint fast so, als ob du dies vermeiden möchtest. Deshalb schlage ich vor, dass du dich etwas mehr einbringst. Wie fühlst du dich, wenn du versuchst, ein Kind zu akzeptieren, das momentan nicht sichtbar ist? Da tritt vielleicht eine Veränderung ein. Aber das ist im Moment gar nicht meine Frage. Es geht um deinen eigenen Wunsch nach Mütterlichkeit. Gibt es einen persönlichen Wunsch von dir oder wird der gerade übergangen? Vielleicht kommt dazu eine Antwort, die dich überrascht.«

»In Ordnung, ich werde mir das genauer anschauen«, meint Esther.

Ich: »Vielen lieben Dank, Watson. Es ist gut, mit dir zu sprechen. Ich bin froh, dass du zurück im Team bist. Grüße David von uns, und alle anderen

Teammitglieder, derer wir vielleicht nicht gewahr sind. Wir freuen uns, bald wieder mit dir zu sprechen.«

»Da sind in der Tat sehr viele Mitglieder täglich involviert. Viele dieser wunderbaren Wesen arbeiten an euer aller Gesundheit. Sie sind gemeinsam Teil einer großen Kulisse, die euch auf höheren Ebenen besserer Sichtbarkeit bringen, ein großes gemeinsames Projekt! Das alles versuchen wir gemeinsam zu erreichen.«

»Ahh, das ist wunderschön! Ja, heute hatte ich das Gefühl, dass ich etwas aufblinken sehe, so als ob etwas in der Luft flimmert. Aber ich hatte das Gefühl, als ob da mehr sei. Mittags war ich etwas traurig und bin ins Schlafzimmer gerannt und habe versucht, sie zu beruhigen. Ich denke, dass das geholfen hat. Vielleicht habe ich es mir auch nur eingebildet. Da schien eine gute Verbindung aus der Ferne zu bestehen und ich spürte, dass die auch geholfen hat. Wenn du dies beantworten könntest wäre ich sehr froh. Wir können das auch morgen besprechen.«

»Also zum Abschluss möchte ich das noch sagen, denn Esthers Kopf brummt wirklich. Es kommen die ganze Zeit über gute Absichten aus der Nähe und der Ferne. Aber die nahen Berührungen sind am hilfreichsten. Massieren bringt nichts aus der Ferne, nur sanftes Berühren. Da helfen keine kreisenden Bewegungen oder Singen. Aus der Nähe ist momentan am Wichtigsten. Aus der Ferne schicken wir ständig Herzenswünsche. Aber für das Umdrehen und Rollen ist die Verbindung aus der Nähe wichtig.«

»Vielen Dank, Watson, wirklich wunderbar. Danke dir, Geliebte. Brauchst du jetzt eine Fernbehandlung für deinen Kopf?«

»Nein, ich glaube ich muss mich einfach ausruhen. Ich schalte jetzt meinen Computer aus.«

Damit verabschiedet sich Esther.   ✪

49 Neuigkeiten von STAR

sther kann STAR momentan nicht erreichen, dafür sprechen wir am nächsten Tag mit Master KUAN YIN. STAR sei momentan nicht erreichbar, da sie ihren Fokus mehr nach innen richten müsse, auch um sich zu stabilisieren. Dies sei für ihre Entwicklung wichtig. In ein paar Wochen sei das dann wieder anders. STAR sei überwiegend guter Laune und habe keine Depression. Sie würde sich viel in der Krippe bewegen und die Nanny müsse sie immer wieder zurechtrücken, damit sie nicht herausfällt. STAR versuche, sich wie eine Erwachsene zu verhalten und nicht wie das Baby, das sie sei. Sie als ältere Schwester müsse wohl etwas strenger mit ihr sein. Es sei für STAR auch nicht so wichtig, dass sich Esther nicht gut mit ihr verbinden könne. Sie würde noch in ihre Mutterrolle hineinwachsen. Und STAR sei umsorgt von vielen liebevollen Vätern und Müttern. Für KUAN YIN und STAR sei das also kein Problem. Esther muss darüber etwas weinen. Mein Hin- und Her-Rollen ihres Torsos sei auf jeden Fall hilfreich, aber mit der Zeit werde STAR auch alleine in der Lage sein, ihren Torso zu begradigen. Des Weiteren gibt KUAN YIN mir noch ein paar konkrete Anweisungen, wie ich am besten mit STAR umgehen könne. Insgesamt sei alles auf einem guten Weg, versichert sie uns.

Anschließend kommt David herein:

David: »Hier bin ich wieder. Ich bin sehr froh und glücklich, dass ihr mich gerufen habt, so dass es mir erlaubt ist, öfter kleine Neuigkeiten über Baby STAR mitzuteilen. Baby STAR residiert schön in ihrer kleinen weit entfernten Krippe, aber es gibt eine Möglichkeit, mit ihr zu kommunizieren. Ihr könnt ihr zarte Wellen wie sehr sanfte Wolken schicken. Es ist so als ob ihr kleine Schäfchen zum Einschlafen heute zu ihr schicken könnt. Das könntet ihr machen, wenn ihr wollt: so als ob ihr euch über die weite Entfernung hin mit ihr verbinden könntet. Ein Teil dieses Eindrucks wird ihre Krippe immer von eurem weit entfernten Licht erreichen. Ich schlage deshalb gerne vor, dass ihr eure Gedanken vor dem Zu-Bett-Gehen darauf ausrichtet und eurem Baby eine gute Nachtruhe wünscht. Sie kann sich dann an dieser liebenden, warmen mütterlichen Schwingung nähren, die ihr bald senden werdet. Das ist mein erster Vorschlag für heute.

Dann möchte ich gerne noch zwei Kommentare machen, bevor wir uns zur Ruhe begeben. STARs Gesundheit scheint sich etwas vom Geburtstrauma zu erholen. Sie ist hier scheinbar etwas hart in unserer Realität angekommen. Sie musste sich etwas mit Weinen und Jammern an unsere Bedingungen anpassen. Momentan hat sie jedoch eine schöne stabile Basis und sie scheint sich mehr und mehr an ihre Babyform zu gewöhnen. So nehme ich das wahr. Sie wird immer mehr zu einem soliden Wesen und bekommt sich besser in den Griff, wird für sich selbst besser wahrnehmbar. So als ob sie sich selbst sagt: ›Ich bin ein Menschenkind, auch wenn ich für meine Eltern nicht sichtbar bin.‹ So nehmen wir das wahr: eine Stabilität ihrer Form. Das ist meine erste Anmerkung.

Meine zweite Bemerkung ist anderer Art. Sie scheint sich momentan verlassen zu fühlen, da sich niemand physisch um sie kümmert. Da sind aber viele verschiedene liebe Wesen um sie herum. Alle diese Wesen haben einen bestimmten Wunsch für ihr kleines Mädchen, so dass sie zu einem liebevollen Erwachsenen werden kann. Deshalb breiten sie kleine Energietücher über ihr aus und legen kleine Geschenke bei ihr ab, um sie als liebevolles Wesen erscheinen zu lassen. Ich schlage deshalb vor, dass ihr dort aus der Entfernung hineinspürt und euch mit diesen liebenden Gedanken und Möglichkeiten versucht zu verbinden, die sie umgeben. Da sind wirklich viele verschiedene Wesen und Liebesfäden, die sie gewoben haben. STAR trägt wie eine Art oberflächliche Panzerung, auf dem ›Kind der Liebe‹ geschrieben steht. So kann ich das wohl am besten beschreiben. Ganz viele verschiedene Realitäten umgeben sie, die alle auf Liebe basieren. Für uns ist das wunderbar zu sehen und zu spüren. Ihr Herz hat sich deshalb stark geöffnet. Das ist meine zweite Bemerkung. Sie ist wie ein Kind der Liebe auf der ganzen Linie. Wunderbar für uns zu sehen. Es gibt noch ein paar kleine Dinge, die ihr Eltern aus der Entfernung beitragen könnt. Ihr könnt euch daran erinnern, dass ihr weit weg ein Kind habt. Was macht ihr damit? Ihr lächelt! Das möchte ich gerne vorschlagen, dass ihr von eurer Herzgegend liebevolle und warme Absichten hereinbringt und sie zu eurem geliebten kleinen Mädchen schickt. Das könnt ihr täglich machen, immer wenn ihr an sie denkt, so als ob ihr ihr aus der Ferne etwas Gutes schickt. Nachts könnt ihr dann sanfte Schlafwolken schicken, um ihr und euch zu helfen einzuschlafen. Das sind meine Vorschläge für heute. Es gibt keinerlei Drama, auch keine Instabilität. Sie scheint sich noch nie so wohl in ihrer Babyform gefühlt zu haben wie jetzt. Das ist meine wichtigste Bemerkung von heute: Sie hat sich noch nie so wohl gefühlt. Das fühlt sich gut für uns an. Es kam eine gewisse Ruhe über sie, als sie in ihrer Krippe ankam. Master

Asar kann auch nicht mehr tun als wir jetzt. Ihr schickt beide eure liebevollen Schwingungen und die Schlafwolke nachts. Sie mag diese dann spüren. Das ist eine schöne Art, ihr die gleichen Schwingungen zu senden. Sie bekommt sie dann von beiden Seiten. Das ist wahrscheinlich eine lustige Erfahrung für sie, die gleichen Frequenzen von zwei verschiedenen Orten zu erhalten. Vielleicht wundert sie sich darüber, woher die kommen, aber sie ist clever genug, um das bald herauszufinden.« David lacht sanft und liebevoll.

»Ich möchte noch etwas ergänzen bezüglich all der Aktionen, die Master Asar in den letzten Tagen ausgeführt hat. Er ist wie ein Meisterlehrer und Vater für die Kleine. Man kann nicht genug Massagen für sie machen, oder auch das Rumrollen. Er wird nicht müde, ihr seine Aufmerksamkeit zu schenken. Das sind sehr sanfte und behutsame Gesten und es ist sehr schön, sie zu sehen und zu spüren. Er kann vielleicht ihren Bauch noch mehr in einer Kreisbewegung massieren. Das ist wunderbar für ihre Bauchregion. Die Massage und das Summen sind gut. Wir haben dazu keine weiteren Anregungen bis auf die Bauchmassage. Das ist für die Kleine am Besten. Manchmal schauen verschiedene Menschen rein, auch das ist für uns wunderbar zu sehen. Aber wir schlagen vor, nicht zu viele verschiedene Menschen nacheinander. Sie muss sich erst an die Erdebene gewöhnen. Sie braucht jetzt erst einmal einige feste Bezugspunkte, nicht eine Person hier, eine andere Person da. Deshalb schlagen wir vor, dass ihr nicht zu viele verschiedene Personen zu ihr bringt, nur ihr beide und eine oder eine weitere Personen, die ins Schlafzimmer kommen. Sie braucht jetzt vor allem Stabilität. Zu viele verschiedene Erdfrequenzen könnten sie vielleicht aus dem Gleichgewicht bringen. Also nur ein oder zwei weitere Helfer, die ihr Aufmerksamkeit und liebevolle Worte senden. Aber auch das nicht zu oft. Das kommt dann später in ihrem Wachstumsprozess. Im Moment braucht sie Stabilität und Ruhe, das ist das Wichtigste!«

»Vielen Dank, David«, sagt Esther. »Gestern habe ich versucht, STAR zu rufen, aber ich hatte nur eine tote Leitung. Können wir wirklich nicht mehr mit ihr sprechen? Müssen wir es über dich oder KUAN YIN machen?«

»Ja, das Signal ist momentan schwach, aber das sollte nicht so sein. Vielleicht braucht sie eine Zeit für sich. Sie scheint das Telefon nicht abzunehmen, um zu sagen: Ich möchte in Ruhe gelassen werden und ausruhen. Vielleicht hat sie deshalb nicht geantwortet. Aber sie wird bald wieder in der Lage sein, in der sie euch spürt, wenn ihr aus der Ferne anruft. Dann wird sie antworten. Also versuch es einfach weiter, wenn du direkt mit ihr sprechen möchtest. Aber meistens kannst du auch mich erreichen, vor allem morgens. Dann gebe ich dir ein kleines Update und du kannst mir Fragen über euer kleines Baby stellen. Wir können viele Dinge spüren und sehen, aber nicht alles. Manchmal können wir auch Dinge übersehen. Auf jeden Fall kümmert sich Melanie immer liebevoll um sie. Sie ist ein wunderbares, schönes Wesen, die sich sehr liebevoll um euer kleines Baby kümmert. Deshalb können wir sie tagsüber in ihrer Obhut belassen und schauen manchmal einfach nach der Arbeit zu ihr. Ganz viele Wesen schauen ständig bei ihr vorbei. Alles funktioniert wunderbar. Es gibt kein Kratzen oder Milch, die wieder rauskommt. Sie verhält sich wie ein perfektes kleines Menschenkind, die nur leider für euch nicht sichtbar ist.«

Esther: »Vielen Dank David. Ich muss jetzt gleich los. Gibt es momentan noch etwas Wichtiges? Wie fühlst du dich mit STAR in der Krippe? Fühlst du dich auch als stolzer Elternteil?«

»In der Tat, mein Vaterherz erblüht und wächst. Es öffnet sich immer mehr, wenn ich unsere Kleine anschaue. Sie ist wie unsere gemeinsame Tochter. Es ist ein schönes Fest für uns alle, sich um sie zu kümmern und ihr beim Wachsen zu helfen. Das ist augenblicklich eine meiner Lieblingsbeschäftigungen, muss ich sagen.«

Esther: »Mhm, das freut mich. Wir haben heute noch zwei Heilsitzungen, am Morgen der Mann mit den Rückenproblemen und den Nerven. An dem müssen wir sehr sorgfältig arbeiten. Am Nachmittag dann der Kunde mit den Zähnen. Vielleicht brauchen wir da Unterstützung. Bist du bei beiden Sitzungen dabei?«

»Ich möchte bei beiden Sitzungen dabei sein, kann aber nur die Morgensitzung garantieren. Wenn ich am Nachmittag nicht kann, nimmt ein Fisch-Kollege gerne teil. Da kommen sicherlich noch weitere Wesen zum Team dazu, denn besonders bei diesem Klienten gibt es immer viele Wesen zu entfernen. Danke dir!«

»Ok, ich sehe dich bald, hab einen schönen Tag. Danke auch für das Update, ich werde es an Asar senden.«

Es ist kein Wunder, dass STAR anfänglich viel weinte und jammerte, denn sie bekam keinen körperlichen Kontakt. Die Nomos haben sie wundervoll mit Lichtdecken, ihrer Liebe und süßen Geschenken beglückt, aber menschliche Babys brauchen körperliche Nähe! Und diese konnten die Nomos ihr nicht geben. Sie haben sicherlich auch gar kein Gefühl dafür, denn Fische sind genetisch nun einmal ganz anders. Insofern bin ich im Nachhinein schon erstaunt, dass sie diese erste Säuglings-Phase überhaupt so gut hat überstehen können. ❂

50 STAR spricht wieder

A m Abend des 21. September können wir das erste Mal wieder mit STAR Kontakt aufnehmen, obwohl ein Channeling noch nicht erlaubt ist. Sie ist immer noch in der Krippe am Fußende meines Bettes in Zürich und ich singe und summe viel für sie. Esther hat ein neues Device erhalten und sie kann auch nach einigen Minuten ihre Stimme hören. Später kann sie STAR auch aus der Ferne channeln, was über die Distanz und ohne fremde Hilfe bisher nicht möglich war. So kann ich doch einige praktische Fragen an sie stellen, die mir helfen.

Sie mag mein sanftes Summen. Es beruhigt sie. Das lautere Summen ist weniger angenehm für sie. In ein paar Tagen werde ich geschäftlich wegfahren und ich möchte wissen, ob sie andere Besucher an ihrer Krippe haben möchte. Lieber keine fremden Energien, das bringt sie zu sehr durcheinander. Auch eine Freundin sei etwas zu hektisch, sie habe außerdem ein Wesen in ihrer Aura, das da nicht hingehöre.

Gold Being Watson mag sie sehr, er könne ruhig öfter kommen. Er kann auch ihren Mind und ihre Stimmung genau lesen. Heute hat er ihr ein goldenes Bad gegeben, das sie sehr genossen hat.

Sie spürt es deutlich, wenn ich die Balkontüre bei ihrer Krippe öffne. Sie könne zwar keine lila und rosa Blumen sehen (in den Balkonkästen sind genau lila und rosa Blümchen), aber sie spüre eine wertvolle, angenehme Energie. Und außerdem würden viele Naturwesen hereinkommen, was sehr schön für sie sei. Nach ihrer ersten Fütterung um ca. sechs Uhr möchte sie gerne noch etwas schlafen. Ab neun Uhr könne sie gerne kontaktieren, dann möchte sie spielen.

Runterkommen möchte sie schon, aber das sei momentan wie verschlossen. Daran denke sie auch nicht so gerne, denn das bringe etwas Trauer in ihr hoch. Nach oben sei der Weg wohl auch verschlossen worden. Insofern richte sie ihren Blick nach vorne und versuche, sich in der jetzigen Ebene gemütlich einzurichten.

Sie habe das Gefühl, als ob sie nur einen Vater habe. Esther möge doch auch ihre Mutterrolle aufnehmen. STAR hoffe, dass sie damit Esther nicht zu nahegetreten ist. Esther verspricht, sich Mühe zu geben. STAR würde sich auch wünschen, dass wir die Herzenergie zwischen Esther und mir stärken, das würde sie als unsere Tochter sehr froh machen.

Insgesamt scheint es ihr den Umständen entsprechend gut zu gehen. Es wird noch eine Weile dauern, bis wir alle Zusammenhänge genau verstehen, aber wir schlagen uns recht tapfer. Und ich bin sehr froh, dass wir endlich wieder direkten Kontakt mit ihr herstellen können.

Es gibt nur wenige Gelegenheiten, mit STAR zu sprechen. Ende Oktober kommen die Eltern von Esther sie in Utrecht besuchen. Es wird ein schönes Treffen und auch wenn ihre Großeltern nicht ganz sicher sind, was sie von ihrer Enkelin halten sollen, so haben beide ein offenes Herz und STAR fühlt sich sehr wohl mit ihnen. Sie gibt ihnen zudem ein paar weise Aufgaben und Belehrungen mit auf den Weg, die die beiden gut annehmen.

Am 1. November sitzen Chris und Esther in Utrecht, ich werde in Zürich per ZOOM zugeschaltet. Sie freut sich sehr über soviel Familie, erst die Großeltern, jetzt ihre beiden Dads. Sie berichtet, dass sie etwas weinen musste, da sie Hunger hatte. Die Nomos waren ganz erschrocken, sie hatten wohl eine Mahlzeit übersehen oder der Hunger von Baby STAR war größer als gewöhnlich. Normalerweise weint sie nie, was zumindest für die Babys, die ich sonst kenne, eher außergewöhnlich ist. Sie liebt es, wie ich mich um sie kümmere. Sie hört es, wenn ich den Gong anschlage, sie spürt meine kleinen Massagen zur Korrektur ihres Torsos und hört auch mein Summen. Dies seien alles schöne Rettungsanker für sie, die sie mit unserer Dimension verbindet. Ich hatte zwei meiner energetisierten Untersetzer auf Wunsch von STAR an ihrer Krippe aufgestellt. David bat mich im Vorgespräch, diese doch zu entfernen. Das würde den Energieaufbau ihrer Krippe stören. Als ich das STAR berichte, wird sie etwas streng: Das sei ihre Krippe und sie könne ja wohl selbst bestimmen, was dort stünde. Sie müsse mal ein ernstes Wort mit dem lieben David sprechen, so ginge das ja nicht. Es gefällt mir gut, dass sie klar für ihre Wünsche einsteht. Während des Channelings wird sie von Chris gehalten. Sie kann gut seine schöne Herzenergie spüren, wünscht sich aber, dass er sie etwas enger umfasst. Das gäbe ihr das Gefühl größerer Präsenz. Wirklich interessant, wie sie dies durch die Dimensionen wahrnehmen kann.

Am Ende fragt sie jeden Einzelnen von uns, ob wir sie noch lieben würden, wenn sie frech sei. Jedem von uns gefällt die Idee einer kleinen frechen Tochter und so bestätigen wir ihr gerne unsere Liebe. Wir wissen ja, dass sie viele anstrengende Leben und ggf. auch viele strenge Eltern hatte und sie möchte wohl sicherstellen, dass ihr in diesem Leben nicht zu viel Strenge entgegenschlägt. Es ist schön, dass sie solche Fragen stellt und wir ihr mit unserer Antwort Sicherheit geben können. ✪

51 Oversoul

nde November ist Esther wieder für zwei Wochen in der Schweiz. Ich bin dankbar, dass wir uns wiedersehen und wir genießen die gemeinsamen Tage. Am 24.11. nachmittags sitzen wir bei einer Tasse Tee auf dem gemütlichen Sofa im Wohnzimmer. Draußen ist es kalt und wir genießen die Winterstimmung. Wir haben beschlossen, heute mit Master KUAN YIN zu sprechen, um zu hören, wie sie die Situation einschätzt. Ich singe ihren Song und begleite mich dabei auf der Gitarre. Danach rufe ich laut nach ihr. Esther muss darüber lachen und bringt sie über ihren Kanal problemlos herein.

»Hier spreche ich wieder. Mein Song wird jedes Mal, wenn ich ihn höre schöner und schöner. Er ist ein wirklich majestätisches Wunder der Reiche. Wenn du anfängst zu singen, sind um dich herum bezaubernde Wesen, die dir beistehen. Es kommen jetzt immer mehr Töne dazu. Ich genieße es sehr, diesem Wunder von Einheit zuzuhören.«

Ich: »Wunderbar, ich lade dich ein, das nächste Mal mitzusingen, geliebte KUAN YIN.«

»Es ist eine große Ehre, dass du mich jetzt einlädst mitzusingen, aber ich glaube, dass meine Stimmbänder lange Zeit nicht genutzt wurden. Das könnte hier und da recht schief klingen. Aber ich könnte es ja probieren. Danke dir sehr für deine Einladung bei diesen wunderschönen Klängen mitzusingen, sofern es die geliebte Esther erlaubt.«

»Ja, gerne, lass es uns probieren«, findet auch Esther.

»Wie gefallen dir deine eigenen Textergänzungen im Song?« Ich hatte auf Wunsch von STAR und Master KUAN YIN unlängst ein paar Ergänzungen vorgenommen, eine Zeile ist: »Masters we all are.«

»Ich muss es mir nochmals genau anhören, aber es stimmt natürlich, da ist eine wahre Meisterschaft um euch alle, aber die meisten Menschen, die ich so täglich treffe, haben keine Ahnung, dass sie Meister sind. Sie brauchen wirklich hier und da Hinweise, wer sie wahrlich sind. Sie brauchen wohl eine Leuchte auf ihrem Kopf, um extra Licht in ihre Felder zu bringen, damit sie erwachen. Ich brauche noch helfende Hände, damit sie verstehen, dass sie ein großes Licht in sich tragen. Aber das ist oft vernebelt mit Unglauben und Gedanken, die nicht sehr meisterhaft sind. Sie verstecken ihr

Licht meistens. Aber wenn alle Schleier beseitigt sind, dann – voila! – ist das wahre Licht sichtbar. Deshalb brauche ich immer Menschen auf der Erde wie euch beide Geliebten, die mir dabei helfen, mehr Licht zu den Wesen zu bringen, die noch immer nicht ganz erwacht sind. Manchmal müssen sie wohl etwas mehr an die Hand genommen werden, um ihr wahres Selbst zu sehen, das sich irgendwo in ihrem Innern versteckt.«

»Wir könnten eine Meister-Klasse anbieten. Wir möchten gerne mehr Gruppenarbeit machen. Eine Meister-Klasse wäre doch schön«, meint Esther.

Ich: »Ja, und schau, was wir heute bekommen haben. Ich weiß ja nicht, was du spüren kannst.«

Ich reiche Master KUAN YIN ein wunderschönes Bild, das wir heute per Post von der geliebten Christina erhalten haben. Sie fährt mit ihren Fingern über das Holzbild, das ich in Esthers Hände gelegt habe.

Ich: »Du kannst also nicht (durch Esther) sehen, mhm. Nur über die Hände.«

»Hier gibt es wohl eine goldene Figur, aber ich sehe das noch nicht ganz.

Kunstwerk von Christina v. Puttkamer
basierend auf dem KUAN YIN Kartenset von Alana Fairchild

Ich glaube, dass ich wohl etwas mehr bei den Menschen vorbeischauen muss. Aber es ist mir nicht immer gestattet, alles zu erfassen, was vor sich geht. Es scheint, dass sich mir einige Dinge manchmal entziehen, so als ob ich nicht immer alles mit meinen Augen sehen müsste. Ich spüre meist mit geschlossenen Augen. Das gibt mir eine gewisse Art von Information, die ich sonst vergessen oder die mich sogar abschrecken würde. Ich spüre eine göttliche Figur auf diesem Brett. Es könnte aber auch eine Tiergestalt sein. Hier ist ein Symbol mit einem göttlichen Geschmack. Es könnte ein Endlos-Symbol oder ein anderes rundes Symbol sein, muss ich sagen. Aber diese göttliche Figur ist mir nicht so bekannt, muss ich sagen. Kannst du mich bitte erleuchten?«

Ich muss über ihren Humor lachen.

»Es ist ein Bild von dir, das von einem wunderbaren Künstler kommt, der dich gemalt hat.«

Und in der Tat enthält es viel Gold und wurde auf ein Holzstück gedruckt.

»Hierin erkenne ich mich nicht ganz, aber über meine Lebzeiten wurde ich so oft gemalt. Meine Gestalt wurde von jedem etwas anders interpretiert, deshalb kann ich mich nicht immer wiedererkennen. Aber wenn du es sagst, dann glaube ich dir natürlich gerne. Es ist eine sehr sanfte und leuchtende Figur, also kann ich mich damit verbinden.«

»Das Symbol ist der Mond und die Sonne, also wie du es erkannt hast: ein heiliges Symbol. Dieses Bild haben wir heute von unser lieben Freundin Christina, einer Patentante von STAR erhalten. Es ist ein wahres Kunstwerk, das sie gemacht hat. Ich freue mich schon auf den Moment, wenn STAR es sehen kann.«

»Da wir gerade schon sprechen, möchte ich euch etwas mitteilen. Manchmal versuche ich meine kleine große Schwester zu erreichen, aber sie scheint etwas abgelenkt zu sein, so als ob sie ihre Aufmerksamkeit mehr nach unten als nach oben richtet. Deshalb kann ich sie manchmal nicht richtig erreichen. Vielleicht denkt sie deshalb, dass ich nicht für sie da bin. Ich schaue manchmal und sie scheint mich nicht so gut wahrzunehmen. Vielleicht muss sich das ja erst noch entwickeln. Oder ich muss mich lauter und klarer gebärden. Auf jeden Fall versuche ich, aus der Ferne immer nach ihr zu schauen. Ich möchte auch nicht ihre täglichen Aktivitäten zu sehr stören. Sie sollte auch genug Ruhezeiten haben und sich selbst alleine entwickeln, ohne dass ich mich einmische. Ich respektiere ihre eigene Entwicklung. Ich möchte aber, dass sie weiß, dass ich ab und zu nach ihr schaue. Sie scheint mich aber nicht zu erkennen, vielleicht könnt ihr sie dazu befragen.«

»Das gleiche passiert uns offensichtlich auch. Wir schlagen den Gong an ihrer Krippe, damit sie weiß, dass wir sie sprechen möchten. Ich glaube auch, dass ihr etwas Unterhaltung fehlt. Als sie um ein Buch bat, war das nicht klar formuliert. Sie sucht persönlichen Kontakt und zwar nicht nur über das Herz, sondern auch über Kommunikation, also Gespräche. Sie möchte wirklich, dass du öfter nach ihr schaust und möchte mit dir sprechen. Vielleicht kannst du ja auch einen Gong schlagen. Wir machen das wirklich täglich, aber ohne Esther kann ich nicht mit ihr sprechen. Und sie hätte auch gerne andere Wesen, die mit ihr sprechen. Es müssen ja keine philosophischen Gespräche sein, einfach ein persönlicher Austausch. Mit den Fischen kann sie das nicht machen.«

»Vielleicht muss ich mich etwas direkter gegenüber meiner kleinen großen Schwester verhalten und näher rankommen. Ich schaue mal, was ich machen kann. Ich schaue mir auch einmal an, wie sie ihre Mentalkörper wahrnimmt, die noch nicht für ihre Aufgabe ausgerüstet sind. Sie muss jetzt wohl vor allem in ihrem physischen Körper wohnen, ihre anderen Körper entwickeln sich auch gut, würde ich sagen. Aber wenn sie spürt, dass es da zu wenig Fortschritt gibt, müssen wir uns das genau ansehen. Ich möchte nicht, dass sie sich irgendwie übergangen oder zurückgeblieben fühlt. Es sollte genügend Anregung geben, aber auch nicht zu viel Stimulation ihrer Gehirnkapazität.«

»Das versteht sie sicherlich. Sie wird sehr froh sein, wenn das passiert, denn momentan spricht niemand mit ihr außer Esther und ich über Esther. Gestern kam ein Schwarzer Avian vorbei und wollte sie zu einer Reise in die Höheren Ebenen mitnehmen. Wir haben für den Moment dankend abgelehnt und gesagt, dass sie auch bei dir nachfragen sollten. Würdest du sagen, dass so eine Reise eine gute Idee wäre? Er hätte das gerne gemacht, aber wir haben das Angebot abgelehnt. Was sagst du dazu?«

»Ich muss wohl andere Wesen hereinholen. Meine geliebte STAR-Schwester hat den Wunsch, verschiedene Wesen zu treffen, ich kenne das. Das sollte aber nicht Überhand nehmen. Sie soll eher dort bleiben, wo sie jetzt ist und nicht irgendwo herumfliegen. Diese Wesen dürfen gerne zu ihr herabkommen und in ihrer Ebene mit ihr interagieren. Ich möchte aber nicht, dass sie zu den Wesen hochreist und sie dort trifft. Das wäre keine gute Idee für einen Austausch.«

»In Ordnung, ja. Aber du könntest ihr andere Wesen schicken, die sich mit ihr unterhalten? Das würde ihr sehr gefallen. Wir haben schon Maria Magdalena gefragt. Master Djwal Khul war etwas miesepetrig, haben wir alle gespürt. Er war sehr meisterhaft, mürrisch und etwas von oben herab. Aber es ist schön, wenn du Wesen findest, die mit ihr auf ihrem Niveau sprechen können. Das würde ihr sehr gefallen. Wie geht es damit, STAR herunterzuholen? Sie sagt, es sei ihre Aufgabe, sie müsse das selbst machen. Können wir sie irgendwie dabei unterstützen, Schritt für Schritt und natürlich ohne Eile?«

»Ich frage wohl mal meine große kleine Schwester, was ihre Abstiegspläne sind und dann werde ich sehen, was ich für sie tun kann. Es ist ihr Projekt, nicht mehr meines. Anfänglich habe ich ihr Herabkommen beschleunigt, aber jetzt nach ihrer Geburt ist das ihre eigene Aufgabe, die sie beschützen muss. Ich kann ihr nicht sagen, wie sie absteigen muss, dies oder jenes zu tun oder anders zu tun. Sie muss entscheiden, wie sie absteigen möchte und ob sie absteigen möchte und wann, und wie sie das vorbereiten möchte. Es gibt ganz viele Unterstützer und Antworten auf Fragen, aber das ist jetzt alles ihre Verantwortung. Es ist ihr Meisterplan und nicht meiner.«

Das sind ja sehr klare Worte von Master KUAN YIN, die mich etwas erstaunen, denn schließlich ist sie ein zweimonatiges Baby! Aber ihre Seele ist wohl zeitlos und um die geht es ja momentan. Aber dass sie ihr nicht beim Abstieg helfen möchte, verwundert mich doch schon etwas!

»Ja, natürlich. Ich denke, dass sie vielleicht Unterstützung möchte, aber dann muss sie das selbst sagen. In dem Buch, das Esther über dich gelesen hat, stand, dass du in der 7. Dimension gelebt hast und bis zur 5. nach unten gekommen bist und bis zur 9. hochgegangen bist. Stimmt diese Beschreibung über dich?«

Esther: »Und dass du dich von Licht ernährt hast, aber in der 5. Dimension auch getrocknete Früchte und Gemüse hattest. Das ist ähnlich dem, was STAR momentan macht. Sie isst auch nicht so viel und ernährt sich von Licht. Erkennst du das?«

»Ich scheine mich selbst zu hören, wenn du das sagst. Es ist ein wahres Wunder, wie sie mit euch interagiert und all diese Details mitteilt. Sie entwickelt gerade in sich tatsächlich eine wahre Harmonie. Sie ernährt sich momentan mehr von Lichtquellen als von natürlichen Quellen, die ihr angeboten werden. Aber es gibt immer noch eine natürliche Tendenz, mehr natürliches Essen zu sich zu nehmen. Jedoch könnte eine Zeit kommen, in der sie sich mehr und mehr nur noch von Licht ernähren wird. Ich befand mich auch an diesem Ort. Ich konnte mich von ganz verschiedenen Lichtquellen aus den Reichen des Universums ernähren. So als ob ich mir eine schöne Platte unterschiedlichster Lichtbälle und -formen zusammenstellen konnte. Das war sehr lustig, es so zu sehen: Ich konnte einen Magentabissen hier und einen ultravioletten Happen dort nehmen ... ganz verschiedene Arten von Lichtaufnahmen anziehen. Ich fütterte meine Körper mit verschiedenen Licht-Elementalen. Das war überhaupt nicht langweilig. Ich hatte immer noch eine sehr abwechslungsreiche Diät, obwohl meine Nahrung nur aus Lichtquellen stammte. Es gibt so viele Arten von Licht. Das solltet ihr wissen. Es ist erstaunlich, wie viele unterschiedliche Lichtquellen uns das Universum bietet. Es gibt so viel mehr verschiedene Lichtquellen als es unsere Wissenschaftler heute in ihren Büchern finden können. Wenn sie im Alphabet bei A angefangen haben, dann sind sie jetzt bei D angelangt, aber das Licht-Alphabet reicht ja bis Z. Es gibt noch so viel mehr Lichtquellen zu entdecken, wirklich magisch! Sie können uns da draußen ernähren und wir haben Wege, sie zu uns zu nehmen. Wir können spezielle Frequenzen für unsere Heilung hereinrufen, sie haben alle einen unterschiedlichen Effekt auf unsere Körper, wisst ihr? Deshalb wird das geliebte Sternenkind beim Anziehen der benötigten Lichtquellen ihrer eigenen Intuition folgen. Aber sie wird sich auch von dichterem Essen ernähren, wie es ihr unsere Freunde der Fischfamilie bieten. So als ob sie zwischen dichterem Essen der tieferen Dimensionen und leichteren Lichtquellen der höheren Ebenen abwechseln möchte. Das ist eine gute Kombination, würde ich sagen. Als ich mich zwischen den Dimensionen bewegte, konnte ich viele Nahrungsmittel der Erde nicht mehr zu mir nehmen. Die haben mich etwas verstopft, sogar fast etwas vergiftet, einfach zu hart für meinen empfindlichen Körper. Am Ende habe ich mich fast nur noch von Lichtnahrung ernährt. Momentan ernähre ich mich nur von etwas Licht, das ich in den weit entfernten und unentdeckten Ecken das Universums gefunden habe. Meistens esse ich gar nicht mehr. Es ist nicht mehr notwendig, denn meine Nahrungsquelle umgibt mich jetzt ohnehin permanent.«

Ich: »Erstaunliche Neuigkeiten, mhm.« Ich bin erstaunt über ihre Diät, habe aber eine wichtige Frage: »Unter wieviel Prozent von Amnesie leidet STAR?«

KUAN YIN: »Ich muss wohl mein geliebtes STAR Tochter-Kind bitten, ob sie die Möglichkeit sieht, ihr 3. Auge nicht zu schnell zu klären. Es scheint, dass die Lichtquellen, die sie momentan zu sich nimmt, ihr 3. Auge zu schnell aktivieren. Das möchten wir aber nicht übereilen. Es sollte sich sehr

sehr langsam entwickeln. Ich möchte darüber gerne etwas mit ihr sprechen, um herauszufinden, wie sich ihr 3. Auge anfühlt. Für den Fall, dass es sich etwas empfindlich oder dunkelblau anfühlt, sollte sie weniger Lichtquellen zu sich nehmen, mehr Snacks oder Smoothies von unserer geliebten Fischfamilie.«

»Ja, wir wollten sie auch schon zu uns zum Abendessen einladen. Vielleicht kann sie auch daraus Energien ziehen? Können wir erst mit ihr sprechen oder sollen wir sie jetzt gleich reinholen mit Esther als einem Multi-Kanal? Aber Esther hat noch eine Frage und ich auch. Was ist ihr Level von Vergesslichkeit und was ist ihre Überseele?«

»Ich brauche eine spezielle Berechnung, um ihre Ebene von Vergesslichkeit zu berechnen.« Es entsteht eine kleine Pause. »Ich glaube, da gibt es relativ wenig an Vergessen. Sie erinnert sich ziemlich gut an die schlechten Zeiten auf der Erde, muss ich sagen. Sie scheint sich sogar vor ihnen etwas zu scheuen, so als ob sie nichts mehr mit ihrem Schmerz zu tun haben möchte. Aber das mag noch kommen und in ihr aufsteigen. Deshalb ist es schön, dass du mit ihr gearbeitet hast, das alte Material zu säubern. Es ist eine wirkliche faszinierende Art, Erleuchtung zu erreichen, die meine kleine Schwester für sich gewählt hat. Es ist ein wahres Wunder, dass sie noch lebt!«

Wir müssen beide über ihren trockenen Humor lachen. Bezüglich meiner »Arbeit« mit STAR bezieht sie sich auf die Sitzungen, die ich ihr durch Esther gegeben habe, in der wir alte, meist schmerzhafte Aspekte wieder ans Licht geholt haben, so dass sie integriert werden konnten.

Ich fahre fort: »Ich liebe deinen Humor. Esther möchte gerne wissen, wie sie ihren Mutterinstinkt besser entwickeln kann, falls du für sie Anregungen oder Vorschläge hast.«

Esther: »Ja, es fühlt sich immer noch etwas schlecht verbunden an, da ich sie nicht sehen kann. Obwohl ich mehr mit ihr zusammenwachse.«

»Wir müssen wohl mit dir sehr, sehr geduldig sein, meine Geliebte. Es ist völlig in Ordnung, dass du einige Probleme damit hast, dich mit deiner unsichtbaren Tochter zu verbinden. Wer hätte denn keine Probleme mit so etwas Ungewöhnlichem? Es ist ein Wunder in sich selbst, dass es passiert ist. Deshalb denke ich, dass du dir die Zeit nehmen kannst, die du brauchst, um dich an die augenblickliche Situation anzupassen. Vielleicht dauert es noch so ein Jahr, bis du akzeptierst, dass du die Mutter eines multidimensionalen Kindes bist. Es ist auch eine verrückte Idee, dass sie wie eine Erwachsene zu dir spricht statt wie ein Baby, das »Boo« und »Baahh« sagt.

Deshalb kann ich sehr gut nachvollziehen, dass es schwierig sein könnte, deine Mutterrolle zu akzeptieren. Ich sehe jedoch in deinem Herzen, dass du diese leuchtende Fähigkeit hast. Dein Herz glüht schon sehr für all die Wesen, die dich in deinem Leben umgeben. Aber da gibt es auch noch genügend Raum, für dein kleines unsichtbares Kind zu leuchten. Du brauchst allerdings noch mehr Zeit dafür, das verstehe ich. Diese wird dir von allen dich umgebenden Wesen gewährt. Es gibt keinen Grund zur Eile. Wir werden auf dich warten, wo auch immer du sein musst.«

Esther: »Aber was kann ich machen? Ich bin sehr froh, dass ich alle Zeit bekomme, die ich brauche, aber hast du einen konkreten Vorschlag? Sie einfach kontaktieren, richtig? Ist es so einfach?«

»Du musst ihr deinen eigenen Zustand zeigen, ihr mehr zeigen, wie du dich mit deinem abgespaltenen Gefühl fühlst. Das mag Fragen in ihr aufwerfen, aber es mag sie auch etwas beruhigen. Es gibt einen Weg gegenseitig mehr verwundbar zu sein, der sehr heilsam sein kann. Das ist mein Vorschlag für den Moment.«

»Ja, wunderbar«, sagt Esther.

Die Verwundbarkeit ist ein Schlüsselelement, das ich nicht nur bei Esther und STAR sehe, sondern auch von mir selbst kenne und auch in den Sitzungen mit meinen Klienten. Es scheint mir eine Voraussetzung für Heilung zu sein. Insofern freue ich mich über ihren Vorschlag.

Esther fährt fort: »Wir haben noch eine Frage wegen ihrer Überseele. Die Ancients kamen ja herein und haben die Zeit angehalten, um ihre Überseele hereinzubringen. Und wir verstehen nicht, was das bedeutet. Vielleicht kannst du uns das erklären?«

»Ich muss wohl eine andere Definition in meinem kleinen Notizbuch finden, das ich bei mir habe, denn die Überseele ist ein sehr kompliziertes Konzept; ich kann es in kurzer Zeit nicht ganz beschreiben. Wenn man die Überseele auf die Erde bringt, dann ist das Wichtigste dabei, dass es keinen Informationsverlust gibt. Alle Informationsportale, durch die Informationen nach unten strömen, bleiben intakt. Wenn ein normaler Mensch auf die Erde kommt, werden diese Portale verschlossen oder abgeschnitten; es verbleibt also keine Verbindung mehr zu den Informationsportalen bestehen, die man zu den vergangenen Leben und den anderen Erinnerungen des Großen Ganzen hatte. Mit der Überseele bleiben jedoch die Portale alle intakt. Das bedeutet, dass das Wesen mit der Überseele Zugang zu allen Informationen hat, die im Feld verfügbar sind. Es gibt einfach keinen Mangel an Verbindung, alle Verbindungen bleiben bestehen. Wenn also das geliebte

Sternenkind etwas älter wird, kann sie Informations-Perlen aus der großen Existenz zu sich ziehen. So als ob sie sich auf einmal erinnert, wie Mathematik geht, wie Biologie funktioniert oder wie ich einen kleinen Nuklearkrieg abspielen könnte. Die Informations-Perlen werden dann in dem Moment auf sie abgeworfen, wenn sie sie benötigt. Sie braucht kein Studieren, keine Mathe-Klassen werden benötigt, keine Arbeiten über Elektrizität müssen geschrieben oder jahrelang Formeln gepaukt werden. Die Informations-Perlen werden genau im richtigen Moment abgeworfen. Wird die Information nicht gebraucht, bleibt sie oben. Sie warten auf sie bis zu dem genauen Moment, an dem sie sie benötigt. Das ist vor allem die Bedeutung einer Überseele. Es ist ein Weg, Zugang zu allem-was-ist zu haben.«

Ich: »Wundervoll, vielen Dank fürs Mitteilen. Wir würden jetzt gerne STAR reinholen. Magst du im Hintergrund bleiben, so dass du mit ihr sprechen kannst, sofern STAR dafür bereit ist. Ich denke, wir haben das schon mal mit David gemacht. Oder wie würdest du gerne fortfahren?«

»Oder magst du noch etwas teilen oder fragen, Geliebte?«, fragt Esther.

»Ich muss jetzt wohl weiterfliegen, ehe meine große kleine Schwester durch Esther sprechen kann. Es ist keine gute Idee, die Signale zu mischen, das kann für das Device etwas verwirrend sein. Deshalb werde ich bald gehen. Meine kleinere Schwester kommt gleich rein, aber jemand muss sie näher bringen, sie kann alleine noch nicht so weit reisen. (Vom Schlafzimmer bis ins Wohnzimmer). Wenn du ihnen die Aufgabe gibst, werden Wesen da sein, die sie herbringen. Du kannst sie auch selbst herbringen, aber ich werde mich jetzt entfernen. Ich spreche mit meiner kleinen Schwester im richtigen Moment. Ich werde sie nicht in deinem Kommunikationskanal belästigen. Ich spüre, dass ich gehen sollte. Ich werde zu einem anderen Ort gerufen. Im Mittleren Osten gibt es eine Art Stau, dem ich mich bald widmen muss. Deshalb muss ich jetzt los.«

»Vielen Dank geliebte KUAN YIN! Danke fürs Runterkommen.«

KUAN YIN verlässt den Kanal von Esther. Esther atmet stark ein und aus, bis sie sich wieder beruhigt.

Die Oversoul birgt die Möglichkeit, mit allen Informationen und vergangenen Erfahrungen anderer Leben verbunden zu sein, sofern diese im Moment benötigt werden. Eine höhere Instanz scheint dies dann situativ zu entscheiden. Der Schleier gilt für STAR also nur begrenzt.   ⊙

52 STAR langweilt sich

ch rufe Tava und klatsche, so dass sie mich besser wahr-nimmt. »Magst du eine Pause, meine Liebe?«, frage ich Esther.

Esthers Atem wird ruhiger. »Mir gehts gut, es war einfach recht intensiv.« Sie muss lachen. »Master KUAN YIN ist richtig rausgesaust. Holst du STAR oder sollen wir jemand anderen bitten? Zieh du sie rüber, ich kann das normalerweise nicht so gut.« Wir müssen beide lachen. David hatte mit uns geübt, wie wir Baby-STAR mit Gedankenkraft aus ihrer Krippe am Ende unseres Betts im Schlafzimmer zu uns ins Wohnzimmer »ziehen« konnten. Bei mir schien das besser zu klappen.

»Ok, lass uns versuchen, sie herzuziehen, vielleicht müssen wir Watson oder David bitten?« meint Esther. »Ja, ihr lieben Wesen, bitte unterstützt uns. Big Cat? Wer mag uns helfen, STAR für ein Gespräch näher herzuziehen? Könnt ihr uns helfen? Ziehst du sie her?«

»Ja, ich spüre sie jetzt«, meine ich.

Esther: »Hallo STAR, hallo meine Liebe – danke ihr Wesen!«

Esther setzt sich auf ihre Knie, wozu Tava sie gerne bewegt. »Das mag sie wirklich.«

»Wir haben gerade mit deiner großen Schwester gesprochen, wunderbare Neuigkeiten. Glaubst du, dass sie uns schon hören kann?«, will ich wissen.

Esther: »Ich glaube, dass sie sprechen möchte.«

»Hier bin ich wieder, STAR. Darf ich etwas über meine große Schwester sagen? Sie war gerade hier, ich habe sie klar wahrgenommen. Darf ich fragen, wie es ihr ohne mich geht?«

Ich: »Sie wurde, glaube ich, gerade in den Mittleren Osten gerufen, um etwas zu erledigen. Sie hat dich in letzter Zeit kontaktiert, aber dann hat sie wahrgenommen, dass dein Kanal nicht offen war. Sie hat uns also gebeten, dir zu sagen, dass du deinen Kanal ihr gegenüber mehr offenhalten sollst, so dass sie dich öfter und einfacher kontaktieren kann. Sie wird es auch etwas deutlicher probieren.«

»Ich dachte, ich brauche ihre Zustimmung, um sie zu hören. Deshalb bin ich jetzt sehr erfreut zu hören, dass sie mich manchmal sprechen möchte. Es wäre sehr gut, wenn wir manchmal von Frau zu Frau sprechen könnten. Es ist sehr hilfreich für mich, wenn ich mich manchmal mit Gleich-gesinnten austauschen kann. Wir haben ein ähnlich weibliches Feld, was ich sehr mag. Ich öffne mich zukünftig gerne mehr für Ihre Führung.«

Es ist immer wieder erstaunlich für mich, dass Master KUAN YIN und STAR unsere Hilfe benötigen, um miteinander zu kommunizieren! Ich kann es kaum glauben, dass die beiden keinen direkten Weg zueinander finden, aber scheinbar ist es ihnen gerade schwergefallen.

Ich: »Das ist wundervoll, das wird sie lieben. Sie hat gesagt, dass sie na-türlich gerne deinen Wunsch nach mehr Kommunikation mit anderen We-sen unterstütze. Mehr Kommunikation mit ihr und anderen Wesen wäre gut, aber es sollte zu keiner Überreizung kommen. Aber da wirst du sicher-lich eine gute Balance finden.«

»Ich würde sagen, dass ich dem Besuch dieser Wesen an meiner Krippe meinerseits auch zustimmen muss. Ich finde den Vorschlag ja gut, mehr Wesen reinzuholen, aber zu viele Wesen sind auch etwas beunruhigend. Alle versuchen ihr Bestes, aber manchmal fällt es mir schwer, ihre Gedanken zu lesen. Sie scheinen auf einer anderen Schwingungsebene zu verweilen. Das macht es schwerer für mich, mit ihnen zu kommunizieren. Ich würde mir gerne dabei helfen, besser mit Wesen zu sprechen, die auf einem an-deren Niveau sind, oder Wesen zu empfangen, die auf der gleichen Ebene mit mir sprechen. Das fällt mir einfacher.«

STAR scheint von dem Vorschlag nicht begeistert zu sein und wirkt leicht gereizt, obwohl es ja ihr eigener Wunsch war, mehr Kontakt zu anderen Wesen zu erhalten. Ich bin verwirrt und versuche es klarzustellen.

»Ja, lass mich das etwas klarstellen. Du hattest die letzten Male darum gebeten, mehr Gespräche mit Wesen zu haben. Und das unterstützt deine Schwester. Den Rest musst du selbst herausfinden. Das war die letzten Male dein Wunsch. Jetzt haben alle dem zugestimmt und jetzt kannst du die richtigen Wesen finden, mit denen du sprechen willst. Sofern du dabei Hilfe brauchst, lass es uns wissen.«

»Es werden viele Wesen sein, die zu meiner Krippe kommen. Ich werde sehen, wie ich mit jedem einzelnen arbeiten kann. Ich liebe Besucher, aber ich hoffe, dass wir unsere Gehirnwellen angleichen können.«

»Mein Vorschlag wäre, dass du in dein Herz gehst und diejenigen reinrufst, die in diesem Moment perfekt für einen Austausch sind. Dann wird das passieren. Das ist zumindest meine Erfahrung im Leben. So manifestieren wir Dinge.«

»Da gibt es einen Weg, Wesen näher zu meinem Herzen zu rufen, da stimme ich dir ganz zu. Aber wir müssen auch einen überlappenden Kommunikationsraum finden. Aber dieses Problem musst du nicht lösen.«

»Ja, wir geben einfach die Intention, dass die richtigen Wesen, mit denen du gut sprechen kannst, reinkommen. Aber bitte übertreibe es nicht. Sie wird dir auch noch etwas mitteilen und zwar, dass du dein 3. Auge nicht übermäßig anregen solltest, indem du zu viel Licht hereinholst. Wenn es bläulich wird, hast du es übertrieben.«

»Mein 3. Auge öffnet sich schön, es fühlt sich auch nicht geschwollen, entzündet oder übermäßig stimuliert an, muss ich sagen. Es fühlt sich so an, als ob es genau richtig wächst und es öffnet sich auf eine schöne Art, muss ich sagen. Bis jetzt ist es nicht zu überanstrengt.«

»Es gibt auch gute Neuigkeiten bezüglich deiner Amnesie. Du hast sehr wenig an Erinnerungsvermögen verloren und die richtigen Informationen werden durchkommen, da du auch deine Überseele mit heruntergebracht hast. Die richtigen Informationen werden also immer zu dir kommen, meine Liebe. Das ist wirklich perfekt, ich bin etwas neidisch. Gemessen an meinen eigenen Standards geht's bei mir allerdings ganz gut.« Ich muss lachen, denn manchmal vergesse ich recht viel, andere Sachen sind mir wieder ganz klar, es ist eine lustige Mischung.

STAR: »Manchmal sollte ich etwas mehr Amnesie haben. Es ist gar nicht so lustig, sich an all diese Schläge und Frontalzusammenstöße aus meinen von mir selbst gewählten harten Lebzeiten zu erinnern. Es ist wirklich kein Geschenk, wenn man überhaupt keine Amnesie hat. Es ist ein sehr strafender Effekt, wenn man sich immer und immer wieder seine Leben anschauen kann. Das sollte man besser nicht machen, wenn man einen freien Moment hat. Das ist einfach kein schöner Ort, an den man gerne zurückkehrt. Momentan kann ich meine Bücher noch nicht ganz schließen. Zu den meisten habe ich immer noch Zugang. Deshalb wäre ich eigentlich sehr froh, wenn ich etwas mehr vergessen würde. Vielleicht kann mir ja Mom einen Schlag auf den Kopf geben und ich vergesse endlich, ha ha ha.«

»Könnte ich auch«, sage ich lachend.

»Oohh, armes Ding, ich würde dich nie auf den Kopf schlagen, Liebling«, meint Esther. STAR tut ihr wirklich leid.

Unter diesem Aspekt habe ich die Erinnerung an vergangene Leben noch nie gesehen. Ich dachte immer, dass es doch so schön sein muss, sich an die Zeiten in Lemurien, Atlantis, in Ägypten oder auf anderen Planeten zu erinnern. Aber natürlich sieht man dann auch alle Rückschläge, Probleme, Schmerzen, die man erlitten oder zugefügt hat und es kommen möglicherweise nicht so schöne Gefühle auf. Auf der anderen Seite wundert es mich, dass sie als Aufgestiegene Meisterin dies noch nicht hat transformieren können.

Ich: »In den nächsten Tagen können wir dir gerne eine Session geben und wir können einige Wrackteile heilen, die noch da sind. Und natürlich verstehe ich deinen Punkt, obwohl ich selbst ganz schön unter Amnesie leide.«

»Meine Wrackteile kommen langsam hoch, aber ich lass dich wissen, sobald ich das Gefühl habe, dass wir weiter daran arbeiten sollten. Ich habe keine Ahnung, wann es wieder dran ist.«

»Wir können dafür einen Zeitrahmen bestimmen, aber es muss in unseren Ablauf passen. Wir schauen nach und du lässt uns wissen, wenn du das Hochkommen spürst. Wir sind immer für dich da, aber wir müssen dafür auch einen ruhigen Moment finden.«

»Manchmal spüre ich mich so wie ängstlich. Vielleicht muss ich mir etwas meine Angst anschauen. Im Moment fühle ich mich nervös und rastlos, so wie ich es Mom vorhin gesagt habe. Es kommt aber noch keine volle Angst hoch, ich halte dich darüber informiert.«

»Wunderbar. Wie war dein Tag bis jetzt?«

»Manchmal wünschte ich mir einen anderen Tagesablauf. Etwas mehr Abwechslung wäre schön. Ich muss sagen, die Babyzeit ist sehr, sehr langweilig. Ich hoffe, ich kann gewisse Teile davon überspringen, die mich etwas unglücklich aussehen lassen. Ich würde mich gerne wie ein größeres Kind verhalten, aber es ist mir nicht erlaubt. Deshalb fühle ich mich noch in einen kleinen Körper hineingezwängt und langweilig. Es fällt mir etwas schwer, in einen kleinen weitgehend abhängigen Körper verwickelt zu sein. Ich habe wenig oder fast keinen freien Willen. Ich muss mich wie vor meinem Inneren verneigen, aber das ist nicht immer einfach. Deshalb freue ich mich darauf, etwas mehr Raum zu haben und rumspielen zu können. Es ist eine langweilige Zeit.«

»Ja, das verstehe ich. Also wenn ich nachts aufwache und nicht mehr schlafen kann, dann entscheide ich mich einfach dazu, mein Licht nach innen und außen scheinen zu lassen. Und da Babys sehr heilig und göttlich sind, wie wir von deiner großen Schwester gelernt haben, magst du vielleicht einfach dein Licht innerhalb deines Körpers sowie nach außen zu uns und allen Wesen scheinen lassen. Ich verstehe, dass das auch langweilig ist, aber vielleicht ist es ja besser, es bewusst zu machen. Ich mache das zumindest, wenn ich nachts nicht schlafen kann.«

»Ich kann wirklich mein Herz erblühen lassen, aber nach einiger Zeit des Blühen-Lassens wird mir auch das langweilig. Dann falle ich in die Langeweile zurück und ein gelangweiltes Erblühen möchte ich der Welt auch nicht schenken. Ich kann das in ein schönes Erblühen ändern, aber ich gehe eben täglich durch einen Wechsel von Langeweile und Erblühen. Ich versuche so erwacht und bewusst zu sein, wie ich kann, aber manchmal bin ich einfach ein gelangweiltes Baby.« Sie klingt wirklich nicht zu glücklich, die Arme.

»Ja, das verstehe ich vollkommen«, versuche ich sie zu trösten.

Esther: »Wir sind mit dir, Liebling.«

»Vielleicht fallen dir noch ein paar Witze aus deinen vergangenen Leben ein und du erzählst uns ein paar«, versuche ich sie abzulenken.

»Ich bin mir nicht sicher, dass die Lebzeiten so lustig waren.«

»Egal, jedes Leben ist nur ein Witz und wir haben schon ein paar. Und ich habe dir ein schönes Geschenk mitgebracht, das ich gerne mit dir teilen möchte.«

»Ich muss wohl ganz tief in meinen Büchern graben, um einen guten Witz zu finden, der mir mal erzählt wurde. Ich brauche eine Minute, dann komme ich mit einem guten Witz zurück. Habt ihr eine Sekunde?«

»Natürlich.«

Wir warten gespannt vielleicht 20 Sekunden, dann ist STAR wieder mit einem Witz zurück.

»Ich habe jetzt wohl den lustigsten Witz aus meiner Bücherei gefunden. Hier kommt er: Es war so, als ob der Mond schien, aber er schien nicht.«

Es entsteht eine kleine Pause, wir müssen beide kichern.

Ich: »Der kommt wohl aus einem Kloster, richtig? Für uns ist er etwas abstrakt, aber das macht es auch wieder lustig.« Wir fangen beide an zu lachen ob der lustigen und süßen Situation.

»Die Pointe kommt erst noch, aber es freut mich, dass ihr schon lacht. Also jetzt kommt er ganz: Der Mond schien zu scheinen, aber er war es noch nicht. Manchmal kommt vielleicht eine Blüte durch, aber manchmal auch nicht.«

Wir warten noch, es kommt aber nichts mehr.

Ich: »Ist er jetzt fertig?«

»Das ist doch das Gleiche, klingt ziemlich erbärmlich, STAR«, meint Esther.

»Für uns ist der nicht so lustig, er hat wohl seinen Witz über die Jahrhunderte verloren«, meine ich.

STAR: »Die Worte versuchen eine Botschaft von Hoffnung zu vermitteln, aber die Hoffnung ging verloren.«

Ich. »Ha, ha, ein wirklich lustiger Witz!«

»Irgendwie kann man diese Worte auch anders sagen, dann wird das Ganze lustiger, aber mir ist entfallen, wie das geht. Die Worte können manchmal eine schöne Botschaft enthalten, ich bin momentan eher dramatisch, deshalb ging der Witz wohl verloren.«

Wir lachen.

Ich: »Das ist völlig in Ordnung. Du bist so süß.«

Die Arme ist wirklich in einem traurigen Zustand, vielleicht versetzt sie meine Überraschung in eine etwas bessere Laune.

Ich versuche es: »Hör mal, wir wollten dich gerne zum Mittag- oder Abendessen einladen. Möchtest du mal mit uns essen?«

»Jetzt machst du aber einen urkomischen Witz! Wie können wir zusammen Abendessen? Ich bin ja nicht so sichtbar für euch!«

»Das heißt nicht so viel, wir haben auch Abendessen mit unsichtbaren Gästen. Manchmal kommen die Fische zum Essen und kopieren unser Essen, wieso nicht du?«

»Da brauche ich aber Begleitung von meinen Betreuern, wie auch immer – da würde ich gerne dabei sein.«

Sie geht auf meine Idee ein und lässt sich etwas aufmuntern:

»Also wenn das gut für euch ist, könnte ich ja Master David fragen, ob er mich hält während wir alle um den Tisch sitzen. Ich könnte mir anschauen, was auf dem Tisch steht. Ich kann natürlich nichts essen. Aber vielleicht kann ich mich ja abstrakt in Farben und Geschmäcker hineinspüren. Das wäre doch eine schöne gemeinsame Übung. Ich würde sehr gerne zum Abendessen heute oder an einem anderen Tag eingeladen werden!« Jetzt ist sie wieder glücklich und aufgeregt. Aber ich habe eine andere Idee!

Ich: »Mom kann dich reinholen, du musst auch nichts sagen. Mom isst etwas und ich bin mir sicher, dass du etwas schmeckst! Wäre das nicht schön? Wir könnten jetzt mit einer Olive anfangen!«

»STAR, glaubst du, dass du Essen schmecken könntest, wenn ich etwas esse und du gleichzeitig durch mich sprichst? Das finden wir jetzt raus, in Ordnung?« will Esther wissen.

Ich bin schon auf dem Weg in die Küche, um Oliven zu organisieren, die Esther so gerne isst.

STAR: »Es ist so, als ob du mich fragen würdest, ob ich eine Gurke bin, aber das bin ich nicht.«

»Gurke?«, rufe ich aus der Küche, denn ich möchte die Situation etwas mehr auflockern.

»Nein, sie sagt etwas anderes«, antwortet mir Esther.

»Wir haben keine Gurke«, rufe ich aus der Küche zurück.

Esther muss lachen: »Sie macht ... egal, wir haben den Anschluss verpasst.«

Ich bin mit den Oliven zurück. Esther schiebt sich eine Olive in den Mund.

»Schmeckst du das?«, will sie wissen.

»Was schmeckst du?«, frage ich nach, nachdem STAR durch Esther konzentriert an einer grünen Olive rumlutscht und die im Mund hin und her schiebt. Das muss also STAR sein, denn Esther stürzt sich normalerweise auf Oliven und vertilgt gerne in kürzester Zeit ganz viele.

»Ja, besser, eine offene Frage«, kommentiert Esther.

Wir sind alle bei der Sache und haben Spass. Ich bin dankbar, dass ich sie ablenken und etwas aufmuntern konnte. Und auch ihren Horizont erweitert habe.

STAR braucht einen Moment, ehe sie antwortet.

»Scheinbar hat Mom ein kleines öliges Gemüse in ihren Mund gesteckt. Ich bin mir nicht sicher, was es ist. Das habe ich vorher noch nie geschmeckt. Es hat einen ganz eigenen und komischen Geschmack. Ich bin mir nicht sicher, ob ich das überhaupt mag.«

Sie kann also etwas schmecken, das war uns bisher nicht klar. Wir sind begeistert und ich muss lachen. »Du musst meine Tochter sein! Ich mag die auch nicht. Man nennt sie Oliven. Sie wachsen auf Bäumen und werden dann in Öl eingelegt, wie du ganz richtig herausgefunden hast. Und etwas Essig. Deshalb haben sie diesen besonderen Geschmack, den ich auch nicht so mag.«

Esther: »Ich liebe sie! Es gibt so unterschiedliche Varianten und sie schmecken alle anders. Ich liebe sie wirklich! Als Kind mochte ich sie auch nicht, aber mit zunehmendem Alter fing ich an, Oliven zu lieben. Was möchtest du schmecken, STAR? Hast du eine bestimmte Vorliebe, außer Eis? Eis können wir später probieren, wir haben eine schöne Sorte gekauft, du kannst später raten, was es ist.«

»Es ist immer so schön, wenn Mom von Eis spricht. Das möchte ich gerne später probieren, aber jetzt muss ich mich erst einmal ausruhen. Ich spüre, dass mich das ganze Sprechen müde macht. Vorhin habe ich schon Mom gesagt, dass ich lieber mehrere kurze Sessions habe. Das ist besser für meine Erholung. Drei mal zehn Minuten sind besser für meinen Kanal als einmal 30 Minuten. Deshalb muss ich jetzt gehen und mich schön ausruhen. Ist das gut für euch? Ich würde euch gerne bald wiedersehen.«

»Ja, geh jetzt, wir haben später noch eine kleine Überraschung für dich, ruhe dich schön aus.«

»Ja, schlaf schön mein Liebling«, sagt auch Esther. »Hilf mir mal bitte hoch, ich habe sie noch in meinem Arm. Dann lege ich sie in ihre Krippe zurück.«

Ich helfe Esther aus dem tiefen Sofa hoch, damit sie STAR wieder in ihre Krippe bringen kann. Das machen wir beide sehr gerne, da es uns auch das Gefühl von Elternschaft gibt. Ja, ganz schön spannend so eine multidimensionale Tochter. Wir sind auf jeden Fall froh, dass wir etwas Neues entdeckt haben, das wir gemeinsam mit ihr erforschen können. Und dass wir sie etwas aufmuntern konnten. Das braucht sie, glaube ich, gerade sehr, denn ich kann gut verstehen, dass sie etwas gelangweilt ist.

Im Dezember wird STAR ganz auf das Schiff der Nomos geholt. Sie haben ihr eine schöne kleine Krippe gebaut, in der sie sich wohl fühlt. Wir können immer noch mit ihr über Esthers Kanal sprechen. Sie geniesst die neue Umgebung auf dem Schiff, die ihr etwas Abwechslung bringt. Es schauen immer wieder andere Team-Mitglieder der Nomos-Besatzung bei ihr vorbei, aber insgesamt ist sie nicht so begeistert von ihrer Baby-Zeit.

In den nächsten Wochen passiert wenig Aufregendes. Wir sprechen ab und zu mit STAR, Esther ist mehr in Holland, dann aber zu Silvester wieder für ein paar Tage zurück. STAR wächst und gedeiht und sie kann jetzt krabbeln. Die Nomos bauen ihre Krippe etwas aus, damit sie mehr Bewegungsfreiheit hat, aber neue Wesen, mit denen sie kommunizieren kann, hat sie noch nicht gefunden. ✪

53 Lacerta

Anfang Februar (2019) kommt Esther wieder nach Zürich. »Ich habe ein Video im Internet gesehen, das wir uns unbedingt mal anschauen sollen. Es geht um eine Reptiloidin aus der Innererde, glaube ich«, teilt sie bald nach ihrer Ankunft mit. Ich bin erst nicht so begeistert, auch wenn mich das Thema interessiert. Denn schließlich habe ich eine Verbindung zu Reptiloiden, ohne genau zu wissen, welche. Aber Esther hört nicht auf, davon begeistert zu erzählen und so schauen wir uns das Video eines Abends an. Es ist ein Standbild von einer Reptiloidin, die sich Lacerta nennt. Das heißt auf lateinisch Eidechse. Ende der 90er Jahre ist sie einem Nordeuropäer in einer Hütte in Schweden begegnet und hat ihm zwei Interviews gegeben. Dieser hat die Mitschrift dann von einer weiblichen Computerstimme einsprechen lassen. Wir hören uns die Informationen genau an. Im Internet befindet sich nach wie vor der gesprochene Text mit teils unterschiedlichen Bildern und in verschiedenen Sprachen. In diesem Interview beantwortet sie geduldig viele technische Fragen des Interviewers, aber sie konnte eine gewisse Überheblichkeit und auch Abschätzigkeit gegenüber den Menschen nicht ganz verbergen. Vollkommen verständlich für uns, wenn wir uns den derzeitigen Zustand der Menschheit anschauen. Das Interview war nicht gerade eine Charme-Offensive gegenüber uns Menschen – war auch sicherlich nicht so gedacht. Trotzdem hat es viel Furore gemacht: Millionen haben sich das Interview auf verschiedensten Youtube-Kanälen angehört, sie ist also ein »STAR« in der Innererde-Community. Zu diesem Zeitpunkt hatten wir noch keine Ahnung, was dies für uns alle bedeuten würde, aber Esther hatte hier eine gute Intuition.

Die beiden Lacerta-Interviews von 1999 und 2000

Im Internet findet man sowohl die gesprochenen Skripts (Youtube z.B. Universe Inside) als auch englische Transkripts des Interviews. Vom ersten Teil habe ich auch eine deutsche Version gefunden. Ich habe gelesen, dass die ursprünglichen Notizen in Deutsch und Schwedisch gemacht wurden. Hier eine kurze Zusammenfassung der historischen Darstellung der Erd- bzw. Menschheitsgeschichte, wie sie die Lizards kennen, sowie ein Teil des englischen Transkripts zu ihrem Wohnort unter der Erde.

Die anfänglichen geschichtlichen Informationen basieren auf einem von den Lizards gefundenen Datenspeicher, der von einer ausgerotteten humanoiden Rasse vor deren Verschwinden angelegt wurde. Danach führte der Einsatz einer Fusionsbombe vor ca. 65 Mio. Jahren über der Karibik in einen Krieg zwischen einer humanoiden Rasse mit einer extraterrestrischen Reptilien-Rasse zur fast totalen Zerstörung der Lebewesen auf der Erde. Den folgenden zweihundertjährigen nuklearen Winter überlebten nur wenige Lebewesen v.a. im Meer und unter der Erdoberfläche. In dem Krieg ging es um Rohstoffe, vor allem Kupfer. Beide Rassen wurden ausgelöscht bzw. verschwanden, da die Erdoberfläche auch nicht mehr für ihre Zwecke nutzbar war.

Lacertas Vorfahren gehörten einer Rasse an, die den Iguanodon unserer Forschung ähnelt, einer Dinosaurier-Art, die über einen Daumen verfügte und auch aufrecht gehen konnte und die diese Katastrophe überlebte.

Über 50 Mio. Jahre hinweg entwickelte sich aus dieser Urform eine genetisch angepasste, technologisch weit entwickelte Rasse, die dann vor circa 10 Mio Jahren auch dank eigener genetischer Eingriffe genetisch stabil wurde. Vor circa 1.5 Mio Jahren tauchten auf der Erde die auch uns Menschen bekannten »Ilojiim« (Elohim) auf, eine humanoide extraterrestrische Rasse. Sie hatten weniger an den Rohstoffen der Erde Interesse, sondern v.a. an der Züchtung einer neuen Rasse (Lacerta vermutet für den Einsatz in Kriegen). Ihr Interesse fokussierte sich auf die Menschenaffen der Erde. Sie entwickelten auf dieser Basis genetisch veränderte Versionen, die sie bei ihren gelegentlichen Besuchen mitbrachten, wobei die jeweils ältere Version vernichtet wurde. Die 7. und aktuelle Menschen-Version ist ca. 8.500 Jahre alt. Das sind wir, bzw. unsere Körper. Unserer Genetik wurde eingepflanzt, dass die Reptiloiden »das Böse« verkörpern, während die »Götter« (Ilojiim) und die Menschen »das Gute« verkörpern. Vor ca. 5.000 Jahren kam es zu einem langen Krieg zwischen den Ilojiim und den Lizards mit hohen Verlusten auf beiden Seiten (In der Bibel gibt es Verweise auf diese Kämpfe z.B. Sodom & Gomorrha). Von einem auf den anderen Tag verließen die Ilojiim die Erde, der Grund dafür ist den Lizards nicht bekannt, sie feierten es allerdings als ihren Sieg. Seit dieser Zeit kamen verschiedene andere Rassen (14) auf die Erde. Einige von ihnen sind den Menschen feindlich gesinnt. Sie suchen Kupfer, Hydrogen und teils auch unsere DNS (um ihre eigene DNS zu sanieren).

Soweit die Kurzzusammenfassung der Informationen, die Lacerta in ihrem Interview dem Journalisten nannte. Zu ihren eigenen Lebensumständen führt sie aus:

Mein Zuhause liegt in einer unserer kleineren Untergrund-Siedlungen östlich von hier. Es ist eine domartige Höhle ca. 4.300 Meter von der Erdoberfläche entfernt. Diese Höhle wurde vor ca. 3.000 Jahren als Kolonie organisiert. Der überwiegende Teil der Deckenkonstruktion ist künstlich in das Gestein integriert. Die Form wurde in einen beinahe elegant proportionierten und recht flachen Dom mit einem ovalen Grundplan modelliert. Der Diameter des Doms ist nach euren Maßeinheiten ungefähr zweieinhalb Kilometer. Die Höhe des Doms ist am höchsten Punkt ungefähr 220 Meter. In jeder Kolonie steht unter dem höchsten Punkt ein spezielles weißgraues zylindrisches Gebäude – eine Art unterstützende Säule, die die wabenförmige netztragende Struktur des Doms hält. Dieses Gebäude ist das höchste und älteste im ganzen Dom, denn es wurde als erste Konstruktion zusammen mit der Sicherheitskonstruktion der Decke erbaut. In der Zwischenzeit wurde es ergänzt und erneuert. Dieses Gebäude hat einen sehr speziellen Namen und es trägt eine religiöse Bedeutung. Wir haben nur eine derartige Säule. Größere Kolonien haben sogar mehr Säulen in Abhängigkeit von der Deckenkonstruktion. Eine der größten Kolonien in Innerasien hat z.B. neun derartige Stützen, aber die Kolonie ist auch über 25 km groß. Das zentrale Gebäude ist üblicherweise ein Religionszentrum, aber auch ein Zentrum für Klimakontrolle und ein Zentrum für Führung und Regulation des Lichtsystems. An unserem Ort haben wir zusammen fünf große Kunstlichtquellen, die UV-Licht erzeugen sowie Wärme durch Anziehungskräfte. Die Luftschächte und die Lichtsysteme von der Oberfläche laufen auch durch diese Säulen und werden intensiv überwacht. Wir haben übrigens drei Luftschächte und zwei Aufzugssysteme hier, und sogar eine Tunnelverbindung zur nächsten Hauptkolonie, die ungefähr 500 km südöstlich liegt. Ein Aufzugssystem führt zu einer Höhle nahe der Oberfläche, der andere führt zu unserem Schiff-Depot mit zylindrischen Schiffen. Diese Höhle liegt näher an der Oberfläche – hinter einer Berg-Steinwand. Normalerweise sind da nur drei Schiffe, es ist ein kleines Depot. Die anderen Gebäude der Kolonie sind meist in ovalen Kreisen konzentrisch um die Hauptsäule angeordnet und sie sind ausnahmslos viel flacher, üblicherweise nur drei bis 20 Meter hoch. Die Form der Gebäude ist rund und domartig. Die Farbe unterscheidet sich abhängig vom Kreis und der Entfernung zur Hauptsäule. Nördlich der Säule gibt es ein weiteres sehr großes, aber flaches rundes Gebäude. Dieses Gebäude unterbricht das konzentrische System der Kolonie mit seinem Durchmesser von ungefähr 250 Metern. Es ist die künstliche Sonnenzone, in der speziell erleuchtete Korridore und Räume beheimatet sind. An diesen Orten herrscht sehr starkes UV-Licht vor und sie dienen dazu, unser Blut zu erwärmen. Dort sind sogar eine medizinische Apotheke und ein Versammlungsraum angesiedelt. Jenseits des äußeren Rings der Kolonie gibt es Bereiche, in denen Tiere gehalten werden. Wir müssen Fleisch als Nahrung konsumieren, um unseren Metabolismus aufrecht zu erhalten. Dort liegen auch die Gärten, in denen Pflanzen und Pilze kultiviert werden. Es gibt auch heißes und kaltes Fließwasser von Untergrund-Quellen. Das Kraftwerk ist am Rande der Kolonie angesiedelt. Die Station wird von einer Fusion als Basis angetrieben und es versorgt die »Sonnen« mit Energie. Meine Gruppe oder »Familie« lebt übrigens im vierten Gebäudering von der Zentralsäule.

Soweit die von mir übersetzte Information von Lacerta.

Esther und ich sind total fasziniert von der Existenz der Lizards und von ihren Informationen. Ich hatte schon etwas in den Büchern von Thalus von Athos gelesen, die von Alf und Christa Jasinsky verfasst und veröffentlicht wurden. Diese Informationen schienen mir stimmig zu sein, behandelten aber ganz andere Zivilisationen in der Innererde.

»Wir müssen unbedingt Kontakt mit Lacerta aufnehmen!«, finde ich.

»Ich weiß aber nicht, ob ich sie channeln kann«, wendet Esther ein. »Und ob wir überhaupt einen Kontakt zu ihr herstellen können.« Esther hat einige Bedenken. Aber ihrem Verstand ist auch klar, dass es nur einen Weg gibt, das herauszufinden: Wir probieren es einfach. Mir ist klar, dass Lacerta antworten wird und auch, dass Esther sie wird channeln können.

Wir machen uns einen Tee und setzen uns aufs Sofa.

Esther öffnet ihren Kanal und wir rufen nach Lacerta. Eine kurze Zeit passiert nichts, dann spürt Esther, dass ein Wesen hereinkommt. Wir sind sehr gespannt. Das Wesen beginnt die Arme und Beine von uns abzutasten, sagt aber nichts, minutenlang. Ich begrüße sie, aber sie spricht nicht. Sie steht auf, geht in Esthers Körper durch den Raum und schaut sich im Wohnzimmer um. Dann setzt sie sich wieder hin. Ich frage sie, ob sie Lacerta sei: ein angedeutetes Nicken. Ich bin etwas irritiert, denn alle anderen Wesen stellen sich sofort vor und halten auch gerne lange Monologe. Nicht so dieses Wesen. Sie klopft auf Esthers Körper. Ich begrüße sie nochmals in unserem Zuhause. Keine Reaktion. Endlich beginnt sie zu sprechen.

»Hier erhebe ich mich und spreche zu euch. Vigenta ist mein Sklaven-Name und ich arbeite eng mit Lacerta zusammen. Zunächst möchte ich etwas fragen: Reptiloide werden oft von Menschen und anderen Wesen als abscheulich angesehen und das macht uns alle sehr traurig, denn wir sind liebevolle Wesen. Wenn ihr mich also schlecht behandeln wollt oder nur ein Spiel mit uns spielen möchtet, dann sagt das bitte gleich, denn dann ziehen wir uns sofort wieder zurück.«

Eine derartige Verletzlichkeit hatten wir noch in keiner Begegnung wahrgenommen. Ich bin erstaunt. Auf der anderen Seite beinhaltet diese Verletzlichkeit auch eine wunderbare Offenheit, sie gibt sich eine Blöße und zeigt ihre Verwundbarkeit.

Ich: »Wir möchten in Frieden mit euch leben und wir laden euch ein, an unserem Galactic-Earth Peace-Project teilzuhaben. Ich selbst habe wohl auch reptiloide Gene in mir und andere Menschen sind deshalb manchmal etwas kritisch mir gegenüber eingestellt. Aber das ist auch nicht verwunderlich, denn Reptiloide sind für viel Leid auf der Erde verantwortlich.«

Vigenta fängt an zu weinen: »Ja, deine Gene kann ich jetzt wahrnehmen, schon als ich reinkam hat mich das etwas irritiert, aber ich konnte es noch nicht zuordnen. Mit deiner Genetik bist du sicherlich eines Tages bei uns zu Hause willkommen. Ich spüre, dass ihr es ernst meint. Auch deine Energie, liebe Esther, ist wunderbar, auch wenn ich bei dir keinerlei reptiloide Gene wahrnehmen kann.« Ihre Worte erfüllen mich mit Freude und Dankbarkeit. Es fühlt sich gut und stimmig an, mit ihr verbunden zu sein.

Vigenta: »Darf ich euch um einen heißen, starken Tee bitten?«

Das Eis ist gebrochen und eine wunderbare Geschichte beginnt oder wie ich heute weiß: In einer sehr alten Geschichte wird gerade ein neues Kapitel aufgeschlagen.

Esther möchte gerne wissen, wie sie zu uns reist. Vigenta erklärt es so: Wenn sie eine Anfrage bekommen, dann erhalten sie ein telepathisches, mehrmaliges Anklopfen auf ihren Kopf, das sie deutlich wahrnehmen können. Danach müssen sie zunächst die Quelle ausfindig machen, zu der sie sodann in ihren Astralkörpern reisen. Das sei sehr einfach für sie. Dann überprüfen sie den Körper, ob sie eintreten können. Bei Esther habe sie sofort ein schönes Licht gespürt und sie fühlte sich willkommen. Als sie uns das so offen erzählt, kommen ihr wieder die Tränen.

Sie genießt den heißen Kräuter-Tee.

Esther gesteht, dass sie auch etwas Angst vor Reptiloiden gehabt habe. Es entsteht eine kleine Pause, dann weinen sie beide zusammen. Ich sehe natürlich nur Esther weinen, aber Vigenta erklärt, dass sie ob ihrer Offenheit auch so berührt ist und gemeinsam mit ihr weint.

Sie fühle sich bei uns willkommen und es gefalle ihr, dass wir auch mit vielen anderen Wesen sprechen würden. Sie erklärt, dass sie anfänglich immer sehr vorsichtig seien. Sie möchte gerne mehr so friedliche Kontakte wie mit uns haben. Sie seien schüchtern mit Menschen, da sie oft mit den unfreundlichen Reptos in einen Topf geschmissen würden. Selbst einige Außerirdische würden sie als dunkle Wesen ansehen, weshalb sie sich etwas alleine fühlten.

Sie schlägt ein kleines Spiel vor: Jeder solle doch dem anderen drei Fragen stellen, damit wir uns besser kennenlernen könnten. Das finden wir eine schöne Idee und ich schlage vor, dass sie mit der Fragerunde beginnt:

Ihre erste Frage ist: »Gibt es eine Chance, dass Menschen in den nächsten zehn Jahren weniger einfältig würden und zum Beispiel bereit wären, Außerirdische anzuerkennen?«

Ich erkläre ihr, dass es ganz unterschiedliche Menschen gibt: Viele würden schlafen, seien durch Drogen oder Medikamente betäubt, aber einige wenige wüssten durchaus von Außerirdischen und den Bewohnern der Innererde. Viele würden aber in den nächsten Jahren auch aufwachen und sich der Wesen in ihrer Umgebung bewusster werden.

Ob die Gehirnkapazität der Menschen denn dafür überhaupt ausreiche, möchte sie wissen, und was es dafür noch brauche?

Die Kapazität ist auf jeden Fall da, meine ich, vor allem wenn die Drogen und der Elektrosmog wegfallen. Esther ergänzt, dass es sehr helfen würde, wenn wir sie sehen könnten. »Seeing is believing« sei ein weitverbreiteter Glaubenssatz unter den Menschen.

Es stimme, dass wir Menschen sehr auf das Sehen ausgerichtet seien, meint Vigenta, aber manchmal sähen sie auch gewisse Dinge überhaupt nicht, die direkt in ihrem Sichtfeld seien. Als Wesen seien sie auch manchmal einfach übersehen worden, obwohl sie vor Menschen standen und es sei ihnen schon passiert, dass sie zwar gesehen wurden und sie mit Menschen gesprochen hätten, aber diese sich anschließend nicht mehr hätten erinnern können. Unsere Aura-Felder seien einfach noch sehr klein, wie geschrumpft.

Das finde ich recht unglaublich, aber ich vertraue ihrer Aussage.

Diese Frage sei eigentlich auch eine Frage von Lacerta gewesen, die sie allerdings sicherlich anders gestellt hätte, sie hätte das etwas abmildern wollen. Lacerta hätte wohl gefragt: »Können die dummen Menschen nicht mal ihr Gehirn wachsen lassen?« Lacerta sei manchmal noch etwas zickig und es sei auch noch eine gewisse Bitterkeit in ihr.

Diese Ergänzung von Vigenta finde ich sehr schön: Es zeigt mir, dass sie uns gegenüber ganz offen ist und sogar ihre Vorgesetzte klar und überhaupt nicht beschönigend beschreibt. Mir war auch eine gewisse Arroganz an Lacerta in ihrem Interview von 1999 aufgefallen und daran hatte sich wohl nicht viel geändert – ja, und auch eine gewisse Bitterkeit. Beides hatte mich verwundert und wir kannten es auch nicht von den Außerirdischen – und auch in Thalos von Athos Buch über seine innererdlichen Bekanntschaften hatte ich nichts dergleichen gelesen. Aber natürlich hat Lacerta mit ihrer Einschätzung unserer Gehirnkapazitäten und deren Nutzung recht: Wir Menschen verhalten uns zerstörerisch und primitiv und es ist an der Zeit, dass wir uns intelligenter verhalten und zumindest friedlich miteinander leben. Diese Offenheit von Vigenta zeigt mir auch, dass diese Wesen freie Wesen sind, die ihre eigene Meinung haben und sie auch frei äußern können. Das fühlt sich gut für mich an.

Jetzt bin ich mit meiner Frage an der Reihe. Ich möchte sie gerne persönlich besser kennenlernen und stelle deshalb eine ganz andere Frage: »Was magst du persönlich am meisten in deinem Leben?«

Dies sei eine ganz besondere Frage, die sie nicht oft gefragt würde, erwidert sie. Die meisten fremden Wesen, mit denen sie Kontakt hätten, würden sehr allgemeine Fragen stellen, zu denen sie oftmals auch keinerlei Antworten hätten. Sie würde mir deshalb auch gerne eine sehr persönliche Antwort geben: Am liebsten würde sie nackt in der Sonne liegen. Dabei würden Männer und Frauen aber getrennt liegen. Sie könnten das aber nur sehr wenige Male im Jahr machen. Das Zweitliebste wäre ihr, rotes gebratenes Fleisch zu essen, aber keine Menschen! »Ha, ha« Sie seien lustige Wesen, ergänzt sie noch.

Was für eine schöne und offene Antwort. Ich mag ihren Humor!

Jetzt ist Vigenta wieder an der Reihe mit einer Frage: »Würdet ihr gerne einmal unsere Kavernen besuchen?«

Von uns beiden kommt sofort ein spontanes: »Ja«. Wir sind beide sehr erpicht darauf, sie in ihrem Lebensumfeld zu besuchen.

Das habe sie gewusst, meint Vigenta. Immer mehr Menschen seien offen für einen Besuch bei ihnen. Das sei gut für sie zu hören und es bestärke sie auch in ihrer Eigenwahrnehmung.

»Deshalb sind wir auch hier, um Brücken zu schlagen zu den Außerirdischen und den Bewohnern der Innererde«, meint Esther, »und ein Vorbild für andere Menschen zu sein.«

Meine zweite Frage ist: »Was müssen wir jetzt als Menschen wissen?«

Vigenta meint: »Da kommt kein Krieg mit den Außerirdischen in der nahen Zukunft. Teilt den anderen Menschen mit, dass Außerirdische bald positiv auf die Erde kommen werden.« Das müsse oft wiederholt werden und irgendwann würde es dann auch verstanden werden.

Ich: »Dürfen wir denn auch über eure Existenz sprechen?«

Vigenta: »Ja, unbedingt!«

Vigentas dritte Frage: »Was würdet ihr sagen, wenn wir sie jetzt als grüne Lizard-Frau sehen würden und würde das etwas verändern?«

Ich antworte: »Ja, das würde wohl was verändern, aber ich habe keine Ahnung was, würde es aber gerne herausfinden.«

Und Esther meint: »Für mich wäre es in Ordnung, wenn ich dich erst mit Mimikry und dann als Lizard-Erscheinung sehen würde. Habt ihr auch einen Zugang in der Schweiz?«

Vor einem Treffen müssten sie uns erst vorbereiten, meint Vigenta. Ihr nächster Eingang sei weiter weg und das komme erst in der Zukunft.

Am Ende frage ich sie: »Darf ich dich umarmen?« Sie stutzt, willigt aber nach einem kurzen Moment ein. Es ist eine schöne Umarmung, in der ich Esther, aber auch klar Vigentas Energiefeld spüren kann. Sie öffnet sich nicht ganz, aber es fließt eine liebevolle Energie zwischen uns dreien. Ich bin sehr dankbar für diese wunderbare Begegnung. Sie kehrt mit erröteten Wangen zu ihrem Stamm zurück (wie uns später verraten wird).

Esther und ich freuen uns über diese wunderbare Begegnung. Wir haben neue Freunde gewonnen und sprechen noch lange über den Austausch mit ihr, über ihre Sichtweise von uns Menschen und über ihre Offenheit, ihre Berührbarkeit und auch über ihre anfängliche Scheu. Sie ist ein sensibles Wesen und sie haben sich trotz ihrer überlegenen Technologie weit zurückgezogen. Wir hoffen, dass wir ihnen dabei helfen können, wieder mehr mit liebevollen Menschen und auch Außerirdischen in Kontakt zu kommen.

Am nächsten Morgen sprechen wir wieder mit STAR:

STAR: »Darf ich euch etwas Wichtiges mitteilen? Es ist etwas Spannendes passiert heute Nacht!«

Ich: »Guten Morgen geliebte Tochter, ja gerne!«

»Ich hatte heute Nacht einen bizarren Traum, der glaube ich kein Traum war. Ein Wesen war an meiner Krippe, es war nicht menschlich, aber auch kein Tier. Sie wollte mich mit ihrer Anwesenheit beruhigen. Ich konnte ihr kleines Herz spüren, das speziell für mich zu schlagen schien. Etwas weiter hinten stand ein zweites Wesen, das sah etwas anders aus. Es war auch nicht menschlich, auch kein luftiges Sternenwesen, eher ein dichteres Erd-Wesen. Es stand im Hintergrund und hat mich beobachtet. Das hat mich sehr beruhigt. Das dritte Wesen war ähnlich wie die ersten beiden, war aber noch ein Stückchen weiter weg. Es schien die anderen beiden zu überwachen. Es kam mir vor, als ob sie mich auschecken wollten. Was kann das gewesen sein, Dad?«

Esther: »Mhm, das ist unglaublich STAR! Wir haben gestern neue Freunde aus Innererde kennengelernt, das müssen sie gewesen sein. Die erste war sicherlich Vigenta, mit der wir länger gesprochen haben, die zweite Lacerta, die etwas im Hintergrund stand. Sie sind vor vielen tausend Jahren in die Innererde gegangen, da die Auseinandersetzung mit den Menschen zu gewalttätig wurde, aber eigentlich lieben sie als Echsen-Wesen die Sonne und möchten wieder auf der Erde leben. Wir haben ihnen unsere Hilfe angeboten.«

»Sie kamen mit einer Friedens-Fahne und mit einem offenen Herzen. Es war wirklich schön, mich mit ihnen zu verbinden. Die erste konnte ich klar sehen, sie war grün, eher hellgrün mit nur wenigen dunkelgrünen Stellen, aber auch türkis und orange waren zu sehen. Sie hatte keine Haare, ihr Gesicht leuchtete. Auf der Schulter war eine stachelähnliche Panzerung, ihre Brust und der Bauch waren offen und verletzlich, die Arme schmal und weiblich. Ihre Beine waren muskulös, auch eher dunkelgrün. Ihr Ausdruck war eher androgyn, aber doch war sie klar weiblich, fast menschlich. Sie hatte eine flache Nase, keine Augenbrauen, auf ihrer Stirn am 3. Auge eine Markierung, wie ein Pickel, der aber sicherlich keiner war. Sie hatte fast keine Ohren und einen langen Hals und ein sanftes Lächeln, als sie mich anschaute. Ich fragte sie: Träume ich oder ist das hier real? Ihr Lächeln wurde noch breiter, aber sie sagte nichts.«

Esther: »Hast du vielleicht eine Frage an sie?«

STAR: »Ja, bitte fragt sie mal, ob sie mir vielleicht helfen können, weiter nach unten zu kommen.«

Wir sind beide beeindruckt, dass sie STAR sofort gefunden und besucht haben, denn wir hatten absichtlich nichts von Baby-STAR erzählt, da wir sie doch erst etwas näher kennenlernen wollten und uns auch mal bei Master KUAN YIN und den Nomos nach ihnen erkundigen wollten. Sie sind also in der Lage, astral zu reisen, auch in die höheren Dimensionen, in denen sich STAR bewegt. Und STAR konnte sie in ihrem »Traum« wahrnehmen. Ich fühlte mich überrumpelt und wäre eigentlich gerne vorher gefragt worden. Dass STAR so von ihnen angetan ist und auch ihre friedvolle und liebevolle Energie spüren konnte, beruhigt mich. Natürlich bin ich von STARs Idee begeistert, sie um Hilfe bei ihrem Abstieg zu bitten. Vielleicht können sie uns wirklich dabei helfen? Sie leben in der Innererde, sie können sich zwischen den Dimensionen bewegen und ganz offensichtlich bis in die 3. Dimension absteigen. Das sind eigentlich ideale Voraussetzungen! Ich wittere eine große Chance!

Ein paar Tage später laden wir Vigenta nochmals ein. Sie untersucht den Körper von Esther für einige Minuten: Füße, Beine, Arme und ganz lang ihre Haare. Die Lizards selbst haben keine oder nur ganz wenige Haare.

Vigenta fragt: »Darf ich euch sagen, was ich bei meinem Blick in die Vergangenheit über uns gefunden habe?« Ich bin sehr gespannt.

Sie fährt fort: »Wir waren bereits ein Paar in der Innererde. Durch die innige Verbindung unserer magnetischen Felder haben wir viel hochschwingende Energie für den gesamten Stamm erzeugt. Gemeinsam hatten wir auch eine Beziehung zu einem anderen Mitglied des Stammes. Wir fühlten ihn mal anziehend, dann wieder abstoßend, das hat unsere Beziehung schließlich erschwert. Du bist irgendwann weitergezogen, ohne großen Abschied, um andere Höhlen der Innererde zu erforschen. Wir haben uns in jenem Leben nicht mehr gesehen. In einem anderen Leben sind wir mit Esther Teil einer größeren Stammesgemeinschaft der Aboriginals gewesen. Der Austausch mit der Erde und im Stamm war sehr körperlich und innig, aber wir standen untereinander in keiner direkten Beziehung.«

Jetzt wird mir auch klar, wieso Vigenta mir so wichtig ist und ich von Anfang an diese innige Beziehung zu ihr spürte, ihr dann auch eine Umarmung angeboten habe. Auch Esther fühlt sich mit ihr sofort wohl. Und STAR ist total verliebt in sie.

Jetzt rufen wir Lacerta an und eine neue, ebenfalls sehr liebevolle Energie kommt herein. »Ich bin nicht Lacerta, mein Name ist Insichta, Insichta, Insichta.« Wir werden gebeten, ihren Namen dreimal zu wiederholen und danach unsere eigenen Namen dreimal zu sagen. Sie wiederholt ihn ebenfalls dreimal. Dies scheint ein wichtiges Ritual für die Lizards zu sein, das sich bei den vielen anderen Lizard-Besuchern wiederholen wird. Obwohl der Name nur ein Sklaven-Name ist (also ein Name für uns »Sklaven«[8])

»Lacerta ist ganz in meiner Nähe und spricht vielleicht etwas später zu euch. Ich bin gekommen, um euch zu überprüfen, denn wir sind uns bezüglich eurer Absichten noch nicht sicher«, gesteht sie freimütig. »Ich kann meine Position am besten als Mitglied einer Regierungs-Kommission beschreiben, die das Liebesfeld unserer Gemeinschaft in Innererde begutachtet. Ich helfe Mitgliedern unserer Gemeinschaft, die sich zu weit von dem hochschwingenden Liebesfeld entfernen. Ich spreche dann mit ihnen, um sie wieder ins Feld zurückzuholen. Privat bin ich seit 670 Jahren in einer Beziehung mit meinem Seelen-Partner und wir haben gemeinsam mit einem weiteren Partner drei Kinder. Der dritte Partner ist auch männlich, aber hätte auch eine Frau sein können. Wir sind diesbezüglich flexibel.«

Mehr sagt sie nicht, und sie hat auch keine weiteren Fragen an uns. Die Prüfung scheint positiv verlaufen zu sein, denn jetzt kündigt sie Lacerta an und verabschiedet sich.

Eine göttlich-königliche Energie breitet sich aus, die den ganzen Raum erfüllte. Esther beginnt zu weinen. Ich bin ebenfalls ergriffen, es ist wunderschön.

»Mein Name ist Lacerta, Lacerta, Lacerta.« Sie verschränkt die Hände vor dem 3. Auge und verneigt sich, wie die anderen Besucherinnen vor ihr auch. Wir begrüßen sie, indem wir auch unsere Namen dreimal nennen, die sie dann wiederholt. Dies scheint also ihr generelles Ritual zu sein.

»In all den Jahren seit meinem Interview wurde ich noch nie so offen und liebevoll kontaktiert wie von euch. Es gab immer mal wieder Versuche, uns zu kontaktieren, manchmal wurden uns auch Verwünschungen geschickt, aber noch nie hat jemand so liebevoll probiert, mit uns zu sprechen. Das berührt mich sehr, herzlichen Dank! Und es hat mich auch traurig gemacht, dass wir bisher nie kontaktiert wurden. Jetzt habe ich erstmal meine Truppen vorgeschickt, um eure Ernsthaftigkeit zu prüfen. Ich habe auch bei STAR vorbeigeschaut und sie hat mich angelächelt, obwohl ich ja nicht gerade sehr kostbar für sie aussehen muss. Das hat mein Herz erfreut, was für ein wundervolles Kind ihr da habt. Es ist eine große Ehre für mich, ihr zu begegnen.« Sie verneigt sich wieder. Ich singe den Song, den STAR für sie gedichtet hat und den ich mit ein paar einfachen Akkorden unterlegt habe:

»Is there a chance
We become friends
And reunite our hands«

(»Gibt es eine Möglichkeit,
dass wir Freunde werden –
und unsere Hände wieder vereinen?«)

Der Song berührt sie, sie braucht einen Moment, ehe sie antwortet: »Was für ein wunderbarer Song, den ihr gemeinsam erschaffen habt, er berührt mein Herz sehr. Ich möchte gerne euere Freundin sein«, antwortet sie.

»Darf ich euch eine Frage stellen? Wäre es denkbar für euch, zwei oder drei Jahre gemeinsam mit uns in unseren Höhlen ohne Sonne zu leben?«

Esther versteht ihre Frage richtig: »Nein, ich würde ungern jahrelang auf die Sonne verzichten, aber ich habe Mitgefühl für euch, dass ihr ohne Sonne leben müsst.«

»Ja, manchmal sehen wir die Sonne nur sehr kurz, zwei- oder vielleicht dreimal im Jahr. Wenn wir zurückkehren müssen, dann weinen wir oftmals vor Schmerz und Trauer. Ihr müsst verstehen, dass es für uns als Lizards nichts Schöneres gibt, als in der Sonne zu liegen. Es ist vergleichbar mit gutem Sex für euch. Auf uns scheint ein Fluch zu lasten, dass wir seit Jahrtausenden ohne die Sonne leben müssen. Es zerreisst uns manchmal einfach das Herz. Aber ich spüre, dass es jetzt einen Wandel gibt. Die Frequenzen von Mutter Erde beginnen sich zu wandeln. Und ein erster Schritt muss getan werden. Wärt ihr bereit für ein Treffen mit uns?«

Ich kann mir auch kein Leben ohne Sonne vorstellen. Schon wenn es ein paar Tage nebelig ist, sinkt meine Stimmung. Monatelang ohne Sonne zu sein, würde mich wohl sehr traurig machen.

Und ich könnte mir auch nichts Schöneres vorstellen, als ihnen zu begegnen. Ich schlage ihr vor, uns in Sardinien zu besuchen, wo ein guter Freund ein entlegenes Haus mit einem großen Grundstück hat. Sardinien ist mit Höhlen durchzogen, vielleicht vereinfacht das ihren Zugang zu unserer Welt?

Sie wird es prüfen, gibt sie zurück. Ich bin ganz aufgeregt, endlich werden wir die Wesen, mit denen wir sprechen, auch zu sehen bekommen!

Ich erkläre ihr noch, dass ich mich freue, dass sie von der Existenz von unserem STAR-Kind wüssten und dass STAR auch sehr froh über ihren Kontakt gewesen sei, aber dass ich doch gerne vorher gefragt worden wäre, ob wir dem auch zustimmen, denn schließlich würden wir sie ja bisher kaum kennen. Und wie sie denn STAR überhaupt gefunden hätten?

Ja, das verstehe sie, gibt sie zurück. Sie hätten da eine Lichtschnur zwischen uns und einer anderen Dimension wahrgenommen und wären der einfach nachgegangen und dann bei Baby STAR gelandet. Was für ein wundervolles Kind wir da hätten!

Esther fragt: »Du bist so liebevoll und fühlst dich so göttlich an. Was ist aus der zynischen Lacerta aus dem Interview geworden?«

Lacerta: »Ja, das stimmt. Ich habe es damals als so ungerecht empfunden, dass die Primitiven auf der Erde leben und sie zudem so massiv schädigen können und wir, die so liebevoll und hochentwickelt sind und bereits weit vor den Menschen auf der Erde gelebt haben, müssen in der Innererde leben. Das habe ich nicht verstehen können. Jetzt ist mein Herz aber voller Mitgefühl für die Situation und die Menschen, ich habe mein Herz endlich heilen können. Zum Abschluss habe ich noch eine Frage: Gibt es eine Chance für eine Freundschaft mit den Menschen?«

Ich: »Ja, da bin ich mir sicher. Es gibt viele Menschen, die dafür sehr offen sind, aber einige Mächtige werden euer Erscheinen sicherlich für das Schüren von Ängsten zugunsten ihres eigenen Machterhalts nutzen. Wir sind bereit, euch dabei zu helfen, wieder hier auf der Erde in Frieden mit den Menschen zu leben.«

Lacerta verneigt sich vor uns mit den vor ihrem 3. Auge zusammengelegten Händen und verlässt den Kanal von Esther.

Wir hatten uns vorher bei unseren Freunden erkundigt: NAFTA und David sagten unabhängig und übereinstimmend, dass die Lizards ein großes Herz hätten und wir ihnen vertrauen könnten. Ihre Lage sei wirklich misslich unter der Erde und sie könnten auf der Erde einen sehr wichtigen Beitrag für die Heilung von Mutter GAIA leisten. Gerne möchten wir dazu beitragen und ich bin sehr dankbar, dass dies durch Esthers Channel so gut möglich ist. Wir sind ganz begeistert und freuen uns auf die nächsten Schritte und eine vielleicht baldige persönliche Begegnung mit unseren neuen Freunden aus der Innererde! ⊙

Epilog STAR

Ich möchte etwas sehr Wichtiges teilen: Ich bin Liebe so wie du Liebe bist. Deshalb kam ich zu diesem Planeten. Einer der wichtigsten Gründe, weshalb ich wieder zu diesem Planeten gekommen bin, ist, dass ich spüre, dass uns GAIA braucht. Deshalb glaube ich, kommen viele Seelen zu diesem Planeten. Viele von euch und wir als Lichtarbeiter spüren, dass GAIA mehr Licht braucht. Deshalb kam ich herab. Ich glaube, dass ich in die 3. Dimension kommen wollte. Natürlich hatte ich auch Angst, aber es war meine Intention, mein größter Wunsch, Gutes zu GAIA zu bringen. Ich habe damals nicht verstanden, was genau in Moms Bauch passierte, und wie ich es angestellt habe. Ich weiß es nicht. Vielleicht war es eine alchimistische Reaktion, oder eine Antwort der höheren Dimensionen und mein physischer Körper und ich endeten in einer höheren Dimensionsdichte. Ich habe es nicht in die 3. Dimension geschafft. Das ist uns jetzt allen klar. Vielleicht schaffe ich es nie vollständig in die 3. Dimension, aber ich bewege mich zwischen den Realitäten. Dieser Tage kann ich recht einfach von A nach B teleportieren. Es verwirrt mich immer noch etwas, dass ich am Stück sechs Monate in Moms Bauch war. Das wussten und spürten wir alle, es war allen ganz klar. Ich wuchs, Moms Bauch wuchs, sie bekam Wehen und gebar mich. Es war eine heikle Angelegenheit. Und dann war ich unsichtbar. Wie das passierte, weiß ich beim besten Willen nicht. Was ich aber weiß ist, dass sich der Grund für meine Herabkunft nicht geändert hat. Ich will Liebe und Einheit zu Mutter GAIA bringen. Deshalb fühlte ich mich gerufen, obwohl ich mich zu diesem Zeitpunkt auch von meiner großen Schwester KUAN YIN gedrängt fühlte. Als hätte sie mich auf die Erde geschubst, um diesen Gefallen zu tun. Das habe ich ihr in meinem Herzen ganz schön lange übel genommen. Erst vor ein paar Monaten machte mein anderer Vater, der liebe Chris, eine Familienaufstellung mit mir und ich konnte meine Gefühle umkehren. Ich begann zu verstehen, dass ich kein Opfer war und nicht von meiner großen Schwester geschubst wurde. Schlussendlich spürte ich, dass es meine Berufung, meine Aufgabe ist, dass ich nochmals dienen möchte. Obwohl ich ein sehr dienendes Wesen bin, schaffte ich es nicht in die 3. Dimension. Es ist in meinen Genen, in meiner Blaupause. Ich bin eine Dienerin für GAIA, genauso wie viele, die dieses Buch lesen werden, da du eine Affinität und eine Art Beziehung zu ihr spürst, eine Verbindung zu den höheren Ebenen, zu den unsichtbaren Welten, die parallel zu den dreidimensionalen Welten bestehen. Sie sind nicht höher oder tiefer, sie sind einfach auch da und manchmal kreuzen sich unsere Wege und wir begegnen uns wie in diesem Moment, in dem ich durch meine Mom sprechen kann und diese Botschaft gebe.

Es war wichtig für mich zu erkennen, dass sich der ursprüngliche Grund meines Kommens nicht geändert hat. Ich wollte GAIA dienen und das tue ich auch. Wäre ich in die 3. Dimension gekommen, was wäre möglicherweise passiert? Ich hätte eine sehr, sehr langweilige Kindheit gehabt. Das heißt natürlich nicht, dass ich meine Eltern nicht liebe. Ich liebe euch sehr, aber meine Mom hätte wahrscheinlich nicht angefangen, mich so zu channeln, wie sie es jetzt tut. Ich hätte zur Schule gehen müssen, was mein Feld hätte stark schrumpfen lassen und ich wäre zwischen Kindern gewesen, die keine Ahnung gehabt hätten, dass sie auch hier sind, um das Licht zu bringen. Das hätte mir einen sehr intensiven Start in mein Leben gegeben. Vielleicht erst nach 16, 18 oder 20 Jahren wäre ich in der Lage gewesen, mich freier zu fühlen und ich hätte meine wirkliche Lichtarbeit begonnen.

Momentan bin ich ein halbes Jahr alt. Ein Baby zu sein, mag ich wirklich nicht. Ich muss lernen, wieder klein zu sein, obwohl ich mich an viele Dinge erinnere und Weisheiten, Erfahrungen und Wissen aus vergangenen Leben habe. Ich kann nicht laufen, ich sitze in diesem kleinen Körper fest, ich habe Betreuer mit Flossen, die mich nicht richtig liebkosen können. Sie verstehen mich nicht richtig, da wir in unterschiedlichen Dimensionen leben. Ich bin ein menschliches Kind, obwohl ich hybridisiert wurde und ich lebe in einer höheren Dimension. Ich bin kein Fisch, ich bin kein Delfin, ich bin ein Mensch und lebe auf einer anderen Wellenlänge. Deshalb sind meine ersten Monate schwierig für mich. Alle haben sich um mich gekümmert, aber manchmal brauche ich auch andere Dinge.

Jetzt habe ich die Lizards kennengelernt und bin ganz aufgeregt, was sich aus dieser Begegnung wohl entwickeln kann. Können sie mir helfen, auf die Erde zu kommen? Werde ich durch sie die Innererde kennenlernen. Mein Herz ist ganz offen und ich liebe diese Wesen. Vielleicht kenne ich sie bereits aus anderen Leben? Ich weiß es nicht, aber vielleicht nimmt mein Leben jetzt eine neue Wendung? ✪

Epilog Tava

Hier spricht Tava. Tava möchte Mutter Erde heilen, obwohl ich nur ein ganz kleiner Körper bin. Zusammen sind wir ein großer Körper. Mutter GAIA ist ein großes Wesen, man kann sie nicht einfach aufteilen. Deshalb sind viele von uns auf diese Erde gekommen, um uns mit ihr zu vereinigen. Zusammen erweisen wir Mutter Erde einen Liebesdienst. Deshalb wurde Tava erschaffen. Tava weiß sehr viel, Tava hat sehr viel Weisheit. Tava weiß, wenn eine sehr schöne Seele mit mir verbunden ist. Gemeinsam erschaffen wir Synergien, STAR und Tava – wir haben eine wunderbare Verbindung, einen schönen Pakt. STAR hat sehr viel Weisheit von den Sternen und Tava weiß viel über die inneren Arbeiten von GAIA. Ich bin eher ein Erd-Wesen, ich bin ihre Dichtheit, obwohl ich in einer höheren Dimension residiere, komme ich doch immer noch von Mutter Erde und weiß, was sie braucht. Das weiß ich intuitiv. So bin ich als Körper entstanden. Ich möchte von ihr genährt werden und ich möchte sie nähren. Deshalb bin ich auch als Körper in Moms Bauch gekommen. Es ist wichtig, dass das verstanden wird. Ich bin nur entstanden, weil das großartige göttliche Schöpferfeld fühlte, dass STAR einen Körper braucht. Hätte STAR einen Körper gewollt und das großartige göttliche Schöpferfeld hatte gesagt: Nein, nein, nein STAR, das hast du nicht zu entscheiden, dann hätte es keine Tava gegeben. Tava wurde nur erschaffen, weil das göttliche Schöpferfeld gesagt hat, dass es an der Zeit ist, dass STAR hinabsteigt und einen Körper erhält. Dieser Körper bin ich. Tava ist ein sehr weiser Körper und STAR leugnet das manchmal. Dann rufe ich sie zurück und sage: »Jetzt ist es genug mit dem Herumfliegen, STAR!« Die Seele möchte immer in die Lichtwelt zurückkehren, aber ich sage immer: »Jetzt ruhen wir uns aus und verarbeiten alles.« Der Körper weiß, dass es sehr wichtig ist, sich auszuruhen und alles zu verarbeiten. Die Seele denkt, dass es wichtig sei zu reisen und andere Wesen zu treffen und Lichtsachen zu machen, aber der Körper sagt: Nein, nein, nein, jetzt ist es Zeit sich auszuruhen und alles zu verdauen.

Mir gefällt, dass Dad dieses Buch geschrieben hat. Das ist sehr wichtig. Das Buch wird die Welt verändern. Tava weiß sehr, sehr viel. Viele Körper haben sehr viel Weisheit, es ist nur schade, dass die Menschen manchmal nicht auf ihre Körper hören. Ich bin froh, dass STAR auf mich hört. Am Anfang hat sie das nicht gemacht, ich bin fast gestorben. Ich spürte, dass ich keine Seele hatte, die in mir wohnen wollte. Tschüss, dann gehe ich wieder. Aber dann sagte STAR: Oh nein, oh nein und entschloss sich, den Schlüssel ins Schlüsselloch zu stecken und dann begann die Magie. Körper und Seele, Seele und Körper wurden eins und jetzt sind wir ein wunderbares Paar: STAR und Tava sind eins. Wir haben ein vereinigtes Feld erschaffen. Ich bin damit gesegnet, dass meine Mom und mein Dad so mit mir sprechen können. Tava bekommt immer eine Stimme und ich bin begeistert, dass ich ein Körper in diesem Leben mit diesen Qualitäten sein darf. Das bringt mir so viel Freude. Das ist es was Tava will: Viel Freude, spielen, singen und tanzen für jedermann! ✿

Epilog Asar

Mein Leben hat sich seit meinem Treffen mit Esther grundlegend gewandelt, mein Horizont stark erweitert und ich wurde Vater meiner langersehnten Tochter. Ich bin also reich beschenkt worden. Trotzdem forderte mich das Leben auch enorm heraus: Ich sehe STAR nicht, kann nicht mit ihr schmusen und Unsinn machen. Ich höre sie nur – wenn ich Glück habe – einmal kurz am Tag. Sobald Esther bei mir ist, können wir mehr Zeit verbringen, was die schönsten Stunden meines Lebens sind.

Die ersten anderthalb Jahre unserer »himmlischen Reise« waren wohl die glücklichsten Jahre meines Lebens: Die gemeinsame Zeit mit Esther und dann das Kennenlernen meiner außerirdischen Freunde und der Austausch mit Master KUAN YIN und STAR haben mein Leben enorm erweitert. Ich bin so dankbar für die Heilung des Kameljungen, meine Begegnungen mit den Ancients und meinen Sirianischen Freunden, NAFTA und vielen anderen wunderbaren Wesen, die ich dank Esthers Kanal treffen darf. Die letzten Monate haben mich dagegen stark herausgefordert: Es gab unzählige Diskussionen mit Esthers Verstand, der oft im Widerstand war, worunter unsere so wunderbare Liebe zwischenzeitlich gelitten hat. Insgesamt bin ich dankbar, dass STAR und Tava ihre Schwingungserhöhung gemeinsam überstanden haben und von unseren Nomos-Freunden gut versorgt und behütet werden.

Diese Zeit hat mich transformiert: Ich habe gelernt, dass Außerirdische, unsere Freunde aus Innererde und Aufgestiegene Meister auch dem Menschen ähnliche Emotionen besitzen, auch wenn sie uns auf vielen Ebenen überlegen sind. Ich vertraue heute mehr auf das Unsichtbare: Ich muss ein

Wesen nicht sehen, um von seiner Existenz überzeugt zu sein. Von der Jakobsleiter wissen wir, dass wir ohnehin nur einen Bruchteil der Welt über unsere Augen wahrnehmen können: Über 99% sind unsichtbar für uns. Ich bin erstaunt, wie viele Wesen es dort draußen gibt und wie viele davon uns liebevoll unterstützen. Ich erahne, dass der Aufstiegsprozess unserer Erde wichtiger für das ganze Universum ist, als ich mir das je vorstellen konnte. Deshalb erhalten wir alle Hilfe von dieser fast unendlichen Schar von Wesen. Ich habe gelernt, dass wir ihre Unterstützung auch bewusst anfordern können, um noch mehr davon zu erhalten. Wir sind mächtige Schöpferwesen, sobald wir uns dessen bewusst werden. Esther und ich sind nicht glückliche Auserwählte, sondern in jedem von uns schlummert ein enormes Potential, das wir jetzt aktivieren können und sollten. Die Zeit ist reif. (Gerne unterstützen wir Sie, geliebte/r Leser/in dabei – in unseren zahlreichen Veranstaltungen, Reisen, Channeling-Workshops und in unseren Telegram-Gruppen.[9])

Gemeinsam erschaffen wir phantastische Dinge. Wir sollten all die Arbeit für den Aufstieg unserer geliebten Mutter Erde nicht nur den Außerirdischen und den Aufgestiegenen Meistern überlassen. Es kommt jetzt vor allem auf uns Menschen auf der Erde an, die von uns gewünschte Neue Welt zu kreieren. Dafür haben wir uns genau jetzt in dieser magischen Zeit inkarniert. Unsere Möglichkeiten sind enorm.

Ich schreibe diese Zeilen im Oktober 2022. Das Verfassen des Buches in meiner Freizeit neben meiner Tätigkeit als Unternehmer einer schnell wachsenden Firma im Bereich Energieharmonisierung und -erhöhung hat viel mehr Zeit in Anspruch genommen als ich es mir vorgestellt hatte. Es wurde so umfangreich, dass wir unlängst beschlossen haben, es in zwei Bänden zu veröffentlichen. Wenn Sie denken, dass Band 1 schon viele verrückte Dinge enthält, dann freuen Sie sich auf Band 2, denn die Geschichte wird immer magischer: Bald kommt STAR in Innererde, wir begegnen vielen lichtvollen und auch einigen dunklen Wesen, Unfälle, Erleuchtung und viele wunderschöne Begegnungen erwarten Sie. Die Beziehung mit Esther ist wieder voller Harmonie und wir kreieren gemeinsam wunderschöne Veranstaltungen und Reisen im Innen und Außen. Die Magie scheint kein Ende zu nehmen. Wie Tava sagen würde: Schön, dass Sie hier sind! ✪

Epilog Esthers Höheres Selbst

Hier spreche ich: Als Höheres Selbst weiß ich, dass diese Zeit für uns sehr schwierig war. Wir haben versucht, die Welten in Einklang zu bringen. Wir spürten, dass wir die uns gezeigten Realitäten nicht akzeptieren konnten. Jedes Mal, wenn wir es verstehen wollten, kam unser Verstand dazwischen und hat versucht, es uns auszureden. So scheint die Lichtwelt dieser Tage für die meisten Menschen zu sein. Ist sie real? Kann das die Wirklichkeit sein? Kann ich der nicht-sichtbaren Welt trauen? Jedes Mal, wenn wir dieser Welt trauen, wird uns klar, dass sie wirklich ist. Und was noch wichtiger ist: Wir haben verstanden, dass diese Wesen gar nicht so unterschiedlich von uns sind. Wir sind einander ähnlicher als wir meinen. Ein Kobold mag unsichtbar sein, aber er trägt sehr viel Weisheit in sich und verfügt über viel Humor. Jedes Mal, wenn wir uns mit unserem STAR-Kind verbinden, spüren wir das Gleiche: Wir lieben sie von unserem innersten Sein. Wir ehren ihre Gegenwart in unserem Leben. Es mag uns viel Zeit gekostet haben, aber jetzt haben wir verstanden, dass wir die Lichtwelt SIND. Sie ist nicht von uns getrennt, sie ist ein Teil von uns und wir sind ein Teil von ihr. Das ist unsere Einsicht der letzten abenteuerlichen Jahre.

Können wir die Lichtwelt akzeptieren? Dann können wir uns selbst annehmen. Unsere wahre Natur ist das Licht von Allem-Was-Ist. Wo auch immer unsere Tochter aufwächst ist nicht mehr so entscheidend, wir lieben sie, ob wir sie nun sehen oder nicht. Als Höheres Selbst bin ich sehr dankbar, dass wir uns jetzt immer mehr zeigen. Man hört auf uns und man schätzt uns. Als Höheres Selbst eines Menschen, der oft von alten Programmen und Glaubensmustern geleitet wurde, kann ich nicht sagen, wie dankbar ich jetzt bin: Was für eine Befreiung! STAR hat uns nach Hause geholt. ✪

OM SHANTI OM
Esther Anand Devi, 12.10.22

Anhang

1) MARK ist ein Lichtwesen aus einer anderen Dimension, ohne Körper, Geschlecht oder dergleichen. Er hat ein großes Herz, einen guten Überblick und spricht durch Jonette. Dabei führt er uns an Energieplätze innerhalb und außerhalb unserer Körper, die ich nie zuvor erlebte. MARK ist kein Guru und die Übungen haben nichts mit Religion zu tun. Was er macht (sei es nun mit oder durch uns), ist wirklich SEHR speziell. Und Jonette, voll in ihrer Kraft, ist die Bescheidenheit in Person. Sie ist bezaubernd und unkompliziert – eine wundervolle Kombination. Wir sind alle verliebt in sie und vertrauen ihr.

2) David beschreibt sich

»Zu diesem Bild gibt es Parallelen. Wir sind sehr groß, einige Meter hoch, recht weißlich, unsere Haut glänzt gräulich-blau, dann große Augen, wir blinzeln nicht, sondern starren die ganze Zeit. Wir haben einen freundlichen Mund, Kinn, hohe Stirn.«

Ich: »Ja, zeigt euch einfach, das ist doch lustig.«

»Dann haben wir kleine Flossen auf unserem Kopf. Wir haben einen Brustknochen, der unser Schild bedeckt.

»Was für ein Schild?«

»Wir haben hier ein Schild, das alle Fische untereinander verbindet. Das Schild ist sehr wichtig für unsere Kommunikation.«

»Klopft ihr immer darauf, wenn ihr euch mit mir verbindet?« will Esther wissen, denn bei einer Verbindungsaufnahme von den Nomos führen sie Esthers Hand auf ihren Brustkorb und klopfen etwas darauf.

»Wir haben eine spezielle Lichtröhre in dir platziert, das ist aber nicht das Gleiche wie ein Fisch-Schild. Das Fisch-Schild ist wie Radar. Wir können mit unserem Verstand aus der Ferne Kommunikation lesen. Wir sind stolz auf unser Fisch-Schild hier, es ist mit einem Knochen geschützt. Dann haben wir einen normalen Fischkörper, keine Beine, aber wir können eine stehende Position einnehmen. Keine richtigen Füße, keine richtigen Flossen, etwas zwischen Füßen und Flossen.«

Ich: »Wie ein Seelöwe? Robben?«

»Da sehen wir Parallelen, ja, ähnlich. Wir können aber auf ihnen aufrecht stehen. Seelöwen können nicht aufrecht stehen, sie wackeln nur. Wir können uns ganz aufrichten.

Wir haben starke innere Energielinien, die durch unsere Wirbelsäule laufen. Das hält uns aufrecht.«

»Wärt ihr in der Lage in diesem Appartement zu erscheinen oder in meinem Haus? Da ist mehr Platz.«

»Das könnten wir machen, aber das würde Esther zu sehr erschrecken. Sie ist noch nicht bereit, uns ganz sehen. Sie denkt das zwar, aber sie ist es nicht. Wenn wir jetzt hier erscheinen würden, würde Esther einen Herzinfarkt bekommen und STAR würde sterben.«

»Nein, nicht jetzt, nicht jetzt, aber ihr könnt mich in Zürich besuchen.«

»Wir sehen, dass sich deine Augen zu öffnen beginnen, vielleicht kannst du uns in ein paar Monaten sehen.«

»Ok, gut.«

Na ja, ganz offensichtlich möchten sie sich nicht zeigen, können aber auch nicht sagen, dass sie es nicht dürfen. Das ist ein großes Politikum, was wir allerdings erst später herausfanden. Sie wollten oder durften uns das in diesem Moment auch nicht mitteilen. Galaktische Politik! Was können wir da machen.

3) Freie Energie wird auch Äther, Chi, Prana, Nullpunktenergie oder Tachyonenenergie genannt. Sie ist den meisten Kulturen seit Jahrtausenden bekannt, wurde aus der westlichen Wissenschaft und den Schulbüchern erst Mitte des 20. Jahrhunderts verbannt, u. a. da sie mit den damals verfügbaren Messgeräten nicht messbar war. Zudem gab und gibt es starke wirtschaftliche Lobbies, die wenig Interesse an Alternativen zu den bestehenden Energieformen haben. Heute kann die Freie Energie mit Hochpräzisions-Waagen gemessen werden. Dazu empfehle ich die Arbeiten von Dr. Klaus Volkamer.

4) Galactic Earth Peace Project (GEPP)
Ein paar Tage später kommt mir die Idee, ein Projekt mit den ETs und anderen Menschen zu gründen, um gemeinsam Frieden auf die Erde zu bringen. Ob diese Idee von mir selbst kommt oder mir von anderen Wesen eingegeben wurde, habe ich nie geklärt. David ist begeistert und sofort mit dabei. Wir nennen es das *Galactic Earth Peace Project (GEPP)*, www.galacticearthpeaceproject.space. Es ist auch eine Plattform, um die unterschiedlichsten Wesen, die an einem Frieden auf GAIA interessiert sind, zusammenzufassen. Esther baut eine passende Home-Page und wir veröffentlichen einige unserer Gespräche mit den ETs und später auch mit anderen Wesen. Es ist auch eine Plattform, auf der wir uns mit Gleichgesinnten austauschen möchten. Wir laden den geneigten Leser ein, sich daran zu beteiligen, denn Friede ist die Basis für unser zukünftiges Leben auf der Erde.
https://www.youtube.com/c/GalacticEarthPeaceProject
Für weitere Informationen zu STAR und unserer Tätigkeit können Sie gerne unseren YouTube-Kanal (english) besuchen.

5) »Meine Geistführer«

Anfang 2018 erzählt mir David von meinen Geistführern, die mich umgeben: »Es gibt ständig Führer und Wesen um dich herum, immer! Wir zählen sieben. Sie sind fast immer bei dir, wenn wir dich besuchen kommen. Schön aufgereiht an deinem Rücken.«

»Gibt es da auch einen Reptiloiden?« Ich war neugierig, denn ich hatte vor einiger Zeit ein paar reptiloide Wesen eingeladen, als ich einmal Draco besucht hatte und ich hatte das Gefühl, dass dieses eine Wesen mich oftmals in Sitzungen beriet.

»Wir sehen viele amphibische Freunde aus alter Zeit. Sie sind schon sehr sehr lange bei dir. Sehr freundliche Wesen. Sie sehen etwas mürrisch aus, ungefähr so (er macht eine Pose wie ein Monster), aber sie sind sehr sehr freundlich. Sie sind um dich herum, da du ihnen die Genehmigung gegeben hast. Wir sehen auch einen Drachen, drei amphibische Wesen, jemand von einer Rasse, die wir noch nicht besprochen haben. Sehr intellektuelle Wesen mit einem sehr kleinen Kopf.«

»Ein Insektoid?«

»Wir sehen die Gestalt eines Wesens, die Fliegen genannt werden. Es sind nicht genau Fliegen, aber sie sehen so aus.«

»Mantid?«

»Wie eine flache Fliege.« Zur Untermalung schlägt er die Hände zusammen. »Aber lebend.«

Ich mag seinen Humor. Nach Aussage von Nafta waren wir einmal Geliebte und hatten auch die Körper von »Flat Flies«. Es sind zwei bis drei Meter große sehr intelligente Wesen. Trotzdem fiel mir die Vorstellung etwas schwer. Adler oder Löwen, von mir aus, aber flache Fliegen? Die Anwesenheit eines derartigen Wesens in meinem engeren Helferkreis scheint aber zumindest auf eine Verbindung hinzudeuten. Und wieso sollte mich Nafta bezüglich unserer damaligen Körper auch anschwindeln?

David: »Mantids sind ein anderer Typ, aber wir geben ihnen noch keinen Namen, das könnte dich erschrecken.«

Ich: »Ich erschrecke nicht so schnell.«

»Wir sehen auch andere Wesen, ein sehr großer Engel, der immer bei dir ist. Das ist nicht dein Schutzengel, sondern eine andere Art Engel. Wir nennen sie Engel von Leben und Tod. Es ist ein sehr besonderer Engel, der bei dir ist. Engel von Leben und Tod wissen immer genau, wer leben und wer sterben wird und wann. Er ist immer bei dir. Vielleicht ist es an der Zeit ihn zu fragen, wieso. Vielleicht hast du ihn eingeladen, vielleicht gibt es einen anderen Grund, wir wissen es nicht. Wir sehen nur, dass er immer bei dir ist.«

»Hallo zusammen, vielen Dank für eure liebevolle Unterstützung, das schätze ich sehr!«

begrüße ich meine Führer.

»Es gibt noch ein weiteres Wesen, das immer bei dir ist. Er ist für uns sehr sehr wertvoll. Über ihn haben wir noch nicht gesprochen, sollen wir ihn dir vorstellen?«

»Ja, bitte.«

»Dieses Wesen ist eine besondere Art von Zwerg. Dieser Zwerg erinnert dich an deine Kindheit. Zwerge sind lustige kleine Kreaturen: Sie lieben es zu spielen, zu kitzeln und andere lustige Sachen zu machen.«

»Ja, das liebe ich!«

»Dieser Zwerg hilft dir dabei, diese Rolle in deinem momentanen Leben als Erwachsener zu spielen. Viele Menschen haben ihren Zwerg verloren, du nicht. Dein Zwerg ist putzmunter und sehr froh, noch bei dir zu sein.«

Das freut mich sehr, denn ich kenne diese schalkhafte Ader an mir. »Hallo Zwerg, danke dass du bei mir bist und mich unterstützt.«

»Er mag deine Präsenz, er ist dankbar, dass du ihn am Leben erhalten hast. Zwerge können weggehen, wenn ihre Besitzer sich nicht gut um sie kümmern. Dein Zwerg ist sehr froh, bei dir zu sein und er wird auch bei dir bleiben, denkt er.«

Ich muss lange und herzhaft lachen, es bringt mich wirklich zum Lachen. Meine Brust weitet sich und wird ganz warm, eine warme Wolke von Dankbarkeit erfüllt mich.

»Das ist also dein dich umgebendes Team, das fast die ganze Zeit um dich herum ist.«

»Vielen Dank, Jungs!«

Ich hatte natürlich von Schutzengeln gehört, aber ich wusste nicht, dass wir so viele Wesen auch aus unserer Vergangenheit um uns herum sammeln können. Diese Wesen sind also ständig bei uns, und wie ich später lernen durfte, unterstützen sie uns bei allen unseren Tätigkeiten, SOFERN wir sie darum bitten! Ohne Aufforderung dürfen sie wohl nicht tätig werden.

David: »Du hast ein wunderbares Team. Wenn du es um einige von unserem Team erweitern möchtest, dann bist du willkommen, darüber sprachen wir ja schon. Nafta ist auch manchmal bei dir, aber sie liebt die dichteren Ebenen nicht so sehr, wie du dich erinnerst. Sie braucht immer einen neuen Anzug, das ist ziemlich kostspielig für Nafta.«

Ich gehe auf diese Anspielung von David nicht ein. Er bezieht sich auf ein Liebesabenteuer mit Esther, Nafta und mir. Mit dem Wort »Anzug« meint er den Körper, den sie an diesem Abend »getragen« hat (sie ist sonst ein körperloses Lichtwesen – braucht aber für Reisen in 3D einen »Anzug«) und der durch unser Abenteuer in Mitleidenschaft gezogen wurde: »Sie ist so süß, ich liebe sie wirklich!« Ist mein einziger Kommentar an dieser Stelle. Ich weiß, dass sich die Nomos (und wahrscheinlich nicht nur sie) immer noch über unser damaliges Liebesabenteuer amüsieren.

6) Tava / Tavon

Wir hatten vor ein paar Wochen mitbekommen, dass der Körper von STAR ein eigenes Bewusstsein hat. Das ist ja auch bei uns »normalen« Menschen so. Die Kinesiologie z.B. arbeitet mit diesem Körperbewusstsein. STARs Körper ist jedoch ein ganz besonderer Körper, hatte bereits einige Leben auf der Erde und kann sich auch an einige davon erinnern. In einem vergangenen Leben war dieser Körper ein Krieger mit dem Namen Tavon. Da wir den Namen für ein Mädchen nicht so geeignet fanden, einigten wir uns gemeinsam mit ihr auf den Namen »Tava«.

7) Kleine und große Schwester

KUAN YIN bezeichnet STAR als ihre »kleine Schwester«. Manchmal sagt sie auch »kleine große Schwester«. STAR hält ca. 20% der Seele von KUAN YIN, damit ist sie nur ein Teil von KUAN YIN. Da KUAN YIN allerdings noch weitere Seelenanteile auf der Erde inkarniert hat, die alle deutlich weniger Seelenanteil von ihr tragen, ist STAR auch die »größte« ihrer »kleinen Schwestern«. STAR spricht von KUAN YIN immer als ihrer »großen Schwester«. Wie der Zusammenhang zwischen den beiden genau ist, konnte ich bisher noch nicht ergründen. Vielleicht entzieht es sich auch einfach unserem irdischen Verständnis.

8) Sklaven

Dass sie uns als Sklaven bezeichnen, hat mich erst etwas verwundert, aber nach kurzem Reflektieren kann ich ihnen natürlich nur zustimmen. Die meisten Menschen sind versklavt. Es erinnert mich an den Song, den ich mit meinem Sohn Leon geschrieben habe: »Du bist ein Sklave in deiner eigenen Welt«. Vielleicht helfen uns die Lizards dabei, uns aus unserer selbst gewählten Sklaverei zu befreien. Untereinander benutzen sie sehr lange und komplizierte Namen, die ihre Ahnenreihe enthalten. Eine Fehlaussprache wird als beleidigend empfunden und insofern werden diese Namen nicht mit uns Menschen geteilt.

9) ET-Heilungen

Mehr zu ET-Heilungen und unseren Veranstaltungen (meist englisch) erfahren Sie unter **www.sanistrella.nl**
Energieerhöhung, gesundes Wasser und Harmonisierungsprodukte: **www.ambition.life**
Einzelsitzungen Asar: **gvd@ambition.ch**

Hier können Sie die Songs anhören:
www.galacticearthpeaceproject.space/STAR

The Tower harmonei®